U0514457

全国中国特色社会主义政治经济学研究中心（福建师范大学）
2022年重点项目研究成果

全国经济综合竞争力研究中心2022年重点项目研究成果

福建省“双一流”建设学科——福建师范大学理论经济学科
2022年重大项目研究成果

福建省社会科学研究基地——福建师范大学竞争力研究中心
2022年资助研究成果

全国中国特色社会主义政治经济学研究中心（福建师范大学）学者文库

主编 李建平

当代马克思主义经济学家经济学术思想研究丛书

陈征 经济学术思想研究

A STUDY ON CHEN ZHENG'S ECONOMIC THOUGHTS

陈美华 ◎ 著

中国财经出版传媒集团

经济科学出版社
Economic Science Press

图书在版编目（CIP）数据

陈征经济学术思想研究/陈美华著. --北京：经济科学出版社，2023.5
（当代马克思主义经济学家经济学术思想研究丛书）
ISBN 978-7-5218-4834-2

Ⅰ.①陈… Ⅱ.①陈… Ⅲ.①陈征-经济思想-研究 Ⅳ.①F092.7

中国国家版本馆 CIP 数据核字（2023）第 101784 号

责任编辑：孙丽丽 撖晓宇
责任校对：郑淑艳
版式设计：齐 杰
责任印制：范 艳

陈征经济学术思想研究
陈美华 著
经济科学出版社出版、发行 新华书店经销
社址：北京市海淀区阜成路甲 28 号 邮编：100142
总编部电话：010-88191217 发行部电话：010-88191522
网址：www.esp.com.cn
电子邮箱：esp@esp.com.cn
天猫网店：经济科学出版社旗舰店
网址：http://jjkxcbs.tmall.com
北京季蜂印刷有限公司印装
710×1000 16 开 23.75 印张 450000 字
2023 年 6 月第 1 版 2023 年 6 月第 1 次印刷
ISBN 978-7-5218-4834-2 定价：96.00 元

2015 年 6 月作者博士毕业时，作者夫妇与陈征教授合影

2015 年 10 月，作者与卫兴华教授、导师李建建教授合影

2015年2月，陈征教授《我与〈资本论〉》重要文章座谈会与会人员合影留念

2018年9月，观看中央电视台《人物》栏目《立德树人——陈征》纪录片暨座谈会留影

总　序*

在2017年春暖花开之际，从北京传来喜讯，中共中央宣传部批准福建师范大学经济学院为重点支持建设的全国中国特色社会主义政治经济学研究中心。中心的主要任务是组织相关专家学者，坚持以马克思主义政治经济学基本原理为指导，深入分析中国经济和世界经济面临的新情况和新问题，深刻总结改革开放以来中国发展社会主义市场经济的实践经验，研究经济建设实践中所面临的重大理论和现实问题，为推动构建中国特色社会主义政治经济学理论体系提供学理基础，培养研究力量，为中央决策提供参考，更好地服务于经济社会发展大局。于是，全国中国特色社会主义政治经济学研究中心（福建师范大学）学者文库也就应运而生了。

中国特色社会主义政治经济学这一概念是习近平总书记在2015年12月21日中央经济工作会议上第一次提出的，随即传遍神州大地。恩格斯曾指出："一门科学提出的每一种新见解都包含这门科学的术语的革命。"① 中国特色社会主义政治经济学的产生标志着马克思主义政治经济学的发展进入了一个新阶段。我曾把马克思主义政治经济学150多年发展所经历的三个阶段分别称为1.0版、2.0版和3.0版。1.0版是马克思主义政治经济学的原生形态，是马克思在批判英国古典政治经济学的基础上创立的科学的政治经济学理论体系；2.0版是马克思主义政治经济学的次生形态，是列宁、斯大林等人对1.0版的

* 总序作者：李建平，福建师范大学原校长，文科资深教授，全国中国特色社会主义政治经济学研究中心（福建师范大学）主任，经济学院和马克思主义学院教授，博士生导师。

① 资本论（第1卷）［M］. 北京：人民出版社，2004：32.

坚持和发展；3.0版的马克思主义政治经济学是当代中国马克思主义政治经济学，它发端于中华人民共和国成立后的20世纪50～70年代，形成于1978年党的十一届三中全会后开始的40年波澜壮阔的改革开放过程，特别是党的十八大后迈向新时代的雄伟进程。正如习近平所指出的："当代中国的伟大社会变革，不是简单套用马克思主义经典作家设想的模板，不是其他国家社会主义实践的再版，也不是国外现代化发展的翻版，不可能找到现成的教科书。"① 我国的马克思主义政治经济学"应该以我们正在做的事情为中心，从我国改革发展的实践中挖掘新材料、发现新问题、提出新观点，构建新理论。"② 中国特色社会主义政治经济学就是具有鲜明特色的当代中国马克思主义政治经济学。

中国特色社会主义政治经济学究竟包含哪些主要内容？近年来学术理论界进行了深入的研究，但看法并不完全一致。大体来说，包括以下12个方面：新中国完成社会主义革命、确定社会主义基本经济制度、推进社会主义经济建设的理论；社会主义初级阶段理论；社会主义本质理论；社会主义初级阶段基本经济制度理论；社会主义初级阶段分配制度理论；经济体制改革理论；社会主义市场经济理论；使市场在资源配置中起决定性作用和更好发挥政府作用的理论；新发展理念的理论；社会主义对外开放理论；经济全球化和人类命运共同体理论；坚持以人民为中心的根本立场和加强共产党对经济工作的集中统一领导的理论。对以上各种理论的探讨，将是本文库的主要任务。但是应该看到，中国特色社会主义政治经济学和其他事物一样，有一个产生和发展过程。所以，对中华人民共和国成立七十年来的经济发展史和马克思主义经济思想史的研究，也是本文库所关注的。从2011年开始，当代中国马克思主义经济学家的经济思想研究进入了我们的视野，宋涛、刘国光、卫兴华、张薰华、陈征、吴宣恭等老一辈经济学家，他们有坚定的信仰、不懈的追求、深厚的造诣、丰硕的研究成果，为中国特色社会主义政治经济学做出了不可磨灭的

---

① 李建平．构建中国特色社会主义政治经济学的三个重要理论问题［N］．福建日报（理论周刊）．2017－01－17.

② 习近平．在哲学社会科学工作座谈会上的讲话［M］．北京：人民出版社，2016：21－22.

贡献，他们的经济思想也是当代和留给后人的一份宝贵的精神财富，应予阐释发扬。

全国中国特色社会主义政治经济学研究中心（福建师范大学）的成长过程几乎和改革开放同步，经历了40年的风雨征程：福建师范大学政教系1979年开始招收第一批政治经济学研究生，标志着学科建设的正式起航。以后相继获得：政治经济学硕士学位授权点（1985年）、政治经济学博士学位授权点（1993年），政治经济学成为福建省“211工程”重点建设学科（1995年）、国家经济学人才培养基地（1998年，全国仅13所高校）、理论经济学博士后科研流动站（1999年）、经济思想史博士学位授权点（2003年）、理论经济学一级学科博士学位授权点（2005年）、全国中国特色社会主义政治经济学研究中心（2017年，全国仅七个中心）。在这期间，1994年政教系更名为经济法律学院，2003年经济法律学院一分为三，经济学院是其中之一。40载的沐雨栉风、筚路蓝缕，福建师范大学理论经济学经过几代人的艰苦拼搏，终于从无到有、从小到大、从弱到强，成为一个屹立东南、在全国有较大影响的学科，成就了一段传奇。人们试图破解其中成功的奥秘，也许能总结出许多条，但最关键的因素是，在40年的漫长岁月变迁中，我们不忘初心，始终如一地坚持马克思主义的正确方向，真正做到了咬定青山不放松，任尔东西南北风。因为我们深知，“在我国，不坚持以马克思主义为指导，哲学社会科学就会失去灵魂、迷失方向，最终也不能发挥应有作用。”① 在这里，我们要特别感谢中国人民大学经济学院等国内同行的长期关爱和大力支持！因此，必须旗帜鲜明地坚持以马克思主义为指导，使文库成为学习、研究、宣传、应用中国特色社会主义政治经济学的一个重要阵地，这就是文库的“灵魂”和“方向”，宗旨和依归！

是为序。

李建平

2019年3月11日

① 习近平．在哲学社会科学工作座谈会上的讲话［M］．北京：人民出版社，2016：9.

序　言

陈征教授是我与之相交30多年的老朋友。他的学品和人品为我所敬重。他比我小两岁半，但他从事马克思主义政治经济学和《资本论》的教学与研究时间比我早而长。他是我国杰出的《资本论》研究专家。我曾讲过：如果说郭大力和王亚南是国内完整、系统、高水平翻译《资本论》的第一人，那么，陈征教授是国内完整、系统、高水平解说《资本论》的第一人。所谓第一人，包括三个方面：一是在时间上领先；二是涵盖三卷《资本论》的完整内容；三是准确度较高。陈征教授的《〈资本论〉解说》影响了一代人对马克思主义经济学理论与方法的汲取。在我国改革开放后的一个历史时期内，国内重视马克思主义经济学的教学与研究，中国《资本论》研究会、全国师范院校《资本论》研究会、全国综合大学《资本论》研究会、全国党校《资本论》研究会相继建立，陈征教授任全国师范院校《资本论》研究会会长，国内兴起学习《资本论》的热潮。高校理论经济学专业的师生，纷纷阅读或购买陈征教授的《〈资本论〉解说》，我自己也把它作为重要参考书。当青年学者们向我询问《资本论》的最好参考书时，我都推荐陈征教授的《〈资本论〉解说》。

陈征教授研究《资本论》，不是仅仅着眼于学理性的解读。当然，按原意准确解读《资本论》的基本原理和方法是必要的，学界误解、错解的情况所在多有，《〈资本论〉解说》在这方面是下了功夫的，陈征教授的着眼点更为深远和广阔。他不仅在学好讲好《资本论》上下功夫，还在用好和传播好《资本论》上下功夫，在发展与创新上下功夫。他坚持和创新劳动价值论，发表系列论文，提出和论证了当代科学劳动的重要意义，建立了科学劳动的理论体系，并应用《资本论》的基本原理研究我国特色社会主义经济事业，还应用于研究我国城市地租理论。他同李建平、郭铁民教授组成的研究团队，发表了不少理论联系中国经济实际的高水平经济著作，多次获得国家大奖。

陈征教授在教书育人，传道授业，用马克思主义经济学培养本科生、硕士生与博士生方面，付出了毕生辛勤劳动，成绩卓著，不少学子成为国家栋梁。他严谨治学、精益求精，表现了学者求真务实的风范，他实至名归，获得不少重大奖项和荣誉，成为后学者的楷模。

福建师范大学的陈美华女士是从事经济思想史专业研究的博士生，博士论文的题目是《陈征经济思想研究》。我欣然为之作序。这不仅因为陈征教授是我尊敬的同行学者，更因为他的丰富和深邃的马克思主义和社会主义经济思想值得研究、整理和推广。我初步阅读了陈美华女士的文稿，认为她的研究是值得肯定的。文稿全面系统深入地研究和论述了陈征教授的学术生涯与学术贡献，并分别分析了他在不同阶段对《资本论》的研究、发展和贡献情况，并着重论述了他在诸多领域取得的创新性成果，研究、阐述和高度评价了陈征教授“在深入研究马克思劳动价值论和地租理论的基础上，创建了现代科学劳动价值论体系和社会主义城市地租理论体系……丰富和发展了马克思主义经济理论”。

陈征教授在福建师范大学长期担任领导职务，历任系主任、校长，一直坚守马克思主义经济学阵地，旗帜鲜明地坚持发展与创新。他在马克思主义经济学的教学研究、发展和培养人才方面，具有人格的凝聚力和影响力，充分体现了他学品和人品的作用。宋涛和我都为他全身心地致力于马克思主义经济学的研究和传播而生感佩之情，愿意为他和他的团队包括后继者给予力所能及的支持。岁月匆匆，与陈征教授的学术交往已30多年，但往事历历在目。陈征同志担任全国政协委员多年，他每次来北京开会，都要会见宋涛同志和我两人。宋涛同志已离开我们，但我仍与陈征同志保持着学术交往与友情。他不但有深厚的经济学素养，还有深厚的国学根底，诗作很有水平。2014 年 10 月，学生们和诸多好友为我举办了九十华诞（虚岁）祝贺会和学术研讨会，陈征教授远地寄来诗匾。诗作是多年前为我写就的："长安山下叙旧，厦门会上论交。经纶满腹冠群豪，思路年轻不老。创见岂同凡响，大师还看今朝。古今中外细推敲，阖座齐声叫好。"后署"西江月，听讲座赠兴华大师"。

这篇词作是这样产生的。前些年，国内学者开展效率与公平问题的讨论。我一直主张社会主义经济中，应是生产重效率，分配重公平，认为分配原则应是公平与效率并重与统一，不赞同"效率优先，兼顾公平"和"初次分配重视效率，再分配重视公平"的提法。我应邀到福建师大讲学时，学校安排了一次全校的讲座，我就此问题系统论述了自己的观点。陈征教授亲自听课。他很赞同我的观点，并就此写下了那首西江月词作，及时赠我。词作出得快而美，但有溢美的成分，权当是友好鼓励吧！每次去福建师范大学讲学，陈征同志作为校长都亲临听讲，常使我不好意思，显示了他的谦虚与友情，直到他因年老体衰才很少再参与外界活动。

词中提到"厦门会上论交"，我至今记忆犹新。那是 30 多年前，在厦门大学召开全国《资本论》研究会，群贤毕集，诸多著名学者和老前辈如许涤新、陶大镛、关梦觉、宋涛等都参加。我当时是 50 多岁的一位副教授，自觉没有水平与著名学者去交往。没想到陈征同志专门到我住处（与多人合住）来看望我。他当时已是有知名度的学者，态度热情亲切，并送我一盒茶叶。他评价我是"快人快语"。从现在的眼光看来，一盒茶叶并不算什么，但当时对我说是件重礼了，因为那时我收入低而负担重，没有舍得买过茶叶。正是陈征同志的亲和力，使我们的友谊不断发展直至今天。

拉拉杂杂讲了这么多，似乎离开了序言的范围。但是考虑到我已是年过 90 的老翁，尽管寄希望于陈征同志百年寿辰仍相聚，但留给我的时间毕竟不多了。讲讲这些后人不知情的史实，也许不是多余的，可以从另一个侧面看到陈征同志学品与人品和待人接物之风范。

卫兴华[*]

2015 年 12 月 8 日于中国人民大学

---

* 卫兴华：中国人民大学荣誉一级教授，博士生导师，著名马克思主义经济学家。曾任中国人民大学学位委员会委员和理论经济学分会主席、国务院学位委员会经济学科评议组成员、全国哲学社会科学经济学科规划小组成员、中国《资本论》研究会副会长等。获 2013 年世界政治经济学学会马克思主义经济学奖，第一届、第二届孙冶方经济科学奖，2010 年世界政治经济学学会杰出成果奖，第四届中国图书奖一等奖，国家级教学成果一等奖，国家教委优秀教材一等奖，第四届吴玉章人文哲学社会科学终身成就奖，入选“影响新中国 60 年经济建设的 100 位经济学家”，获省部级和国际奖近 30 项。

第一章

绪　　论

第一节　研究的背景和意义

一、研究背景

改革开放四十多年来，党中央把马克思主义的基本原理与我国社会主义具体实践相结合，战胜一系列的困难和挑战，使经济得到快速发展，人民生活水平明显改善，综合国力大大增强。这充分说明建设有中国特色的社会主义必须坚持马克思主义的指导，马克思主义是适合我国的基本国情，是引领我国社会主义现代化建设取得胜利的重要思想武器。2008 年爆发的国际金融危机，究其根源，国内外的政界和学术界见仁见智，但不少的观点一致认为：只有运用马克思主义政治经济学基本原理和基本观点才可能真正说清这一问题，这充分证明了马克思主义在全球范围内都具有很强的生命力。党的十八大明确指出："总结十年奋斗历程，最重要的就是我们坚持以马克思列宁主义、毛泽东思想、邓小平理论、'三个代表'重要思想为指导，勇于推进实践基础上的理论创新，围绕坚持和发展中国特色社会主义提出一系列紧密相连、相互贯通的新思想、新观点、新论断，形成和贯彻了科学发展观。"① 党的十八大以来，以习近平同志为核心的党中央高度重视马克思主义理论的学习与指导，把握马克思主义中国化最新成果，用党的

① 党的第十八次全国代表大会：坚定不移沿着中国特色社会主义道路前进，为全面建成小康社会而奋斗，2012 – 11.

科学理论武装头脑、指导实践、推动工作。2015年12月12日，习近平在全国党校工作会议上强调指出："党校姓党，决定了党校科研要紧紧围绕党的中心工作展开，在党的思想理论研究方面有所作为，为坚持和巩固党对意识形态工作的领导、巩固马克思主义在意识形态领域的指导地位作出积极贡献。党校要根据时代变化和实践发展，加强理论总结和理论创新，为发展21世纪马克思主义、当代中国马克思主义作出努力。"① 2016年5月17日，习近平同志在哲学社会科学工作座谈会上的讲话再次强调："马克思主义尽管诞生在一个半多世纪之前，但历史和现实都证明它是科学的理论，迄今依然有着强大生命力。"② 因此，在建设有中国特色的社会主义经济中，必须坚持马克思主义在意识形态领域的指导地位，重视马克思主义在实践中的运用与发展。

当前我国仍存在许多的困难，面临着严峻的挑战。党的十九大报告指出："我们的工作还存在许多不足，也面临不少困难和挑战。主要是：发展不平衡不充分的一些突出问题尚未解决，发展质量和效益还不高，创新能力不够强，实体经济水平有待提高，生态环境保护任重而道远；民生领域还有不少短板，脱贫攻坚任务艰巨，城乡区域发展和收入分配差距依然较大，群众在就业、教育、医疗、居住、养老等方面面临不少难题。"③ 此外，当前国际环境复杂多变，国际竞争愈加激烈，意识形态领域的斗争依然十分尖锐复杂，影响社会和谐稳定的舆论依然存在。党的十九大报告指出："世界正处于大发展大变革大调整时期，和平与发展仍然是时代主题。世界多极化、经济全球化、社会信息化、文化多样化深入发展，全球治理体系和国际秩序变革加速推进，各国相互联系和依存日益加深，国际力量对比更趋平衡，和平发展大势不可逆转。同时，世界面临的不稳定性不确定性突出，世界经济增长动能不足，贫富分化日益严重，地区热点问题此起彼伏，恐怖主义、网络安全、重大传染性疾病、气候变化等非传统安全威胁持续蔓延，人类面临许多共同挑战。"④ 尤其是在当前，西方经济理论大量涌入中国，引起了我国经济学界对西方经济学的数理分析和模型建构的盲目推崇，马克思主义经济学的指导地位面临严峻的挑战。因此，在社会思潮日益多元化、各种

---

① 习近平在全国党校工作会议上的讲话［EB/OL］. http：//www. gov. cn/xinwen/2015－12/12/contenx5023153. htm，2015－12.

② 习近平在哲学社会科学工作座谈会上的讲话［EB/OL］. http：//news. xinhuanet. com/politics/2016－05/18/C_1118891128. htm，2016－05.

③④ 党的第十九次全国代表大会：不忘初心，牢记使命，高举中国特色社会主义伟大旗帜，决胜全面建成小康社会，夺取新时代中国特色社会主义伟大胜利，为实现中华民族伟大复兴的中国梦不懈奋斗，2017－10.

舆论层出不穷的动态面前，必须旗帜鲜明地坚持马克思主义在意识形态领域的指导地位，充分发挥马克思主义经济学在社会主义现代化建设中的指导作用。否则，理想信念一旦动摇，思想防线就会崩塌，各种腐朽的思想就会乘虚而入，社会主义经济建设就会迷失方向。习近平同志在哲学社会科学工作座谈会上指出："社会上也存在一些模糊甚至错误的认识。有的认为马克思主义已经过时，中国现在搞的不是马克思主义；有的说马克思主义只是一种意识形态说教，没有学术上的学理性和系统性。"[①] 2015 年 12 月 12 日，习近平在全国党校工作会议上强调指出："要加强对当代中国马克思主义的学习研究，引导学员学而信、学而用、学而行，坚定道路自信、理论自信、制度自信，更好用科学理论武装头脑、指导实践、推动工作。要坚持理论联系实际的马克思主义学风，坚持问题导向，注重回答普遍关注的问题，注重解答学员思想上的疙瘩，反对主观主义、教条主义、形式主义，防止空对空、两张皮。"[②] 这一系列重要讲话精神都充分说明，坚持马克思主义的指导地位，要善于运用马克思主义的基本原理指导中国特色的社会主义经济建设，并在实践中不断地运用、深化和发展，才能在复杂多变的国内外经济形势下，全面深化改革创新，健全社会主义经济制度，实现经济持续健康发展和社会和谐稳定；才能有力地反击意识形态领域的非马克思主义的干扰和渗透；才能保证经济建设的社会主义方向，从而实现中华民族的伟大复兴。这是中华儿女的共同愿望，是众多爱国主义者的牵挂，更是经济学者必须面对和不可推卸的历史使命和研究焦点。

二、研究意义

陈征是全国著名的马克思主义经济学家，半个多世纪以来，他潜心研究马克思主义经济理论和中国经济问题，以经世济民为己任，殚精竭虑，笔耕不辍，取得非凡成就。已出版了专著、教材（包括合著）40 余部，在《中国社会科学》《经济研究》《经济学家》等学术刊物上发表论文 200 余篇，尤其是《〈资本论〉解说》的出版，为《资本论》在中国的广泛传播与研究发展作出了突出的贡献。曾获"全国劳动模范""全国五一劳动奖章""全国优秀教育工作者"等荣誉称

① 习近平在哲学社会科学工作座谈会上的讲话［EB/OL］. http：//news. xinhuanet. com/politics/2016 -05/18/C_1118891128. htm，2016 -05.

② 习近平在全国党校工作会议上的讲话［EB/OL］. http：//www. gov. cn/xinwen/2015 -12/12/contenx5023153. htm，2015 -12.

号。深入研究和发掘陈征经济学术思想，有利于意识形态领域坚持马克思主义的指导地位，有利于运用马克思主义的立场、观点和方法研究中国经济问题，对于建设有中国特色的社会主义经济，实现中华民族的伟大复兴具有重要的意义。

（1）研究陈征经济学术思想有利于马克思主义和《资本论》的传播。被誉为马克思主义“百科全书”的《资本论》这部经典巨著，是马克思耗费一生心血撰写的重要著作，是人类历史上经验和智慧的结晶。知道《资本论》的人很多，但真正理解、掌握《资本论》的基本原理和实质内涵的人却寥寥无几。陈征一生与《资本论》的教学、传播、研究、运用和发展是紧密相连的，从以《资本论》为重点从事马克思经济学教学开始，到研究、传播、运用和发展《资本论》成为他人生的轨迹，取得了一些突破性的成果，为马克思《资本论》在中国广泛传播立下了汗马功劳。尤其是凝聚了陈征 30 余年心血的 144 万字的《〈资本论〉解说》的出版，是陈征研究马克思主义经济学的里程碑式的代表作，也是我国第一部系统、全面、准确地解说《资本论》全三卷的著作。《〈资本论〉解说》为帮助广大读者准确理解和科学掌握《资本论》提供了重要的提示和引导作用，对于运用《资本论》的基本原理和方法，研究社会主义经济问题发挥了重大的作用，培养了一代经济学人。今天，对陈征经济思想以及学术贡献的研究，既是对陈征传播《资本论》功绩的弘扬，也是又一次对《资本论》这部伟大著作的传播，这对于学习和掌握马克思主义的基本原理和方法论，坚持马克思主义的指导地位具有重要的意义。

（2）研究陈征经济学术思想有利于坚持和捍卫马克思主义经济学的指导地位。马克思主义诞生 100 年以来，国内外有关马克思主义的争论，尤其是对《资本论》一些基本原理的争论是激烈的，也是持久的，这不仅是一个学科、一个派别观点的争鸣，而且关系到一个政党的指导思想和社会的发展目标，可以说是意识形态领域的斗争。陈征在研究马克思《资本论》的过程中，不仅是对《资本论》一般原理的研究和运用，而且敢于直面各种理论的挑战，并具有探索真理的决心和勇气，对劳动价值论、社会主义城市地租理论、社会主义初级阶段经济理论等领域出现的形形色色的理论和谬误进行深入的、有理有据的剖析和反驳，批判了错误的观点，澄清了理论上的模糊认识，有力地捍卫了马克思主义经济学的真理性和科学性。尤其是在当前西方经济学主流地位的声音甚嚣尘上，“去马克思化”倾向愈演愈烈，马克思主义“过时论”“怀疑论”“终结论”各种言论层出不穷的形势下，研究陈征经济学术思想，对于坚持和巩固马克思主义经济学在社会主义现代化建设中的指导地位，营造“百家争鸣、百花齐放”良好的学术氛围具有重要的意义。

（3）研究陈征经济学术思想对于建设有中国特色的社会主义现代化具有重要

指导意义。陈征是《资本论》研究的实践者和创新者，始终坚持运用马克思主义经济学的基本原理和方法来分析中国社会主义建设中遇到的新情况、新问题。对其经济思想的研究也是对改革开放以来中国特色社会主义经济发展道路理论的探索和深化，是对我国马克思主义经济思想理论的研究、总结、继承和发展，说明马克思主义经济学是一门开放、发展的科学，可以根据改革开放和社会主义现代化建设的实际情况而不断深化、发展和创新，而非僵化和过时的。习近平总书记指出："马克思主义是随着时代、实践、科学发展而不断发展的开放的理论体系，它并没有结束真理，而是开辟了通向真理的道路。"他又说："把坚持马克思主义和发展马克思主义统一起来，结合新的实践不断作出新的理论创造，这是马克思主义永葆生机活力的奥妙所在。"① 陈征的经济思想是灵活运用马克思经济学基本原理指导中国社会主义市场经济建设的典范，学术界普遍认为：他所创建的现代科学劳动和社会主义城市地租这两大理论是《资本论》在社会主义条件下的重大发展和重要创新，包括对社会主义初级阶段经济理论的研究都具有一定的前瞻性。对这些思想进行研究和分析，不仅有利于树立正确的劳动价值观念、理解和把握当前创新驱动机制，有利于完善社会主义城市地产市场和推动国有企业改革，而且对指导现实经济和未来社会的发展都具有重要而深远的指导意义。

第二节 理论界相关研究动态

目前，学术界关于陈征经济学术思想研究的著作、评介和新闻专访等，我所见到的共有 40 余篇，其中：5 篇为人物简要传记，3 篇为诗词评介，14 篇为书评，16 篇为经济思想研究，7 篇为访谈。从研究的情况来看，较早也是比较系统研究陈征经济学术思想的是郭铁民、刘春雷、赵振华发表于我国最权威的经济学刊物《中国社会科学》的《陈征经济学思想述评》（1995 年第 5 期）。该文以近两万字的篇幅对陈征 1995 年以前的经济思想，包括对劳动价值论的相关研究、社会主义城市地租理论等思想进行评述，对陈征的治学态度和治学精神给予高度评价。但陈征关于现代科学劳动理论等的创建及有关论著，都是在 20 世纪末和 21 世纪初形成的，故此文只是其经济思想的一部分，不可能论及现代科学劳动等有关重要问题。迄今为止，有关陈征经济学术思想和学术贡献研究最多的是李

① 习近平在哲学社会科学工作座谈会上的讲话［EB/OL］. http：//www. xinhuanet. com/politics/2016 - 05/18/c_1118891128. htm，2016 - 05.

建建教授，其在《当代经济研究》《高校理论战线》《海派经济学》《生产力经济学》等刊物上发表了多篇有关陈征经济学术思想的评述性文章，梳理和再现了陈征经济学术思想脉络和当代价值。虽然目前关于陈征经济学术思想的研究成果较少，但以郭铁民教授、李建建教授为代表的对陈征经济学术思想进行较全面的概述，这在一定程度上扩展了对陈征经济学术思想研究的成果。现将研究情况概括如下。

一、陈征经济学术思想研究综述

目前学术界对陈征经济学术思想研究主要从三个方面展开：经济思想内容、研究方法和学术贡献。

（一）关于陈征经济学术思想内容的研究

（1）关于现代科学劳动理论的研究。有关现代科学劳动理论，郭铁民、刘春雷、赵振华（1995）、李建建（2005，2012）、刘义圣（2005）等从不同的角度对陈征的现代科学劳动理论进行研究。

首先，关于脑力劳动在商品价值创造中的作用。郭铁民、刘春雷、赵振华（1995）、李建建（2002，2005，2012）、刘义圣（2005）等一致认为，陈征把脑力劳动创造价值与科学技术的发展紧密联系在一起，开拓性地提出“随着科学技术的发展，创造商品价值的劳动以体力劳动为主转变为脑力劳动为主”的重要论断；郭铁民、刘春雷、赵振华（1995）认为陈征把知识创造价值与脑力劳动创造价值进行区别和论述，批驳了西方经济学中“知识创造价值”的谬论，说明知识本身是有价值，但知识不能创造价值，从而有力地批判了主张以“知识价值理论”取代马克思劳动价值论的错误观点；李建建（2002）指出，陈征教授还创造性地对形成价值的脑力劳动的特点做了系统的阐发，分析了经济发展的不同时期，脑力劳动在价值形成中的作用的变化情况，并进而提出了现代社会主义劳动的新特点，从而得出“必须大力发展科学技术，充分重视和尊重人才”的结论，具有重大理论和现实意义。

其次，关于陈征对马克思科学劳动的论述方面。李建建（2002，2005）指出，陈征在长期深入研究马克思劳动价值论的过程中，对马克思有所涉及但又未能进行具体分析的“一般科学劳动”思想进行科学的阐发，并论述了科学劳动创造价值的一般理论，这为我们创造性地运用劳动价值论来分析现代科技革命条件下的新情况、新问题提供了一把钥匙；刘义圣（2005）指出，随着科学技术的发展，科学劳动在社会主义条件下商品价值形成中起着越来越重要的作用，陈征教授不仅对科学劳动内涵进行阐发，而且把科学劳动创造价值与科学创造价值进行严格的区分，具有重要的理论意义。

最后，关于现代科学劳动理论体系方面。李建建（2005，2012）认为，陈征根据科学技术的发展和当代劳动出现的新特点，在坚持马克思劳动价值论的基础上，创建了现代科学劳动理论体系，从内容、范畴、形式和作用等多方面对马克思劳动价值论进行深化和发展，这对于贯彻落实党的“十六字”方针以及实施科教兴国战略具有重要的意义。刘义圣（2005）指出，陈征教授从不同的生产部门出发，对现代科学劳动的具体形式做了具体分析，说明在我国社会主义初级阶段和社会主义市场经济条件下，创造商品价值的生产劳动的范围必须扩大。

（2）关于社会主义城市地租理论的研究。关于陈征对社会主义城市地租理论的研究，综合郭铁民、刘春雷、赵振华（1995）、林善浪（1997）、李建建（2010）等的观点，他们指出，陈征不是仅对当时出现的马克思地租过时论进行有力的批驳，而且在深入研究马克思地租理论的基础上，客观考察和科学分析了社会主义城市地租存在的客观必然性和特性，并对城市绝对地租、城市级差地租、城市垄断地租以及对城市土地价格和地产市场特点进行系统的分析，创建了社会主义城市地租理论体系。郭铁民、刘春雷、赵振华（1995）、李建建（2010）认为，陈征不仅从质上对城市绝对地租、级差地租和垄断地租的概念及其产生的原因和条件进行论述，而且从量上深入分析了其运动的规律，包括量的界定、量的测算、量的上限和下限以及量的发展趋势进行预测等；林善浪（1997）、李建建（2010）认为陈征论述城市绝对地租产生的原因不是仅停留在一般意义上的认为土地所有权和使用权相分离就能产生地租，而是看到了商品经济的存在是产生地租的客观经济条件；李建建（2010）认为，陈征不仅从经济层面，而且从社会层面对城市级差地租存在的客观条件予以论证，尤其是对城市级差地租Ⅱ的阐述，是理论上的重大创新。

（3）关于陈征运用《资本论》研究社会主义市场经济理论方面。对于陈征如何运用《资本论》的基本原理研究社会主义市场经济，郭铁民、刘春雷、赵振华（1995）、李建建（2010）等认为，陈征在对《资本论》市场经济基本原理的分析中，指出舍象掉资本主义的特质，这一般原理适用于社会主义市场经济；而且认为《资本论》是研究市场体系的理论依据，其所揭示的商品经济运动规律，是市场经济运动的规律，构成了市场经济研究的重要内容。郭铁民、刘春雷、赵振华（1995）提出：陈征总结归纳了马克思在《资本论》中揭示的有关市场经济的一般性特征，这一般性特征包括企业主体、供求规律、平等竞争和法制管理等，但他们又指出，运用《资本论》来研究社会主义市场经济，不能把《资本论》生搬硬套，教条式地运用，而必须从中国的实际出发，研究新情况，总结新经验，解决新问题。关于陈征就如何灵活运用《资本论》方面，李建建（2010）做了全面的概括：一是要善于吸取《资本论》出版100年来世界上经济学界中有价值的东西；二是要充分注意现代科学技术在经济发展中的作用；三是要从中国的实际出发，着重研究现实经济生活中的问题。

（4）对社会主义初级阶段经济理论的研究。林善浪（总第231期）、李建建（2009）等认为，陈征撰写的《社会主义初级阶段的理论与实践》与《社会主义初级阶段经济纲领研究》这两部著作，系统地分析了社会主义初级阶段的一系列问题，尤其是对社会主义初级阶段的基本经济制度、所有制理论等问题进行系统、突破性的研究，丰富和发展了社会主义初级阶段经济理论。同时，李建建（2009）认为，陈征对初级阶段经济理论的一些范畴和概念进行辨析，包括关于社会主义基本经济制度和社会主义初级阶段基本经济制度的关系、社会主义经济和社会主义市场经济的关系和非公有制经济的性质问题等，采用辩证的方法实事求是地进行分析，有力地批驳了一些错误的观点，澄清了理论上的模糊认识，具有重要意义；林善浪（总第231期）指出，陈征有关所有制问题的论述，冲破了公有制经济的传统观念，破除了初级阶段社会主义必须“纯而又纯”的理论误区，认为只要能促进生产力发展、反映社会化生产规律的经营方式和组织形式都可以为公有制经济所利用，这些理论的突破，对进一步解放思想、加快经济体制改革具有十分重要的意义。

（二）关于经济思想方法和特点的研究

郭铁民、刘春雷、赵振华等（1995）把陈征的研究方法和治学精神主要归纳为以下三个方面：一是坚持运用马克思主义经济学的方法，包括以唯物辩证法为基础的科学抽象法、实证分析与规范分析相结合、定性分析与定量分析相结合的方法等；二是坚持理论研究的系统性与连续性；三是从实际出发，坚持真理，勇于创新。从这三方面彰显了陈征严谨切实的治学精神。李建建（2002）对陈征的治学精神和治学方法予以高度评价，突出表现为：一是理论联系实际，坚持真理、开拓创新；二是重视方法，重视质量，坚持理论研究的系统性和连续性；三是教书育人，努力贡献。

（三）关于学术贡献方面的研究

黎钟（1994）、林善浪（1998）、孙明泉（1999）、曹清华（2001）、朱书忠、经顺祥（2001）、李建建（2005）、李建平（2013）等采用人物传记、新闻报道、论文等形式对陈征在学术领域、教书育人和学科建设等方面的突出贡献进行报道和研究。关于《〈资本论〉解说》的杰出贡献方面：林善浪（1998）认为，《〈资本论〉解说》出版后，学术界给予高度的评价，并被全国各类院校采用为教材或者专业必读书籍，培养了几代莘莘学子，为马克思经济学说的传播和研究作出了突出的贡献；《光明日报》（1984）在《知识分子光荣榜》称《〈资本论〉解说》"是我国对《资本论》全三卷系统解说的第一部著作"；李建建（2005）指出，学术界普遍认为：陈征所创建的社会主义城市地租和现代科学劳动这两大理论是《资本论》在社会主义条件下最重要的新发展，在当前的实际经济工作中具有重要的指导意义和重大的学术价值。同时，李建建又指出，陈征非常重视教书育人，亲自培养了一大批高级人才，为祖国的建设贡献出自己的青春与热血。曹清华（2001）认为，陈征培养了一大批人才，为整个学科的崛起打下了坚实的基础；李建平（2013）指出，福建师范大学经济学学科能取得如此辉煌的成绩，最主要的是学科创始人和第一任带头人陈征教授，没有他就没有学科的今天。

二、对现有研究的评析

现有研究成果对陈征有关社会主义经济建设理论和学术贡献进行了多方面的概括，简略地展示了陈征在研究《资本论》过程中的经济理论建树和学术贡献，但这对于陈征长期运用《资本论》的基本原理研究社会主义市场经济建设的新情况、新问题的实践经历和丰硕的学术成果而言，上述研究亟须进一步的丰富和深化，主要体现在：

第一，研究的深度和广度不够。已有的研究多数就陈征经济学术思想的某一方面进行评述，或者对其学术贡献和思想内容进行整体上的概括和介绍，目前尚无专著或者学位论文对陈征经济学术思想进行系统和深入的研究，研究成果太少，与陈征所取得的理论成果和所作出的学术贡献是不成比例的。尤其是对现代科学劳动思想、社会主义城市地租理论以及有关社会主义初级阶段的经济理论等思想内容的研究都比较简略，没有进行系统深入的挖掘，也尚未涉及陈征对马克思转化理论的系统研究，这就很难完整、真实地反映陈征经济学术思想的当代价值。

第二，研究缺乏时代特征。每一种科学经济思想都是一定时代的产物，带有鲜明的时代特征和时代精神，从各个时代的潮流出发，揭示当时社会所普遍关注的问题，具有很重要的社会意义和时代价值。从历史角度来看，陈征经济学术思想的形成和发展是把马克思主义经济学的基本原理与当时中国经济建设的具体实践相结合的产物，是对马克思主义经济学的深化和发展，是联结历史和现实的桥梁，它有助于人们认识社会主义经济发展的运动规律。但现有的研究很少从历史大背景的现实情况、从当时存在的相关争论问题出发来探讨陈征经济学术思想的形成和发展，也就很难全面再现陈征经济学术思想的全貌和理论实质。

第三，对陈征经济学术思想现实意义的研究比较欠缺。陈征是全国著名的马克思主义经济学家，他通过对《资本论》的充分研究，运用马克思主义的立场、观点和方法来探索建设有中国特色的社会主义市场经济，取得了非凡的成绩。他不仅创建了现代科学劳动理论和社会主义城市地租理论，而且前瞻性地研究了社会主义初级阶段的经济理论。这些理论成果有利于当前树立正确的劳动价值观念，有利于完善社会主义城市地产市场和推动国有企业改革，对于建设有中国特色的社会主义具有重要的指导意义。但是现有的研究多数是对陈征经济学术思想的内容进行简单的概括，对其思想的现实意义及在实践中的运用的研究甚少。因此，在今后的研究中有必要进一步深化和拓展。

第三节　本书的研究思路和研究方法

一、研究思路

本书以马克思主义经济理论为指导，以陈征半个多世纪以来对《资本论》的学习、研究、传播、运用和发展为主线，展现了陈征经济学术思想是对马克思主义经济思想的丰富和发展，从中挖掘了陈征经济学术思想的理论意义和实践价值。本书的研究思路是：首先，对陈征的学术生涯和学术贡献进行梳理，简要介绍陈征的学术人生及其在研究《资本论》方面取得的理论成果和所作出的学术贡献。进而，从第三章至第七章分别从五个方面详细论述了陈征经济学术思想的内容及其意义，包括现代科学劳动思想、对社会主义城市地租理论的创新、对马克思转化理论的系统研究、运用《资本论》研究社会主义市场经济以及对社会主义初级阶段经济理论的探索五个主体部分的内容。在此基础上，概括了陈征经济学术思想的特点，并从指导思想、理论内容和治学态度等方面来论述陈征经济学术思想的启示与传承。最后，结论部分，对陈征经济学术思想研究的当代价值进行归纳和总结，以呼应前文。本书的基本框架如下。

第一章，绪论，主要介绍本书的研究目的和研究意义；对理论界相关的研究文献进行综述；介绍本书的研究内容、研究方法；阐述了本书的创新点及尚待进一步研究之处等。

第二章，陈征的学术生涯与学术贡献。本章首先对陈征各个时期的主要人生经历进行整理，在梳理的过程中总结了陈征经济学术思想产生的时代背景，说明陈征经济学术思想的产生是《资本论》在中国广泛传播的迫切要求，是在与多种经济思想的争论中产生，是改革开放实践的重要产物。进而，本章按照时间的顺序，以陈征对《资本论》的学习、研究、传播、运用和发展为主线，总结了陈征经济学术思想的发展阶段及其在各个阶段所取得的学术成果，尤其是对福建师范大学经济学学科建设和福建师范大学改革创新的突出贡献进行了总结。

第三章，陈征的现代科学劳动思想。本章首先阐述了陈征对劳动价值论形成与发展的研究，包括对古典政治经济学派劳动价值论的解析，对马克思科学劳动价值论基本内容的总结，以及论证了劳动价值论是市场经济理论的基石三个方面的内容。进而，书中分析了对现代科学劳动思想产生的历史背景，笔者通过对国内外有关劳动价值论争论的梳理，概括了陈征对劳动价值论相关争论问题的理论见解，并指出马克思劳动价值论是陈征现代科学劳动思想产生的理论渊源，而当代劳动出现了许多新特点，则是现代科学劳动思想产生的现实基础。在上述分析的基础上，本章论述了陈征如何把一般科学劳动发展为现代科学劳动，陈征不仅对马克思提出的“科学劳动”进行阐发，而且从内涵、范畴、作用、形式等方面创建了现代科学劳动理论体系，这是马克思劳动价值论在当代的新发展。同时，本章还分析了陈征运用现代科学劳动理论探索有关生产要素价值问题，包括对自然资源价值的探索，对技术商品价值的剖析，对土地价值的研究等三个部分。最后，分析了陈征现代科学劳动思想的理论和现实意义，展示了陈征现代科学劳动思想不仅丰富和发展了马克思经济理论，而且在调整生产力、生产关系以及理解和把握党和国家提出的“四尊重”重大方针和当前的创新驱动发展战略都具有重要的指导意义。

第四章，陈征对社会主义城市地租理论的创新。本章首先总结了陈征在对马克思地租理论基本原理进行深入研究和科学把握的基础上，对涉及地租一些重要理论问题以及学术界有关地租一些争论问题进行阐发和探索，包括有关绝对地租和虚假社会价值的几个争论问题。进而，本章从理论基础和现实需要出发，分析了陈征社会主义城市地租理论产生的原因，说明社会主义城市地租理论的产生是有关社会主义地租争论的必然结果，是改革开放的重要产物，也是由城市土地的特殊性所决定的。接着，本章从有关地租争论的背景入手，分析了陈征城市绝对地租、城市级差地租、城市垄断地租的来源及其产生的条件，并从量的运动规律对三种形式的地租进行充分的分析。此外，本章还总结了陈征对城市土地价格和城市地产市场的研究成果。最后，总结归纳了社会主义城市地租理论的理论意义和现实意义，展示了社会主义城市地租理论在城市土地资源的配置和合理使用、在调整收入与分配以及在房地产开发中都具有重大的指导价值。

第五章，陈征对马克思价值转化理论的系统研究。马克思的转化理论是100年来学术界争论的焦点，是世界性的理论难题。研究转化理论，是理解马克思《资本论》第3卷的关键。陈征对马克思的转化理论进行卓有成效的系统研究，包括从剩余价值到利润的转化，利润到平均利润、价值到生产价格的转化，平均利润发展到商业利润、生产价格进一步转化为商业价格，平均利润转化为利息和企业主收入，超额利润转化为地租等五个方面的内容，并分析了五个层次转化的关键地位、前提条件和中间环节等。本章指出，陈征对马克思转化理论的系统研究，不仅阐明了马克思转化理论的基本内涵和实质，同时为进一步批判资产阶级学者的各种谬论打下了坚实的理论基础，对于维护《资本论》的科学性和权威性以及学习和研究马克思转化理论都具有重要的意义。

第六章，陈征运用《资本论》研究社会主义市场经济。本章重点在于分析陈征运用《资本论》的基本原理来研究中国社会主义市场经济，指出陈征运用对立统一、一般性与特殊性相结合的研究方法，主要从以下几方面进行研究和探索：第一，陈征开创性地提出《资本论》是对自由资本主义时期市场经济经验的总结，对社会主义市场经济也有指导意义。第二，总结了陈征根据《资本论》有关商品经济、市场经济的一般原理，来指导和研究社会主义市场经济；主张运用《资本论》的立场、观点和方法来研究社会主义市场经济，并对《资本论》与市场经济研究中的几个争论问题阐明自己的观点。第三，运用《资本论》的基本原理对中国特色的社会主义经济进行探索，包括《资本论》与生产资料所有制、分配制度、社会主义改革开放等方面内容。第四，总结了陈征运用《资本论》有关科学技术的基本原理来指导研究新技术革命形势下的相关理论问题，并对其进行运用和发展，同时，陈征对新技术革命形势下出现的形形色色“新理论”进行辨析，并提出自己独到的见解。第五，对本章的内容进行总结和评价。

第七章，陈征对社会主义初级阶段经济理论的探索。首先，陈征对社会主义初级阶段基本经济制度确立的根据、内涵和意义进行论述。其次，对社会主义初级阶段所有制结构的研究，包括对如何坚持公有制的主体地位提出一系列的见解，主张尊重客观实际，鼓励非公有制经济健康发展等内容。再次，对新型工业化道路的研究，陈征从总结国内外工业化道路的经验出发，对新型工业化思想进行诠释，并提出要形成新的产业格局，如何正确处理工业化中的几个关系等理论观点，尤其是近期提出“要抓住第三次工业革命的机遇，实现信息化与工业化的深度融合”的重要观点，是陈征把现代科学劳动理论与新型工业化道路相结合的重大创新。在对以上内容研究的过程中，陈征对相关争论问题进行磋商并阐明自己的立场和主张。最后，对本章的内容进行简要评价。

第八章，陈征经济学术思想的特点。通过对陈征学术贡献的总结和对其各个领域的思想内容进行研究和分析，深入挖掘了陈征经济学术思想理论品质和治学精神，总结为以下几个方面：对马克思主义坚定的信仰；坚持对《资本论》的系统研究与发展创新；迎难而上，对世界性理论难题的积极探索；实事求是，尊重客观实际下的首创性；揭示了《资本论》的强大生命力；以诗词抒发经世济民的博大胸怀。

第九章，陈征经济学术思想的启示与传承。通过对陈征经济学术思想进行全面的研究与探索，笔者认为，陈征的学术思想、治学精神、为人处世都是非常宝贵的精神财富，是非常有必要进行发掘、提升和传承的，并从三个方面入手进行论述：第一，陈征是当代坚定的马克思主义经济学家，研究陈征经济学术思想，有助于巩固马克思主义经济学在中国经济建设中的指导地位；第二，陈征经济学术思想植根于中国改革开放的客观实际，他所创建的现代科学劳动思想和城市地租理论对于贯彻落实创新驱动发展战略和推进农村土地制度改革都具有重要启发意义；第三，陈征高度的责任感、严谨切实的治学精神和高洁的人格是广大经济学工作者学习的典范。

第十章，结语。对本书研究的内容和提出的观点进行归纳和总结，以呼应全文。

二、研究方法

第一，运用马克思主义的历史唯物主义与辩证唯物主义的分析方法，全面探索了陈征经济学术思想的形成和发展过程，辩证地说明陈征经济学术思想是改革开放的重要产物，有其内在的理论依据和现实根基。

第二，史论结合的分析方法。本书以经济思想史实为基础，采用史论相结合的方法进行研究。通过对陈征一系列文本（包括著作、论文、手稿、笔记、诗集等）的深入研究和对陈征本人及其学生、学术界前辈的访谈，丰富对陈征经济学术思想的认识，使本研究更具有历史的真实性和充实感。

第三，理论与实践相结合的方法。陈征经济学术思想是对《资本论》的深化和发展，具有很强的理论性；同时，陈征经济学术思想既是改革开放的重要产物，又对当前经济建设具有重要的指导意义。因此，采用理论与实践相结合的分析方法，把陈征经济学术思想的理论观点与当时所产生的社会影响以及对当前经济建设的指导意义相结合。

第四节 创新之处及研究方向

一、创新之处

从本书研究的整体性、综合性角度看，体现出一定的创新性。

（1）对陈征经济学术思想进行系统和全面的研究。如前所述，目前学术界对陈征经济学术思想的研究大多数是对陈征某一方面经济思想观点进行简要的分析和罗列，本书应该是迄今为止较为系统和全面介绍陈征经济学术思想的著作。不管是从陈征经济学术思想产生的历史背景、经济思想的内容还是理论和现实意义方面，本书都进行了系统的研究，从某种程度上，填补了系统研究陈征经济学术思想的空白。

（2）从历史背景出发，深入探究陈征经济学术思想产生的缘由，阐明陈征经济学术思想的产生具有深厚的现实基础和历史必要性。本书注重从当时的学术背景和实际情况出发，探索陈征经济学术思想产生的理论渊源和客观根据，分析陈征经济学术思想的产生的现实基础和历史必要性，从中反映出陈征经济学术思想重要的理论和现实意义。这一研究视角与现有的研究成果有较大不同，且在考察中有新的发现。

（3）深入挖掘和分析了陈征经济思想的理论意义和实践价值。本书不仅指出陈征经济学术思想丰富和发展了马克思主义经济理论，而且阐述了其对社会主义经济建设所具有的重要实践价值。如书中阐明现代科学劳动思想，对促进生产力的发展、推动创新驱动发展战略以及对整个社会经济发展都有超前的引领作用；分析了社会主义城市地租理论对指导房地产开发和经济建设的积极作用；阐明了陈征对马克思价值转化理论的系统研究；概括了陈征经济学术思想的特点，论述了陈征经济思想的启示与传承等。这些内容都是前人在研究时较少涉及的，也是本书重要创新之处。

二、尚待进一步研究之处

陈征半个多世纪以来潜心研究《资本论》，不仅对马克思经济理论理解得十分透彻，而且擅长运用《资本论》的原理和方法研究中国经济问题，进行发展和创新，他的研究成果丰硕，经济思想涉及领域较宽。由于时间和能力所限，本书的研究难以穷尽其各个领域的思想，研究的深度和广度均有限，对某些经济思想的理论意义和实践价值有待于进一步深入研究。如陈征有关剩余价值理论和平均利润率的研究等内容未能纳入本书的研究范围；另外，现代科学劳动思想，有必要随着科学技术的发展继续深入研究。而且，随着社会主义市场经济的发展，还会出现许多新情况、新问题，马克思主义经济理论必须在实践中不断地发展和创新，这是时代赋予马克思主义经济学者的责任，也是笔者未来进一步研究的方向。

第二章 陈征的学术生涯与学术贡献

第一节 陈征的学术生涯简介

陈征是当代著名的马克思主义经济学家，是福建省经济学界的一位“泰山北斗”，是全国研究《资本论》的杰出学者，也是桃李满天下的著名导师。他曾任福建师范大学校长，中国人民政治协商会议第六、七、八届委员，中国《资本论》研究会副会长，全国高等师范院校《资本论》研究会会长，国务院学位办学位与研究生教育评估专家，福建省社会科学联合会副主席。

陈征，原名陈锡麟，学名陈厂梅、寒梅，参加革命工作时，改为陈徵，后因文字改革，“徵”字简写为“征”字，故名陈征。1928 年 4 月 12 日，陈征出生于江苏省泰县苏陈区西石羊乡一个“书香门第”。曾祖父是前清举人，祖父是秀才，父亲是当时名中医，同时精通文史。陈征姐弟四人。陈征年幼时，随父读书；稍长，先后在本村石羊小学和泰州时敏中学读书。由于深厚家学渊源的熏陶，耳濡目染，陈征自幼对文史产生浓厚兴趣，涉猎颇广，用力甚勤。七岁读论、孟、学、庸；八岁读《诗经》《左传》；九、十岁读《离骚》《史记》《古文观止》。年少时，诸如《四书》《诗经》《左传》等儒家经典大抵皆能背诵。对唐诗宋词尤其酷爱，名篇佳作，烂熟于胸，据说，可背诵千首以上。

抗日战争爆发后，陈征曾一度辍学任苏陈小学教员，其间，继续攻读文史，自学成才，并于 1946 年以优异成绩考入无锡国学专修学校（后改为无锡中国文学院）专攻文史。学习期间，陈征读了不少进步书籍，包括《中国革命与中国共产党》《论持久战》《联共（布）党史》《资本论》等。1949 年 5 月毕业后，陈征参加革命，在苏南公学（当时的革命大学）工作。该校主要任务是对将输送到苏南解放区的干部进行培训。当时政府接管了一批大企业，需要很多经济管理干部，为此，苏南公学特设企业财务管理系培养经济管理人才，并规定该系不学资产阶级的经济学，只学马克思主义经济学。由于师资缺乏，组织要求他改行从事政治经济学教学工作，因而他先后在企业财务管理系等单位讲授政治经济学课程。当时没有统一规定的教材，只选了狄超白著的《政治经济学讲话》，参考书只有薛暮桥的《大众经济学》，但这些教材和参考书的内容都是从《资本论》中来的，因此，陈征充分认识到要备好课、讲好课，就要下决心读懂《资本论》。《资本论》博大精深，读懂很难，陈征是通过反复阅读、钻研、思考、表述，从不懂到基本上懂，从摸不清楚头脑到能通俗地介绍其基本内容，并说明其来龙去脉，反反复复不知多少遍，才摸进了《资本论》的大门。由于陈征勤奋努力地备课和教学，加上学员认真学习，当时授课成绩显著。此班三个月一期，陈征先后讲授了三四期，得到了同学们和领导的广泛好评。有两万余人的苏南公学，在1952 年开展模运活动中，陈征被评选为全校的五个“模范工作者”之一，学生们还专门开了个代表会讨论陈征的教学特点，并写了《我们的陈征老师》一文，在苏南公学铅字版《学习周报》（1952 年 12 月 27 日第 4 版）刊载。从此，一个钻研古籍、温柔敦厚的中文系才子就这样走上经济学的讲坛。由于他在无锡读书期间经常阅读革命书籍，参加一些进步组织活动，党的地下组织对他了解，故他参加革命后提出参加中国共产党的申请时，1949 年 8 月党支部通过，1950 年 3 月党委批准他参加中国共产党。1952 年底，陈征被调至上海中共中央第三中级党校（即中共华东局党校）理论研究班学习两年，后留校工作。陈征在中共华东局党校理论研究班学习和工作期间，更是闻鸡起舞、博览群书，知识视野进一步开阔，理论水平得到飞速提高，使他对《资本论》有了更深刻的体会，并逐步坚定了深入研究的决心和信心。1955 年，组织又分配他到福建省委党校工作，负责讲授核心课程——《资本论》，继续从事经济学教学与研究。其间，陈征根据学员听课情况、讨论时提出的问题反复研究、及时整理讲稿，不仅通俗而准确地讲清楚有关原理，而且通过帮助学生解疑释惑，不断充实讲稿的内容，这样多次反复，教学相长，使讲稿的内容逐步充实、完善。当时，省委宣传部开办了一个《资本论》业余学习班，由省直机关的部长、处长、科长们参加，晚上授课每周一次，由陈征主讲其中 2/3 的课程。后因学员经常公务外出，要求发讲稿，继而省委宣传部将讲稿铅字排印，发给了学员和各县的讲师团作参考，这些讲稿可以帮助他们看懂《资本论》，后来就是陈征出版《〈资本论〉解说》一书的雏形。至此，陈征经历了对《资本论》的学习、研究、备课、讲授，写出讲稿、教材，到基本胜任作为一名教师的初期阶段。

1958 年前后，《资本论》课程停止了。“文革”时期，陈征先后被下放到建瓯、建阳等地，他任工作队长，耳闻目睹了中国农村的实际状况，感时忧愤于中国经济的落后现状，但他仍然积极钻研《资本论》，渴望从中汲取经验让中国的经济得以插翅腾飞。

1972 年，政教系成为福建师范大学首批复办的四个系之一，陈征由组织决定调至福建师范大学政教系任教，担任《资本论》等课程的教学工作，从此结束了工作单位变化频繁的境况，以饱满的热情投入到工作中。1978 年，陈征被任命为政教系主任。陈征在教研工作中，将研究的成果运用于教学，通过教学又进一步推动研究，从广度和深度上对《资本论》进行新的探索。1980 年，全国高等师范院校《资本论》研究会在陈征的倡议和推动下得以成立，陈征也被选为会长。在他的领导下，全国高师系统对《资本论》的教学与研究热情高涨，学术气氛相当活跃，受到学术界的好评，从而有力地推动了 1982 年全国《资本论》研究会的成立，陈征也因此被选为中国《资本论》研究会副会长。

1983 年，陈征被评为经济学教授。同年 11 月，陈征因学术成果丰硕、党政工作突出而由系主任破格提拔为福建师范大学校长、校党委委员，这也是福建师大历史上第一个学者型的校长。他以学者的大思维、新理念带领新一届领导班子埋头苦干、勇于开拓，为福建师范大学学科的发展和管理的创新作出重大贡献，为福建师大翻开了崭新的一页。他为福建师范大学迎接新技术革命的挑战，提出了“加强基础、注意应用、发扬优势、办出特色”的办校方针，并制订教学改革方案，加强学校与美国、澳大利亚等国家高校的合作、交流；他改变了福建师大以教学为中心的陈旧观念，提出以教学、科研为中心的指导思想和“重教、勤学、求实、创新”八字校风，鼓励广大教师、学生科研创新并配备相应的奖励机制；他重视学科建设，提拔了一批年轻有为的教师，使得各个学科的教师“更新换代”，学科建设呈现梯度发展。陈征担任福建师大校长虽然只有短短的五年，但五年期间他呕心沥血，为师大的腾飞倾注了大量的心血。他当年提出的“重教、勤学、求实、创新”八字校风如今还在沿用，成为全校师生成长成才的座右铭。

1988 年 8 月，陈征年逾六旬，不再担任福建师范大学校长，花甲之年，正是安享之时，但此时他并没有停止研究《资本论》，而是在原有学术积淀的基础上，把对《资本论》的研究向更加广阔和纵深发展，同时仍肩负着福建师范大学理论经济学学科带头人的重担，以其高度的责任心、卓越理论学识和深远的影响力创建和引领着福建师范大学的经济学博、硕士点、博士后、全国政治经济学人才培养基地等学科建设。

陈征坚持以马克思《资本论》基本原理为指导，研究我国社会主义经济问题，在60余年的学术生涯中，执着于“马经”，笔耕不辍、焚膏继晷。他不仅为《资本论》的广泛传播殚精竭虑，而且善于运用《资本论》的基本原理和方法对社会主义经济问题进行创造性的研究和探索，在劳动价值论、城市地租以及社会主义初级阶段的经济理论方面，都取得了丰硕的成果，至今已出版了专著、教材（包括合著）40余部，在《中国社会科学》《经济研究》《经济学家》等学术刊物上发表论文200余篇，有的文章还被美国的学术刊物译载。陈征的一生为《资本论》在中国的广泛传播和马克思主义经济理论的发展作出了巨大的贡献。

第二节　陈征经济学术思想产生的时代背景

一个理论的产生，一种思想的形成，不是空穴来风，而是有一定的时代背景。而评判一个理论是否科学，关键是看这个理论是否正确地回答了时代的焦点问题。陈征经济学术思想的形成正是当时特殊社会历史条件作用的结果。毛泽东同志曾指出：“人的正确思想，只能从社会实践中来，只能从社会的生产斗争、阶级斗争和科学实验这三项实践中来。人们的社会存在，决定人们的思想。”[①]因此，研究陈征经济学术思想必须认识和了解其所处的社会时代背景。

一、学习和研究《资本论》的迫切需要

1949年，中国共产党带领全国各族人民取得解放战争的胜利，建立了无产阶级政权，确立了马克思主义在我国意识形态领域的指导地位。“工人阶级和其他人民群众在马克思列宁主义的指导之下赢得革命，赢得国家政权，而革命的胜利和革命政权的建立又为马克思列宁主义的发展开拓无限广阔的道路”[②]。《资本论》是马克思倾注一生心血的光辉巨著，是马克思最重要的著作。《资本论》的诞生是改变工人运动性质和世界历史的大事，正如恩格斯所言“自从世界上有资本家和工人以来，没有一本书像我们面前这本书那样，对于工人具有如此重要的

① 毛泽东．毛泽东文集（第八卷）[M]．北京：人民出版社，1999：320.

② 关于无产阶级专政的历史经验 [N]．人民日报，1956-04-05.

意义”①。自1866年《资本论》在德国汉堡正式出版以来，继而被译介为数十种文字，几百个版本，在世界各地广为流传。《资本论》作为工人运动的“圣经”，成为影响人类发展史的重要著作，进而名垂史册。作为社会主义国家，我们自然需要从《资本论》中开发出建设社会主义国家的理论资源。而深入的研究需要更为精确的《资本论》文献，翻译、解说《资本论》就成为国内学界首要的理论工作。党的十一届三中全会，确立了改革开放的路线，以邓小平同志为核心的党中央领导也充分认识到《资本论》在指导改革开放和建设社会主义市场经济中的重要性。当时，陈征大胆提出一个重要的新的理论观点：《资本论》是马克思对自由竞争资本主义时期市场经济经验的总结，对我国社会主义市场经济仍有重要的指导意义。而实践也证明，《资本论》中的一些范畴、规律和基本原理，对建设有中国特色的社会主义经济，仍具有十分重要的指导意义。因此，学习、研究《资本论》是改革开放和发展社会主义市场经济的迫切需要。

从1899年4月，中国报刊第一次提到马克思和《资本论》开始，到1930年最初译本的问世，经历了曲折艰辛的接力过程，凝聚着早期革命者和进步知识分子的心血和汗水，他们为《资本论》在中国的传播作出了不懈的努力。但《资本论》是一部博大精深、具有百科全书性质的辉煌巨著，是集政治经济学、哲学和科学社会主义思想之大成，并兼纳有政治、法律、历史、教育、文学、社会、人口等多学科的知识，篇幅大、道理深、典故繁。这要求读者具备马克思主义哲学、历史和政治经济学的基础知识，并对资产阶级经济学、资产阶级哲学、经济史、经济思想史、数学、社会学、法学等具有一定的了解，除此以外，还要求具备较强的抽象思维能力。因此，要读懂、读通《资本论》并不是一件容易的事。早在20世纪70年代，国内学者曾出版过解释《资本论》的专著，但大多只解释了《资本论》第1卷的一部分，或者是复述《资本论》的部分内容，尚未有系统解释《资本论》全三卷的著作。所以，在当时，虽然《资本论》在中国也传播了60余年，但仍有梅林在《资本论》刚于德国出版时所评论的那种感觉：“对《资本论》表示惊讶的人多，读它的人少，对它表示钦佩的人多，能理解它的人少。”② 因此，许多学者都期待出现全面准确讲解《资本论》的通俗读物。恩格斯也曾经希望，“如果出一套用通俗的语言解说《资本论》内容的小册子，那倒是很好的事情”③。而陈征首先实现了恩格斯的这个愿望。1978年，陈征

① 马克思恩格斯文集（第3卷）[M]. 北京：人民出版社，2009：79.

② 梅林. 德国社会民主党史（第三卷）[M]. 北京：生活·读书·新知三联书店，1965：293.

③ 马克思恩格斯全集（第36卷）[M]. 北京：人民出版社，1974：485.

《〈资本论〉解说（五卷本）》陆续问世，该著作以宏大的解说形式，实现了《资本论》的通俗解读，从而为研究、运用《资本论》奠定了厚实的经济理论基础。学术界认为：在 1982 年，陈征的《〈资本论〉解说》是我国系统解说《资本论》全三卷的第一部著作，对学习《资本论》起到重要的指引作用。

二、在多种经济思想争论中产生

马克思主义诞生 100 年以来，围绕着马克思主义尤其是《资本论》一些基本原理，国内外学术界展开了激烈的争论，陈征经济学术思想正是在思想争论的浪潮中产生。

在 20 世纪七八十年代，随着科学技术的迅猛发展，在商品价值创造中，脑力劳动的作用越发突出，知识、信息、技术等生产要素发挥着越来越显著的作用，当时国内外出现了“知识价值论”“信息价值论”“商品价值论”等错误观点来取代马克思的劳动价值论，认为马克思的劳动价值论已经过时了。对此，陈征于 80 年代发表了《创造商品价值的劳动包括脑力劳动》《“知识价值论”质疑》《不能用“商品价值论”取代劳动价值论》等多篇文章，就当时国内外争论的问题发表自己的观点和看法。陈征指出，不管是知识、智力，还是信息技术“只有通过劳动者的活动，即劳动，特别是脑力劳动，才能体现出来”①，它们“必须通过劳动才能创造价值”②，“离开了人类社会劳动，既无商品可言，又无价值可言”③，进而对“知识价值论”“信息价值论”“商品价值论”等错误的观点进行有理有据的批驳，捍卫了马克思劳动价值论，也为其创建现代科学劳动思想奠定了重要的理论基础。

众所周知，资本主义农业地租是马克思在《资本论》中重点研究的内容，对城市地租研究涉及较少。那么，能否运用马克思农业地租理论指导社会主义城市土地使用，当时争议颇多，尤其是就“马克思绝对地租理论过时论”和“虚假的社会价值”等问题展开激烈的争论。当时，陈征撰写了《有关绝对地租的几个争论问题》《有关社会主义城市绝对地租的几个问题》《马克思的地租理论和城市土地有偿使用问题》《有关虚假的社会价值的几个争论问题》等数十篇论文，运用马克思地租理论就争论的问题进行科学的解答，阐明了自己的观点。如“关

①② 陈征．陈征选集［M］．太原：山西经济出版社，1996：115.

③ 陈征．陈征选集［M］．太原：山西经济出版社，1996：130.

于在资本主义农业有机构成与工业相等的情况下，绝对地租是否消失的争论”，陈征指出：“绝对地租产生的原因，不是农业资本有机构成低于工业，而是由于土地所有权，即土地私有者对土地的垄断。由于土地为私人所占有，不管什么人租种土地，都必须对土地所有者支付报酬，即支付绝对地租。”① 而关于“在社会主义商品经济条件下，有关虚假的社会价值是否消失的争论”，陈征认为，社会主义现阶段仍然存在着对土地经营权的垄断，仍然存在着商品生产和商品交换，所以，虚假的社会价值是不会消失的。在激烈的争论中，陈征既深化了对马克思地租理论的认识，又加强了对马克思地租理论的探索和研究，为其创建社会主义城市地租理论奠定坚实的理论基础。

1997 年 9 月党的十五大第一次提出“公有制为主体，多种所有制共同发展，是我国社会主义初级阶段的一项基本经济制度”。党的十五大召开之后，对社会主义初级阶段的基本经济制度有着不同的理解，在当时引起热烈的争论。如“关于社会主义基本经济制度与社会主义初级阶段基本经济制度问题”“关于社会主义经济与社会主义市场经济问题”“关于社会主义社会的经济基础和社会主义初级阶段的经济基础问题”等存在不同的看法和认识，这种争论有利于推进理论研究，关系到对党的十五大精神和对建设有中国特色社会主义理论的正确理解。因此，陈征就有关争论问题发表了多篇文章，进行了深入研究和探讨，这对于澄清理论上的模糊认识，统一思想，正确贯彻党的十五大精神，做好当前工作，具有重要的理论意义和现实意义。在对上述争论问题进行解析的同时，陈征对基本经济制度、所有制结构问题和新型的工业化道路等问题进行深入的研究，从而形成了他关于社会主义初级阶段经济理论的一系列理论观点。

综上所举的例证，说明陈征经济学术思想是建立在我国社会主义经济建设的具体实践中，坚持马克思主义立场、观点和方法，针对当时具体情况和理论上争论的问题，进行有理有据的解答和批驳，在思想交锋中坚持自己的观点，并不断充实、丰富和发展，从而形成自己的思想理论体系。

三、在改革开放的实践中发展

任何科学思想的形成和发展都是以社会存在为前提的，陈征经济学术思想也是在改革开放的社会实践中不断发展和提升的，具有深厚的现实基础。

---

① 陈征．社会主义城市地租研究［M］．济南：山东人民出版社，1996：112.

20 世纪 80 年代伊始，随着电子计算机的问世和互联网的出现，引起了信息技术领域的重大革命性转变，深刻地影响着经济发展和社会生活，极大地改变了人们的生产方式、工作方式和生活方式，开创了人类一个新的信息文明时代，人们的生产劳动也由此出现了一系列新特点。如科学劳动对生产和经济生活的作用日益突出，脑力劳动在商品价值创造中的比重日益增大，精神产品得到广泛的发展和使用等。因此，马克思在 19 世纪中期创建的科学劳动价值论必须在现实情况下进一步发展。此时，陈征根据现实的需要和时代发展的要求，提出“现代科学劳动”这一重要理论范畴，并从内涵和外延上对马克思劳动价值论进行了新的发展。现代科学劳动理论，将随着科技的进步，社会的向前发展，日益发挥着难以估量的重要作用。

20 世纪 80 年代，随着我国改革开放的进一步深入，城市土地无偿使用的弊端日益凸显。研究城市土地的有偿使用，制定科学的城市土地使用制度，是当时亟待解决的难题。陈征在研究马克思地租理论的基础上，坚持把马克思地租理论与中国当时的城市土地使用的具体情况紧密结合，主张运用马克思地租理论的基本原理研究社会主义城市土地有偿使用。在此基础上，全面而系统地创建了社会主义城市地租理论体系，为城市土地有偿使用制度的形成和城市房地产市场的建立与完善提供了重要的理论基础，有利于对外开放的顺利进行。他撰写的《社会主义城市地租研究》一书，至今仍是我国有关这一问题的第一部也是唯一的一部重要著作。

党的十五大以及十五届四中全会，确定了社会主义初级阶段的基本经济制度，并就所有制问题以及国有企业改革等提出一系列的方针政策，经济体制改革进入更为关键的时期。陈征根据党中央的精神，对社会主义初级阶段的基本经济制度确立的根据、内涵和意义进行充分的阐发，并且从当时生产力发展的实际水平、从完善与发展社会主义市场经济体制等多方面提出要重视多种所有制经济共同发展；如十五届四中全会指出，建立现代企业制度是公有制与市场经济相结合的有效途径，对此，陈征通过对原有计划经济体制的企业制度与现代企业制度的充分比较，提出了一系列新观点，说明现代企业制度能使国有企业生产经营在新世纪焕发出活力、展现出效率的重大举措，在当时对于理解、接受以及实施现代企业制度具有重大的指导意义。

综上所述，陈征经济学术思想是适应我国改革开放面临的一系列新情况、新问题而产生，是现实需要的产物，具有坚实的社会基础。

第三节 陈征经济学术思想发展阶段及突出贡献

陈征教授从20世纪50年代始就一直辛勤耕耘在《资本论》的阵地上，从以《资本论》为重点从事马克思主义经济学教学开始，至研究、传播、运用和发展《资本论》构成了他的学术人生轨迹，而且每一阶段在研究《资本论》方面都取得新的发展和新的突破。在这过程中，既有宏观的探索，也有微观的索隐，全面与专精结合，提高与普及并重，做到融会贯通、精益求精，在诸多领域都取得了丰硕的学术成果，为《资本论》的广泛传播和推动马克思经济理论的发展作出突出的贡献。本节以陈征学习、研究、传播、运用和发展《资本论》的过程为线索，对陈征每一阶段的学术贡献及其他方面的贡献进行梳理与总结。

一、第一阶段（1949~1978年）：《〈资本论〉解说》的问世，为《资本论》在中国广泛传播作出突出的贡献

（一）《〈资本论〉解说》是改革开放的重要产物

陈征与《资本论》缔结奇缘，始于1949年。当时，根据组织的需要，陈征被分配到苏南公学从事政治经济学教学工作，先后在企业财务管理系等单位讲授政治经济学课程。由于中华人民共和国刚刚建立，很多学科尚处于“垦荒”阶段，可供参阅的经济学书籍除了狄超白的《政治经济学讲话》和薛暮桥的《大众经济学》之外，《资本论》就成为弥足珍贵的宝书。作为财务管理系的老师，陈征是边学习《资本论》进行备课，边将学习《资本论》的心得讲授给学生听，从而反复阅读《资本论》，这是陈征走进马克思主义政治经济学殿堂的开始，也从此与《资本论》结下一生的情缘。1955年，组织分配他到福建省委党校，继续从事经济学教学与研究。当时宣传部开设《资本论》学习班，陈征再次讲授《资本论》，应学员要求印发授课讲义，并在授课过程中不断修改，这便是《〈资本论〉解说》的雏形。而且，他在讲授《资本论》课程的过程中，广泛搜集资料，对《资本论》中相关的经济学理论进行钻研，取得了初步的喜人成果。在1956年前后，陈征陆续出版了《资本与剩余价值》《资本主义再生产与经济危机》《政治经济学导言》等解读性著作，在国内引起了强烈的反响，使《资本论》课程普遍受到重视，引发了学习《资本论》的热情和兴趣。1958年，我国

掀起了“大跃进”和人民公社化运动，后来又进入了“反右倾”斗争的阶段，当时号召只要学习毛泽东思想，不必再读《资本论》，《资本论》课程也因此停止。当时，陈征被派往农村搞“四清”运动，他利用下午休息的时间继续钻研《资本论》，并结合我国当时农村的现实情况，深入地研究了农业和农村问题，渴望从《资本论》中汲取经验让中国的经济得以插翅腾飞。

1978 年党的十一届三中全会确立了改革开放的基本路线，开始了商品与市场经济问题的探索。当时，人们不懂得从什么地方做起，据说有人请教邓小平同志，邓小平说，你应该请教马克思，去读《资本论》。由此掀起了学习《资本论》的热潮。《资本论》博大精深，读懂较难，而当时的解说性和辅助性的读物十分有限，唯独出版了王思华解说《资本论》第 1 卷的相关内容和王亚南每期刊发在《中国经济问题》的有关《资本论》第 1 卷的讲座。由于陈征长期讲授《资本论》，其讲稿系统、完整，通俗易懂，语言生动，便引起了读者广泛的关注和普遍的喜爱，成为学习《资本论》的重要辅助读物。在此背景下，推动了陈征对《资本论》讲稿的进一步整理、修改和完善，并命名为《〈资本论〉解说》，起初分五册由福建人民出版社出版：1978 年出版第一册，解说《资本论》第 1 卷的前半部；第二年出版第二册，解说《资本论》第 1 卷后半部；1980 年出版第三册，解说《资本论》第 2 卷；1981 年和 1982 年分别解说第 3 卷。1982 年《〈资本论〉解说》（五卷本）全部出齐，共144 万字。后因与《资本论》全三卷对应，将《〈资本论〉解说》由五册合并为三册。这部凝聚了陈征教授 30 余年心血的著作，是陈征研究马克思主义经济学的里程碑式的代表作，也是全国解说《资本论》全三卷的第一部著作，为《资本论》在中国的广泛传播发挥了重要的作用，使陈征对《资本论》的研究逐步引向深入，开启了陈征研究《资本论》新的阶段。

（二）《〈资本论〉解说》的鲜明特色

《〈资本论〉解说》（以下简称《解说》）不是仅对原著内容的简单转述，而是基于深刻领会原著精神的基础上，采用文本解构的方式，从体系到内容对原著的再创作，最终实现对《资本论》基本原理的系统、准确和通俗的解说，并形成自己鲜明的特色。

首先，从方法论上看，一方面，《解说》重视与经济学说史的分析相结合。众所周知，马克思是在对资产阶级政治经济学深入批判的基础上，建立起马克思主义政治经济学的。《资本论》是与经济学说史联系十分紧密的，如果不了解经济学说史，就难以准确和深入地把握《资本论》的理论贡献。因此，《解说》在对原著进行阐述的同时，对每个思想产生、变化、发展的过程进行系统的分析，包括提出的时间、地点及由谁第一次提出的，等等，从而使《资本论》每个原理的来龙去脉一目了然，而且能使读者深刻体会到马克思经济理论的创造性和科学性。另一方面，《解说》重视与《资本论》结构、体系和方法论的分析相结合。《解说》分析了《资本论》全三卷总的结构体系，并对各篇章的内在联系进行分别考察，充分体现了《资本论》的完整性和科学性；并且在阐述的过程中，非常重视对《资本论》方法论的学习和研究，为我们学习和研究马克思主义经济理论提供了科学的方法。此外，陈征还善于吸收国内外研究的最新成果，针对国内外学者对《资本论》一些具体问题理解的分歧，通过对照、比较分析，提出自己的见解，从而为读者进一步的研究提供线索，指点迷津。

其次，从内容上看，《解说》行文条理清晰，逻辑严密，文字通俗易懂。由于陈征自幼攻读文史，具有广阔的文化视野和扎实的文字功底，《解说》的语言文字简明扼要，清晰准确，通俗流畅。为了帮助读者尽快掌握《资本论》的内容，陈征在解说时，在内容设计方面煞费苦心，主要表现在：一是《解说》按照原著章节依次解说，每章在前言部分阐释其中心思想、主要内容，以及在全篇中地位，然后标明《资本论》的页数、段落、主要附注，帮助读者较快地抓住章、节的主线；二是对于必须掌握的名词、典故、历史资料，甚至原文中笔误之处，陈征都细心标出并加以注明，力求帮助读者读懂全文；三是重点突出，凡属重点、难点、难句，初学者易发生混淆或易提出问题之处，均重点解说，较好地帮助初学者读懂全文，即便是比较难读懂的第一卷前三章的内容亦如此。

（三）《〈资本论〉解说》的重大影响

《〈资本论〉解说》作为一定历史时代的重要产物，具有重要的时代价值。对于改革开放为何要读《资本论》，陈征教授当时就明确指出：《资本论》是研究资本与劳动、资本家与工人的关系，但这部书的理论基础应该视为“《资本论》是马克思在自由资本主义时期对自由市场经济经验的总结，至今对社会主义经济建设仍有重要意义”。君不见，《资本论》中研究的商品、货币、价值、价格、工资、利润、再生产、生息资本、地租等理论，价值规律、竞争规律、供求规律等规律，至今仍有重要意义。现在看来，我们搞市场经济，也离不开马克思所说的这些理论和规律。也就是说，应该认为：《资本论》是我国搞改革开放、建设社会主义市场经济必须重视和应用的理论基础。陈征的这一重要而新颖的理论观点，表述在他写的《〈资本论〉与社会主义市场经济》及《再论〈资本论〉与社会主义经济》的重要论文中。这就深化了对《资本论》作为基础理论进行学习、运用和研究，并用来指导我国当前经济工作实际的理论重要性。

《〈资本论〉解说》的出版，立即引起了广泛的社会影响。当时，在中央号召全国一致学习和运用《资本论》来指导社会主义建设的形势下，人们普遍反映《资本论》看不懂。有次，陈征遇到时任福建省省委宣传部部长黄明时，黄明说：这次我在北京开会，人们都说《资本论》看不懂，（中宣部）部长说，只要一字一句一段对照《〈资本论〉解说》就能看懂了。这主要是因为《〈资本论〉解说》是阅读《资本论》的最好通俗读物。正由于《解说》受到学术界的广泛好评，短时间内，《解说》从初版3000余册增加到14万余册，目前已修订三版，重印4次。该书对帮助广大读者准确理解和科学掌握《资本论》提供了重要的提示和辅助，对于运用《资本论》的基本原理和方法，研究社会主义经济问题发挥了重大的引导作用。当前，许多高校、党校、军事院校采用它为教材或专业必读书籍，该书还曾经参加国际书展，并远销我国香港等地区。可以说，《〈资本论〉解说》的问世，培育和塑造了一代经济学人，成为当前许多有影响的中青年学者走向成功之路的奠基石，在全国产生深远的影响。1984年8月17日，《光明日报》“优秀知识分子光荣榜”指出：“陈征教授的《〈资本论〉解说》是我国对《资本论》系统解说的第一部著作，特别是第四、五册（解说第三卷）起了填补空白的作用。”2015年2月8日，福建师大举行“陈征教授《我与〈资本论〉》重要文章座谈会”，来自北京中央党校经济学部主任赵振华教授的贺信中指出：“《〈资本论〉解说》阐释得十分精辟、透彻，为马克思主义在中国的传播做出了卓绝贡献”；中国人民大学荣誉一级教授卫兴华也给予高度评价，指出：“如果说郭大力和王亚南是国内完整、系统、高水平翻译《资本论》的第一人，那么，陈征教授是国内完整、系统、高水平讲解《资本论》的第一人。所谓第一人，包括三方面：一是在时间上领先；二是涵盖三卷《资本论》的完整内容；三是准确度较高。”可以说，这是最为全面和客观的评价。

正由于《解说》发挥了重大作用，得到社会高度的赞誉，《〈资本论〉解说》一书也于1988年获国家级全国高等院校优秀教材奖、福建省“六五”重点科研项目优秀专著奖，1991年获光明杯全国哲学社会科学优秀学术著作奖等国家级、省部级大奖。可以说，《〈资本论〉解说》获此殊荣是实至名归。它是凝聚了陈征30年心血的马克思主义经济学研究的扛鼎之作，也成为福建师大经济学科建设发展的奠基之作。

除《〈资本论〉解说》外，1972～1983年，陈征研究《资本论》的其他学术成果也不断涌现。这一时期，陈征在《福建师范大学学报》《福建论坛》《经济研究》等核心刊物公开发表学术论文32篇，出版《政治经济学导言》《〈资本论〉创作史研究》《〈资本论〉一、二、三卷研究》等 8 部著作。尤其是他于 1978 年与骆焉名等合著的《批判“四人帮”篡改马克思主义政治经济学的反动谬论》一书，澄清被“四人帮”所破坏的马克思主义政治经济学，维护了马克思主义政治经济学的纯洁性，对于坚持马克思主义政治经济学基本原理起到了划清界限的作用，具有重大的理论和现实意义。据了解，这类专著我国只出版了两种，陈征的书是其中最早的一部，对于捍卫马克思主义理论研究与经济实际密切结合，有一定的历史意义。

二、第二阶段（1978 ~ 1988 年）：编选出版了系列“《资本论》研究丛书”，推动了对《资本论》的研究与运用

陈征研究《资本论》是按“读懂”“读通”到“运用”三步走的。首先，第一步是“读懂”，即通过研究，进行解读，帮助读者理解《资本论》，这就是其《〈资本论〉解说》出版的目的；第二步是“读通”，即溯本求源，分析原理，力求完整掌握《资本论》的理论脉络，所以在《〈资本论〉解说》的基础上，他又进行了历史式纵向探索，以达到“读通”的境界。一方面，针对《资本论》中的商品理论、价值理论、再生产理论等基本原理，陈征总结了在马克思研究以前的学者的研究情况，包括提出的问题，已解决的和尚未解决的，马克思在《资本论》中是如何解决这些尚未解决的部分，怎样实现了政治经济学领域的伟大革命。另一方面，围绕学术界有关《资本论》的争论问题，涉及争论的来由、争论的重点以及争论产生的影响，深入分析了这些基本理论对社会主义经济建设的指导意义。陈征深入剖析了上述问题，让读者能够真正理解《资本论》的深刻内涵，真正认识马克思主义经济理论的历史地位。

除亲自研究外，陈征还组织力量共同编写出版了两套《资本论》丛书。一套是《资本论》研究丛书，其中，包括《〈资本论〉解说》与《〈资本论〉和社会主义市场经济》一书。《〈资本论〉解说》是从横向方面，依据本书章节，读懂其内容；《〈资本论〉和社会主义市场经济》一书，是从纵向方面，分列若干专题，为商品理论、价值理论、货币理论等专题，系统研究《资本论》以前的学术界以及《资本论》中和以后学术界研究情况和问题，弄清该问题的来龙去脉，以求达到“读通”的目的。同时，为了解国内外有关《资本论》的研究情况，编选出版了《对〈资本论〉若干理论问题争论的看法》（上、下册，福建人民出版社，1983 年版、1990 年版）一书，编选国内学术界有关研究成果和状况；编写出版了《评介国外部分学者对〈资本论〉的研究》一书，介绍外国学术界对

《资本论》研究的已有成果和当前存在的问题，此书已于1986年2月由福建人民出版社出版（此书在国内是第一部，当时国内很少找到如此材料。此书出版后，如北师大等博士点即指定为博士生必读书籍）。上述两部书，主要是为了掌握国内外已有和当前对《资本论》的研究情况。同时还组织编写了《〈资本论〉与社会主义市场经济研究》《〈资本论〉与当代资本主义经济》（未出版）、《〈资本论〉第一卷辩证法研究》（李建平著，福建人民出版社1986年版）等书，从古今中外、上下左右，掌握研究《资本论》的系统资料，然后努力深研，以求达到读通《资本论》的目的。为了保存各家的研究原貌，又编选了"《资本论》研究资料丛书"，包括：《〈资本论〉研究的目的、对象与方法》《〈资本论〉创作史研究》《〈资本论〉一、二、三卷研究》等共五部，选录我国学术界已发表的有关重要学术论文，全文转载，供读者如实看到当时学者的基本观点和学术成果，在充分了解历史的基础上，以便进一步推动对现实的研究。这样，从古今中外分别进行深入研究，以求达到"读懂""读通"《资本论》的目的。然后在此基础上，进一步运用和发展。总而言之，陈征学习研究《资本论》三步走的要求是：第一步，"读懂"；第二步，"读通"；第三步，在上述基础上运用和发展。陈征教授的"现代科学劳动"和"社会主义城市地租"等新理论，就是在上述"读懂""读通"的基础上进行学术研究的新成果、新发展。而这些系列《资本论》研究丛书的出版，也为学术界研究、运用《资本论》提供了重要的参考文献，对于推动《资本论》的研究和运用发挥了重要的作用。

马克思运用唯物辩证法，通过对资本主义经济的矛盾运动分析，建立了转化理论，即研究了剩余价值如何转化为利润，利润如何转化为平均利润，平均利润如何表现为产业利润和商业利润，乃至进一步分割为利息和企业主收入，以及超额利润如何转化为地租等一系列的问题。马克思的转化理论是世界性理论难题之一，国内外学者涉及较少。陈征在读懂、读通、熟悉掌握《资本论》基本原理的基础上，迎难而上，对马克思转化理论进行卓有成效的系统研究，于1983年至1984年仅仅两年期间撰写了第三卷的转化理论系列论文：即《从剩余价值到利润的转化》《利润到平均利润、价值到生产价格的转化》《平均利润发展到商业利润、生产价格进一步转化为商业价格》《平均利润转化为利息和企业主收入》《超额利润转化为地租》五篇文章，对马克思关于转化理论进行正面、系统研究，说明了剩余价值如何转化为利润，利润如何转化为平均利润，平均利润如何表现为产业利润和商业利润，并进一步分割为利息和企业主收入，以及超额利润如何转化为地租等。这不仅阐明了马克思转化理论的实质及其科学性，同时为进一步批判资产阶级学者的各种谬论，打下坚实的理论基础，产生深远的影响，是陈征研究《资本论》重要贡献之一。

1983～1988年，陈征担任福建师范大学校长一职，为福建师范大学的改革、发展和创新做出了突出的贡献。但繁重的行政工作并没有打断陈征研究《资本论》的进程，其研究《资本论》的决心和兴趣也分毫未减，而是随着改革开放和社会主义市场经济建设进程的推进，其研究具有更坚实的现实基础和必要性。在处理校务工作之余，一方面，陈征对当时盛行的“过时论”和“对号入座论”两种思潮进行有力的批驳；另一方面，其研究《资本论》及中国社会主义市场经济建设进入了一个崭新的阶段，研究的领域和成果更具有时代性特征，从研究“《资本论》的超额利润”到研究当时“我国企业的经济效益问题”，把研究《资本论》与当时兴起的技术革命进行紧密的结合，提出一些具有建设性的精辟观点。仅仅五年时间，陈征教授共出版了《〈资本论〉第一、二卷引读》《社会主义政治经济学新解》《社会主义初级阶段的理论与实践》等著作（包括合著）7部，在《经济研究》《学术月刊》等权威学术刊物上及《福建日报》《中国教育报》等报刊上公开发表学术论文和学术评论共20余篇。其中，原刊于《福建论坛》1987年第3期《〈资本论〉与社会主义经济》一文，提出“社会主义商品，是社会主义经济学研究的出发点和立足点”和“要大力发展商品经济”等观点，该文发表后引起国内外学术界很大反响，于同年4月被《新华文摘》全文转载，并于1991年被美国的《国际社会经济杂志》（IJSE）译为英文全文转载。

三、第三阶段（1988年至今）：结合中国经济问题，对《资本论》进行发展和创新

自1985年起，陈征教授就开始运用《资本论》基本原理和方法研究我国社会主义市场经济的新情况、新问题。他认为，研究《资本论》的终极目的，是为运用《资本论》解决社会主义经济建设中的实际问题奠定基础。这一阶段是陈征学术人生中最重要的时期，取得了创新性的重大成果。

（一）写作和出版了一系列著作，特别是《社会主义城市地租研究》一书是对马克思地租理论的新发展

1988年8月，陈征教授不再担任福建师范大学校长，年逾花甲，正是安享晚年之时，但他仍继续奋斗在科研和教学工作的一线。在原有学术积淀的基础上，陈征把对《资本论》的研究向更加广阔和纵深发展，同时也为福建师范大学的教研工作及经济学学科建设作出不懈的努力，其运用《资本论》研究社会主义市场

经济理论也在这时期进入了一个新阶段，取得了显著的科研成果。从1988年8月至1999年期间，是陈征取得的科研成果丰硕的时期，也是其研究进一步深化和发展的时期，这时期陈征有关《资本论》和社会主义市场经济理论的研究，在《中国社会科学》《财经研究》《〈资本论〉与当代经济》等核心刊物上发表了学术论文多达83篇，出版的著作（包括合著）有16部。其中，《〈资本论〉与当代中国经济》《陈征选集》《社会主义城市地租研究》都是重磅级的著作。如其所著的《陈征选集》是陈征对《资本论》和社会主义经济研究的思想结晶，是我国“当代经济学文丛”之一；《社会主义城市地租研究》根据改革开放以后中国城市土地的现实情况，尤其是社会主义城市土地使用制度改革成为亟待解决的重大难题，陈征运用马克思的地租理论，对社会主义城市地租进行创造性的探索，就城市土地的特性、城市绝对地租、城市级差地租、城市垄断地租以及地价、地产市场等方面提出一系列重要的理论观点，创建了社会主义城市地租理论体系。这是马克思地租理论在社会主义城市中的运用和发展，对城市房地产市场的建立与完善、城市土地的集约利用都具有重要的理论与现实意义，该著作于1998年获全国普通高校第二届人文社科优秀成果二等奖、福建省社科一等奖，是我国第一部也是至今唯一的一部研究社会主义城市地租的专著，影响重大。

（二）对社会主义初级阶段经济理论的深入探索

如何把《资本论》基本原理与我国社会主义经济实践相结合，是我国理论界面临的重大课题和重要任务。党的十三大以前，陈征就相关的问题积极开展研究，在发表了有关系列文章的基础上，1988年，他与林健合著的《社会主义初级阶段的理论与实践》一书，是我国出版最早有关社会主义初级阶段的专著，有力地推动了对我国社会主义经济的研究。党的十五大后，他深入细致地研究了十五大以及十五届四中全会的相关精神，着重研究了社会主义初级阶段的基本经济制度、所有制结构、国有企业改革等重大理论与现实问题，并于2000年与李建平教授、郭铁民教授合著出版了《社会主义初级阶段经济纲领研究》一书，研究和提出了一系列新问题、新观点，创建了社会主义初级阶段经济纲领的理论体系，该书的“代序言”作为单篇文章发表后，获1999年中宣部“五个一工程”优秀论文奖，名列榜首，这是国家级大奖，影响甚大。2002年，党的十六大报告提出：坚持走“以信息化带动工业化，以工业化促进信息化，走出一条科技含量高、经济效益好、资源消耗低、环境污染少、人力资源优势得到充分发挥的新型工业化路子”，从而为工业现代化指明了新的方向。此时，陈征已年逾古稀，但仍密切关注社会主义经济理论与实践的发展，并就新型工业化问题撰写并发表了《走新型工业化道路》（2003）、《迎接第三次工业革命》（2014）等文章，根据我国当前实际情况，就如何走新型工业化道路提出自己的主张，这对于当前探索新型工业化道路以及中国如何迎接第三次工业革命都具有一定的参考价值。

（三）新世纪，陈征研究《资本论》达到了高峰，现代科学劳动思想是其研究《资本论》的突破性成果

进入 21 世纪，新世纪提出新的课题和挑战。陈征教授也已年过七旬，鬓发花白，但依然是鹤发童颜、精神抖擞、斗志昂扬。一方面继续率领建设和发展经济学学科，另一方面继续深入研究《资本论》和社会主义市场经济，将其近 50 年的研究成果进行融合和提升，取得了一些突破性的成果。2000 年至今，陈征在《经济学动态》《理论前沿》《高校理论战线》等核心刊物共发表学术论文 49 篇，出版了经济学著作（包括合著）6 部，特别重要的是，他在专著《劳动和劳动价值论的运用与发展》（高等教育出版社 2005 年版）中，创建了现代科学劳动理论体系，具有深远的理论和现实意义。劳动价值论是马克思经济学说的理论基石，在马克思主义整个经济理论体系中具有至关重要的地位，马克思的全部经济理论，包括《资本论》全书的理论内容，都是建立在劳动价值论的理论基础之上的，一旦根基被动摇了，整个理论大厦就会倾覆。作为坚定的马克思主义者，陈征从客观存在的实际出发，经过潜心研究，对马克思劳动价值理论进行了创造性的运用和发展。陈征教授指出，随着科学技术的发展和社会主义市场经济体制的不断完善，当代劳动呈现出许多新特点、新现象，劳动价值理论在实际运用中必须有新发展，这是与时俱进的客观规律的要求，也是经济发展的客观要求。陈征教授全身心地投入到 2000 年至 2001 年开展的关于劳动价值理论的第六次大讨论中，不断学习研究，陆续写了 40 余篇有关劳动价值论的论文，分别在《人民日报》《光明日报》《经济学家》《高校理论战线》《当代经济研究》等报刊发表，并于 2005 年出版了专著《劳动和劳动价值论的运用与发展》（高等教育出版社 2005 年版）一书，创造性地提出了“现代科学劳动”范畴，创建了现代科学劳动价值新的理论体系，这是陈征教授在这一领域辛勤耕耘最重要的代表作，是对马克思劳动价值理论的运用和重大发展，对新的历史条件下劳动和劳动价值理论的新认识起了重要的推动作用，是符合当今世界发展趋势的重要理论，对整个社会发展起着超前的引领作用。

2005 年，陈征教授的新书《〈资本论〉和中国特色社会主义经济研究》出版了，这部著作是 1996 年出版的《陈征选集》的续编，主要收录了陈征教授近 10

年来发表的论文52篇。该书是陈征教授对中国特色社会主义理论和对《资本论》研究的最新成果，集中反映了这位年逾古稀的《资本论》研究专家的经济思想的新发展。书中，他对党的十五大提出的社会主义初级阶段经济纲领做了系统而深入的研究，对社会主义初级阶段的基本经济制度、所有制关系、科技进步、对外开放和国企改革等进行了系统研究，初步建立了社会主义初级阶段经济纲领的理论体系；此外，他还围绕学术界的争论，针对社会主义基本经济制度和社会主义初级阶段基本经济制度，社会主义经济和社会主义市场经济，社会主义经济基础和社会主义初级阶段经济基础等问题，做了深入的分析和创造性的论述，实现了理论创新。

四、创建发展了福建师范大学理论经济学学科

福建师范大学经济学学科是在陈征的率领下创建和发展起来的。在半个多世纪的学术生涯中，陈征教授以经世济民为己任，拓荒于原野，以其无私奉献的精神和丰硕的学术成果感召和引领着学科不断奋进，并培养了一支政治强、业务精、作风正的老中青相结合的教学科研梯队，使学科从无到有，从小到大，得以长足发展。

如今的福建师范大学经济学院前身是福建师范大学政教系，是1972年首批复办的四个系之一，当时陈征应组织的要求调至福建师范大学政教系任教。学科的起步是从1979年开始算起的，当时福建师范大学政教系招收第一批政治经济学研究生，而学科的创始人——陈征，担任福建师范大学政教系主任，并亲自讲授“《资本论》研究”课程（每周三个上午）。陈征为学科建设身体力行，殚精竭虑，付出一生的心血。在此，主要概括为四个方面。

（一）强化了学科人才培养

在学科刚起步之时，福建师范大学政教系政治经济学教研室科研教学力量十分薄弱，只有六七名教师，学术水平不太理想。而对于省属院校的师范大学，吸引高水平的教师很难，一般的又不顶用，所以陈征坚持自己培养人才。如对于招收的硕士生中，一些拔尖的毕业生被留在系里从事教研教学工作，一定程度上充实了经济学科教研队伍，随后也在学科里发挥了重要的作用，如经济法律学院原院长、博导郭铁民教授，省社科院原院长、博导严正教授等，都是陈征1979年第一届招收的研究生。尤其是1983年以后，陈征担任福建师范大学校长后，以更高的角度和更宽阔的视野重视人才的培养。20世纪80年代，学科对外交流相

当活跃，陈征作为校长，亲自组织、参加多次经济学学术交流，也鼓励学科的教师积极参加省内外的学术会议，并到多个国家进修访问，如当时李建平去联邦德国，严正去加拿大，郭铁民去苏联。至2001年，学科已有15人次赴国外留学进修，且全部按期回国，承担起学科的重担。这就是陈征培养学科人才的一条重要经验：即“通过教学、科研实践打好基础，送出国门进修访问，回到学校挑起重担”，这说明陈征放眼世界的战略眼光和魄力。正是因为陈征着手培养了一大批经济学领域的优秀人才，为整个经济学科的崛起打下了坚实的基础，使福建师大经济学科，不仅在全国师范院校中，而且在全国高校经济学专业系统中享有盛誉、名列前茅。

（二）以研究《资本论》为特色，扩大学科影响力

陈征坚持研究《资本论》60余年了，从学习、讲授《资本论》，到研究、运用、发展《资本论》，构成了陈征人生的学术轨迹。自学科开始招收政治经济学的硕士研究生以来，陈征就亲自讲授《资本论》课程，尤其是1978年《〈资本论〉解说》的出版，在国内学术界产生了巨大的反响，这是福建师范大学经济学科的奠基石，为《资本论》的广泛传播作出了突出的贡献。自1982年起，福建师范大学连续开办多期全国高校《资本论》教师进修班，陈征是主要的负责人和组织者，这些学员后来也都成为全国各地马克思主义经济学学科的知名专家和领导骨干，有的还担任副省长、厅长。这个阶段，陈征一共出版了《〈资本论〉教学研究参考资料丛书》7种。其中，1983年，为纪念马克思逝世100周年，陈征作为福建师范大学的校长，也是全国高师院校《资本论》研究会的会长，主编了两套《资本论》丛书，在全国产生了很大的影响。1985年，福建师范大学政治经济学获得了硕士学位授予权。20世纪90年代是政治经济学学科高歌猛进的十年：1990年陈征被国务院学位办批准为政治经济学博士生导师，挂靠厦门大学招收博士生；1992年，福建师大获得政治经济学学科博士学位授予权，这是福建师大首次获批的两个博士点之一，实现了零的突破。至此，该学科已打下良好的研究基础，进入发展的快车道。

（三）以丰硕的学术成果为支撑，实现学科跨越发展

进入20世纪90年代中期以后，是陈征运用《资本论》的立场、观点、方法研究社会主义经济问题的重要阶段，陈征的主要成果如社会主义城市地租理论、社会主义初级阶段的经济纲领研究以及现代科学劳动理论都是在这阶段日渐成熟。有了这些丰硕而有影响力成果的支持，加上雄厚的师资力量，学科建设突飞

猛进。1994 年，为适应经济和学科发展的客观需要，政教系更名为经济法律学院。1995 年政治经济学被评为省“211 工程”重点建设学科（2005 年再次被评为省重点建设学科）；1998 年在与全国几十所重点高校的激烈竞争中，福建师范大学获得教育部批准设立的“国家经济学基础人才培养与科研基地”（目前全国也只有评出的 13 所高校）；党的十五大召开以后，陈征、李建平、郭铁民合作撰写的《十五大报告对邓小平经济理论的运用与发展》获 1999 年中宣部“五个一工程”优秀论文奖，并居获奖文章榜首；同年该学科申报理论经济学一级学科博士后科研流动站获得通过。无论是人才培养基地还是科研流动站，在当时全国高师院校中都是唯一的。这表明，福建师范大学的政治经济学学科建设在全国高校中已居于前列。

（四）新世纪，学科建设再创辉煌

进入 21 世纪以来，政治经济学学科建设继续向前发展，取得新的突破。2002 年，经济法律学院一分为三，即分为经济学院、公共管理学院和法学院，恰逢第九批博士点申报，学科组织申报了“经济思想史”博士点；2005 年，第十批博士点申报，经济学院再接再厉，取得理论经济学一级学科博士点。而此时陈征教授已年近八旬了，但他仍斗志昂扬地战斗在教育工作的一线上，这时期他的科研成果迭出，尤其是《劳动和劳动价值论的运用与发展》一书的出版，是他突破性的成果；此时，他仍坚持亲自为博士生讲授《资本论》课程，指导博士生，以他深厚的科研基础和深远的影响力引领和支撑着学科的发展，为学科建设倾注一生的心血。当前，福建师大经济学院已形成从学士到硕士、博士及博士后完整的人才培养体系以及理论经济学、应用经济学、管理学等多学科融合的完整的学科体系。这些成就的取得，使福建师范大学经济学科跻身全国高师院校同行前列，成为同时期全国高师院校经济学研究的翘楚。

学科之所以能取得如此辉煌的成绩，陈征教授功不可没！福建师范大学原校长李建平教授在其《大学开放天地新》一书中郑重地说：学科的发展，“当然，最主要的是学科创始人和第一任带头人陈征教授，没有他就没有学科的今天！2004 年，陈征教授被评为福建省第一届杰出人民教师，真是实至名归！”[①]

---

① 李建平．大学开放天地新［M］．北京：社会科学文献出版社，2013：201.

五、培养造就了一大批杰出人才

陈征不仅是一位有着敏锐经济学思维、学识渊博而精深的经济学家，而且是一位大方、热情而又令人鼓舞的经济学教师；不仅是一位伟大经济学家，而且是一位有着超凡人格魅力的经济学教育家。在陈征的格言中，他对自己学生的最大希望是："建功立业，做有利于国家和人民的事。"从教60余年来，他以身作则，教书育人，亲自培养了一大批高级人才。陈征教授直到86岁高龄，仍坚持亲自讲授《资本论》课程，而且深入浅出、循循善诱，不厌其烦、有问必答。陈征教授虽然有着威严的外表但却不失亲和力，对年轻学者总是非常的和蔼与宽容，他经常鼓励学生勇于创新、敢于挑战，他的学生们也会经常登门拜访，向他求教，与他讨论各种学术与实务问题。2015年2月8日，福建师范大学举办的"陈征教授《我与〈资本论〉》重要文章座谈会"，时任广东省副省长的陈云贤博士回忆说："在陈征老师门下求学的三年，他为我传道授业、正道解惑，对我循循善诱、因材施教，使我登堂入室、终身受益。"时任福建省委常委、政法委书记陈冬同志在座谈会中也深有感触地说："陈老师他的信念、他的坚守、他的精神、他的品格，对我们在他身边学习过的学生来说，它将永远地陪伴着我们，永远地影响着我们，永远地激励着我们，激励着我们为实现'两个一百年'奋斗目标，实现中华民族伟大复兴的中国梦竭尽全力、奋勇向前!"正是在陈征教授的教导和感召下，他们有着坚定的理想信念、较高的理论水平和学术水准，在各自的岗位上兢兢业业，发挥自己的聪明才智，为祖国的建设贡献出自己的青春与热血。

陈征毕生致力于研究、传播、运用和发展《资本论》，60余年来辛勤耕耘在《资本论》的阵地上。如今他虽已届米寿之年，仍奋斗在学术前沿，关心、支持着学科的建设，不断有新作面世。最为感人的是，陈征的新作《我与〈资本论〉》于2015年1月刊发在《当代经济研究》，该文以近两万字的篇幅回顾了他一生学习、研究、传播、运用和发展《资本论》的整个历程。此文虽然是对他一生学术历程的总结，但实质是对为什么要学习研究《资本论》和怎样研究《资本论》这两个重要理论问题的深刻说明，也是写作此文的最主要目的，以他所取得的学术成果充分说明"《资本论》不会过时，它的巨大光芒将永远照耀着我们胜利前进"①。

正由于陈征在传播和发展《资本论》、福建师大经济学学科建设以及教书育

① 陈征．我与《资本论》[J]．当代经济研究，2015（1）：14.

人等多方面的突出贡献，国家和社会给予他许多崇高的荣誉。陈征曾获“全国劳动模范”荣誉称号（1995）、“全国五一劳动奖章”（1985）、“全国优秀教育工作者”荣誉称号（1985）、两次荣获“福建省劳动模范”荣誉称号（1982，1986）、两次评为省有突出贡献专家和首批优秀专家（1987，1992）、获福建省精神文明建设“五个一工程先进工作者”荣誉称号（2000）、福建省“杰出人民教师”荣誉称号（2004），世界马克思经济学奖（2018）等国际性、国家级奖和省社科一等奖共 17 项。作为福建师范大学、福建省乃至我国教育事业发展的有功之臣，陈征获此殊荣也是实至名归。北京中央党校研究生院院长赵振华教授深刻地指出：“陈征教授为马克思主义经济学在中国的传播，为改革开放作出的学术贡献必将载入当代中国经济思想史的史册，彪炳千古。”

第三章

陈征的现代科学劳动思想

劳动价值理论是马克思主义政治经济学的基石，是马克思主义理论体系的重要组成部分。马克思通过对自由资本主义时期市场经济经验的总结，在批判地继承古典学派劳动价值论的基础上，创建了科学的劳动价值论，并由此创建了剩余价值学说，引起了整个政治经济学的革命。劳动价值论是关于商品生产和商品交换客观规律的一般基本原理，只要有商品生产和商品交换，劳动价值论都会客观地起作用。陈征长期潜心研究马克思劳动价值论，并科学和创造性地运用马克思劳动价值论的基本原理研究社会经济问题，取得突破性的成果。

“文革”后期，有些人认为价值都是体力劳动创造的，知识分子不能创造价值。因此，在当时，知识分子不被重视，并常常受到打压，“脑力劳动不能创造价值”已成为大多数人的共识。在此条件下，1978 年，陈征撰写了《创造商品价值的劳动包括脑力劳动》一文在《福建师范大学学报》发表，后被上海《学术月刊》转载，此文提出了“创造商品价值的劳动由体力劳动为主转变为脑力劳动为主”的重要观点，纠正了当时有人认为“脑力劳动不创造价值，知识分子的劳动不创造价值”的错误认识，在当时引起强烈的社会反响。随着现代科学技术的高度发展和社会主义市场经济的建立，出现了新的生产力和生产关系。陈征认为，在当前新的历史条件下，劳动价值论必须在理论上进行创新。因此，陈征特别重视和比较深入地研究了马克思关于“科学劳动”的概念，并根据社会经济的发展和劳动形式的变化，陆续撰写了 40 余篇有关劳动价值论的论文。其中，《论现代科学劳动》一文提交《资本论》研究会讨论时，当时的教育部社科司司长认为：这一理论很有价值，主张用组织名义发表借以扩大影响和引起社会重视，于是该文以“教育部邓小平理论研究工作中心”署名发表于《高校理论战线》（2002）并产生深远影响；《重视现代科学劳动的作用》一文于2001年在《人民日报》发表后，被中宣部理论局编入《在解放思想中统一思想》全文转载；《现代科学劳动探索》（2004）在《经济学家》发表后，被译成英文发表，这一系列文章都具有重大的社会影响与学术价值。

2005年，陈征从40余篇文章中优先26篇，作为专著性的系列论文集、作为政治经济学和《资本论》教学参考教材出版——《劳动和劳动价值论的运用和发展》。在这一系列分别论述的各篇文章中，贯穿了一个基本的重要内容，即在坚持马克思劳动价值论的基础上，从本质内容和具体形式上系统地建立了现代科学劳动理论体系，丰富和发展了马克思劳动价值论，反映了当代劳动最新的发展趋势，具有深远的理论和现实意义。

第一节　陈征对劳动价值论形成与发展的研究

劳动创造商品价值，最初是由古典学派的创始人威廉·配第提出的，虽经亚当·斯密与大卫·李嘉图的修改、补充与发展，仍未建成科学的理论体系。科学的劳动价值论，是马克思在批判地继承资产阶级古典经济学，特别是亚当·斯密与大卫·李嘉图的劳动价值论基础上建立起来的。马克思运用辩证唯物主义和历史唯物主义的观点和方法，批判了古典学派劳动价值论中的错误因素，继承和发展了其中合理和科学的成分，创立了科学劳动价值论的新的理论体系，为剩余价值论的建立奠定理论基础，从而引起政治经济学的革命性变革，创建了马克思的经济学说。因此，研究马克思的经济学说，首先要研究马克思的劳动价值论，而要深刻理解和运用科学的劳动价值论，就要了解和掌握劳动价值论的来龙去脉，以及它的形成与发展。

陈征在深入研究马克思劳动价值论的过程中，对劳动创造价值理论的起源、形成与发展进行全面的探索，研究了马克思劳动价值论与古典学派劳动价值论的根本区别，说明了马克思劳动价值论在批判地继承古典学派劳动价值论外，取得了哪些创造性的成果，完成了哪些革命性的变革。在此基础上，他全面总结和概括了马克思劳动价值论的基本内容，论证了科学劳动价值论是市场经济理论的基石，从而为其创建现代科学劳动理论体系奠定了重要的理论基础。

一、对古典政治经济学派劳动价值论的解析

（一）威廉·配第劳动价值思想的萌芽

威廉·配第是英国资产阶级古典经济学派的创始人，同时也是第一个正式从经济学的角度提出“劳动创造价值”思想的经济学家。他在1662年出版的《赋税论》一书中，第一次提出了劳动价值论，正是在这个意义上，马克思曾称赞他是“最有天才的和最有创见的经济研究家。”①

关于配第对劳动价值论的贡献方面，陈征指出，配第在《赋税论》中，一方面，阐明了“自然价格”和“政治价格”两个概念，企图从市场价格的背后找出价值来，他把自然价格作为研究的重点，并把自然价格看作是观察其他经济现象的基础。另一方面，提出了劳动是商品价值的源泉。他指出：“假如一个人在能够生产1普式耳谷物的时间内，将1盎司白银从秘鲁的银矿中运来伦敦，那么，后者就是前者的自然价格。”② 在此，配第认为，1盎司白银之所以作为1普式耳谷物的“自然价格”，是因为生产1盎司白银和生产1普式耳谷物所耗费的劳动时间相等。这说明配第已经认识到生产中耗费的劳动时间决定商品的价值。最后，提出了商品的价值量同劳动生产率成反比的理论观点。配第根据劳动决定价值的原理，得出了“价值的大小是以劳动生产率为转移”的结论，指出劳动生产率与商品的价值量呈反比例的关系。配第提出：“如果发现了新的更丰富的银矿，因而获得2盎司白银和以前获得1盎司白银同样容易，那么，在其他条件相等的情况下，现在谷物1普式耳售价10先令，和以前1普式耳售价5先令，同样低廉。”③ 他又说：“100个农民所能做的工作，如果有200个农民来做的话，谷物的价格就会上涨1倍。”④ 这说明，不管是生产白银还是生产谷物，劳动生产率与商品价值量都是呈反比例关系。

上述是陈征总结的威廉·配第有关劳动创造价值的理论观点。威廉·配第初步得出的劳动价值论的命题虽然还未形成体系，但却蕴含着劳动价值论的最初萌芽，初步形成了古典学派劳动价值理论。但陈征又充分认识到，在配第的理论中夹杂着许多错误和庸俗的因素，如他有时认为价值的源泉是劳动，有时又把价值

---

① 马克思恩格斯全集（第20卷）［M］. 北京：人民出版社，1973：255.

②③ 威廉·配第. 赋税论［M］. 北京：商务印书馆，1978：48.

④ 威廉·配第. 赋税论［M］. 北京：商务印书馆，1978：88.

归结为生产金银的劳动；没有把价值、交换价值和价格明确区分开来；他把生产白银的具体劳动当作创造价值的劳动，不懂得创造价值的是抽象劳动等。

（二）亚当·斯密对劳动价值论的初始发展

亚当·斯密是英国著名的经济学者，也是古典政治经济学的主要代表人物。他在继承威廉·配第“劳动创造价值”思想观点的基础上，于1776年发表了著名的《国民财富的性质和原因的研究》（以下简称《国富论》）一书，第一次系统、具体化地论述了劳动价值论。马克思曾经指出：“在亚当·斯密那里，政治经济学已发展为某种整体，它所包括的范围在一定程度上已经形成。”① 陈征认为，亚当·斯密作为英国资产阶级古典经济学体系的建立者，在他的著作中已提出了劳动价值论的一系列基本原理。主要包括以下几个方面。

一是区分了商品的使用价值和交换价值。亚当·斯密在继承和发展了配第等关于“劳动是财富的源泉”的科学观点的基础上，指出：“‘价值’一词有两个不同的意思，有时它表示某一特定物品的效用；有时则表示该物品给予占有者购买其他物品的能力。前者也许可称为‘使用价值’，而后者或许可称为‘交换价值’。”② 斯密认为，使用价值就是特定物品的效用，交换价值就是指人们由于占有某物而取得的对他种货物的购买力。这说明商品的价值是不同商品能够进行交换的根据与基础，通过交换，由一种商品体现出另一种商品的价值。这就区分了商品的使用价值与交换价值。二是亚当·斯密在考察与分析了分工、交换和货币以后，明确提出劳动是衡量一切商品的交换价值的真实尺度，即“劳动是测量一切商品交换价值的真正标准”③。“每一件物品的真正价格，或者对于任何想取得它的人来说，它的真正成本，就是为了得到它所必须付出的辛劳”。④ 由此说明斯密主张商品的价值是由劳动决定的。三是总结出国民财富为一国国民所需要的一切必需品和便利品。亚当·斯密建立在重商主义学派与重农主义者的“财富理论”的基础上，总结出国民财富为一国国民所需要的一切必需品和便利品，指出：“对每一个国家来说，供应全国人民每年消费的生活必需品与便利品的根本来源，是全体国民每年的劳动。”⑤ 在亚当·斯密看来，一国国民所需要的必需品与便利品，来源于劳动，亦社会财富来自劳动。此外，斯密还阐释了价值规律

---

① 马克思恩格斯全集（第26卷Ⅱ）［M］. 北京：人民出版社，1973：181.

② 亚当·斯密. 国富论［M］. 谢宗林，李华夏译. 北京：中央编译出版社，2011：21.

③④ 亚当·斯密. 国富论［M］. 谢宗林，李华夏译. 北京：中央编译出版社，2011：23.

⑤ 亚当·斯密. 国富论［M］. 谢宗林，李华夏译. 北京：中央编译出版社，2011：1.

的雏形，认识到市场价格与自然价格的关系，系统地阐述了商品价格（市场价格）影响其商品的供给量，使供给需求最终达到均衡。

上述的一系列观点形成了斯密价值论中的科学成分，但陈征又进一步指出，亚当·斯密的价值论中也包含着庸俗和错误的观点。如亚当·斯密虽然区分了价值、使用价值和交换价值的概念，但他错误地认为使用价值可以比较，错误地认为一个商品如果没有使用价值也可以有交换价值；他有时正确地把形成价值的劳动说成是一般劳动，有时又庸俗地把价值说成是由工资、利润、地租三种收入构成等，从而引起了一系列理论上的混乱。虽然亚当·斯密价值理论中对于劳动是创造价值的唯一源泉的不彻底性为古典经济学的解体和效益价值论的兴起埋下了隐患，但是他关于生产劳动创造价值的结论为科学劳动价值论的产生奠定了基础。

（三）大卫·李嘉图的劳动价值理论及其局限性

大卫·李嘉图是古典政治经济学的集大成者，他一方面继承了亚当·斯密劳动价值论的合理成分，始终坚持生产商品过程中所耗费的劳动决定商品价值，从而进行深入的研究，另一方面也批判了亚当·斯密劳动价值论中存在的不科学的因素和矛盾之处，从而把劳动价值论推向了古典政治经济学的高峰。

陈征指出，李嘉图继承了斯密关于商品的使用价值和交换价值的区分，坚持了斯密关于使用价值不是交换价值尺度的正确观点，同时也批判地纠正了亚当·斯密的“没有使用价值的商品也会具有交换价值”这一错误说法。认为一种没有任何使用价值的商品，即使这种商品耗费了大量的劳动，或者是稀有的，但它仍然不会有任何的交换价值。他又指出：“效用对于交换价值来说虽是绝对不可缺少的，但也不能成为交换价值的尺度。”① 因此，在他来看，商品的使用价值是交换价值的前提条件，是物质承担者，但商品的使用价值也不是交换价值的决定因素。另外，他明确指出，绝大多数商品的价值完全取决于生产它们所耗费的劳动，“我的价值尺度是劳动量”，而且提出决定商品价值的劳动，是社会必要劳动，因而决定价值量的就是社会必要劳动时间。他指出：“一切商品，不论是工业制造品、矿产品还是……也就是由那些要继续在最不利的条件下进行生产的人所必须投入的较大量劳动。这里所说的最不利条件，是指所需的产量使人们不得不在其下进行生产的最不利条件。”② 可以看出大卫·李嘉图把在最坏的条件下

① 大卫·李嘉图．政治经济学及赋税原理［M］．北京：商务印书馆，2013：5.

② 大卫·李嘉图．政治经济学及赋税原理［M］．北京：商务印书馆，2013：58.

生产的商品所要耗费的劳动看作必要劳动，强调只有社会必要劳动时间决定商品的价值量。而且，他还进一步指出，商品的价值量与投入的劳动成正比，与劳动生产率成反比，即“生产出来的商品的交换价值与投在它们生产上的劳动成比例”。[①] 此外，李嘉图认为商品价值可以分割为：工资、利润和地租，但并非就意味着商品价值由这三者决定，而是由生产商品的社会必要劳动时间决定的。他区分出了简单劳动和复杂劳动这两个概念，认为对于劳动的不同性质的差别主要取决于劳动者的相对熟练程度和所完成劳动强度，并开始意识到在同样的时间内，比较复杂的劳动创造的价值要多于较简单的劳动所创造的价值等。

上述是大卫·李嘉图在发展劳动价值论方面作出的贡献。陈征认为，他所提出的一系列新的创见，对劳动价值论的贡献达到了资产阶级界限的顶峰。但陈征又指出，李嘉图从来没有研究过劳动的性质和价值的性质，因此就不能完整而科学地说明什么是价值，价值是如何形成的，不能建立完整而科学的劳动价值论；同时，由于李嘉图未能区分劳动和劳动力的界限，混淆了价值和生产价格，以致在价值理论上造成了两个难以克服的难题，最终导致李嘉图学派的破产。

二、对马克思科学劳动价值论基本内容的总结

马克思在批判地继承古典学派劳动价值论的基础上，通过对商品关系的深刻分析，阐明了商品的二因素和生产商品的劳动的二重性及其相互关系，分析了价值的质和量的规定性及其变化规律、价值形式的发展和货币的起源、商品经济的基本矛盾和基本规律及其作用等，从而形成科学的劳动价值论。

马克思科学劳动价值论的基本内容，主要包含在《资本论》第1卷第一章中，对这些基本内容如何概括理解，当时国内外学术界存在着不同的看法和观点。陈征在对古典学派劳动价值论形成与发展进行研究和探索的基础上，论述了马克思如何对古典学派劳动价值论进行继承、批判、纠正和发展，与此同时，全面概括和总结了马克思科学劳动价值论的基本内容和核心观点。

（一）对商品二因素的分析

所谓商品的二因素，就是指商品的使用价值和价值。马克思从分析商品出发，从物品的一般有用性引申到商品的特殊有用性，即使用价值；从使用价值的社会性引申到不同使用价值的商品必须交换，即具有交换价值；从交换价值形式

① 大卫·李嘉图．政治经济学及赋税原理［M］．北京：商务印书馆，2013：17.

揭示出其掩藏的内容，即价值；进而从质和量两方面，研究价值实体和价值量，即价值本身。这是陈征对马克思研究商品二因素规律的认识和把握，在此将他对马克思商品二因素研究的基本观点概括为以下三个方面。

首先，马克思是从商品的使用价值和价值的对立统一关系上一一进行研究。陈征指出，马克思从分析商品的使用价值和交换价值出发，然后再从交换价值引出价值，指出价值是交换价值的基础，交换价值是价值的表现形式，商品是使用价值和价值这两个因素的辩证统一，而价值又是商品经济的一个最主要、最根本的基础。一方面，使用价值是价值的物质承担者，但没有价值也有使用价值的东西也不能成为商品，从而揭示了商品的社会属性。另一方面，使用价值和价值又是相互矛盾的，作为商品的使用价值是社会的使用价值，必须让渡给别人，而价值只有通过交换才能实现，这样，在价值经济细胞内部就含着使用价值和价值的矛盾，商品内部的矛盾的进一步发展，表现为商品的外部矛盾，即商品与商品之间的矛盾，然后再发展为商品和货币的矛盾；在资本主义社会里，货币转化为资本，劳动力成为商品，商品与货币的矛盾又发展为资本与劳动的矛盾，所以，商品内部矛盾孕育着资本主义一切矛盾，研究资本主义生产必须从商品分析开始，这是马克思运用唯物辩证法研究资本主义经济的一个重大创造。这是陈征在长期研究马克思劳动价值论的基础上，对马克思商品二因素理论内容全面、深刻的认识，说明马克思既纠正了斯密认为没有使用价值的东西也可能有价值的谬误，同时也纠正了古典学派把商品看成自然属性的错误，是劳动价值论发展中的一个重大突破。

其次，关于价值实体的研究。马克思指出，商品价值是商品中人类抽象劳动的凝结，价值实体无非是抽象劳动的物化，是在物的外壳掩盖下的人与人的社会关系。陈征认为，马克思这一重要的观点就从根本上对价值的社会属性作了正确的解释，纠正了古典学派把价值看成商品自然属性的谬误。陈征又进一步指出，马克思在分析价值时，不是从价值的概念出发，而是从分析商品出发进而研究价值，对价值的分析是和对商品的分析密切联系在一起的，通过对商品的分析来揭示价值的实质，把劳动价值理论寓于商品之中，形成了科学的商品价值理论。对于这种研究方法，陈征称之为“马克思劳动价值论一个显著的特点，也是一个显著的优点”。

最后，关于价值量的研究。陈征认为，古典学派只把注意力集中在价值量的方面，但由于他们没有对价值实体进行研究，对形成价值的劳动没有进行深入的分析，所以就不能说明为什么价值量的大小必须由社会必要劳动时间来决定。马克思指出：商品的价值实体是抽象的人类劳动，这是同一的人类劳动耗费，“使用价值或财物具有价值，只是因为有抽象人类劳动对象化或物化在里面”①。既然商品具有价值是因为有抽象人类劳动体现或物化在里面，那么它的价值量就只能以体现或物化在商品中的劳动量来计量。在商品世界中，社会的全部劳动力又是由个别存在的单个劳动力所组成，在商品生产时对劳动力的耗费，只能是社会平均的必要劳动时间。即马克思指出的“只有社会必要劳动时间才算是形成价值的劳动时间。”②“社会必要劳动时间是在现有的社会正常的生产条件下，在社会平均的劳动熟练程度和劳动强度下制造某种使用价值所需要的劳动时间。”③ 由此可见，商品的价值量之所以由社会必要劳动时间决定，是由商品生产本身的性质和特点决定的。这是马克思在分析价值实体的基础上，对价值量的决定作了科学的说明。

陈征在充分理解马克思商品二因素基本内涵的同时，认为“商品的二因素：使用价值和价值（价值实体，价值量）马克思加上了这个括弧，说明他解决了前人所没有解决的问题，也是他在批判地继承的基础上，进一步创造和发展的地方。”④ 这足以说明陈征教授对马克思劳动价值论相关原理的理解和掌握是十分全面、深刻和细腻。

（二）对劳动二重性的阐析

陈征认为，马克思对劳动价值理论的重大变革，最重要的一个问题就是发现了商品的二重性，即由体现在商品中的劳动二重性所决定的。马克思写信给恩格斯时说：“我的书最好的地方是：在第一章就着重指出了按不同情况表现为使用价值或交换价值的劳动二重性（这是对事实的全部理解的基础）。”⑤ 古典学派只是一般地说劳动创造价值，但对创造价值的劳动本身却缺乏研究和分析，不懂得创造商品的劳动是有二重性的，也就不可能建立起科学的劳动价值理论。在此，陈征根据马克思基本原理从以下几个方面对劳动二重性进行阐释。

马克思指出：生产商品的劳动都可以从两方面看，一方面，劳动具有各种不同的具体形式。具体劳动的形式是同某种特殊的使用价值联系在一起的，如“缝”这种劳动的具体形式，是同衣服这样一种特殊的使用价值联系在一起的，即具体劳动创造了商品的使用价值；另一方面，劳动者在进行生产劳动时，都要

---

① 马克思恩格斯文集（第5卷）［M］. 北京：人民出版社，2009：51.

② 马克思恩格斯文集（第5卷）［M］. 北京：人民出版社，2009：221.

③ 马克思恩格斯文集（第5卷）［M］. 北京：人民出版社，2009：52.

④ 陈征. 劳动和劳动价值论的运用与发展［M］. 北京：高等教育出版社，2005：143.

⑤ 马克思恩格斯《资本论》书信集［M］. 北京：人民出版社，1976：225.

有人的体力和脑力的支出，如果撇开劳动的各种具体形式，那么，在其中存在的共同的东西，就是一般的人类劳动，这就是抽象劳动。抽象劳动形成商品的价值。商品之所以具有使用价值和价值的二重性，就是因为创造商品的劳动具有具体劳动和抽象劳动的二重性。马克思对创造商品的劳动二重性的区分，从质的方面分析了价值实体，揭示了价值的本质，指出“价值是凝结在商品中无差别的人类社会劳动物体化了的结果，商品生产者的抽象劳动创造了价值”的重要理论观点。正是由于对劳动二重性的分析，马克思“第一个彻底研究了劳动所具有的创造价值的特性”①，“第一次确定了什么样的劳动形成价值，为什么形成价值以及怎样形成价值”② 等问题。

陈征指出：“马克思既分析价值质的规定性，又分析价值量的规定性，把个人劳动归结为社会劳动，把个人劳动时间归结为社会劳动时间，从抽象劳动出发，引出社会必要劳动时间范畴，科学地阐明了确定商品价值量为什么必须是社会必要劳动时间，和社会必要劳动时间怎样才能确定等问题。”③ 陈征认为，正是由于马克思对劳动二重性的分析，才能阐明在商品生产过程中，具体劳动在创造使用价值的同时，还起着转移旧价值、保存旧价值的作用，指出只有抽象劳动才能创造新价值。这就解决了在商品生产过程中的新价值创造和旧价值转移的问题，从而解决了价值构成和价值形成等问题。马克思曾经指出：“商品中包含的劳动的这种二重性，是首先由我批判地证明了的，这一点是理解政治经济学的枢纽。”④

对于如何认识“劳动二重性是理解政治经济学的枢纽”这一重要论点，陈征明确指出：“因为劳动二重性的发现，才揭示了商品的内在矛盾，揭示了使用价值和价值、价值和交换价值、价值实体和价值形式的关系，说明了价值实体、价值本质、价值量、价值形式等一系列问题，才形成了科学的正确的劳动价值理论。”⑤ 陈征认为，正因为马克思发现了劳动二重性，才有科学的剩余价值论，因而才能运用科学的劳动价值论和剩余价值论来研究资本主义的一切经济现象，揭示资本主义经济运动规律，阐明资本主义生产关系中的一系列问题，从而建立马克思的经济学说。这是陈征在熟练掌握马克思劳动价值论的基本原理的基础上，对“劳动二重性理论在马克思经济学说中处于枢纽地位”这一重要理论观点的科学把握和深入透彻的分析。

---

① 马克思恩格斯文集（第 1 卷）［M］. 北京：人民出版社，2009：703.

② 马克思恩格斯文集（第 6 卷）［M］. 北京：人民出版社，2009：21.

③ 陈征 . 劳动和劳动价值论的运用与发展［M］. 北京：高等教育出版社，2005：143.

④ 马克思恩格斯文集（第 5 卷）［M］. 北京：人民出版社，2009：54 –55.

⑤ 陈征 . 劳动和劳动价值论的运用与发展［M］. 北京：高等教育出版社，2005：145.

（三）对价值形式的解析

陈征认为，古典学派从来没有分析商品的价值形式，把价值与交换价值相混同，把价值与价格相混同，他们讲价格时，实际上是讲价值，这就不可能揭示商品交换背后所掩盖着的人和人之间的关系。马克思研究价值形式，是要“做资产阶级经济学从来没有打算做的事情”①。陈征从以下四个方面对马克思价值形式的内容进行论述。

首先，马克思指出，产品转化为商品，商品不仅具有自然属性，还具有价值属性，即表现为二重性，既具有自然形式——使用价值形式，还具有社会属性——价值形式。价值形式和使用价值形式不同，不能由商品本身直接表现出来。古典学派把商品只看成是自然物质，不研究社会属性，当然也就不会研究价值的表现形式了。

其次，马克思揭示了价值和价值形式的对立统一关系，即价值实体是内容，交换价值是价值的表现形式。但这种表现，是通过商品与商品的交换，一个商品的价值通过另一个商品的使用价值才能表现出来，所以，离开了商品交换，就无所谓交换价值，价值也无从表现，价值形式也就不存在了。所以，陈征认为，马克思既揭示了在交换价值中怎样隐藏着价值，又揭示了价值怎样通过交换价值才能表现出来的。

再次，马克思分析了价值形式的两极，相对价值形式和等价形式，指出二者之间的对立统一的辩证关系。从一方面看，相对价值形式和等价形式是相互依赖，互为条件的，它们是同一价值形式或价值表现中“不可分离的两个要素”②；从另一方面看，相对价值形式和等价形式，又是互相排斥、互相对立的，同一商品在同一价值表现或价值关系中，不能同时表现为两种形式。这种相对价值形式和等价形式的对立统一，正是商品内部使用价值和价值对立统一的反映。马克思还进一步从质和量两方面研究了相对价值形式的内容和相对价值形式的量，揭示了等价形式的三个特点，这就是，使用价值成了它的对立面，即价值的表现形式；具体劳动成了它的对立面，即抽象劳动的表现形式；私人劳动成为它的对立面，即社会劳动的表现形式。据此，陈征总结指出：“马克思对价值形式两极所作的深刻分析，阐明了价值形式是怎样表现价值的，价值是怎样通过价值形式而表现出来的，这就进一步揭示了价值的本质，解剖价值的内容与形式，价值决定与价值表现的一切秘密，对于科学劳动价值理论的建立与形成，具有重要意义。”③

---

①② 马克思恩格斯文集（第5卷）［M］. 北京：人民出版社，2009：62.

③ 陈征. 劳动和劳动价值论的运用与发展［M］. 北京：高等教育出版社，2005：146.

最后，马克思对价值形式的发展作了历史性的分析，指出了如何从简单价值形式发展到扩大价值形式，又随着商品和交换的进一步发展，出现了一般价值形式，以至于随着起一般等价物作用的商品固定在金银身上，出现了货币，一般价值形式又发展为货币形式，从而揭示了货币的起源与本质，揭示了货币谜一般的秘密。据此，陈征指出，马克思所分析的价值形式的发展过程，实际上也是商品生产和商品交换发展的历史过程，表现为历史的发展和逻辑发展的一致性。马克思说："对资产阶级社会说来，劳动产品的商品形式，或者商品的价值形式，就是经济的细胞形式。在浅薄的人看来，分析这种形式好像是斤斤于一些琐事。这的确是琐事，但这是显微解剖学所要做的那种琐事。"① 陈征深刻指出："对于这些琐事，两千多年来人们在这方面的努力却毫无结果，只有马克思，通过这种显微镜下的抽象分析，才解决了商品'如何、因何、从何变为货币'的问题，科学地阐明了商品和货币的关系，使对价值本身的研究趋于完善。"② 正因如此，陈征认为，马克思对价值形式的一系列深刻分析，正是科学的劳动价值论和古典学派劳动价值论的重大区别之一，从而也就构成科学的劳动价值论的一个重要内容。

（四）对商品拜物教的诠释

商品拜物教是马克思对商品具有一种复杂而又神秘的属性的比喻。马克思曾经形容商品是"一种很古怪的东西，充满形而上学的微妙和神学的怪诞"③。因为，在私有制商品经济中，人们之间互相交换劳动的关系，则表现为商品与商品互相交换的关系。人与人的社会关系被物与物的关系所掩盖，从而使商品具有一种决定商品生产者命运的神秘属性，以致形成了物对人的统治，这种现象马克思称作商品拜物教。

陈征指出，古典学派把商品仅仅看成是自然产品，看不到它的社会属性，把价值看成是"天然的社会属性"，把创造价值的劳动看成是劳动的自然属性；把商品与商品的交换，仅仅看成是物与物的关系，看不到在这种物的外壳掩盖下所体现的人和人的关系。马克思通过对商品拜物教的分析，深刻揭示了商品的内在矛盾，进一步阐明了商品是一定历史条件下的产物，价值不是商品的自然属性，也不是纯粹抽象的概念，而是商品生产者所特有的社会关系。但是这种社会关

---

① 马克思恩格斯文集（第5卷）［M］. 北京：人民出版社，2009：8.

② 陈征．劳动和劳动价值论的运用与发展［M］. 北京：高等教育出版社，2005：146.

③ 马克思恩格斯文集（第5卷）［M］. 北京：人民出版社，2009：88.

系，是间接地通过商品：与商品的交换，即物和物的关系而表现出来，所以这种关系是在物的外壳掩盖下的关系。由于这种社会关系要通过物的关系而表现，这就使商品本身产生神秘性质。马克思指出，商品的这种神秘性质，是由商品形式本身发生的。价值是人和人之间的社会关系的表现，是在一定历史条件下一定的社会关系的产物。这是价值的实质。古典学派虽然能够发现劳动创造价值，但不能科学地说明为什么劳动能创造价值，在什么条件下劳动才能创造价值，所以就不能建立科学的劳动价值论。列宁指出，“凡是资产阶级经济学家看到物和物之间的关系的地方（商品交换商品），马克思都揭示了人与人之间的关系”①。

通过对马克思商品拜物教基本理论的认识与阐析，陈征总结指出：“这是马克思的科学的劳动价值论与古典学派劳动价值论的最根本的区别，也是马克思对劳动价值论的重大创造和发展，从而完成革命变革的根本所在，这就构成为科学劳动价值论的重要的基本的内容。”②

三、论证了劳动价值论是市场经济理论的基石

陈征通过对马克思劳动价值论基本内容的全面掌握和深入剖析，指出：“马克思的科学的劳动价值论，是商品交换的客观的内在根据，是商品经济和市场经济理论的基石。”③ 陈征认为，市场经济是商品经济发展到一定阶段的产物。如前所述，商品交换是依据同质的抽象劳动所凝结的价值来进行，而决定价值量的是社会必要劳动时间，因此商品必须按照社会必要劳动时间所决定的价值量来生产，必须按照价值量相等的原则来进行交换，这就是价值规律。价值规律是商品经济的基本规律，也是市场经济的基本规律，只要有商品生产和商品交换，价值规律就会发生作用。陈征指出：“劳动价值论为商品交换和市场经济提供了理论根据，揭示了客观的经济运动规律。不管是自由资本主义时期的自由市场经济，还是垄断资本主义时期的现代市场经济，还是社会主义市场经济，都必须以科学的劳动价值论作为理论基础。”④ 为了进一步论证这一基本观点，陈征对市场经济的基本要求进行考察，对市场的供求规律、竞争规律、价格规律共同作用的发挥机制进行剖析，从以下三个层面来说明市场经济的运行和发展，必须以劳动价

① 列宁选集（第2卷）[M]. 北京：人民出版社，1995：312.

② 陈征. 劳动和劳动价值论的运用与发展 [M]. 北京：高等教育出版社，2005：146.

③ 陈征. 劳动和劳动价值论的运用与发展 [M]. 北京：高等教育出版社，2005：148.

④ 陈征. 劳动和劳动价值论的运用与发展 [M]. 北京：高等教育出版社，2005：149.

值论作为理论基础。

（一）劳动价值论是市场经济最基本的客观要求

首先，市场经济所要求的是，在商品经济条件下，如何通过市场，实现资源的优化配置。在此，陈征首先研究了各种生产要素，如劳动、生产资料、土地等，在一定的关系下，怎样实现按一定比例优化配置，满足简单再生产和扩大再生产的需求。陈征指出，在市场经济条件下，商品交换，必须是以所消耗的社会必要劳动时间所决定的价值量为根据，在商品经济充分发展达到市场经济条件下，市场价格就会依据社会价值而形成。如果某种商品供不应求，使市场价格高于社会价值或社会生产价格，这时，就会扩大生产，增加供给量；反之，如果该商品供过于求，市场价格就会低于社会价值或社会生产价格，就会缩减生产或改变生产方向。由于价格规律发生作用，使市场价格围绕社会价值而上下波动，调节着生产资料在各生产部门和企业之间的分配，调节着供给和需求之间的平衡，对劳动和生产资料等经济资源实现合理配置，这正是价值规律所产生的基本的作用，也是市场经济最基本的客观要求。

其次，市场经济的另一个要求是：如何通过商品交换，实现较好的经济效益。按照价值规律要求，商品价值量是由社会必要劳动时间决定。如某个生产者的劳动生产率高于本部门的平均水平，他的个别劳动时间就会低于社会必要劳动时间，商品是按照社会必要劳动时间所决定的社会价值出卖的，于是这个商品生产者就会比别人获得更多的收入，实现较好的经济效益。反之，如果个别劳动时间高于社会必要劳动时间，该生产者就会处于十分不利的地位。所以，陈征指出："在生产者以追求收入最大化、利润最大化的市场经济条件下，个别劳动生产率的高低，个别劳动时间消耗的多少，个别价值相比于社会价值的高低，直接关系到生产者或经营者的实际收入，是衡量经济效益的决定因素。"①

最后，市场经济的另一要求是，对生产者或企业起着优胜劣汰的鞭策作用，从而促进整个社会生产力的发展。陈征认为，由于商品生产者的生产条件不同，他们拥有的生产资料的数量和质量不同，生产技术、经营管理能力、劳动熟练程度也不一样，在价值规律作用下，生产条件优越的企业由于生产率较高，在竞争中处于有利地位。反之，那些生产条件差，就会在竞争中处于不利地位。这就从切身利益上，刺激那些生产经营的优秀者，鞭策那些落后者，奖勤罚懒，优胜劣汰。尤其是随着现代科学技术的迅猛发展，大大提高劳动生产率，使生产者或企

① 陈征．劳动和劳动价值论的运用与发展［M］．北京：高等教育出版社，2005：150.

业取得更大收入的同时，也促进了整个社会生产力的发展和提高。

（二）价值规律是供求规律、竞争规律、价格规律共同发生作用的结果

上述是陈征通过研究劳动价值理论所揭示的价值规律，在市场经济运行中所发挥的基础性作用，说明市场经济的运行是离不开劳动价值论的指导。但陈征又进一步指出，价值规律在市场经济中作用的发挥，是不以人们意志为转移的客观存在，但它不是孤立地发生调节作用，而是通过市场的供求规律、竞争规律、价格规律共同发生作用的综合结果。在此，陈征对供求规律、竞争规律、价格规律在市场经济中作用机制的发挥也进行了论证与分析。

一是对供求规律作用的分析。陈征认为，在商品市场上，供给与需求，买者和卖者的意志行为，构成活动的内容。供求规律是指：商品的市场供给同有支付能力的需求之间所具有的内在联系和趋于平衡的客观必然性。但在市场上的商品交换的实际过程中，供给和需求往往是不平衡的。因为社会生产是生产关系形成的前提，生产的增长会给消费的增长提供必要的条件，而消费的增长却具有很大的伸缩性，两者之间事实上没有同步关系。所以马克思说："供求实际上从来不会一致，如果他们达到一致，那也只是偶然现象，所以在科学上等于零，可以看作没有发生过的事情。"① 如果把一时期作为一个整体来看，供给和需求则是平衡的，所以马克思又说：由于这两种作用持续不断地运动，"从一个或长或短的时期的整体来看，使供求总是互相一致"②。这说明在市场上，商品的供求，从平衡到不平衡，从不平衡到平衡，不断地运动着，供求规律的运动，是紧紧围绕着商品交换来进行，商品交换又必须按照社会必要劳动时间所决定的价值量来进行。所以，陈征总结指出："供求规律和价值规律密切相联系，一方面，价值规律必须通过供求规律才能表现其作用，另一方面，供求规律的作用也必须依赖于商品交换和价值规律的作用才能表现出来。"③

二是对竞争规律作用的认识。陈征指出，有商品交换就有市场竞争，商品价值的确定和价值的实现过程，是社会必要劳动时间的确定和市场价格的形成和实现过程，同时也是商品生产者和经营者以及购买者之间的竞争过程。价值规律作为商品经济的内在规律，必须通过竞争的外部强制力才得以贯彻。当时有人认为竞争是资本主义经济的特有范畴，社会主义经济只有竞赛没有竞争。对此，陈征

---

①② 马克思恩格斯文集（第7卷）[M]. 北京：人民出版社，2009：211.

③ 陈征. 劳动和劳动价值论的运用与发展 [M]. 北京：高等教育出版社，2005：151.

认为，这是不正确的，这是没有真正认识商品经济实质的体现。陈征指出，竞争是商品经济的一般特性，只要有商品经济存在，就必然有市场竞争。竞争与商品经济是同时存在着的，这关系到商品生产者和经营者的物质利益问题。在此，陈征把竞争的作用概括为以下方面：（1）促进商品价值量的确定与实现；（2）促进社会生产力的提高和科学技术的发展；（3）同价值规律一起调节生产资料和社会劳动在各部门之间的分配。当然，陈征也认识到，在私有制条件下，竞争带有盲目的自发性，往往会对资源造成浪费，对生产带来破坏性结果。

陈征对价值规律、供求规律、竞争规律作用机制具体深入的剖析，说明价值规律、供求规律、竞争规律，都必须通过商品交换的市场才能发生作用，它们既是商品经济运行的规律，也是市场经济运行的规律。市场调节是它们共同发生作用的综合结果。

（三）价值规律是宏观调控的基础和依据

宏观调控是市场经济发展到一定阶段的产物，是价值规律在市场经济中的进一步运用。在此，陈征通过对现代市场经济特征的分析，说明宏观调控是价值规律在现代市场经济中的进一步运用和具体体现。

陈征指出，马克思的科学的劳动价值论，是自由资本主义时期经济运行的经验总结，反映了自由市场经济的基本情况。企业主体、平等竞争、市场体系、法制管理等是市场经济的一般特征，都必须围绕着价值规律等发生作用而表现为市场调节的机能，人们把当时的情况概括地称为“看不见的手”。随着资本主义向前发展，资本主义矛盾加深，经济危机日益严重，垄断资本主义国家为了寻求摆脱危机的办法，实行国家对经济的干预，进行宏观调控，这时候，自由市场经济也就发展为现代市场经济。现代市场经济，除包含《资本论》中所论述的自由市场经济的一般特征外，又增加了国家对经济的宏观调控这个重要的新内容。这种国家对经济的宏观调控，人们称之为“看得见的手”；与“看不见的手”同时发生作用，共同构成现代市场经济运行的基本特征。

陈征又进一步指出，现代市场经济比自由市场经济多了政府对经济实行宏观调控这一条，这不仅对资本主义现代市场经济来说是重要的，对社会主义市场经济来说更是重要的。宏观调控虽然是垄断资本主义经济实践活动的总结，但是社会化大生产和市场经济相结合的产物。只要有社会化大生产的存在，宏观调控手段就是完全必要的。陈征明确指出：“宏观调控是运用价值、价格、货币、利息、税收等经济杠杆，对国民经济进行间接调控，仍然是依据劳动价值论的基本原理，是在认识价值规律的基础上进一步的运用。”① 作为宏观调控，只是一种手段，资本主义可以用，社会主义也可以用。

综上所述，陈征从市场经济的基本要求、从供求规律、竞争规律、价格规律作用机制的发挥以及国家宏观调控的实施，充分论证了劳动价值论是市场经济理论的基石；说明了如果离开了科学的劳动价值论，商品交换就无法得到科学的说明，市场经济就失去科学的理论基础。由此可见，科学的劳动价值论，不仅是资本主义市场经济理论的基石，也是社会主义市场经济理论的基石。

第二节　现代科学劳动思想产生的历史背景

一、国内外围绕劳动价值论争论的历史回顾

关于劳动价值论的争论一直是学术界的热点问题之一，各种观点林林总总。既有来自西方资产阶级庸俗经济学家的污蔑和攻击，也有来自国内反马克思主义经济学者对劳动价值论的歪曲与否定。与此同时，马克思主义派别的经济学家对于各种各样的攻击也给予了迎头痛击，这种攻击和反攻击的论争迄今已经延续了100多年，其论争的实质是抛弃还是坚持马克思的劳动价值论。

（一）国外关于劳动价值论的争论

1. 第一次大争论：19世纪90年代

西方资产阶级经济学家对马克思劳动价值论的批判与争论是持久和激烈的，早在19世纪90年代，德国庸俗经济学家庞巴维克在经济学说史上是第一个系统地批判马克思劳动价值论和剩余价值论的经济边际主义者。他在1884年所写的《资本与生息》一书，以及1896年发表的《卡尔·马克思及其体系的终结》长篇文章中，批评了马克思《资本论》第1卷中的劳动价值论和剩余价值论，主要攻击《资本论》第1卷关于劳动价值论和第3卷关于生产价格问题的阐述，认为马克思没有提供任何经验上或心理上的证明来论证价值的本质，并认为第3卷中关于现实经济现象的描述与第1卷中关于劳动价值论的抽象说明，是相互矛盾的，并指出马克思只考虑了劳动创造价值，而对于其他生产要素的贡献则未加考虑。

---

① 陈征. 劳动和劳动价值论的运用与发展［M］. 北京：高等教育出版社，2005：153.

对此，马克思主义者希法亭对边际效用学派进行系统而严厉的批判。他在1904年出版的《驳庞巴维克对马克思的批评》一书中，将边际效用价值论视为一种主观主义的价值论。在驳斥边际效用价值论的过程中，还深入阐述了马克思关于熟练劳动与非熟练劳动的转化，以及价值到生产价格的转化的观点，深入批判了以庞巴维克为首的一批资产阶级庸俗经济学家鼓吹用边际效用价值论以取代马克思科学劳动价值论的错误。此外，布哈林也在他的《食利者政治经济学》（1914）一书中，着重从方法论角度，揭示庞巴维克理论的逻辑矛盾和阶级实质。

2. 第二次大争论：20世纪三四十年代

随着西欧短暂的经济繁荣的消逝，新古典经济学已无力驱散笼罩整个资本主义世界经济的阴影；同时，随着马克思主义在西欧、美国、中国、日本的传播和发展，引起了马克思主义在西方的“第一次复兴”，出现了一批西方激进经济学家，从而兴起了对劳动价值论的进一步研究和讨论。

在马克思经济学说日益广泛传播的情况下，英国剑桥学派首领阿弗里德·马歇尔通过他所写的《经济学原理》一书向马克思劳动价值论提出挑战。他认为，商品的价值好像一个环拱的基石，一边是供给，一边是供求；他断定，在商品的供给与需求达到均衡的条件下便会形成一种均衡价格，他认为，均衡价格是决定和衡量商品价值的基础。20世纪二三十年代，西方经济学界中的不少人都以马歇尔的均衡价格论向马克思的劳动价值论挑战，把反对马克思劳动价值论的争论推向第二次大争论的高潮。

英国“老左派”多布和米克在20世纪30~50年代的论战中，深入批判了米尔达尔否定任何价值理论只倡导价格理论和琼·罗宾逊等人反对劳动价值论的错误观点，力图“恢复”马克思劳动价值论和剩余价值论的理论传统，他们的著述反映了西方马克思主义经济学家对劳动价值论认识的最高水平。多布在他著的《政治经济学和资本主义》一书中，正确阐述了马克思劳动价值论在政治经济学体系和结构中无可争议的重要地位。米克在1956年出版的《劳动价值学说的研究》一书中，以马克思劳动价值论为核心，详尽地考察了劳动价值学说的发展史，有力地批判了马克思劳动价值理论的批评家们对马克思价值学说的歪曲和非难，着重评述了马克思逝世后围绕着劳动价值论所展开的批判和反批判的论争，批驳了帕累托、伯恩斯坦、林赛、克罗齐、兰格、施勒辛格、琼·罗宾逊等人对马克思劳动价值论的曲解，力图澄清西方经济学界长期以来对马克思劳动价值论的误解和非难。

3. 第三次大争论：20世纪70年代

20世纪70年代，西方经济学界依据皮罗·斯拉法1960年出版的《用商品生产商品》一书中提出的商品生产和价格决定理论，又掀起了向科学劳动价值论挑战的第三次高潮。美国经济学家萨缪尔森、英国经济学家斯蒂德曼、霍奇森是较有代表性的人物。他们力图建立一种“没有劳动价值论的剥削论”用以否定科学的劳动价值论。萨缪尔森在 1971 年发表的《理解马克思的剥削概念》一文，被视为对马克思劳动价值论批判最深入的代表作。文章指出，价格本身可以直接由技术上的生产函数引出，因此价值不必要向生产价格转化；以马克思劳动价值论为基础的生产价格理论，只是在整个社会的资本有机构成均相等的情况下才有效，而现实中资本主义各生产部门的有机构成是不同的，因此，劳动价值论的基本命题也就失去意义，缺乏一般性。英国曼彻斯特大学教授斯蒂德曼在 1977 年出版的《按照斯拉法研究马克思》一书中集中攻击马克思的劳动价值论。他用斯拉法理论为武器，力图用实物数量关系的“价值非劳动理论”，用以取代马克思的劳动价值论体系。他在书中探讨联合生产及固定资本存在条件下的负价值问题、异质劳动还原问题、转形问题，以及负剩余价值问题等等，他公然声称：“与其让劳动价值论缠着脖子妨碍思考，不如干脆将它丢在一边而集中精力发展一种内部连贯一致的资本主义发展理论。”[①] 霍奇森在他于 1982 年出版的《资本主义：价值和剥削》一书中也提出了与斯蒂德曼相同的观点。他认为，斯蒂德曼和他的著作都表明劳动价值论不能决定利润率和生产价格，应当放弃劳动价值论。

萨缪尔森等人所要建立的“没有劳动价值论的剥削论”，是对劳动价值论的极大歪曲，受到马克思主义经济学家的反对。以伦敦经济学院的德赛、美国纽约新社会研究院的安沃·赛克为代表的西方马克思主义经济学家，从不同层面来论证马克思劳动价值论的科学性和理论价值。如德赛在 1974 年出版的《马克思的经济理论》著作中指出，马克思的价值理论是涉及社会生产关系的理论，其任务是解释和揭示交换关系所掩盖的剥削关系。美国纽约新社会研究院教授安沃·赛克认为，价值、剩余价值是本质范畴，价格、利润是现象范畴。价值决定价格，剩余价值支配或调节利润。他以《代数学的贫困》为题，对以斯蒂德曼为代表的“新李嘉图主义”关于利润率的决定先于价值决定的观点提出了反批评。

（二）国内学者围绕劳动价值论的讨论

中华人民共和国成立以来，我国理论界对于马克思劳动价值论的理解和界定存在较大的分歧，主要有六次大讨论。在此，为了时间上界限的区别，从大的范

① 斯蒂德曼等．价值问题的论战［M］．北京：商务印书馆，1990：149.

围的争论而言主要概括为四次大讨论。

1. 第一次大讨论：20 世纪 50 年代中后期

第一次大讨论主要是关于社会主义制度下商品生产和价值规律问题的讨论。这一时期，我国生产资料所有制的社会主义改造基本完成，商品生产和价值规律在社会主义条件下的地位、作用问题开始受到人们的关注，从而引起了对“什么是价值，价值规律如何发挥作用”的讨论。孙冶方在《论价值》一文中，积极倡导价值规律内因论和商品生产外因论，提出了与苏联《政治经济学教科书》关于劳动价值论相异的观点，从而引发了第一次关于劳动价值论的大讨论。这次讨论主要集中在两个方面：一是在对价值和价值规律的看法上，即从全民所有制本身来说，是否需要“价值”这个范畴，价值规律在全民所有制内部是否起作用；二是脑力劳动和知识分子劳动是不是生产性劳动，是否创造价值，此次的讨论推动了对劳动价值理论的研究和社会主义经济规律的探讨。

2. 第二次大讨论：20 世纪 70 年代末至 80 年代初期

“文化大革命”结束之后，在解放思想、实事求是思想路线的指导下，经济学界再次针对劳动价值论展开讨论。党的十一届三中全会以来，随着党的工作重心的转移和价值规律在社会经济生活中作用的不断凸显，人们开始对何种劳动形成价值产生了追问。这一次的讨论不仅涉及第一次讨论中的所有问题，还围绕着机器人、生产资料、服务等是否也创造价值展开激烈争论。1981 年，于光远发表《社会主义制度下的生产劳动和非生产劳动》一文中提出：只要是参与物质产品生产的，包括教育、科研、文艺、服务等行业的劳动，都属于创造价值的生产劳动。具体包括：生产物质产品的劳动；生产能够满足社会消费需要的劳务的劳动；从事产品分配和交换的劳动；生产精神财富的劳动；教育的劳动；用于保护环境、改善环境的劳动等。孙冶方不同意于光远的观点，他认为生产劳动只能是物质生产的劳动，也就是说只有物质生产领域的劳动才能形成价值，科学、教育、文艺、医疗卫生工作人员的劳动是精神生产的劳动，而不是创造价值的生产性劳动，由此引发了理论界的讨论和争鸣。这次的争论实质上是如何认识社会主义条件下劳动的生产性问题，即什么劳动创造社会财富。这个问题的解决，对于认识社会主义条件下价值形成的源泉具有重要的意义。

3. 第三次大讨论：20 世纪 90 年代

这一时期主要是关于价值创造源泉的讨论。当时，随着社会分工和协作的不断深化，劳动方式、劳动结构和劳动布局发生了前所未有的变化，第三产业超过第一产业和第二产业成为社会的重要产业，体力劳动的比重逐渐下降，科技生产和管理日益发挥重大的作用。针对这种现象，谷书堂认为物质生产领域和非物质生产领域的劳动都创造社会财富，都形成价值。对此，苏星指出，谷书堂认为决定价值的不是抽象劳动，而是具体劳动，是生产力，这是对马克思劳动价值论的背离。按照马克思“生产力的变化本身丝毫也不会影响表现为价值的劳动”① 的说法，只有生产物质资料的劳动才是创造价值的唯一源泉。随后，谷书堂又在《新劳动价值一元论》一文中，对苏星教授的观点进行回应，他认为传统的劳动价值一元论面临着现实挑战，应该扩展理论的假设和概念的外延，把资本等非劳动要素纳入劳动的概念之中。

4. 第四次大讨论：2000 年至今

2000 年党的十五届三中全会和 2001 年江泽民的“七一”讲话中都提出要“深化对劳动和劳动价值理论的认识”，再一次掀起了劳动和劳动价值论的大讨论和研究热潮。随着我国经济体制改革的不断深入，科技工作和经营管理作为市场经济条件下劳动的重要形式，其作用日益凸显。为此，在《中共中央关于制定国民经济和社会发展第十个五年计划的建议》和江泽民在庆祝建党 80 周年大会上的讲话中，都一再强调要结合新的实践，深化对社会主义社会劳动和劳动价值理论的认识。这次争论在中央的引导下，达到了前所未有的广度和深度。科技、经营管理能否创造价值，在马克思劳动价值论的基础上如何扩展劳动的内涵和外延等问题成为争论的焦点。

综观国内外关于马克思劳动价值论的百年论争，给人们留下深刻隽永而又经久不息的思考和关注。尽管 100 多年来学术界对马克思劳动价值论的理解可以说是各执己见、众说纷纭，但迄今为止，马克思的理论依然如磐石一般岿然不动，位居马克思经济学基础的劳动价值论而言，其历史地位和顽强的生命力是无可争辩的。同时，“真理越辩越明”，这一论战也为我们如何在当代全球化和社会主义市场经济新条件下，如何坚持和发展马克思劳动价值论提供了宝贵的现实启迪。就如陈征所指出的：“马克思科学劳动价值论具有原创性和生命力；但在经济全球化和社会主义市场经济条件下，如何坚持和发展这一理论，也提供了富有启发性的思想资料。”②

二、陈征对劳动价值论相关争论问题的研究

劳动价值论是剩余价值论的理论基础，剩余价值论是马克思经济学说的基

① 马克思恩格斯文集（第 5 卷）［M］. 北京：人民出版社，2009：60.

② 陈征 . 劳动和劳动价值论的运用与发展［M］. 北京：高等教育出版社，2005：251.

石。历来反对马克思主义经济学说的人，都极力否定剩余价值理论，掩盖资本主义的实质。而为了否定剩余价值，首先就要否定劳动价值论。自《资本论》问世的一个多世纪以来，围绕着价值理论，进行了一系列的斗争。始而以“边际效用论”“生产费用论”“机器价值论”等来企图取代马克思的劳动价值论；随着新技术革命的进展，一些当代资产阶级经济学者，又提出什么“技术价值论”“信息价值论”“知识价值论”等，企图取代劳动价值论，以便进一步达到否定剩余价值论的直接目的。

关于劳动价值论的争论为陈征创建现代科学劳动提供研究动力和契机。陈征从开始学习、研究《资本论》时，就十分关注劳动价值论。20 世纪七八十年代，随着科学技术的发展，生产过程的机械化、自动化进一步提高，学术界上曾经有人认为“马克思劳动价值理论已经过时了”企图用“知识价值论”“商品价值论”等错误的理论观点取而代之。劳动价值论作为马克思经济学说的基石，一旦根基被动摇了，整个理论大厦就会倾覆。可见，这些人的用意居心叵测，昭然若揭。对此，陈征结合《资本论》的有关原理撰写了一系列文章，对包括知识价值论、商品价值论、脑力劳动创造价值等价值理论进行全面而深入的研究，对企图颠覆马克思经济学说理论基石的别有用心之人的错误观点进行严词批驳，竭力捍卫马克思劳动价值论的纯洁性和科学尊严，同时也为陈征创建现代科学劳动思想体系奠定了理论基础和提供了丰富的材料。

（一）对脑力劳动创造商品价值的阐析

随着科技革命的进一步推进，生产机械化、自动化日益提高，电子信息技术在商品生产过程中发挥着越来越重要的作用，脑力劳动在商品价值创造中的比重提高了，体力劳动的消耗减少了。当时，有些资产阶级经济学者也借此攻击马克思主义，叫嚷马克思的劳动价值论对小商品生产是适用的，对以先进技术为基础的当代资本主义生产就不适用了，于是，劳动价值理论也就过时了！

所以，脑力劳动是否创造价值，过去一直是有关劳动价值论争论的焦点之一。当时，有的学者就明确提出：“只有物质生产的劳动才可能生产价值，非物质生产的劳动则不可能生产价值。”① 这实际上是否定脑力劳动创造价值的另一种表达方式；也有人认为，诸如教师等脑力劳动者是“臭老九”，是不能创造社会价值的。这些观点都一致认为只有体力劳动创造商品的价值，而脑力劳动不可能创造价值。对此，陈征于 1980 年发表的《创造商品价值的劳动包括脑力劳动》

---

① 白光．现代政治经济学基础理论教程［M］．北京：中国人民大学出版社，1998：134.

文章中，一针见血地剖析了产生这种误区的原因：即“把创造商品价值的劳动，片面地看成是体力劳动的消耗，看不见脑力劳动在创造商品价值中的作用”“他们对物质生产过程做了片面的理解，简单地只把体力劳动和物质生产联系起来”。①

陈征指出，商品价值是凝结在商品体内的人类社会劳动，它体现着在物的外壳掩盖下人和人之间的社会关系。当马克思创造性地提出劳动二重性以后，抽象劳动创造商品的价值，已为公认的事实，而马克思所指的抽象劳动，是包括体力劳动和脑力劳动的。在此基础上，陈征从质和量两个方面对马克思脑力劳动创造价值的观点进行充分的阐析。

从质的方面看，形成价值实体的抽象劳动，应该既包括体力劳动，也包括脑力劳动。在此，陈征引用马克思在谈到抽象劳动时所指出的：“如果把生产活动的特定性质撇开，从而把劳动的有用性质撇开，劳动就只剩下一点：它是人类劳动力的耗费。尽管缝和织是不同质的生产活动，但二者都是人的脑、肌肉、神经、手等的生产耗费，从这个意义上说，二者都是人类劳动。”② 由此说明脑力劳动通过“脑”“神经”的活动，在商品价值创造中发挥作用。

从量的方面看，价值量是由社会必要劳动时间决定，也应该包括一部分脑力劳动在内。马克思把决定商品价值量的社会必要劳动时间，看成是：“在现有的社会正常的生产条件下，在社会平均的劳动熟练程度和劳动强度下制造某种使用价值所需要的劳动时间。”③ 陈征认为，这种“正常的生产条件”是和一定阶段上科学技术发展的水平密切联系着的，而“社会平均的劳动熟练程度”既包括本人在实践中积累起来的经验，也包括学习前人已经总结起来的实践经验，需要一个学习科学技术知识的过程。因此，这一决定因素也应包括一部分脑力劳动在内。

陈征总结指出“从劳动形成商品价值的质和量两方面看，都应既包含体力劳动，也包含脑力劳动。”④

在肯定“创造商品价值的劳动包括脑力劳动”的基础之上，陈征理论联系实际，根据当前劳动条件和劳动状况，认为不管是小商品生产还是发达资本主义商品生产，虽然它们劳动过程的形式和方法不尽相同，但它们的劳动是包含着体力劳动和脑力劳动的。物质生产劳动是由人本身的活动来引起人和自然之间的物质交换过程，陈征根据马克思的相关论述对小商品生产进行说明。马克思指出：

---

① 陈征．劳动和劳动价值论的运用与发展［M］．北京：高等教育出版社，2005：254.

② 马克思恩格斯文集（第5卷）［M］．北京：人民出版社，2009：57.

③ 马克思恩格斯文集（第5卷）［M］．北京：人民出版社，2009：52.

④ 陈征．劳动和劳动价值论的运用与发展［M］．北京：高等教育出版社，2005：255.

“为了在对自身生活有用的形式上占有自然物质，人就使它身上的自然力——臂和腿，头和手运动起来。”① 所以，陈征认为，这种物质生产过程是“头和手”同时活动，发生作用，这也是人类劳动区别于动物活动的地方。又如，虽然蜜蜂能建筑巧妙的蜂房，也只是它的本能活动，“但是，最蹩脚的建筑师从一开始就比最灵巧的蜜蜂高明的地方，是他在用蜂蜡建筑蜂房以前，已经在自己的头脑中把它建成了”②。陈征认为，这又进一步说明了，尽管劳动过程有多种多样形式和方法，但都要作为一个有意志的劳动者，进行有目的的活动，这是体力和智力的活动。正如马克思所指出的“劳动的内容及其方式和方法越是不能吸引劳动者，劳动者越是不能把劳动当作他自己体力和智力的活动来享受，就越需要这种意志”③。

尤其是在发达的资本主义社会里，生产过程的物质技术基础发生了根本的变革，劳动过程更加社会化，劳动分工更加专业化，每一件商品，都是由许多劳动者的结合并通过机器生产出来的共同产品。就如马克思所指出的“产品从个体生产者的直接产品转化为社会产品，转化为总体工人即结合劳动人员的共同产品”④。这里所说的“总体工人”“结合劳动人员”，是包括脑力劳动者在内的。马克思曾经把资本主义工厂的工人分成三个部分，即一部分是操作工作机的工人；另一部分是为操作机器而进行辅助劳动的工人；再一部分是，“如工程师、机械师、细木工等等。这一类是高级的工人”。⑤ 正是由于这三个部分工人的结合劳动，才生产出共同产品。马克思指出：“随着劳动过程协作性质本身的发展，生产劳动和它的承担者即生产工人的概念也就必然扩大。为了从事生产劳动，现在不一定要亲自动手，只要成为总体工人的一个器官，完成他所属的某一种职能就够了。”⑥据此，陈征指出，工程师、机械师这样的脑力劳动者，虽然不是直接进行着物质资料的生产，但是他们围绕着生产中的技术问题，间接地作用于劳动对象，把共同产品创造出来。这样，在以机器体系为主体的采用先进技术的生产过程中，既要有一部分以体力劳动为主的生产工人，直接操纵机器，加工原料；也要有一部分以脑力劳动为主的工程师、机械师、技术员等从事技术工作活动的脑力劳动者。资本主义企业生产出来的商品，正是由上述这两部分人共同创造的。他们的劳动，由于直接地或者间接地创造出商品，因而也都能创造出这些物质产品的价值。根据马克思所提出的：“资本主义生产方式的特点，恰恰在于它

①②③ 马克思恩格斯文集（第5卷）[M]. 北京：人民出版社，2009：208.

④⑥ 马克思恩格斯文集（第5卷）[M]. 北京：人民出版社，2009：582.

⑤ 马克思恩格斯文集（第5卷）[M]. 北京：人民出版社，2009：484.

把各种不同的劳动，因而也把脑力劳动和体力劳动，或者说，把以脑力劳动为主或者以体力劳动为主的各种劳动分离开来，分配给不同的人。但是，这一点并不妨碍物质产品是所有这些人的共同劳动的产品，或者说，并不妨碍他们的共同劳动的产品体现在物质财富中”。[①] 据此，陈征认为：尽管工人和工程师在劳动的形式上不同，但这只是由于分工不同，他们在机器体系的大生产中，都是必不可少的；他们的劳动都是生产劳动，都是形成商品价值的人类社会的抽象劳动。这也说明正是由于他们的结合劳动，才能生产出共同产品，只是这种结合，在不同生产发展阶段，所占的比例有所不同。在工业经济初期，由于知识、科学、技术在生产中的应用还处于早期，商品价值的构成中，活劳动比物化劳动多，在活劳动部分中，体力劳动比脑力劳动所占比例大。进入了机器大工业时期，生产劳动的机械化，提高了劳动生产率，极大地改变了单位商品价值量的构成：一方面，活劳动的比例减少了，物化劳动的比例增加了，而且脑力劳动所物化的知识价值成为物化劳动的主要来源；另一方面，脑力劳动所创造的价值在活劳动价值部分中占据了很大比例。对此，陈征开创性地指出，脑力劳动作为“脑”“神经”活动的概括，在生产过程中起着主要的决定性作用，商品价值创造已由体力劳动为主转变为以脑力劳动为主。陈征的这一重要观点是深化和发展马克思劳动价值论最基本也是最重要之所在。

在充分肯定脑力劳动作用的基础上，陈征还指出：随着现代科学技术的进步，尤其是电子信息技术设备的出现，为脑力劳动提供了代表性的新产品，使经济发展转向以脑力劳动为主的创造商品价值的新阶段，脑力劳动对价值的创造日益起着更大的作用。以此理论为依托，陈征系统地阐发了脑力劳动不同于体力劳动的新特点。

第一，从创造价值的形式来看，体力劳动是直接作用于劳动对象，而脑力劳动是间接作用于劳动对象。在分析体力劳动与脑力劳动共同创造商品价值过程的基础上，陈征指出，从事物质资料生产的工人借助于劳动资料，直接作用于劳动对象，制造物质产品；而工程技术人员等脑力劳动者则通过研制新技术，改善经营管理，节约成本，推广新工艺等技术措施间接作用于劳动对象。

第二，从计算价值的方法上看，脑力劳动可以折算成倍加的简单劳动。按照复杂劳动是倍加的简单劳动的原理，脑力劳动作为复杂劳动，在计算价值时可以折算成倍加的简单劳动。陈征还进一步指出，作为掌握了专门技术的脑力劳动者，要经过一定的学习教育时间，以及一定的实践活动，使理论与实际充分结合

---

① 马克思恩格斯文集（第8卷）［M］. 北京：人民出版社，2009：418.

起来。因此，他们所接受的教育和培训的费用比普通劳动者高，从而也决定了脑力劳动者的劳动力价值要高于普通劳动者，其所创造的价值不仅能超过本身劳动力价值的价值，而且大大超过一般简单劳动新创造的价值。

第三，从发挥作用的方面分析，脑力劳动使科学技术应用于生产，并充分利用自然力，从而大大提高劳动生产率。马克思曾经指出："对脑力劳动的产物—科学—的估价，总是比它的价值低得多，因为再生产科学所必要的劳动时间同最初生产科学所需要的劳动时间是无法相比的。"① 对此，陈征认为对科学的发明和对科学的利用是不一样的，把科学应用于生产，要比科学的发明容易得多。这说明脑力劳动者的发明创造与科学应用于生产相比较，他们所创造的价值更大，贡献更为突出；而且科学应用于生产还可以大量地利用无代价的自然力为人类服务，从而大大提高劳动生产率，促进社会生产力的迅速发展。这说明：从事脑力劳动的劳动者，不仅能创造出较多的价值，而且对社会进步的贡献也是更为显著的。

第四，从社会地位上看，脑力劳动者与体力劳动者一样都是受资本家的剥削。从劳动的最初形态来说，脑力劳动和体力劳动都是结合着的，绝对的、纯粹的体力劳动是不存在的。马克思曾经指出："单个人如果不在自己的头脑的支配下使自己的肌肉活动起来就不能对自然发生作用。"② 他又指出："劳动过程把脑力劳动和体力劳动结合在一起了。"③ 但随着社会分工的发展和私有制的产生，劳动形态发生了变化，脑力劳动与体力劳动相分离并被视为支配劳动的权力，他们虽然处在管理的位置，并取得较为优厚的报酬，但不能因此把脑力劳动者看成剥削者。由此，陈征总结指出，脑力劳动与体力劳动相结合，共同参与了商品价值的创造，他所创造的剩余价值受资本家的剥削，这种地位是没有改变的，其对科学技术发展所作出的贡献也是不可估量的。

在上述研究的基础上，陈征系统地阐发了脑力劳动不同于体力劳动的新特点，对脑力劳动如何创造价值、计算价值的方法、发挥作用以及社会地位进行充分的分析，同时，从物质生产领域和非物质生产领域两方面对脑力劳动创造价值的具体形式进行全方位的研究。

首先，在物质生产领域，脑力劳动者作为总体工人的一部分，与体力劳动者共同创造出产品，他们的劳动价值体现于同体力劳动者共同生产的产品价值之中。而资本主义的生产过程，既是劳动过程，又是价值形成过程和价值增值过程

① 马克思恩格斯全集（第26卷）[M]. 北京：人民出版社，1972：377.

②③ 马克思恩格斯文集（第5卷）[M]. 北京：人民出版社，2009：582.

的统一。因此，脑力劳动者既参加了价值的创造，也参加了剩余价值的创造。陈征又进一步指出，在资本主义社会里，脑力劳动者和普通工人一样，都是在资本家的指挥下进行生产的。他们所处的地位也一样，都是把劳动力作为商品出卖给资本家，共同为资本家创造剩余价值，共同受资本家的剥削。只是在机器大工业时代，劳动过程更加社会化，劳动分工更加专门化，工人生产的概念扩大了，脑力劳动者并不直接进行物质资料的生产，而是通过组织生产过程，改进工艺流程，采取技术措施等间接作用于劳动对象，也因此出现了脑力劳动与体力劳动相分离，并处于支配劳动的地位，但这种分离并没有丝毫改变脑力劳动者与资本家的关系。脑力劳动者如工程技术人员、科研设计人员等的服务劳动，是直接或间接地为生产服务，其与体力劳动者相结合，通过创造商品的价值，不仅生产出自身的劳动力价值，而且还直接为资本家生产出剩余价值。因此，脑力劳动在物质生产过程中，参与了价值的形成与创造。

其次，从非物质生产领域即精神领域分析了脑力劳动是如何参与价值创造的。陈征教授以作家、艺术家和教师为例，进行具体的阐析。如作家、画家与艺术家，他们劳动的结果是生产出书、画、艺术作品等，他们可以离开生产者和消费者而独立存在，是使用价值和价值结合体。使用价值的体现是在于满足人们的精神需要。马克思说："艺术和科学的一切产品书籍、绘画、雕塑等，只要它们表现为物就都包括在这些物质产品中。"① 而商品、物质产品的生产，要花费一定量的劳动或劳动时间，当然具有价值。在资本主义社会里，作家与画家是受雇于资本家，为资本家提供作品，满足资本家不同层次的精神需要。他们不仅能创造价值，而且创造剩余价值。又如教师，教师对学生进行教育，传授文化科学知识，实际上是为学生服务。教师所进行的劳动并不是直接参加物质生产，不直接创造物质产品，但他把科学技术知识传授给学生，学生掌握了这些知识后作为劳动力进入物质生产过程，这些科学技术转化为生产力。而教师培养学生支出的脑力劳动消耗，则构成未来劳动力的教育费用，成为这些劳动力价值的形成要素，加入劳动力的生产费用。总之，脑力劳动者的劳务在提供特殊形态的使用价值的过程中，耗费了劳动者的体力和脑力，所以也创造价值。

陈征上述的分析，有力地证明：创造商品价值的劳动，不仅是体力劳动，而且也包括脑力劳动。如果把商品价值看成只是体力劳动创造的，显然是片面的。如果把脑力劳动简单地与剥削者画等号，则更是错误的。应该看到：随着科学技术的高度发展，创造商品价值的劳动中不仅包含了大量的体力劳动，而且也包含

① 马克思恩格斯文集（第8卷）[M]. 北京：人民出版社，2009：234.

了大量而复杂的、高级的脑力劳动。这些劳动物化在商品体内形成价值，一方面，使单位商品体内的价值量降低；另一方面，使单位商品价值量所包含的比例发生变化。即物化劳动所占的比重在增加，而活劳动所占的比重在减少；同时也表现为：生产过程中体力劳动消耗的减少，脑力劳动消耗的增加。这证明，商品价值是人类抽象劳动凝结的原理，仍然是完全适用的。

陈征上述的分析，对于当时对脑力劳动创造价值的质疑给予有力的回应，捍卫了马克思劳动价值论的科学性。

（二）对“知识价值论”的质疑

20 世纪 80 年代，随着科学技术的突飞猛进，信息交往空前频繁，甚至有人用知识“爆炸”来形容当今社会信息传播数量之大、范围之广、影响之深。美国未来学家奈斯比特曾经指出：“在信息社会里，价值的增长不是通过劳动，而是通过知识实现的。”① 他又进一步指出：由于劳动价值论诞生于科技和信息尚不发达的工业经济初期，在科学技术知识高度发达的信息社会，它必须被新的“知识价值论”所取代。在此，奈斯比特主张以“知识价值论”取代马克思的劳动价值论。“知识价值论”的观点于 20 世纪 80 年代中期传入中国，并给理论界带来很大的震惊。那么，马克思的劳动价值论能否被所谓的“知识价值论”取代呢？对此，陈征及时撰文反驳，运用马克思劳动价值论的基本原理，对知识与价值的关系进行全面的阐析。

1. 对“知识价值论”的错误实质进行批驳

首先，主张知识本身具有价值，但不能创造价值。陈征指出：“所谓知识，无非是人们在改造世界的反复实践中所获得的认识和经验的总结，任何知识，都来源于科学实践和社会实践，来源于人们的脑力劳动和体力劳动。”② 这说明知识作为一种事实、信息、技能等，是人类劳动的产物，凝结着无差别的人类社会劳动。知识的内容（从包括人脑中的点滴观点开始，直至成文的系列原理、理论、方案、计划等），“无非都是人类劳动的产物，是人类一般社会劳动的凝结”③。这说明知识同其他商品一样，是具有价值的，而知识的价值“无非是劳动者所创造并被转移到产品中的物化了的劳动价值”④。但陈征又进一步指出，知识虽然是有价值，但知识是不创造价值的。这是因为，一方面，知识必须通过人类劳动，并在结合一定物质资料的基础上，才能生产出具体的物质产品，没有

① ［美］奈斯比特．大趋势［M］．北京：中国社会科学出版社，1984：15.

②③④　陈征．劳动和劳动价值论的运用与发展［M］．北京：高等教育出版社，2005：219.

人类劳动的参与和发挥作用，知识的作用就无从体现，更不可能创造价值；另一方面，知识虽然都是人类社会劳动的凝结，但由于知识的异质性和不稳定性，不能形成共同和相对稳定的价值实体，也就无法进行比较。再者，人类知识是日新月异、不断向前发展的，由于科学实验和社会实践不断向前发展，旧的知识必将不断为新的知识所取代，处在不断更新的过程中，也就不可能成为商品交换中相对稳定的价值实体。

其次，揭示了“知识价值论”与“脑力劳动创造价值”的本质区别。对于主张“知识价值论”的人们，陈征批评其实质是把“马克思的劳动价值论仅仅理解为体力劳动创造价值，误认为脑力劳动是不创造价值的；同时还误认为脑力劳动创造价值，就等于知识创造价值了。”① 陈征批判这是对马克思劳动价值论的曲解，把脑力劳动摈弃于创造价值的过程之外，这是与马克思劳动价值论相背离的。马克思在《资本论》中曾多次指出，形成商品价值的劳动，不仅包括体力劳动，而且也包括脑力劳动。例如，他说：“我们把劳动力或劳动能力，理解为一个人的身体即活的人体中存在的、每当他生产某种使用价值时就运用的体力和智力的总和。”② “劳动过程把脑力劳动和体力劳动结合在一起了。”③ 马克思所指的这种脑力劳动，是一种复杂的劳动，能创造出大量的价值，所以少量复杂劳动可以折算成为大量的简单劳动。可见，马克思的劳动价值论，即已充分注意到了脑力劳动在价值形成中的作用。根据马克思这一基本原理，陈征阐明了新技术革命下脑力劳动创造商品价值的基本规律：即在“工业经济初期”，由于知识、科学、技术还未充分发展和应用，因而在商品的价值构成中，活劳动比物化劳动多；在活劳动部分中，繁重的体力劳动比脑力劳动所占的比例大。到了机器大工业时期，利用机械代替人的体力劳动，因而在商品的价值构成中，转移来的物化劳动部分比活劳动部分多，体力劳动和脑力劳动新创造的价值部分也相应地发生变化。到了自动化的机器体系阶段，特别是到了所谓“信息社会”阶段，脑力劳动在生产中的作用更加显著。这说明，在新技术革命形势下，脑力劳动在价值形成过程中越来越处于重要地位，日益发挥重要的作用，而这又正是知识、科学、技术日益发展并运用于生产过程所出现的结果。

此外，陈征指出，主张“知识价值论”其实质是把“脑力劳动创造价值”与“知识创造价值”相混淆。陈征认为：正如劳动存在于活的劳动者身上一样，

---

① 陈征．劳动和劳动价值论的运用与发展［M］. 北京：高等教育出版社，2005：220.

② 马克思恩格斯文集（第5卷）［M］. 北京：人民出版社，2009：195.

③ 马克思恩格斯文集（第5卷）［M］. 北京：人民出版社，2009：582.

知识、智力也存在于活的劳动者的大脑中，是人的劳动力的反映，只是一种潜在形态的价值和潜在形态的生产力，只有通过劳动者的劳动，才能把它本身的价值转移到产品中去，才能创造出价值。所以，陈征总结指出，如果把脑力劳动者所进行的活动和脑力劳动者本身所具有的知识等同起来，这就等于混淆了劳动和劳动力这两个不同的概念，等于承认劳动创造价值和劳动力创造价值相同的含义，必然会得出错误的结论。

2. 提出了“劳动—知识—劳动—价值”的发展过程

为了充分理解知识在物质生产过程和价值形成过程中的作用，陈征还提出了劳动—知识—劳动—价值的发展过程。归结为以下几个方面的观点。

一是任何知识、科学、技术都是来源于科学实验和社会实践经验，是在科学实验和社会实践的过程中不断总结提高的结果，必须花费一定量的人类社会劳动，同时还必须消耗一定数量的物质资料，而这些物质资料，又都是由过去劳动生产出来，其所包含的价值不断转移到知识产品中去。由此说明知识本身的价值，既包括旧价值转移来的部分，也包括劳动新创造的价值部分。这是从劳动到知识的发展过程。二是知识必须依存于活人的身体上，储存在脑力劳动者的脑海中，形成智能，以科学或技术形态存在，成为具有较高复杂劳动能力的劳动者，成为潜在的生产力，这是知识价值在人体上的储存过程，是从知识到潜在生产力的发展过程。三是劳动者掌握了当代科学技术知识，就具备了从事复杂劳动的能力。这种掌握了当代科学技术劳动者通过复杂劳动，能创造出更多的新价值，这是由潜在生产力转化为现实生产力的发展过程。

通过这一过程的具体分析，说明了科学技术知识在推动着社会生产力向前发展的客观规律，即凝结在科学知识中前人辛勤劳动的成果越多，科学技术越发达，知识价值就越大，从而使复杂劳动力能够以较少的劳动时间，创造更多的价值和财富，这又推动了科学技术知识的进一步发展，使劳动向更复杂更高级方向转化，从而又创造出更多的价值，以此“劳动—知识—劳动—价值，循环反复，既推动着科学技术向前发展，又推动着社会生产力向前发展”。①

综合陈征上述全面、细致的分析，不仅说明了劳动—知识—劳动—价值的发展过程，才使我们能理解科学技术知识在生产过程中和价值形成过程中所起的重要作用；才能进一步理解知识本身不能创造价值、知识只有通过劳动才能起着创造价值的作用；也才能进一步分清知识价值论和劳动价值论真实区别以及知识价值论的谬误所在。

---

① 陈征．劳动和劳动价值论的运用与发展［M］．北京：高等教育出版社，2005：223.

3. 阐明知识产品价值和“知识价值论”的区别

为了进一步弄清问题，避免误解，陈征对知识产品的价值和“知识价值论”两个不同的概念进行剖析，并阐明了二者的区别。

首先，陈征从基本概念出发来说明知识产品价值和“知识价值论”的区别。

陈征指出：“一项新发明，一种新技术，一件新工艺，一本学术著作，一部长篇小说……都是知识产品。尽管知识产品的形态千差万别，但与物质产品毕竟有所不同。作为知识产品，它本身必须是创造性的劳动成果，具有创新性质。”① 由此说明，知识产品价值的高低和它的创新程度密切联系在一起的。在此，陈征还进一步分析了一般的物质产品与知识产品在使用过程中的不同之处。他指出，物质产品是以一定的物质形态存在着，在使用过程中物质形态消灭了，该产品也就不复存在了，而知识产品则不会因为人们的使用而损耗，而消失。相反地，如果一项新技术在生产中应用得越广泛，越普遍，其发挥的社会效用就越大。这是陈征揭示的知识产品与物质产品的区别之处。

其次，从价值和使用价值两个层面来进一步说明知识产品价值和“知识价值论”的本质区别。

陈征指出，知识产品同其他物质产品一样，都具有价值和使用价值，而技术成果商品化后，这种技术商品，也和物质产品一样，具有价值和使用价值。在此，陈征运用马克思劳动价值论，分析了技术商品价值创造的基本原理，具体内容概括如下。

从技术商品的价值方面来看，它也应该包括物化劳动和活劳动这两个部分。技术商品的物化劳动的转移部分，虽然是甚为有限的，小量的，但从这项技术发明者来说，需要经过长期的学习和研究，这不仅要花费一定的劳动，而且要消耗大量的物质资料，甚至还要包括前人的学习研究所花费的物化劳动和活劳动，这些物化劳动都要直接地或间接地转移到新的技术商品中去。至于技术商品中活劳动创造的价值部分，则主要是科学家、发明家、脑力劳动者研究或生产过程中投入的创造性的复杂劳动，这种创造性的复杂劳动，应该说是技术商品价值中的主要构成部分。而技术商品这部分价值往往要经过数十次、数百次反复试验，反复实践，不断总结经验的结果。而这若干次试验所花费的时间，也要加入技术商品，成为活劳动新创造价值的有机组成部分。

针对人们对“一项发明的专利权、一项科研成果的技术转让费数量之大”的疑虑，陈征主张从马克思在《资本论》中分析劳动力的价值和劳动新创造的价值

① 陈征．劳动和劳动价值论的运用与发展［M］. 北京：高等教育出版社，2005：224.

这两个概念出发进行研究，由此进一步引申出复杂劳动力价值和复杂劳动新创造的价值这两个新概念。所谓复杂劳动力的价值，当然要比形成一般劳动力价值消耗更多的学习和研究费用，因而复杂劳动力价值要比一般劳动力价值高得多。至于复杂劳动力进行的活动，即复杂劳动，这种劳动，不仅能创造新价值，而且能创造出大大超过复杂劳动力价值的价值，当然也就更远远超过一般劳动所创造的新价值，对这部分新价值所给予的报酬，是应得的，是合理的。当然这种复杂劳动，正如马克思所指出的，是自乘的倍加的简单劳动，少量复杂劳动，会和大量的简单劳动相等。

陈征上述的论述，说明技术商品的价值，不管是物化劳动的转移部分，还是复杂劳动新创造的部分，都是人类劳动的凝结，仍然是由人类社会劳动创造的，并不是由知识直接创造的，因而技术商品创造价值仍然是属于劳动价值论，不是知识价值论。

虽然知识不能创造价值，但陈征并没有忽略知识的重要性，而是充分认识到其在价值创造中的作用。陈征指出，由于知识的积累，不断出现新的科学新的技术，而科学技术知识在生产中则起着极其重要的关键作用。但任何先进科学技术知识，都是通过劳动者、特别是脑力劳动者而实现的，要充分发挥科学技术知识的作用，就必须充分重视脑力劳动的作用，充分重视掌握现代科学知识的脑力劳动者即知识分子的作用，重视高级复杂劳动在创造价值过程中的特殊作用。因此，尊重科学技术知识必须和重视脑力劳动密切相结合，重视知识必须和重视人才相结合，这完全符合马克思的劳动价值论，与所谓“知识价值论”是有根本区别的。

劳动价值论是剩余价值论的基础，剩余价值论是马克思经济学说的基石。用所谓“知识价值论”取代劳动价值论，实质上是从根本上取消马克思经济学说的理论基础，其最终目的就在于否定马克思的经济学说。因此，知识价值论和劳动价值论之争，并不是一般的理论观点或名词概念之争，而是坚持马克思主义和反对马克思主义之争。陈征对产品价值论与“知识价值论”的深入阐释，与“科学知识通过劳动实践，以推动生产力的发展”这一客观规律完全符合的，是在新科技革命背景下对劳动价值论的运用和发展，也是对所谓“知识创造价值”这种谬论的一个有力回击，坚决维护了马克思劳动价值论的权威。

（三）对“商品价值论”的批驳

美国经济学家帕克以斯拉法的《用商品生产商品》的基础理论为依据，于1985年撰写出版了《重建马克思主义经济学》一书，提出所谓“商品价值论”，声称要用商品价值论来取代劳动价值论，进而说明资本主义生产方式，以重建马克思主义经济学。这一理论的基本要点是：承认交换中的商品是有价值的，但主张商品的价值不是由劳动创造的，是由其他商品生产出来的，即商品生产商品的价值，这是所有商品的共性；指出商品有两种使用价值：一是用于满足人们的某种需要的属性；二是用于生产其他商品；认为资本家利润的来源，不是对雇佣工人剩余劳动的剥削，而是商品生产出更多的商品；认为劳动力不是由商品生产的，因而劳动力没有价值。

对于帕克上述的观点，陈征一针见血地指出，“商品价值论”实际上是主张“商品生产商品的价值”，其实质是否认抽象劳动是价值的唯一源泉，使资本主义的社会关系仅仅表现为商品与商品的关系，掩盖了资本剥削雇佣劳动的关系，这实质上是用“商品价值论”迷惑视听，以便取代劳动价值论；用重建马克思主义经济学的幌子，以便从根本上否定马克思主义的经济学说，取消马克思主义的政治经济学。进而，陈征运用劳动价值论的基本原理对“商品价值论”的理论基础进行有力的批驳，提出一系列精辟的观点。

1. “商品价值论”与马克思劳动价值论有着根本的分歧

马克思在《资本论》中指出，商品作为资本主义社会的经济细胞，是用来交换以满足人们某种社会需要的劳动产品，具有使用价值和价值。商品的价值，是由劳动者的社会劳动在商品体内的物化或结晶，即商品的价值来源于人类社会劳动，但人类劳动具有二重性——抽象劳动和具体劳动，抽象劳动形成价值，具体劳动创造使用价值，劳动的二重性决定着商品的二重性。商品的价值量是由社会必要劳动时间决定的。所以商品与商品的交换，实质上是劳动与劳动的交换，表面上是商品与商品即物和物的关系，实质是劳动和劳动即人和人之间的社会关系。

根据马克思劳动价值论的基本原理，陈征指出，商品的价值量是由生产该商品所需要的社会必要劳动时间决定的，所以商品与商品的交换，实质上体现的是劳动和劳动即人和人之间的社会关系。而帕克的“商品价值论”则不同，他虽然肯定了《资本论》是从商品分析开始研究资本主义生产方式；肯定了资本主义存在的前提是，不断进行商品的生产与再生产，必须进行以货币为媒介的商品交换；他承认交换中的商品是有价值的，但这种商品的价值，不是由劳动创造，而是在生产过程中，由其他商品生产出来的，即商品生产价值，或者说，商品的价值是由商品生产出来的，这是所有商品的共性；而商品的使用价值有两种，一种是用于满足人们的某种消费需要，另一种是用于生产其他商品，即用于创造价值（按：这实质上是说，使用价值可以创造价值）；认为资本家通过商品生产和交换，所以能取得利润，不是由于资本家剥削了雇佣工人的剩余劳动，而主要是由于他们使商品生产了更多的商品，从而生产了更多的货币。

“用商品生产商品”或是“商品价值论”，其实质是为了证明“商品的价值是由生产该商品所消耗的生产资料的价值和原材料的价值来决定的，构成商品价值的是这些在生产过程中消耗了的商品”[①] 而根据马克思劳动价值论，C + V + M构成商品价值量的三个部分，其中，V + M 部分是由劳动新创造的，C 虽然是物化劳动的转移，但仍是由劳动创造的。而“商品价值论”只承认 C 的价值构成，否定了劳动创造的 V + M 的部分，并认为 C 是商品本身固有的，不是由劳动创造的，这种观点显然是与马克思劳动价值论背道而驰，是违背客观事实的，是错误的。

基于上述的分析，陈征总结指出，帕克在《重建马克思主义经济学》一书中所指的资本主义的社会关系就仅仅是商品与商品的关系，这就是说，用商品生产商品，商品与商品的关系，仅仅是物的关系，而不是通过物和物的关系来表现人和人的关系了。可见，帕克的“商品价值论”和马克思的劳动价值论并没有什么“很相似”的地方，实质上是完全不同的。

2. “商品价值论”的要害是否定劳动力价值和劳动创造价值

从陈征对“商品价值论”核心观点的分析，说明帕克的“商品价值论”和马克思的劳动价值论不仅是不同的，而且有着根本的分歧。陈征一针见血地指出：“‘商品价值论’的要害是否定劳动力价值和劳动创造价值。”进而，他运用马克思劳动价值论相关原理从以下几方面进行剖析和论证。

首先，关于商品的共性的分析。帕克认为，商品之所以能和其他商品相比较，是因为他们都是由其他商品生产出来的。马克思主义认为，商品是通过交换以满足人们某种社会需要的劳动产品，商品之所以能互相交换，因为创造商品价值的人类社会劳动，在任何商品中都是共同的。只有在质上共同的东西才能互相比较，而这种共同的东西在不同商品中存在着量的差异，才能确定不同的交换比例。对于“帕克把商品关系存在的共性说成是商品”的观点，陈征认为，不同商品的使用价值和形态，是五花八门，不尽相同；如果是就商品的价值而言，帕克既认为商品创造价值，价值来源于商品，作为共性的价值即作为共性的商品，是一个循环往复，至于作为价值的商品，又是从哪里来的，帕克认为是来源于中间产品即生产资料、原料等；而对于这中间产品的帕克不得不承认这些中间产品是自然界原本就有的。那么，自然界的东西不经过人们的劳动能不能成为商品呢?

---

① 陈征．劳动和劳动价值论的运用与发展［M］．北京：高等教育出版社，2005：232.

这显然是不可能的。所以，陈征指出，离开了人类社会劳动，既无商品可言，又无价值可言。说商品的共性是商品，这无异于反复循环，完全是悖理的假设。

其次，关于商品使用价值的分析。帕克认为，商品的使用价值有两个方面，它既能满足人们某种需要，又能用于生产其他商品，创造价值。马克思主义认为，商品的使用价值只能是满足人们的某种需要。只有作为特殊商品的劳动力，它的使用价值是劳动，劳动才能创造价值。所以，陈征认为，如果一般地说商品的使用价值能创造价值，就完全曲解了马克思的含义。说使用价值能创造价值，也是完全悖理的。作为价值，任何商品中都应该有共同的，作为使用价值，不同商品的使用价值是各不相同的，怎么能以不相同的使用价值创造出共同的价值呢？由此，陈征总结指出："使用价值是物的属性，价值是社会属性，说使用价值能创造价值，无异于说物的属性可以创造社会属性，这简直是荒唐而不可思议的事情。"[①] 帕克主张使用价值可以创造价值作为"商品价值论"的一个重要支柱，它的科学性、价值性和可信度，显然是不言而喻、不说自明的。

再次，关于劳动力的分析。关于劳动力的问题，帕克认为，劳动力不是由商品生产出来的，因而不是商品，没有价值。陈征指出：根据马克思劳动价值论，在资本主义制度下，劳动力是一种既有使用价值也有价值的特殊商品，其价值是由劳动者所消费的生活资料的价值决定，其使用价值在于能创造价值的劳动。因此，在资本主义社会里，劳动者出卖劳动力给资本家，资本家雇用的是劳动者的劳动力，这在资本主义社会是普遍存在、无可辩驳的客观事实。而"商品价值论"否定劳动力是商品，从而进一步否定劳动力的使用：即劳动能创造价值，以便彻底否定劳动价值论。因此，陈征总结指出："否定劳动力商品的价值和使用价值，是'商品价值论'的要害，也是他攻击劳动价值论的核心问题。"[②] 这也充分揭露了"商品价值论"的荒谬性及其别有用心。

最后，关于商品所表现的关系的分析。针对帕克提出的"商品价值是由商品生产的，商品生产者之间交换商品的关系，体现的是商品与商品、物与物之间的关系"的观点，陈征进行深入剖析指出：按照马克思的理论，商品与商品相交换，其实质上是劳动与劳动相交换，"是在物的外壳掩盖下人和人的社会关系"，以此揭露了资本主义生产关系的剥削性。陈征认为，虽然帕克也承认商品是一种财产关系，是一种社会关系，但他仍然从商品的自然物质出发来说明这种关系，而不是用交换劳动的关系来说明，这是缺乏逻辑根据和科学基础的，帕克陷入了

---

① 陈征．劳动和劳动价值论的运用与发展［M］．北京：高等教育出版社，2005：234.

② 陈征．劳动和劳动价值论的运用与发展［M］．北京：高等教育出版社，2005：235.

既承认是物的关系，又承认是财产关系，处在不能自圆其说、自相矛盾的境地。

3. “商品价值论”的实质，不是重建马克思主义经济学，而是否定马克思主义经济学

陈征认为，帕克要“重建马克思主义经济学”，一方面，说明他是马克思主义者，至少算是信仰马克思主义的；另一方面，因为马克思主义经济学不完善，有问题，或者过时了，要由他来重新建立。通过对帕克的《重建马克思主义经济学》一书的核心观点及理论实质的分析，陈征一针见血地指出：“帕克的《重建马克思主义经济学》一书，以他炮制的‘商品价值论’为基础，对马克思经济学说的一系列理论，进行歪曲、篡改和否定。实质上，并不是真正重建马克思主义经济学，而是在打着马克思主义的招牌，贩卖否定马克思主义经济学的黑货，干着反对马克思主义经济学的勾当。”① 进而，陈征对帕克的理论观点及其实质进行一一的揭露。

（1）帕克从“商品价值论”出发，篡改马克思关于商品的理论。他把商品看成是自然属性，从而否定商品的社会属性；他把商品说成是物的关系、财产关系，从而否定商品是在物的外壳掩盖下所体现的人和人之间的社会关系；他否定劳动创造价值、否定劳动二重性、否定社会必要劳动时间对价值量的规定……这样，在帕克视野里的商品，连古典学派的商品也大大不如。

（2）帕克从“商品价值论”出发，篡改马克思关于货币的理论。他用“商品价值论”来看待货币的起源，认为货币具有价值，因为它是由商品生产的；黄金之所以能作为货币，也是因为它是由商品生产的。这就造成一种假象，好像货币（或黄金）之所以能成为货币，是货币形态本身所固有的自然属性，并不是一定社会关系的产物。对此，陈征运用马克思有关货币理论进行反驳。根据马克思相关理论，货币是商品生产与商品交换发展到一定阶段的产物，货币本身也是商品，当某种商品（如黄金）固定化为货币后，除去它本身的使用价值外，还取得新的使用价值，即具有货币的社会职能。货币作为一般等价物，就成为社会财富的代表，以货币作为媒介进行商品交换，它本身就体现着一定的社会关系。所以，陈征认为帕克把货币的社会关系看成是自然形态，正如他把商品的社会属性看成是自然属性一样，都是为了把社会因素抽象掉，把资本主义看成自然固定、长久不变的。

（3）帕克从篡改商品、货币的本质出发，进一步否定了在简单商品流通中，劳动产品通过交换，抽象劳动得以实现其价值的马克思主义观点。帕克认为，商

① 陈征．劳动和劳动价值论的运用与发展［M］．北京：高等教育出版社，2005：238.

品之所以有价值，并非劳动所创造，而是由其他商品生产出来的，简单商品流通中，不会实现劳动所创造的价值，只能实现由其他商品所生产出来的价值。因此，在流通中的货币的作用，就不是由私人劳动转化为社会劳动，具体劳动转化为抽象劳动，实现劳动所创造的价值，而只是单纯地用商品交换商品。

（4）帕克从“商品价值论”出发，否定马克思关于资本的理论。他认为，商人付出货币，买卖商品，取得更多的货币，是因为用商品生产了更多商品的缘故，这就否定马克思关于剩余价值的来源及资本家无偿占有雇佣工人创造的剩余价值的原理。帕克由此出发，进一步篡改资本的实质和资本的职能的原理，认为剩余价值是由资本生产出来的，因为资本已由货币转化为商品，这些商品，可以生产更多的商品，也可以生产剩余价值。至于劳动力，是家庭生产的，不是由其他商品生产出来的，所以没有价值，也不是商品。因此，陈征认为，在帕克的视野里，资本与商品是一致的，商品能创造价值，资本也能创造价值和剩余价值，“商品价值论”进一步演变为“资本价值论”，这就篡改了马克思有关资本的理论，进一步歪曲了剩余价值的实质，掩盖了剩余价值的真实源泉。

（5）帕克从“商品价值论”出发，篡改马克思关于剩余价值的理论。如上所述，帕克既歪曲了剩余价值的实质和源泉，还进一步把剩余价值和利润等同起来。他指出，商品能生产出价值，也能生产出剩余价值，从而产生利润率，甚至把剩余价值和利润相等同，在剩余价值分配时，只是按照市场上形成的平均利润率来分配。对此，陈征认为，其实，利润只是剩余价值的转化形态，剩余价值的分配和利润率的平均化也是不能完全相等的两回事。帕克把资本主义社会里剩余价值分配的这个实质问题歪曲为只是利润率的平均化问题，用现象代替本质，从而掩盖了资本主义的剥削实质。

综上所述，陈征通过对帕克“商品价值论”理论依据的剖析与批驳，说明了帕克从“商品价值论”出发，篡改马克思关于商品的理论、关于货币的理论，从而进一步否定在简单商品流通中，劳动产品通过交换，抽象劳动得以实现其价值的马克思主义观点，并从“商品价值论”出发，否定马克思关于资本的理论、以“商品价值论”来取代劳动价值论，从而进一步在运用剩余价值的名词下篡改、歪曲直至否定马克思的剩余价值学说，从而篡改马克思《资本论》的基本原理。陈征的剖析揭露了帕克打着马克思主义旗号，企图重建马克思主义经济学，以达到反对马克思主义的目的。当时，陈征已充分认识到，随着科学技术的发展和时代进程的推进，马克思主义也必须在运用中发展，但是发展马克思主义与歪曲、篡改、否定马克思主义是根本不同的。所以，陈征认为，尽管有些资产阶级经济学者运用形形色色的手段，对马克思主义经济学反对也好，篡改也好，重建也好，都将脱离科学发展的轨道，其结果必然是徒劳的。

三、当代劳动的新特点

马克思劳动价值论是关于价值创造和价值决定的理论，包括商品二因素、劳动二重性、价值形式、价值规律等一系列原理，它回答了价值由谁创造和如何被决定等问题，不仅体系完整缜密，内容也十分博大精深。劳动价值论是马克思政治经济学的理论基础，马克思的全部经济理论，包括《资本论》全书的理论内容，都是建立在科学的劳动价值论的理论基础之上的。马克思的劳动价值论创作于19世纪中期，当时一些主要资本主义国家已基本完成了工业革命，正处于由工场手工业发展为机器大工业的资本主义工业化初期。与此相适应，生产方式仍然以体力劳动为主，文化产业和服务业尚不发达，但工业革命的完成，为商品经济的充分发展铺展了广阔的前景。面对自由市场经济的发展，马克思已敏锐地发现脑力劳动在商品生产中的重要作用，并在当时科学技术还未高度发展时，就提出了“科学技术是生产力”、生产力中包括科学的重要论断，肯定了科学技术在生产中的重大作用，这充分显示了马克思高瞻远瞩、理论天才的巨大创造性。但在资本主义工业化的初期阶段，科学技术在生产中的应用，仍属于早期的探索阶段，马克思不可能进行更为具体和深入的分析，也因此给后人留下争论的空间。《资本论》出版后，关于劳动价值论的争论一直是学术界的热点问题之一。围绕着劳动价值论，西方学术界曾经展开了三次大争论。其中既有来自西方资产阶级庸俗经济学家的污蔑和非难，也有来自反马克思主义经济学者的歪曲与否定。中华人民共和国成立以来，对于马克思劳动价值论的理解和界定，国内学术界也存在较大的分歧，进行过六次大讨论。其中，在新的历史条件下“深化对社会主义劳动和劳动价值论认识”的第六次大讨论最为引人关注。随着我国经济体制改革的不断深入，在新的市场经济条件下，科技工作和经营管理的作用日益凸显。2000年党的十五届五中全会和2001年江泽民同志“七一”讲话都强调指出：要结合新的实践，深化对社会主义社会劳动和劳动价值理论的认识。之后全国掀起了讨论社会主义劳动和劳动价值理论的新高潮，问题主要集中在：在现代科学技术高速发展和社会主义市场经济条件下，如何与时俱进，对劳动价值论进行运用和发展的问题。在中央的引导下，这次争论达到了前所未有的广度和深度，出现了许多形形色色的不同观点，其中也不乏许多创新性的重要的新思想、新观点、新见解。

在上述劳动价值论的争论中，陈征积极参与并发挥了重要的作用。陈征指出：“围绕劳动价值论的论争基本上有两种情况：一种是坚持与否定的争论；另一种是在肯定劳动价值论的前提下，如何运用和发展，对现实经济问题的分析与研究。”① 他旗帜鲜明而又满怀信心地指出：“由于科学的劳动价值论是科学真理，不管是有人企图否定它还是努力在实践中去运用它，它都会放出真理的光辉。实践是检验真理的唯一标准，科学的劳动价值论在诞生以后的一个半世纪以来，在不断的实践中日益显示其科学性和正确性。”②

毫不动摇地坚持马克思劳动价值论是陈征现代科学劳动思想产生的理论根基。但陈征又充分注意到，从 19 世纪发展到 21 世纪，科学技术已取得了质的飞跃，尤其是以原子能、电子计算机等为主要标志的第三次科技革命，是迄今为止人类历史上规模最大、影响最为深远的一次科技革命。它不仅极大地推动了人类社会经济、政治、文化领域的重大变革，使人类的生活方式和人的现代化朝着更高的境界发展；而且使科技工作和管理经营等脑力劳动的作用日益突出，当代劳动出现一系列新特点。对此，陈征指出：“当前，已进入信息化阶段，生产的物质条件和技术条件大大变化，社会主义社会劳动也有了新的特点，如果把劳动价值理论作为教条死搬硬套，在实践中也必然碰壁。社会在前进，实践在发展，科学劳动价值论在保持基本内核的前提下，必须与时俱进，必须有新的发展。”③正由于当代劳动出现了许多新情况、新问题，这些与马克思所处的时代有很大的不同，又必须在社会主义市场经济和改革开放的实践中进一步说明。因此，当代劳动呈现的新特点，是陈征现代科学劳动思想产生的客观基础，突出表现为以下四个方面。

第一，商品价值创造由体力劳动为主发展为脑力劳动为主。任何一个劳动过程，劳动支出是以体力劳动为主还是脑力劳动为主，是由生产力发展水平决定的。马克思指出：资本主义生产方式的特点，恰恰在于它把各种不同的劳动，因而也把脑力劳动和体力劳动，或者说，把以脑力劳动为主或以体力劳动为主的各种劳动分离开来，分配给不同的人。马克思创建科学劳动价值论时，当时正处于工场手工业向机器大工业过渡时期，但马克思已充分认识到脑力劳动和体力劳动都共同创造价值，如马克思在《资本论》中也曾多次指出：“我们把劳动或劳动能力，理解为……体力和智力的总和。”④ 但当时创造商品价值的劳动形式仍以手工为主的体力劳动，脑力劳动创造的价值数量是很小的，而脑力劳动又往往依附于体力劳动来进行生产活动，缺乏独立创造商品价值的具体形式，这就不可避免地决定了马克思的劳动价值论主要是侧重于体力劳动的研究。

---

①②③　陈征．劳动和劳动价值论的运用与发展［M］．北京：高等教育出版社，2005：251.

④　马克思恩格斯文集（第 5 卷）［M］．北京：人民出版社，2009：195.

20 世纪 90 年代后，随着科技进步的加速和经济现代化水平的不断提高，人类的劳动工具、劳动条件出现了巨大的变化，尤其是计算机软件的产生，它已不再是人类体力劳动的物化，而是人类脑力劳动的物化，出现了脑力劳动独立创造商品的具体形式。与此相适应，就业结构中，智力型的脑力劳动者的比重迅速提高，逐步成为社会劳动中的主力。据相关的数据统计，从 1980 年至 1990 年的 10 年里，在制造业领域，OECD 的成员国的就业结构发生了很大的变化。从就业人数来看，熟练工人减少了 70%，技术工人增加了 10%；另外，具备一定高技术技能的就业人数增加 20%[①]。可见，随着信息技术和自动化技术的广泛应用，发达国家的就业人口中，从事简单的体力劳动的比例明显减少，而从事复杂性的脑力劳动的比例越来越大，在商品价值创造中，脑力劳动的作用越来越突出。这说明，20 世纪中期以后，随着科学技术的发展及其在生产中的广泛应用，这就使人类劳动由体力劳动为主逐步转变为以脑力劳动为主。这与马克思所处的资本主义工业化初级阶段相比，劳动形式发生了重大的转变。

第二，科学劳动对生产和经济生活起着越来越重要的作用。科学劳动是一种高级的脑力劳动，是指掌握了科学技术知识的劳动者所进行的劳动。马克思写作《资本论》时，当时科学技术有一定的发展，仍不够发达，劳动主要是以简单、重复性的劳动形式为主，但马克思已预见到科学技术在生产中的作用。如马克思指出："随着大工业的发展，现实财富的创造……较多地取决于在劳动时间内所运用的动因的力量，而这种动因……取决于科学的一般水平和技术进步，或者说取决于这种科学在生产上的应用。"[②] 这说明随着大工业的发展，商品的价值主要取决于科学技术的进步及其在生产中的运用。由于受到历史条件的限制和创作《资本论》本身目的的影响，马克思没有对这种掌握科学技术知识的科学劳动进行进一步的深入探讨，给后人留下研究空间。

陈征研究劳动价值论和创建现代科学劳动思想体系正处于 20 世纪 80 年代至 21 世纪初期，当时第三次科技革命已日渐成熟并进入新的发展阶段。尤其是以互联网为标志的信息技术革命，带来了生产力的大发展和组织管理方式的变化，还引起了产业结构和经济结构的变化。在当代社会，随着科学技术不断创新与推广，在社会生产和再生产过程中，脑力劳动和科学技术的投入相对增大，体力劳动和物质资源的投入相对下降。与此相适应，知识和技术密集型产业逐步取代了劳动密集型和资源密集型产业，并在经济发展中占据了主导地

① 陈耀．世界发达国家二、三产业关系的演变与启示［J］．经济纵横，2007（8）：56.

② 马克思恩格斯文集（第 8 卷）［M］．北京：人民出版社，2009：195 – 196.

位。科学劳动对经济发展的贡献是普通劳动所望尘莫及的。现在一块小小的电子芯片的功能堪比一座实验室，高新技术应用于生产所创造的社会财富往往以级数式地增加。当前，科学劳动已广泛渗透到人类社会的经济、政治、文化等各个领域，为生产力的发展提供了强大的动力，为人类社会的进步和现代化开辟了广阔的前景。

第三，生产精神产品的劳动广泛发展。骆耕漠在《马克思的生产劳动理论》（1990）一书中对“精神劳动”的概念进行具体的界定，他指出：“精神劳动是人们运用感官的感觉功能和脑器官的理性思维功能（精神劳动力），依靠社会实践，从客观事物的现象深入到内在联系，对客观事物做出规律性反应，取得真知（包括将它传授和如何应用于社会实践）等一系列的活动。”①精神劳动创造的是精神产品，它是通过满足人们的精神文化需求而成为推动社会经济发展的力量，是随着脑力劳动和体力劳动的分离而出现的。物质决定意识，精神产品的生产和广泛使用，是以一定生产力发展水平为基础的。马克思写作《资本论》是处于自由资本主义时期，精神生产有所发展，但仍不发达。而分析资本和劳动的关系，揭示资产阶级怎样剥削工人所创造的剩余价值，阐述共产主义必然代替资本主义是社会发展的客观规律，这是马克思写作《资本论》的目的。因此，马克思着重从物质生产方面进行研究，对精神生产和精神产品较少涉及。

随着劳动的发展和社会分工的扩大，人们的需求已大大超出物质领域，而向精神领域扩展，精神劳动在人类劳动中的比例逐渐扩大，作用越来越突出。时至今日，精神劳动影响面广、作用大，其重要性日益凸显。精神需求较之物质需求更广泛、更丰富、更深刻，层次更高，从而更难以满足。在这种强大的需求的驱使下有形和无形的精神产品的生产迅猛发展，日新月异，而从事这些精神生产的劳动也随之发展起来，并有力地促进和推动着整个社会的全面进步和发展。例如，书报字画和软件这种有形产品和音乐、歌唱等无形产品已成为文化产业的重要组成部分，这种精神产品在提高文化软实力和增强综合国力方面做出了重要的贡献。当前精神劳动的新情况、新特点，与100多年前相比较，在量和质两方面都出现了蜕变，有必要进行深化认识和深入研究。

第四，生产劳动的范围不断扩大，服务劳动和管理劳动地位凸显。如前所述，马克思写作《资本论》的目的在于揭示劳动和资本的矛盾，当时工业生产在国民经济中占主导地位，服务业和商业只占极少部分，而且发展也不成熟。在

① 骆耕漠．马克思的生产劳动理论［M］．北京：经济科学出版社，1990.

《资本论》第1、2卷中，着重研究工业部门的物质生产，在第三卷才涉及这些工业品进入市场，如何形成平均利润和生产价格，以及商业资本、生息资本、农业资本和地租等方面一系列的关系和问题。所以，《资本论》全三卷，主要是以物质产品生产为研究对象，对服务劳动、管理劳动等涉及较少。

而在当今发达的市场经济条件下，随着经济全球化的发展，生产社会化日益提高，经营管理工作的作用日益突出，商品生产者对市场的依赖性不断增大。在激烈的市场竞争中，一个企业要更好地生存和发展，不仅要生产物美价廉的商品，而且要投入大量的非生产性劳动，劳动的范围不断扩大，如以服务业为主体的第三产业比重越来越大。1980～1998年，在发达国家产业结构中，第三产业的比重上升4～10个百分点，至2001年，第三产业所占的比重达71.3%。其中，美国、英国、法国、德国、意大利和日本，分别为75.3%、72.4%、72.8%、69.4%、69.5%和68.3%[①]。这说明以服务业为主的第三产业在市场经济中占据了主导地位，掌握了现代科学技术的现代服务劳动者，在现代市场经济中起着非常重要的作用，成为现代服务业的劳动主体，已经直接或间接地成为社会整体劳动不容忽视和不可或缺的一部分。

而管理劳动也是如此。随着机器大工业的发展和企业生产规模的扩大，马克思当时就认识到组织管理的重要性。如马克思曾经指出："一切规模较大的直接社会劳动或共同劳动，都或多或少地需要指挥，以协调个人的活动，并执行生产总体的运动。"[②] 尤其是在当前激烈的市场竞争中，一个企业的生存和发展，已不仅仅依靠传统的物美价廉，在很大的程度上是取决于能否有效地开拓和巩固市场，以市场为中心组织生产，进行科学管理、协调安排，从而充分利用各种资源，降低各种生产费用，使产品质优价廉。因此，能否进行科学的管理已成为企业经营成败的关键。从整个社会来看，也是如此。作为一个统一有机体的庞大社会，只有使各个环节都能有序配合与协作，才能正常运行，这就要重视国家的宏观调控和政府的公共管理。

综上所述，随着社会的发展，时代的变迁，人类社会劳动的内涵和外延都与马克思创立劳动价值论的时代有很大的不同，出现了许多新情况、新问题，深化对当代劳动的认识是一个十分重要的理论问题和现实课题。

① 陈耀．世界发达国家二、三产业关系的演变与启示［J］．经济纵横，2007（8）：53.

② 马克思恩格斯文集（第5卷）［M］．北京：人民出版社，2009：384.

第三节　现代科学劳动理论是马克思劳动价值论在当代的新发展

人类社会总体经历了三次科技革命。第一次科技革命产生在18世纪中期，以蒸汽机和纺织机的发明为标志，是工场手工业发展到机器大生产的一个飞跃；第二次科技革命发生于19世纪中后期至20世纪初，标志性产物是内燃机电信行业的出现，由此产生的各种新技术、新发明层出不穷，并被迅速应用于工业生产，促进了经济的发展。第三次科技革命发生于第二次世界大战以后，其标志性产物有核发电、微电子、生物工程、航空航天、信息产业等。第三次科技革命是人类文明史上继蒸汽技术革命和电力技术革命之后科技领域里的又一次重大飞跃，不仅极大地推动了人类社会经济、政治、文化领域的变革，而且也影响了人类生活方式和思维方式，使人类社会生活和人的现代化向更高境界发展，是迄今为止人类历史上规模最大、影响最为深远的一次科技革命。

在第一次科技革命至第二次科技革命前夕，面对自由市场经济的现实，马克思充分注意到体力劳动和脑力劳动在商品生产中的重要作用，在科学技术还未发展到相当高度时，就提出了“科学技术是生产力”、生产力中包括科学的重要论断，肯定了科学技术在利用自然力中的重大作用。由于当时还处于以蒸汽机为标志的资本主义工业化的初期阶段，科学技术在生产中的应用也属于早期阶段，马克思不可能进行更深入、更详细的分析。陈征在长期深入研究马克思主义经济理论的基础上，发现并发掘了这一重要宝藏。他不仅对马克思提出的但又未具体论述的“科学劳动”进行阐发，而且创造性地提出了“现代科学劳动”新理论，这是对马克思经济理论的运用和发展，使马克思主义在历史上更进一步显示出巨大的生命力。

一、从一般科学劳动发展为现代科学劳动

（一）对马克思“科学劳动”的阐发

马克思在《资本论》第3卷第五篇章的“由于发明而产生的节约”中，在区别一般劳动和共同劳动时明确提出“科学劳动”一词。马克思指出：“应当把一般劳动和共同劳动区别开来。二者都在生产过程中起着自己的作用，并互相转

化，但二者也有区别。一般劳动是一切科学劳动，一切发现，一切发明，它部分地以今人的协作为条件，部分地又以对前人劳动的利用为条件。”① 显然，马克思在这里所指的“一般劳动”主要是从事科学工作、技术创新的脑力劳动，这种劳动虽然也是协作的劳动，但它不限于今人的协作，它包含一代代知识工作者接力棒式的协作，是人类智力的共同结晶。另一方面，即使是在以个人之间的直接协作为前提的“共同劳动”中，实际上也存在一定知识的含量，也或多或少包括脑力劳动的成分，尽管在这里知识的类型、含量都是不同的。

马克思指出：“随着大工业的发展，现实财富的创造较少地取决于劳动时间和已消耗的劳动量，较多地取决于在劳动时间内所运用的动因的力量，而这种动因自身——它们的巨大效率——又和生产它们所花费的直接劳动时间不成比例，而是取决于科学的一般水平和技术进步，或者说取决于这种科学在生产上的应用。”② 他又说：“直接劳动在量的方面降到微不足道的比例……同一般科学劳动相比，同自然科学在工艺上的应用相比……却变成一种从属的要素。”③ 这说明，随着大工业的发展，商品价值的创造来自直接劳动即体力劳动的部分已大大降低，成为从属的要素，价值创造主要取决于科学技术的进步及其在生产上的应用。对此，陈征进一步强调指出，这并非就说明科学技术能创造价值，而是通过促进科学的发展，将科学应用于生产过程，其实质是依赖于脑力劳动为主的“一般科学劳动”。

在此，马克思创造性地提出了“科学劳动”的新概念，并对科学劳动在生产中的作用予以充分的肯定。但对于什么是科学劳动？马克思没有做过概念性的表述，也没有进行更深入的分析。陈征在长期深入研究马克思劳动价值论的基础上，从历史的生产实践过程和具体内涵上对“科学劳动”的基本原理进行科学和深入的论述。

陈征指出，从历史的生产实践过程上看，人们通过不断的生产实践，不断积累生产经验和劳动技能，不断地创造和运用生产工具并寻求新的劳动对象，发现其内在的运动规律，并总结且上升为理论。这种在劳动过程中寻求规律的思考就是脑力劳动，也是科学劳动的开端。因此，根据陈征相关论述，从具体内涵来说，科学劳动应该包含两个方面：“一方面，人们在不断的生产和社会实践活动中认识客观规律并将其上升为理论，这是科学发现和发展的过程，这既包括分析

---

① 马克思恩格斯文集（第7卷）［M］. 北京：人民出版社，2009：119.

② 马克思恩格斯文集（第8卷）［M］. 北京：人民出版社，2009：195－196.

③ 马克思恩格斯文集（第8卷）［M］. 北京：人民出版社，2009：188－191.

研究、发明创造的科学发展过程，也包括学习、传授、继承和长期积累的过程；另一方面，人们将科学应用于生产，创造出一系列新的工具、手段、工艺，并培养劳动者使其掌握一定的科学技术知识并运用它们来进行生产活动，这是由科学到技术，再由技术到生产的应用过程，是由潜在生产力到现实生产力的转化过程。"① 从陈征对"科学劳动"内涵的界定，说明科学劳动是一种在实践活动中对客观规律认识的基础上进行的科学发明和创造的劳动；也是一种将科学转化为技术、将技术应用于生产实践过程的劳动，是由潜在生产力转化为现实生产力的过程；是需要数代人接力棒式的协作，长期共同劳动的结晶，是一种脑力劳动，或构成脑力劳动的主要组成部分。这就具体和深入地阐明了"科学劳动"的理论内涵。

（二）现代科学劳动范畴的提出

对一般科学劳动基本原理的阐发，是陈征研究马克思"科学劳动"第一阶段所得出的认识。众所周知，发生于英国的近代第一次产业革命，从 19 世纪 40 年代开始向欧洲发展，并迅速波及整个世界，这是形成马克思主义的历史条件，也是马克思创建科学的劳动价值论的客观条件。当时科学技术确已有一定程度的发展，所以马克思提出"科学技术是生产力""一般科学劳动"对生产有重要作用的著名论断。但当时还处于以蒸汽机为标志的资本主义工业化的初期阶段，科学技术在生产中的应用属于早期阶段。时代在前进、实践在发展，尤其自 20 世纪 90 年代以来，随着科学技术革命的扩大和深化，特别是新型计算机及软件的开发，计算机、通信卫星等科技成果的广泛应用以及电子信息技术与其他技术的相互渗透和整合，使各学科、各专业、各类知识之间相互交叉、融合和汇流，形成了科学技术一体化的大科学时代。信息革命的进一步深化将广泛引起人们的劳动方式、工作方式、管理方式、教育方式、作战方式、交往方式、生活方式、认识方式、思维方式的革命性变化。江泽民同志在纪念中国共产党成立 80 周年的讲话中指出："我们发展社会主义市场经济，与马克思主义创始人当时所面临和研究的情况有很大不同，我们应该结合新的实际，深化对社会主义社会劳动和劳动价值理论的研究和认识。"② 这说明在特定时代背景下，深化对劳动价值论的研究和认识，就要用新的眼光来看世界，用新的思维方式来回答现实问题，用新的

① 陈征．劳动和劳动价值论的运用与发展［M］北京：高等教育出版社，2005：13.

② 参见江泽民同志在庆祝中国共产党成立 80 周年大会上的讲话［EB/OL］. http：//www. people. com cn/GB/shizheng/16/20010702/501591html，2001 -07 -01.

理念来实行变革。

陈征指出，科学技术主要是对劳动生产实践经验的概括与总结，从一点一滴地总结改进和制造生产工具的经验，不断收集、发现和研究劳动对象，不断改进生产工艺和劳动技能，逐步形成新的生产技术。经过反复实践生产劳动，逐步认识自然界物质运动的客观规律，从点滴地搜集积累，到一定程度系统地进行整理概括，形成完整而系统的科学体系，从而产生科学，这就形成“生产→技术→科学”的模式。但在近代科技革命和产业革命以后，科学技术改变了人类的生产、工作和生活方式，极大地提高了劳动生产率，并由此确定科学、技术、生产三者之间关系的新模式：即“科学→技术→生产”的新模式。而科学劳动者在进行科学劳动，在创造、传播、应用、发展科学技术能力的过程中，成为经济和社会发展的强大推动力。

马克思的“一般科学劳动”，是在科学技术还未发展到相当高度时，只是对一般科学知识的反映。随着科学技术的迅猛发展，迫切要求将“一般科学劳动”运用于实践，并在实践中进一步发展。因此，陈征指出：当前科学技术发展的实际情况，要求必须由一般科学劳动发展为现代科学劳动。继而，他对现代科学劳动的概念进行深入和具体的阐述。陈征指出：“现代科学劳动是掌握了现代有关最新科学、多学科的前沿理论和最新先进技术的科学劳动者所进行的科学劳动，是高级或超高级的脑力劳动，是高级或超高级的复杂劳动。”① 他又指出：“现代各国生产力水平都直接取决于科学技术水平的高低和创新能力的大小，而科技能力和创新水平又直接取决于科学劳动者的现代科学劳动的质量和水平。”② 邓小平同志及时提出了“科学技术是第一生产力”的重要论断。陈征认为，要使第一生产力能够充分体现，由潜在的生产力转化为现实的生产力，必须通过现代科学劳动者的现代科学劳动，才能转化为现实生产力。在现代科学技术已成为社会经济发展的动力，而且起着越来越重要作用的当今世界，陈征提出现代科学劳动新范畴，这不仅是时代发展的要求，也是与党中央的方针政策保持高度的一致。

陈征提出“现代科学劳动”这一范畴，深刻地揭示了掌握了现代高科技的现代科学劳动已成为经济和社会发展的根本动力，起着越来越重要的作用。现代科学劳动理论揭示了当代劳动最本质的特征，反映了当前劳动领域里的实质性内容，代表着当前劳动最新的发展趋势，是与“一般科学劳动”相区别，是对马克思“一般科学劳动”的继承和发展的重要理论，着重说明现代科学劳动是在现代科学技术高速发展的情况下，掌握了现代科学技术的科学劳动者所进行的科学劳

①② 陈征．劳动和劳动价值论的运用与发展［M］．北京：高等教育出版社，2005：18.

动，是马克思劳动价值论在当代的新发展，具有深远的理论意义和实践价值。

二、现代科学劳动的二重性

具体劳动创造使用价值，抽象劳动创造价值，是马克思科学劳动价值理论的核心内容，是理解政治经济学的枢纽。现代科学劳动也具有劳动二重性，并且在马克思所论述的二重性的基础上有了进一步的新发展，陈征对此也进行了深入的研究。

陈征指出，科学劳动是通过人表现出来的，进行科学劳动的人可称为科学劳动者，科学劳动者具有科学劳动力。一方面，科学劳动力具有价值；另一方面，它又具有使用价值，科学劳动力的使用价值就是进行科学劳动。科学劳动，一方面，可将科学劳动力的价值逐步转移到新产品中去；另一方面科学劳动不仅能创造新价值，而且能够创造大大超过科学劳动力的价值，这就成为单位商品中直接劳动大大降低、甚至微不足道的原因所在。在此基础上，陈征进一步深入分析了科学劳动力的价值和使用价值。

（一）现代科学劳动的价值创造

1. 从劳动力的价值而言，现代科学劳动力的价值远远超出一般劳动力的价值

根据马克思劳动力价值理论，劳动力作为一种商品，“劳动力的价值，就是维持劳动力占有者所必要的生活资料的价值。”这些生活资料是生产、发展、维持和延续劳动力所必需的。马克思又进一步分析了劳动力价值的构成要素：一是劳动者维持自身劳动力再生产所必需的生活资料的价值；二是劳动者延续劳动力供给即养育子女所必需的生活资料的价值；三是劳动者受教育或培训的费用。

陈征指出：“现代科学劳动力的价值，也必须具备上述三个要素。”① 他又指出：“但为了掌握现代科学技术知识，必须接受高层次的教育，这就需要支出大量的学习费用。”② 一方面，掌握现代科学劳动技术的现代科学劳动者，一般都要经历从小学到大学将近20年的学习和深造的时间。其间，既包括个人学习费用的开支，也包括老师所付出的辛勤劳动以及所消耗的物质设备条件等各种软件、硬件的费用。另一方面，还要进行科学研究，科学研究既要创造新知识，这是一个创新、发现、发明的过程，是探索未知的问题。同时，又要求对原有的知

①② 陈征．劳动和劳动价值论的运用与发展［M］．北京：高等教育出版社，2005：90.

识进行梳理、鉴别和运用，使之形成知识理论体系，并进一步地规范化和系统化，这是对知识继承问题。这些工作都属于复杂性高级的脑力劳动，要求具备必要的物质设备，需要支出大量的科研费用，这些支出，就成为科学劳动力价值的重要组成部分。由此，陈征推断："现代科学劳动力价值大大高于一般劳动力价值。"① 这是现代科学劳动力价值有别于一般劳动力价值的一个特点。从整个社会的整体劳动而言，科学技术的发明创造，是人类长期共同科学劳动的结晶，往往是需要一个群体历经世代的长期劳动、不断的积累、并在世代的传承中得以创新和突破，以此所形成的巨大价值量分摊到大量的现代科学劳动者身上，形成各个现代科学劳动力的价值。所以，陈征指出："现代科学劳动力的价值，不知要高出一般劳动力价值的多少倍。"② 因此，他认为，一方面，要以工资的形式对现代科学劳动力付以高报酬，对发明专利付以高价；另一方面，通过建立诸如科学技术的研究基金的形式付给社会，以促进科学技术继续发展。基于此，陈征总结了现代科学劳动力价值的另一个特点：即"这种对现代科学劳动力价值的补偿，不仅是对个人的补偿，而且是社会性的补偿。这和一般劳动力价值只对个别人补偿是有区别的。如果把整个社会长期集体的支出只仅仅补偿给某个科学劳动者身上也是不合理的"③。

2. 从现代科学劳动创造的价值而言，现代科学劳动能创造巨大的价值量

陈征认为，一般抽象劳动创造商品价值时，是在一般理论的指导下，通过生产劳动与生产资料的结合，创造出商品。只是在一般的劳动中，物质生产领域所结合的形式往往偏重体力劳动，以消耗资源型生产为主，劳动生产率水平和劳动复杂性程度都不高，复杂劳动折算为简单劳动的比例也较低。陈征这一观点反映在现实经济中的表现是：劳动形式主要是以体力劳动和资源消耗为主，经济增长主要是依靠物质消耗、要素投入和低成本比较优势的发展模式。因而，一般劳动所创造的价值量是有限的。而根据现代科学劳动理论，掌握了现代高科技和多学科前沿知识的现代科学劳动，是非常重视科学技术的作用，提高了科学技术在经济增长中的贡献率，是一种依靠科学技术驱动的新的经济发展方式，大大提高了劳动生产率，创造了更多的社会价值量。陈征在当时就前瞻性地指出："这种高级复杂劳动，是简单劳动的大量倍加，在同样的劳动时间里，能够折算为更多的社会必要劳动时间，即折算为更多的新创造的价值量。"④

①②③ 陈征．劳动和劳动价值论的运用与发展［M］．北京：高等教育出版社，2005：91.

④ 陈征．劳动和劳动价值论的运用与发展［M］．北京：高等教育出版社，2005：102.

3. 现代科学劳动使劳动价值总量增加的同时，使单位商品价值量减少

陈征还从某个生产部门入手，分析了现代科学劳动如何引起劳动价值总量与单位商品价值量变化的规律。陈征认为，一方面，就某部门生产某商品而言，与简单劳动相比，同样的劳动时间，现代科学劳动可以创造出若干倍的社会价值量，使该商品中新创造的价值总量大大增加；另一方面，现代科学劳动是建立在高度发达的科学技术的基础之上的，有较高的劳动生产率，在同样的时间内，能够生产出更多的使用价值，使同一时间所形成的价值量要分摊在更多的商品中，降低了单位商品的价值量。这说明，现代科学劳动在增加商品价值总量的同时，也减少了单位商品的价值量。马克思也曾经指出，劳动生产力和单位商品价值量成反比，即劳动生产率提高，生产的商品数增加，同一时间所形成的价值量可分摊在更多的商品中，致使每件单位商品中所包含的价值量下降。因此，陈征上述的观点是马克思的“劳动生产力和单位商品价值量成反比”这一基本观点在当代的新发展，说明现代科学劳动作为抽象劳动创造商品价值，一方面可使某商品价值总量增加；另一方面，又可使单位商品中包含的新价值量下降。而且，陈征进一步指出：“科学技术越发展，现代科学劳动越发展，这两方面的状况都在发展，发展得越快，倍加得也越快。”[①] 所以，从个体上看，单位商品价值量在下降，但从总体上看，价值总量在增加，二者同时存在，并行不悖。这一原理在当前高科技商品生产中得以充分体现，如在微电子技术和数字技术的双轮推动下，一方面电子信息设备加快更新换代，提高了性能，产量也迅速增加；另一方面，由于信息技术的广泛应用，提高了劳动生产率，使电子信息设备的总产量增加了，单位产品的价格得以普遍的下降，从而大大地改善了人们的生活条件。

综上所述，陈征指出了“现代科学劳动比一般科学劳动创造更多、更大的价值量”的重要观点，这是现代科学劳动理论体系的核心内容，也是现代科学劳动同一般科学劳动的根本区别。在论述中，他以深邃的目光洞察了现代科学如何引起劳动价值总量与单位商品价值量变化的规律，就抽象劳动创造价值提出了一系列的新观点，某种层面上已经包含了当前的“科技创新驱动发展战略”的理论观点，说明陈征理论思维的前瞻性和卓越的远见。

（二）现代科学劳动创造大量的使用价值

具体劳动创造使用价值，抽象劳动创造价值，成为科学劳动价值理论的核心内容，也是马克思主义政治经济学的枢纽点。现代科学劳动的具体劳动也创造使

① 陈征．劳动和劳动价值论的运用与发展［M］．北京：高等教育出版社，2005：103.

用价值，但在新的历史条件下增添了新的理论内容：即与一般劳动相比，现代科学劳动能创造大量、丰富多彩的使用价值。

陈征指出，在资本主义初期，科学技术还未充分发展，一般具体劳动创造使用价值时，没有使用先进科学技术，更多依靠落后的劳动工具、简单的劳动方法，体力劳动起着主导作用，生产率比较低。因而，在同一劳动时间内，所创造的商品的使用价值量比较少，种类也较为有限。但随着科学技术的迅猛发展及其在生产中的广泛运用，大大提高了劳动生产率，使现代科学劳动在同一劳动时间里能创造更多更大量的使用价值，也创造更丰富多彩的产品，使物质产品和精神产品共同发展，有形和无形的产品并存。

同时，陈征根据马克思相关原理对现代科学劳动能创造大量的使用价值的原因进行深入的分析。马克思指出："大工业把巨大的自然力和自然科学并入生产过程，必然大大提高劳动生产率。"① 他又说：用于生产过程的"自然力，如水、蒸汽、空气、电力等等那样，提供无偿的服务。"② 对此，陈征认为：由于现代科学劳动掌握了现代最前沿的科学理论，采用先进技术进行生产，因而可以充分利用巨大的、无偿的自然力为生产服务，从而大大提高劳动生产率。这说明现代科学劳动者由于掌握了现代先进的科学技术并充分结合自然力，使原有陈旧的、落后的生产条件和生产设备被淘汰了，取而代之为更先进的生产条件和设备，使生产工具、生产手段、生产方式发生了巨大的变化，极大地促进了劳动生产率的提高，生产出大量的使用价值，大大增加了国民财富，促进了社会生产力的发展。

陈征通过对马克思有关科学技术基本原理的分析，深刻地揭示了现代科学劳动使用价值的规律：即与简单劳动相比，在同样劳动时间内，掌握现代高科技的现代科学劳动能够创造出多倍于简单劳动的价值和使用价值。这说明科学技术知识在生产中的广泛应用为社会财富的增长提供了强大的动力，极大地促进了社会经济的发展。现代国际间的综合国力的竞争主要取决于科学技术实力的竞争，一个国家的 GDP 总量与科技投入是直接紧密相关的。美国在经济发展过程中，十分重视自身的科技投入，以及强大的创新能力和金融服务优势的发挥。据 2000 年至 2011 年历史数据显示，美国科技投入每变化 1%，GDP 变化 1.004%；而中国在高端制造业，尤其是新技术的应用还存在着较大差距的情况下，科技投入每变化 1%，GDP 变化 0.884%③。这说明科技投入对 GDP 的影响是正向显著的，

---

① 马克思恩格斯文集（第 5 卷）［M］. 北京：人民出版社，2009：444.

② 马克思恩格斯文集（第 5 卷）［M］. 北京：人民出版社，2009：702.

③ 宋耀，章玉贵. 中美科技投入对于经济增长贡献的比较研究［J］. 中国市场，2013（5）：83.

科学技术已成为第一生产力，这种“第一”的作用是通过现代科学劳动而实现的。

三、现代科学劳动是发展劳动价值理论的本质范畴和核心理论内容

古典学派提出的劳动价值理论，其中既包含劳动创造商品价值的正确观点，也存在着许多自相矛盾、非科学的庸俗成分，不能真正说明实际问题。马克思在批判地继承古典学派劳动价值论的基础上，创造性提出了劳动二重性这一新的重要原理，即抽象劳动创造价值、具体劳动创造使用价值，解决了新价值创造的同时转移旧价值等一系列重要问题，从而建立了劳动价值论的新的理论体系，为剩余价值论奠定了坚实的理论基础，引起了政治经济学的深刻的革命，形成了马克思的经济学说。所以马克思说：“商品中包含的劳动的这种二重性”①，“是理解政治经济学的枢纽”②。他在写给恩格斯的信中也说：“我的书最好的地方是：在第一章就着重指出了……劳动二重性，（这是对事实的理解的基础）。”③ 陈征在深入研究马克思劳动价值论的基础上，在创建现代科学劳动理论体系的过程中，深刻认识到，劳动价值论的新发展，必须在运用原有理论的基础上，创建新的理论范畴和新的理论体系，用以说明一系列新的实际问题。因此，陈征指出：“仅仅就价值创造外延上的扩大来说明其发展还是不够的，需要创建新的本质性的范畴从理论体系上给予系统的深刻说明。像马克思发现劳动二重性那样，使之成为‘对事实的全部理解的基础’，成为发展劳动价值理论的枢纽点。”④

陈征通过反复学习研究，提出了现代科学劳动这一范畴，可以说明高科技和社会主义制度市场经济条件下劳动价值论新的本质和一系列现象问题，现代科学劳动是发展劳动价值论的重要范畴和核心理论内容。也可以说，现代科学劳动是发展劳动价值论的枢纽点，是“对事实的全部理解的基础”。在此，笔者结合陈征的相关论述，提出几点例证并予以说明。

（一）现代科学劳动是价值创造的源泉

按照现代科学劳动相关理论，现代科学劳动是掌握了现代有关最新科学、多

---

① 马克思恩格斯文集（第5卷）[M]. 北京：人民出版社，2009：54.

② 马克思恩格斯文集（第5卷）[M]. 北京：人民出版社，2009：55.

③ 马克思恩格斯《资本论》书信集 [M]. 北京：人民出版社，1976：225.

④ 陈征. 现代科学劳动探索 [J]. 经济学家，2004（2）.

学科的前沿理论和最新先进技术的科学劳动者所进行的科学劳动，是高级或超高级的脑力劳动，是高级或超高级的复杂劳动。掌握了现代科学技术的现代科学劳动者是现代科学劳动力，现代科学劳动力同样具有价值和使用价值。现代科学劳动力的价值同样取决于一般劳动力价值的三个决定因素。但现代科学劳动者为了掌握现代科学技术知识，必须接受高层次教育，支出大量的学习费用和科研费用，因而这部分价值量会大量增加。此外，科学、知识是人类长期不断的劳动实践积累起来的，虽然它不能直接创造价值，但它本身具有价值，而且这部分价值可以通过科学劳动转移到新产品中去。且由于学习费用的增加，转移的旧价值的量也将大大增加。这说明，现代科学劳动既要创造一部分新价值补偿支出的科学劳动力价值，同时还要把所使用的科学、知识中包含的旧价值转移到新产品中去，而且这两部分的价值大大超过一般劳动力的价值。这是从现代科学劳动力的价值方面来说的。就现代科学劳动力的使用价值而言，现代科学劳动力的使用，即现代科学劳动的活劳动能创造新价值。由于现代科学劳动者掌握了现代科学技术，能充分利用自然力并融入生产过程，大大提高了劳动生产率，生产出更多的使用价值，在同一时间内能够创造出大量的新价值，为增加国民财富贡献了重要的力量。

在科学技术的作用越来越突出的形势下，陈征深刻地认识到："现代各国的生产力水平都直接取决于科学技术水平的高低和创新能力的强弱，而科技水平和创新能力又直接取决于科学劳动者的科学劳动的质量和水平。"[①] 这说明现代科学劳动是现代社会价值创造的源泉，这是马克思劳动价值论在发达的信息技术时代下的发展和具体体现。

（二）现代科学劳动反映着现代化劳动和生产的最新发展趋势

现代科学技术渗透在现代经济生活的各个方面，每个方面的或某一个经济环节的发展都是由现代科学技术的发展所决定。现代科学劳动体现着高科技时代现代科学技术高度发展的新特点，反映了时代的精神和当前社会的发展趋势。而这一反映社会劳动的本质范畴，也必须通过各种不同的具体形式表现出来。

现代科学劳动已全方位地涉及社会经济政治军事文化生活等各个领域，既包括物质生产领域，也包括非物质生产领域；既适用于第一、第二产业部门，也适用于第三产业部门；既能创造有形的产品，也能创造无形的产品等。只要存在着商品生产和服务，劳动者都可掌握现代科学技术进行劳动，所以现代科学劳动在

---

① 陈征．重视现代科学劳动的作用［J］．人民日报，2001－11－27.

价值创造的内涵和外延方面都相应地扩大，渗透到每个商品价值的形成之中，具体表现在各种不同的劳动形式中。现代科学劳动主要是高级或超高级的脑力劳动、复杂劳动，现代科学劳动是高科技时代劳动的本质范畴，而现代科技劳动、现代管理劳动、现代服务劳动、现代精神劳动以及现代教师劳动等则是现代科学劳动的具体表现形态，它们之间是本质和现象的关系。

在此，陈征以教师为例进行说明。他指出，掌握了现代科技知识的大学教师把现代科技知识传授给大学生，使大学生掌握某一专业知识成为某一专业的现代科学劳动者，他们运用现代科技知识从事生产或经济工作，在实现现代化过程中取得一定的成绩。所以，他指出："这些掌握现代科学技术知识的高素质人才，是发展生产发展经济的基本的最重要的动力。当今世界的综合国力的竞争，主要是经济竞争，科技实力的竞争，归根结底，是高素质人才的竞争，这已成为决定经济社会发展和国家、民族兴衰成败的关键。"① 现代科学劳动者，是先进生产力的代表，反映现代化劳动和生产最新发展趋势，体现着新的时代精神。当前，大至于国家民族，小至于一个企业生产单位，兴衰成败的关键，都主要取决于现代科学劳动者的现代科学劳动。

陈征从当代劳动的新特点出发，在坚持马克思劳动价值论基础上，通过研究各种现象，认清其实质，从而创建一个新的高科技时代的劳动价值理论体系，用以说明劳动价值理论的新发展。

（三）现代科学劳动理论对劳动价值论在当代面临新问题的解释

现代科学劳动理论不仅论证了非物质生产领域也能创造价值，而且可以用于说明收入分配以及新价值的创造和旧价值的转移等方面的理论问题。

首先，关于非物质生产领域的价值创造问题。马克思在《资本论》中着重分析了物质生产领域里的劳动，这和当时的生产力发展水平和产业不同发展程度相适应。在当前，随着第三产业的迅速发展，从业人数大量增加，所创造的价值量日益增长，第三产业在国民经济中的地位日益突出，总体工人的范围必然扩大，劳动创造商品价值的外延也必然扩大。现代科学劳动的实质表现为各种具体形式的劳动，反映着现代化劳动和生产的最新发展趋势。现代科学劳动理论不仅从理论上论证非物质生产领域创造价值的实质问题，而且对现代科学劳动的具体形态如现代服务劳动、现代管理劳动、现代科技劳动等劳动的内涵和价值创造过程进行深入的分析，充分说明非物质生产领域价值创造问题。

---

① 陈征．现代科学劳动探索［J］．经济学家，2004（2）．

其次，关于劳动价值论与收入分配论的关系问题。劳动二重性是马克思科学劳动价值理论的核心内容，现代科学劳动也具有劳动二重性，并且在马克思所论述的二重性的基础上有了进一步的新发展。陈征指出，由于现代科学劳动是高级或超高级的复杂劳动，在一定时间内可以创造更大量的新价值，根据按劳分配的原则，对他们付出较高的报酬，是完全合理的。现代科学劳动同样要表现为各种具体劳动，由于现代科学劳动可以将自然力引入生产过程，大大提高劳动生产率，可以在一定时间内生产出大量的使用价值，使物质财富大量增加，更好地满足人们的各种需要，促进社会生产力的发展，这是对社会的贡献。所以，陈征指出："通过现代科技劳动的具体形式创造出的物质财富越多，对社会的贡献就越大。对做出较大贡献的劳动者给予一定的贡献报酬，也是完全合理的，应该的。"① 现代科学劳动理论不仅阐明了收入分配问题，对于纠正"人们往往只注意劳动报酬而不注意贡献报酬，在劳动报酬中又不重视高级或超高级复杂劳动在价值创造中的倍加作用"的倾向发挥了重要的作用。

最后，关于新价值创造和旧价值转移的问题。随着现代科技的发展，有机构成不断提高，单位商品价值量下降。在单位商品价值量中，新创造的价值减少了，转移来的旧价值增加了。对此，陈征以物质产品为例，分析了由于现代科学劳动是高级或超高级的脑力劳动，在一定时间内可生产出更多的商品，创造出更多的新价值，既体现为单位商品的使用价值量大量的增加，又体现为该商品的价值总量的增加；同时，现代科学劳动在一定时间内可以创造出更多的价值量，但这些价值量凝结在大量的使用价值即商品中，因而单位商品中新创造的价值量比以前相对地下降了、缩小了；另外，由于现代科学劳动在一定时间内创造出更多的商品，这就既转移了大量的生产资料的旧价值，又转移了大量包含于科学知识中的旧价值，二者相加，转移来的旧价值大大增加了，这就使单位商品价值量下降的同时，转移来的旧价值相对增加。因此，现代科学劳动理论阐明了新价值创造和旧价值转移问题，这也就是近半个世纪以来，国民生产总值不断增加和人民消费资料总量不断扩大的基本原因。它实际上揭示了随着现代科技的发展，生产力迅速提高，国民经济迅速增长，人民生活水平迅速提高的根本原因所在。这充分说明现代科学劳动是社会经济发展的根本推动力。

总之，现代科学劳动是在充分发达的高科技和社会主义市场经济条件下发展劳动价值论的本质范畴和核心内容。根据科学劳动价值论的基本原理，运用现代科学劳动这一新范畴，对现实生活中出现的新情况、新问题，给予具体分析，就

① 陈征．劳动和劳动价值论的运用与发展［M］．北京：高等教育出版社，2005：126.

会得出科学而合理的解释与说明，从而提出新观点，建立新的理论体系，这才是真正对马克思科学劳动价值论的新发展。

四、现代科学劳动的具体形式

现代科学劳动反映的是劳动领域里的实质性内容，是本质范畴，在实际生活中表现为不同的劳动形式，体现着现代劳动和生产的最新发展趋势。在现代经济社会生活的各个领域，现代科学技术都发挥着重要的作用，尤其是在当代科技十分发达的情况下，劳动价值理论的内容和范围都要比马克思所处的时代有了进一步的扩大。因此，陈征不仅从物质领域而且从非物质领域对于当前掌握高科技的现代科学劳动形式进行深入的研究，主要包括现代精神劳动、现代科技劳动、现代服务劳动、现代管理劳动、现代教师劳动等具体形式。也就是说，掌握了现代科技的现代科学劳动是本质范畴，现实经济生活中必然通过具体的劳动形式反映出来。这说明陈征在研究过程中，注重本质与现象的统一、内容与形式的结合。难能可贵的是，陈征对这些具体劳动形式的发展过程、内涵、特点以及价值创造和发展趋势等方面展开全面系统的研究，构成其现代科学劳动理论体系的重要组成部分。

（一）现代服务劳动与价值创造

生产劳动与非生产劳动理论，一直是国内外学术界长期争论的焦点，20 世纪 80 年代，我国学者就此问题进行过深入的讨论。随着社会主义市场经济的建立与发展，科学技术及管理在生产中的作用越来越突出，以服务业为主体的第三产业在国民经济中的比重不断上升，据国家统计局相关的数据显示，第三产业的国内生产总值从 1978 年的 872.5 亿元增加到 2000 年的 38714.0 亿元 我国经济已发展成为以第三产业为主导的现代市场经济，从而赋予现代服务劳动更广阔的范围和更丰富的内容。因此，在我国理论界再度出现了对马克思的生产劳动与非生产劳动理论的不同理解与阐释。当时有人提出的“劳动价值论一元论”[①]，主张物质生产领域的劳动创造价值，而非物质生产领域的劳动不创造价值。对此，陈征从界定服务劳动与生产劳动的内涵出发，对上述的观点进行深入的剖析和反驳，论证了“服务劳动是可以创造价值”的基本原理。

服务是人类劳动的一种具体形式，是从物质生产中派生出来并随着社会经济

① 郭京龙，李翠玲．聚焦：劳动价值论在中国理论界［M］．北京：中国经济出版社，2003：182.

的发展而不断发展起来的。服务的内涵是什么？不同经济学家有不同的理解。马克思指出："服务只是劳动的特殊使用价值的表现，因为服务不是作为物而有用，而是作为活动而有用。"① 他又说："纯粹的服务它不采取实物形式，不作为物而离开服务者独立存在……"② 陈征从坚持马克思有关服务劳动基本观点出发，结合当前服务劳动基本概况，对服务劳动及相关概念进行阐述。陈征指出：以提供非实物的、不能储存的有用效果的劳动称为服务劳动，由于服务的劳动对象是被服务者，因此服务劳动凝固在人身上，劳务就是物化在人身上的服务劳动；服务劳动创造的产品称为服务产品，服务产品可区分为有形产品和无形产品；等等。

从简单的生活性服务劳动发展到有了运输、仓储、保管等生产性服务劳动，是生产力发展和社会分工不断扩大的结果。在马克思所处的 19 世纪中叶，服务领域的劳动虽有所发展，但还很不成熟，马克思在《资本论》三卷的完整严密的体系中，不可能对服务劳动和服务产品进行详细的具体分析。他曾经指出："资本主义生产在这个领域中的所有这些表现，同整个生产比起来是微不足道的，因此可以完全置之不理。"③ 陈征在深入研究和熟练掌握马克思相关原理的基础上，挖掘了马克思在《剩余价值理论》中，对服务劳动等有关问题的不少片段性的分析。陈征明确指出，马克思对服务劳动的探索性意见，闪烁着智慧的真理光芒，对于我们研究现代服务劳动有重大的指导性启示。

陈征注意到，随着现代科学技术的迅速发展，社会分工的发展和扩大，社会生产力迅速提高，尤其是在我国的社会主义市场经济条件下，生产劳动的内涵与马克思所处的资本主义时期产生了很大的区别。就自然形式看，陈征指出："只要是生产商品的劳动就应看成是生产劳动"；从社会形式上看，陈征认为，按照马克思的相关理论，"在资本主义社会里，只有为资本家生产剩余价值的劳动才是生产劳动"，④ 在社会主义社会中，"只要是对社会经济发展有利，对人们物质文化生活水平提高有好处的就算是生产劳动"⑤。在此，陈征从自然和社会两个层面对当前"生产劳动"的概念进行科学的阐释，说明劳动是否创造价值，首先必须与商品密切联系，如果没有商品，就无所谓价值。在此基础上，陈征分析了劳动创造产品的两类成果：一类是实物劳动成果，如衣食住行；另一类是非实物劳动成果，即无形产品或服务产品。而对于服务劳动创造的产品形态，陈征指

---

① 马克思恩格斯文集（第 8 卷）[M]. 北京：人民出版社，2009：529.

② 马克思恩格斯文集（第 8 卷）[M]. 北京：人民出版社，2009：228.

③ 马克思恩格斯文集（第 8 卷）[M]. 北京：人民出版社，2009：417.

④⑤ 陈征. 劳动和劳动价值论的运用与发展 [M]. 北京：高等教育出版社，2005：31.

出，服务劳动所创造的劳动产品一部分是有形的实物形式，因而具有价值，不辩自明；但服务劳动大量创造的是非实物劳动产品，如教师上课，是看不见摸不着的，无实物形态的。但在市场经济条件下，这种非物质形态的服务商品，也是价值和使用价值的统一体。陈征指出，服务商品的使用价值表现为随生随灭的有用之“物”，一经提供随即消灭，不固定在一个物质商品中，与整个劳动过程紧密结合，只能在活动中被消费，从而满足某种需要的使用价值，这是满足人们某种精神需要的有用效果的精神文化产品。而且随着经济的发展和人们生活水平的提高，人们对精神文化需要也随之增长，对非物质产品的有用效果的使用价值的服务商品的需要也日益增多。商品是使用价值和价值的统一体，使用价值是价值的物质承担者，服务产品要成为商品，首先必须有使用价值，这是研究服务劳动能够创造价值的根本出发点。因此，陈征认为：服务劳动所创造的产品不管是有形还是无形的“都是劳动者运用生产工具，作用于劳动对象，消耗一定的脑力劳动和体力劳动，创造出一定的使用价值”①，此时，所耗费的抽象劳动凝结在不同的服务商品中成为服务商品的价值。

作为坚定的马克思主义者，陈征始终坚持“活劳动创造商品价值”的理论，他指出，不管是生产物质产品，还是进行现代服务劳动，都包含以下的内容。

（1）在生产过程中，首先都要劳动者运用生产工具，作用于劳动对象，消耗一定的脑力和体力劳动，创造出一定的使用价值。这时所耗费的劳动，都作为价值凝结在商品体中，不管这种商品体是物质商品还是非物质商品，是有形商品还是无形商品，不管这种商品的使用价值是实物形式的使用价值还是运动形式的使用价值，其凝结为价值的社会劳动都是一样的。

（2）凝结在这些商品体内的社会劳动，都同样具有劳动二重性，它们都既是具体劳动、又是抽象劳动，对劳动量的消耗也都是以劳动时间来计算，其价值量也都是以社会必要劳动时间来计量。

（3）它们都具有私人劳动和社会劳动的矛盾，而解决这一矛盾的根本办法都要进行交换，在交换时，都要进行价值计量，来表现人和人之间相互交换劳动的社会关系。

（4）不管是物质商品还是服务商品，不能按异质的使用价值来计量交换，只能按同质异量的价值来进行交换。价值能否实现，同样是交换过程中，社会生产和再生产过程中的极其重要问题。由此可见，抽象的社会劳动凝结在物质商品中成为物质商品的价值，抽象劳动凝结在不同的服务商品中成为服务商品的价值，

---

① 陈征．劳动和劳动价值论的运用与发展［M］．北京：高等教育出版社，2005：32.

它们在价值形成过程中，实质上都是一致的。说物质商品有价值或服务商品有价值，在逻辑上都是不矛盾的。

由此可见，服务商品的价值是服务劳动的凝结，服务商品的使用价值是价值的物质担负物，其所以异于物质商品者只是服务劳动大都凝结在非实物形态的商品和运动形式的使用价值上。

在上述分析的基础上，陈征进一步概括了现代服务劳动创造商品价值的特点。

（1）现代服务劳动创造的商品价值，主要是凝结在非物质形态的服务商品中，是以运动形式的使用价值作为其价值的物质担负物，这与物质商品以实物形式的使用价值作为其价值的物质担负物是有所区别的。

（2）服务劳动的价值量是由维持服务劳动者的生活或者说由他们生产出来所必需的生产费用来决定的。但有部分服务产品的价值量是由社会必要劳动时间决定的，而有些服务产品如创新性的成果，由于它的稀缺性和排他性，不可能以平均的条件来决定其社会必要劳动时间，而是由最先生产该商品所耗费的个别劳动时间来定的。

（3）现代服务劳动的绝大部分是现代科学劳动，是掌握了现代科学技术的高级的复杂的脑力劳动，能创造出比一般劳动更多量的价值。但除此以外，现代服务业也包含以体力劳动和手工劳动为主，劳动密集型的服务行业，如个体零售商业、饮食、修理、理发等，这些劳动机械化、自动化程度较低，很难利用机器大批量进行生产，因此，劳动生产率提高较慢，资本有机构成较低，在价值构成中，工资占的比重也较大。

（4）有些现代服务劳动的价值创造和价值消费是同时进行，合而为一的。在此，陈征以音乐家和演员的演唱和表演为例，指出，虽然他们创造的价值没有被保存在一个固定的物体内，但却给消费者以实实在在的效果，有现实的使用价值。这与价值凝结在物质产品中可以异时分期使用和消费的情况是不相同的。

（5）有些服务产品的价值创造是一次性的，而价值实现却是多次性的。在此，陈征以科技商品为例，认为对科技商品的研制是一次性的，出售以后，专利权仍属于作者，他可以再次或重复多次出售，不断实现其价值，这种产品的价值实现，是由科技商品交换的特殊化决定的。购买者只得到该科技产品的一部分的使用价值，整个产品的独占权还在科技生产者手里。

陈征关于服务劳动及其价值创造的论述，不仅坚持了马克思“活劳动创造商品价值的理论”，而且随着社会的发展，劳动范围的扩大，认识到非实物和非实物使用价值的存在，科学和准确地把握第三产业有关价值创造的实质问题，有力地批驳了“只有物质生产领域的劳动才能创造价值”的片面观点，为马克思劳动价值论增添了新的内容。

（二）现代管理劳动与价值创造

在社会化大生产条件下，管理劳动，既是重大的现实问题，也是劳动价值理论的重要内容。《中共中央关于制定国民经济和社会发展第十个五年计划的建议》指出："随着生产力的发展，科学技术工作和经营管理作为劳动的重要形式，在社会生产中起着越来越重要的作用。"① 中国人民大学卫兴华教授也曾撰文指出，加深对马克思有关劳动和劳动价值理论的研究和理解，应从当前的社会经济现实出发，重视科学技术、经营管理、信息等新的生产要素在社会经济发展中的突出作用。② 这些都充分说明对管理劳动研究的重要意义。陈征认为，重视对管理劳动的研究，对于推动社会主义经济的发展、经济结构的优化、企业的发展壮大和人民生活水平的提高，都具有十分重要的现实意义。基于此，陈征不仅从宏观的角度，而且从微观的层面，围绕着现代管理劳动及其价值创造进行深入的研究。

陈征指出，现代管理劳动的产生是生产力发展的结果。在生产力比较低下、分工不发达时，个体生产者自己计划、独立生产、自己消费或独立销售，无须进行管理，管理劳动没有存在的必要性。随着分工协作的发展，产品的生产往往需要一定数量的人在分工的基础上协作劳动，为了进行有计划的生产劳动，就需要有统一指挥者，这时以统一指挥为特点的管理劳动就应运而生。马克思指出："一切规模较大的直接社会劳动或共同劳动，都或多或少地需要指挥，以协调个人的活动，并执行生产总体的运动——不同于这一总体的独立器官的运动——所产生的各种一般职能。一个单独的提琴手是自己指挥自己，一个乐队就需要一个乐队指挥"。③ 据此，陈征认为，在直接生产过程中，凡是由许多人为生产共同产品而进行结合劳动，也都必须有人进行组织、指挥和监督，这种管理劳动产生于以协作为特征的直接生产过程，促使劳动者和各种生产要素能够协调地有机结合，使生产有条不紊地正常进行。这种最初在企业内部直接生产过程中产生的管理劳动，陈征称之为"一般管理劳动"。

在当前社会化大生产中，随着科学技术的发展并广泛运用于生产，分工和协

---

① 中共第十五届中央委员会第五次全体会议：中共中央关于制定国民经济和社会发展第十个五年计划的建议［Z］. 2000－10.

② 卫兴华. 再论深化对劳动和劳动价值论的认识［J］. 宏观经济研究，2001（3）.

③ 马克思恩格斯文集（第5卷）［M］. 北京：人民出版社，2009：384.

作范围的进一步扩大，管理劳动的重要性也日益凸显。陈征指出，当前，不管是从一个企业内部还是从整个社会经济发展过程来看，各个生产要素、商品生产过程以及整个社会经济都要按计划、协调有序地发展，就需要微观和宏观的管理和协作。所以，他提出："现代管理劳动是在掌握现代科学技术的基础上，对社会经济发展和生产、再生产过程中，进行决策、计划、组织、指挥、协调、控制和监督等活动，是现代科学劳动的具体形式，是高级脑力劳动和高级复杂劳动，它既包括微观管理劳动，也包括宏观管理劳动。"① 陈征上述的论述，准确地把握了现代管理劳动理论实质和科学内涵，既是坚持现代科学劳动理论，也是符合当前社会经济发展和生产组织的现实情况。

管理劳动是否创造价值这一问题，是一个颇有争议和晦涩的难题，也是当时关于"生产性劳动与非生产性价值创造争论"的重大问题之一。马克思指出："凡是直接生产过程具有社会结合的过程形态，而不是表现为独立生产者的孤立劳动的地方，都必须产生监督劳动和指挥的劳动。不过它具有二重性。"② 这说明，管理劳动具有二重性。据此，陈征从自然和社会两个领域、宏观和微观两个层面对管理劳动创造价值进行全面的分析。陈征指出："管理劳动的性质是二重的：它既有与组织生产力和社会化大生产联系的自然属性，又有与生产关系和社会制度相联系的社会属性。"③ 陈征对此进行深入具体的分析。

首先，从自然过程方面，宏观管理劳动和微观管理劳动都参与价值的创造。从微观管理层面来看，陈征指出，管理者把自身潜在的管理能力运用于组织、销售、服务等管理环节中，使资源配置效率得以提高，从而带来可观的经济效益。所以"对于这种管理劳动也是生产劳动，创造商品价值。"④ 马克思当时早就明确肯定。他说："在商品生产过程，有的人多用手工作，有的人多用脑工作，有的人当经理、工程师、工艺师等等，有的人当监工、有的当直接的体力劳动者或者做十分简单的粗工，于是劳动能力的越来越多的职能被列在生产劳动的直接概念下。"⑤ 他又说，"随着社会化生产的发展，管理劳动者在生产中日益占据主要地位，劳动表现为不再像以前那样被包括于再生产过程中，相反地，表现为人们以生产过程的监督者和调节者的身份同生产过程本身发生关系"。"这里已经不再是工人把改变了的形态的自然物作为中间环节放在自己和他支配的无机物之间，

---

① 陈征．劳动和劳动价值论的运用与发展［M］．北京：高等教育出版社，2005：40.

② 马克思恩格斯文集（第7卷）［M］．北京：人民出版社，2009：431.

③④ 陈征．劳动和劳动价值论的运用与发展［M］．北京：高等教育出版社，2005：43.

⑤ 马克思恩格斯全集（第49卷）［M］．北京：人民出版社，1982：100－101.

工人不再是生产过程的主要当事者，而是站在生产过程的旁边”。[1] 陈征认为，马克思相关论述说明，在一个企业内部的直接生产过程中，管理劳动者如经理、工程师等，都是总体工人的一个有机整体的组成部分，他们是生产过程的“主要当事者”，对企业的生产和发展起着重要作用，他们的管理劳动是创造价值的生产劳动。

就宏观管理方面，即生产企业之外、从处于间接生产过程的现代管理劳动来看，他们的劳动是否参与商品价值的形成呢？对于这个问题，陈征结合马克思的相关论述进行说明。马克思说过：运输保管是生产过程在流通领域的继续，二者起着保存和实现价值和使用价值的作用，仍然是创造价值的生产劳动。在此，陈征以保管工作为例，对马克思这一基本观点进行说明。陈征指出，虽然运输、保管这些环节没有直接参与商品的生产，但却是商品实现价值必不可少的，如果没有经过运输环节或保管不善，商品就无法出售，也不可能实现其价值。所以，陈征指出：“只要是为保存和实现商品的价值和使用价值，这类宏观管理劳动，也应该同微观管理部门的管理劳动一样，参与价值的创造。”[2] 其实马克思早就指出，保存价值与实现价值的管理劳动，都是参与价值形成的生产劳动。尤其是在当前社会化大生产条件下，宏观管理劳动的地位尤为突出，有必要共同参与市场经济中的劳动交换，对整个社会有序生产、健康发展起着决定性的作用。因此，宏观管理劳动和微观管理劳动，都是参与价值创造的生产劳动。

其次，从社会过程分析管理劳动的价值创造。对于资本主义企业的管理劳动而言，当时有人认为，在资本主义企业中资本家直接进行的管理劳动“实际上是在剥削劳动”，从而资本家的全部收入都是剥削工人创造的剩余价值。陈征认为，这与马克思的基本原意不相符合的。马克思指出：“资本家的管理不仅是一种由社会劳动过程的性质产生并属于社会劳动过程的特殊职能，它同时也是剥削一种社会劳动过程的职能。”[3] 据此，陈征认为，马克思所指的资本家的管理劳动具有生产和剥削二重性。从劳动的自然过程看，它的作用在于组织、指挥、协调各个劳动者的劳动，使生产能够顺利进行，它是一种生产的职能，是创造价值的生产劳动。正如马克思指出的“资本家在生产过程中是作为劳动的管理者和指挥者出现的，在这个意义上说，资本家在劳动过程本身中起着积极作用。……这种与

① 马克思恩格斯全集（第46卷，下）[M]. 北京：人民出版社，1980：218.

② 陈征. 劳动和劳动价值论的运用与发展 [M]. 北京：高等教育出版社，2005：45.

③ 马克思恩格斯文集（第5卷）[M]. 北京：人民出版社，2009：384.

剥削结合的劳动……当然就与雇佣工人的劳动一样，是一种加入产品价值的劳动”。[①] 在此，马克思明确肯定了资本家在生产过程进行的组织、指挥、监督、协调的管理劳动，和雇佣工人的劳动一样，是形成价值的生产劳动。另外，管理劳动具有剥削性，这是由劳动过程的社会性质决定的。通过组织管理，进行剩余价值生产，加强对工人的剥削，收入的绝大部分是由剩余价值转化而来的利润，是资本所有权的产物，不属于管理劳动报酬的范围，是一种剥削职能。

关于社会主义的管理劳动，陈征明确指出，不论是宏观管理劳动和微观管理劳动，不仅具有自然属性，同时也具有与先进的社会主义制度相联系的社会属性。一方面，社会主义经济活动和生产过程实行生产社会化，更需要计划、组织、决策、指挥，协调、控制、监督等从微观到宏观的现代管理劳动，这是社会主义经济发展的客观需要，是劳动的自然属性的反映。另一方面，社会主义管理劳动的直接目的是，通过优化各种资源配置，提高经济效益，以满足广大人民日益增长的物质和文化生活的需要。同时，陈征又指出，不管是微观管理还是宏观管理，既有先进的社会主义性质又有实现个人贡献报酬的利益收入。一方面，在实行社会化大生产的社会主义市场经济条件下，管理劳动是社会主义经济正常运转的客观需要，也是提高经济效益，满足广大人民群众的物质和文化生活的需要；另一方面，通过管理劳动创造价值并实现价值，为企业的发展，为国家和社会做出贡献，个人理应取得报酬收入，这是合法和无可厚非的。

在上述分析的基础上，陈征进一步概括了现代管理劳动创造商品价值的特点。

（1）现代管理劳动是掌握了现代科学技术知识的高级复杂的脑力劳动，它既需要一个相当长的学习过程、研究过程以及积累实践经验的过程，需要投入大量的物化劳动，所以有较高劳动力价值。同时，现代管理劳动善于运用科学技术知识，充分运用自然力，合理配置资源，从而提高经济效率。因此，与简单劳动相比，在同样时间内，现代管理劳动能创造更大的价值。

（2）现代管理劳动善于运用科学技术力量，通过管理的创新，调动劳动者的主动性和创造性，并通过充分利用自然资源，实现成本的高度节约，在生产和经营中，不断提高劳动生产率，力争个别劳动时间低于社会必要劳动时间，取得超额利润，从而实现更多的价值增值。

（3）现代管理劳动也具有具体劳动和抽象劳动二重性。其具体劳动表现为对社会经济活动和生产再生产过程进行组织、计划、决策、指挥、协调、控制、监

① 马克思恩格斯全集（第26卷，下）[M]. 北京：人民出版社，1972：550－551.

督等具体形式的活动；其抽象劳动表现为，管理者和全体员工一道，进行生产活动和经济活动，创造出有形产品或无形产品，这都要耗费一定的体力和脑力。现代管理劳动的二重性的特点是需要从全社会的广泛的经济活动中，通过宏观管理来体现人和人之间交换劳动的社会关系。

陈征在阐述当代管理劳动的性质和新变化的基础上，从多角度分析了现代管理劳动创造价值的判断标准及发展过程。并对现代管理劳动创造价值的特点进行全面的概括，进一步论证了"非生产性劳动创造价值"这一重要理论观点的科学性与合理性，进一步丰富了马克思劳动价值论的内容。

（三）现代精神劳动与价值创造

随着科学技术的不断进步，推动了劳动的发展和社会分工的扩大，人们的需求从物质领域向精神领域扩展，需求越来越多样化。精神需求较之物质需求更广泛、更丰富、更深刻、层次更高，从而更难以满足。在这种强大需求的驱使下有形和无形的精神产品的生产迅猛发展，日新月异，精神劳动在人类劳动中的比例逐渐扩大，并有力地促进和推动着整个社会的全面进步和发展。在此背景下，陈征对精神劳动的相关概念、精神劳动的特点、现代精神劳动的价值创造以及发展趋势进行创造性的研究，为精神劳动的发展与创新提供重要的理论指导与支撑。

对于什么是"精神劳动"，陈征通过与物质劳动相区别，从社会运动的特点出发，考察了现代精神劳动的基本内涵。他指出：精神劳动是与物质劳动相对而言的，"物质劳动是以体力劳动为主，借助生产手段，作用于劳动对象，生产出各种生产资料和能够直接满足消费者生活需要的物质产品。精神劳动是通过脑力劳动，进行一系列理性思维，揭示客观事物的内部联系即规律性，提供能够直接满足消费者心理需要、增强劳动能力需要的精神产品"；"物质劳动生产物质产品，反映着人和自然的关系；精神劳动生产精神产品，反映着人和人之间的关系"。[①] 而通过精神劳动进行精神生产创造有形或无形的精神产品，是区别于物质生产的另一重要生产内容。但陈征又进一步指出，精神劳动和精神生产与物质劳动和物质生产是在密切联系、相互促进的过程中是共同向前发展的。物质劳动和物质生产是精神劳动和精神生产的基础，后者是在前者的基础上产生并逐步向前发展的。但是，它们发展到一定程度，表现为精神劳动与物质劳动一体化，精神劳动和精神生产又会反过来大力推进物质劳动和物质生产的发展，精神劳动在社会生产发展过程中则起着越来越重要的作用。尤其是 20 世纪后半期，现代科

① 陈征．劳动和劳动价值论的运用与发展［M］．北京：高等教育出版社，2005：53.

学技术迅速发展，出现了新科技革命，进入了信息化的新阶段，这是以脑力劳动为主的精神劳动发展的新阶段，这时候出现了科学—技术—生产的模式，即物质生产是在现代科学技术指导下向前发展，表现为脑力劳动凝结而为科学理论反转过来对物质生产的指导关系。

在对精神劳动的内涵进行全面阐述的基础上，陈征进一步分析了精神劳动的价值创造及其特点。

精神劳动是否也创造价值呢？学术界对此长期有所争议。一种观点认为，马克思所说的价值是包含在商品体中的，有些精神劳动不生产商品，是无形的，价值无所依附存在；也有不少人认为，马克思所说的劳动价值，只适用于物质产品，不适用于精神产品。其实，这些都是主张精神劳动不创造商品价值的观点。对此，陈征运用马克思劳动价值理论，对此争论进行了科学的研究和有力的回应。

陈征对精神劳动所创造的精神产品的具体形态进行分析，并大体上分为三种情况：一种情况是，精神产品是商品。这主要是应用型、实用型的精神产品，如科技产品、信息产品以及技术服务等。这类精神产品中是生产手段中的重要组成部分，有的可以直接转化为物质生产力；有的可以满足人们社会生活的某种需要，是为交换而生产的劳动产品，通过市场交换实现其价值。另一种情况是，精神产品本身不是商品，它只有依赖于一定的物质载体而存在，并进入流通作为商品来交换，从而实现其价值。再一种情况是，演员、歌唱家、医生的精神劳动，使用价值与劳动同时存在，劳动结束时使用价值也同时消失，这种转瞬即逝的无形产品，同物质产品的交换一样，也表现为价值和使用价值，只是交换过程结束以后，这种无形产品不复存在而已。由此可见，精神劳动者同物质生产一样，同样要通过各种形式交换其劳动所凝结的价值，只是具有不同的新特点而已。

现代精神劳动作为现代科学劳动的具体形式之一，同样具有价值和使用价值。陈征指出，从事精神劳动的精神劳动者，具有精神劳动力。精神劳动力同样具有价值和使用价值。只是现代精神劳动者要花费大量的时间和投资作为学习和科研费用支出，所以现代精神劳动力的劳动力价值较高。现代精神劳动力的使用价值是劳动，作为抽象劳动既能创造新价值，作为具体劳动又能转移旧价值。产品中的 V + M 部分是新创造的价值。产品中的 C 部分是转移的旧价值，其中一部分是生产资料的旧价值转移，另一部分是已有的科学、技术、知识中所包含的旧价值的转移，这是现代精神劳动所具有的特殊性。由此可见，精神产品在价值创造与价值实现方面，也有其自身的特点。对此，陈征主要概括为以下几个方面。

一是现代精神劳动是高级或超高级的复杂劳动，在相同时间内能够创造较多的价值。由于现代精神劳动力需要掌握现代科学技术和相关学科相结合的广博的知识，不仅需要较长时间学习和研究，不断补充和更新知识，还需要耗费更多的脑力，最大限度地进行创造性思维，从事研究探索，在前人已有的基础上进行创新性劳动。所以，现代精神劳动是高级或超高级的复杂劳动，在同样时间内，比一般的复杂劳动能创造更多的价值。

二是精神产品的价值量决定具有特殊性。物质产品的价值量是由社会必要劳动时间决定的，精神产品中有一部分是物质产品转移来的旧价值——是由生产它们的社会必要劳动时间决定的。但是精神产品具有原创性和唯一性，这就决定了对它们既不能用简单的劳动时间来计量，也不存在决定商品价值量的社会必要劳动时间。更由于精神产品具有原创性和垄断性，不需要通过部门和行业之间竞争来实现其价值。因此，精神产品的价值量基本上是由个人所花费的劳动时间直接决定的。

三是精神产品价值实现的特殊性。精神产品的原创性程度直接决定着产品的价值，精神产品如果没有原创性，产品不为社会所认可，个人劳动就不能为社会所承认，其精神劳动就不能形成价值。而且在精神产品创造过程中，往往经过多次失败以后，才能取得最终的试验成果。包括前期失败的个人劳动时间就成为该商品的价值量得到社会承认并在交换中实现。

四是精神产品的劳动报酬，不完全等于精神产品的价值。如创新型的精神产品的劳动报酬和所提供的精神产品的价值是不相等的。劳动者在取得报酬时，并没有让渡该产品的所有权，而仅仅是让渡了使用权。

陈征有关精神劳动及其价值创造的论述，在对物质劳动和精神劳动的运动规律深入分析比较的基础上，多角度地对精神劳动创造价值的过程进行充分的分析，并概括了精神劳动创造价值的特殊性，对于“否认精神劳动创造价值”的观点予以有力的反击。

（四）现代科技劳动与价值创造

科学技术的发展及其在生产中的应用对社会经济的发展和人们生活水平的改善起着十分重要的作用，而科技的使用必须与科技劳动紧密结合在一起。当今世界，科技劳动在创造物质财富和创造价值过程中发挥着越来越重要的作用。因此，陈征首先阐析了一般科技劳动如何发展为现代科技劳动，在此基础上，总结了现代科技劳动的内涵及其价值创造。

陈征指出，从历史和生产实践的过程看，人们通过不断的劳动生产实践，积累生产经验和劳动技能，运用和制造生产工具并寻求新的劳动对象，不断探索生产工具和劳动对象的客观规律，这种在劳动过程中通过脑力劳动的分析思考，就是科学劳动的开端。从这一点一滴地总结改进和制造生产工具的经验开始，不断收集、发现和研究劳动对象，不断改进生产工艺和劳动技能，逐步形成新的生产技术。科学是人们在生产实践中，不断总结经验，发现其自身内部的运动规律，总结上升为理论。技术是为某一目的共同协作组成的各种工具和规则体系，它表现为人与物的交互作用中，能够改造物质实体使之成为新的物质形式，是进行劳动的手段、工艺装备和加工技艺的总和，是人类生产劳动技能结晶成的知识体系。

在19世纪下半叶以前，科学技术主要是对生产实践经验的概括与总结，其作用还未充分发挥，当时科学、技术、生产三者的关系是以“生产—技术—科学”的模式向前发展。19世纪后半期，电磁学革命和电力科技革命的发展，巨大地改变着人类的生产、工作和生活方式，科学技术在生产中得到了广泛的运用，大大提高了劳动生产率，此时，科学技术与生产之间的相互关系出现了新的模式：“科学—技术—生产”。由上述的分析表明，现代科技劳动的发展，是先有科学理论上的突破，然后在技术上实现，最后在生产上应用，用科学理论为指导，采用新技术，进行现代化生产，大大提高了劳动生产率，这时，科技劳动者成为经济和社会发展的强大推动力。尤其是20世纪以来，由于电子计算机广泛使用，人类进入了信息时代，此时，各学科、各专业、各类知识之间相互渗透汇流、交叉形成科学技术一体化的新趋势，并走向大科学的时代。这时，掌握现代先进科学技术的科技劳动者所进行的科技劳动，已从一般科技劳动发展为现代科技劳动。所以，陈征总结指出：“以前的一般的科技劳动，只是掌握一般的科学技术知识，反映着科学技术尚未充分发达阶段的情况，对经济社会的发展具有重要作用，但并未起到决定性作用。现在，现代科技劳动者的现代科技劳动，是掌握了最新科学技术所进行的高级或超高级的脑力劳动。”①

在阐明现代科技劳动的内涵实质的基础上，陈征将现代科技劳动与一般科技劳动进行比较，并概括出现代科技劳动有别于一般科技劳动的新特点。

（1）代表先进生产力、创造大量社会财富，是推动经济社会发展的高效劳动。一般科技劳动的生产率虽然大大高于手工劳动，但与现代科技劳动相比，一般科技劳动又大大处于落后状态。陈征引用翔实的数据说明随着科学技术的发展，科技贡献率不断提高，现代科技劳动在生产中创造了大量的使用价值即国民

---

① 陈征．劳动和劳动价值论的运用与发展［M］．北京：高等教育出版社，2005：68.

财富，为经济社会的发展和人民生活水平的提高提供了必要的物质基础。特别是进入20世纪90年代信息社会以来，电子计算机在生产领域广泛应用，更促进了生产力的超高速发展。现代科技劳动已成为先进生产力的重要开拓者，创造着大量的物质财富和精神财富，成为决定先进生产力发展的第一位要素。

（2）高知识积累型的高级复杂劳动。马克思曾经说过，科学的力量就在于能够充分利用自然力并无偿地为社会经济发展服务。陈征通过考察指出，使用不同的科学技术就有不同实际效果。传统工业的生产设备是建立在对自然物质一般加工和表层属性的自然能力的一般利用上，因而其生产能力也就有一定限制。而现代高科技，是以现代自然科学理论为指导，以先进的生产技术手段为基础，对自然物质属性的深度开发与利用，极大地提高了劳动生产率和加快社会经济的发展程度。陈征认为，现代科技劳动之所以能够达到如此高度和深度，则是由于掌握了多种科学理论具有高知识积累型特征的结果。马克思指出复杂劳动是需要经过专门学习和训练才能从事的劳动，在同样的劳动时间内，比简单劳动创造更大的价值。由此，陈征总结指出，掌握多门尖端科学理论、操纵现代化高级尖端技术的现代科技劳动，是高级的或超高级的复杂劳动，生产出大量的使用价值和价值量。

（3）高度专门化基础上的多学科专业的社会结合劳动。在不同经济发展阶段，分工不同，技术的专业化及劳动生产率也不同。陈征通过对手工业经济时代、工业经济的初期阶段经济发展特点的分析后指出：在高科技时代，从事现代科技劳动的劳动者，大多需要经过高度专门化的学习与培训的教育，对所学专业有高度而深入的理解。他认为，受过高级专门化现代基础知识和实践操作技能的教育和训练，熟练、掌握该专业现代理论知识和科学实践能力，就成为现代科技劳动有别于一般科技劳动的一个重要特点。尤其是20世纪中期以后，随着信息时代的到来，在各学科交叉、综合、系统化、一体化发展趋势的推动下，涌现出一系列边缘学科、横断学科、综合学科与交叉学科，[①] 形成“大科学”时代，并且通过突破与融合这两种基本形式实现现代科技的快速飞跃。所以，现代科技劳动者，不仅要掌握本专业的专业理论知识，还要掌握相关学科的理论和技术，而且必须提高总体劳动中的协作程度。从这个意义上，现代科学劳动往往是多学科专业的社会结合劳动。

（4）有些现代科技劳动是与科技创新相结合的科技创新劳动。关于现代科技劳动和科技创新劳动，陈征认为，二者既有联系，又有区别。并非所有的现代科

---

① 何亚平．现代科技革命与邓小平理论［M］．杭州：浙江人民出版社，1998：204－205.

技劳动都是科技创新劳动，如对科学理论知识继承和传播的教师的教学劳动，以及在物质生产企业中、操作和掌握已有的技术设备进行正常有序生产的科技人员的劳动，他们虽然都是从事现代科技劳动，但并不是科技创新劳动，因为他们在理论和技术上没有新的发明和创新。但有些现代科技劳动者同时也是科技创新劳动。如在教学中、在科研中、在劳动实践中、在科学和技术上实现了创新性的突破，有所发现、有所发明，把现代科学劳动和实现科技创新密切结合在一起，使科技创新劳动成为现代科技劳动的有机组成部分。

在分析现代科技劳动内涵和特点的基础上，陈征又进一步阐明现代科技劳动的价值创造及其特点。陈征指出，现代科技劳动作为现代科学劳动的一种具体形式，其在创造价值方面具有别于一般科技劳动的显著特点。

一是从现代科技劳动力和价值决定方面看，它同样是由劳动者及其家属所必需的生活资料的价值和学习费用这三个因素决定的。主要有以下几个特点：第一，学习费用高。现代科技劳动者要积累广博的科学基础理论和相关的专业知识，有运用信息手段与操纵复杂的技术手段的能力，以及参加生产实践和科学实验、调查研究的丰富经验，这就必须花费较多的学习和研究等受教育的费用。第二，劳动强度大，生活资料消费的要求高。在高科技经济时代，操纵现代科技表现为高强度的脑力消耗和支出。这往往需要注意力高度集中，专心致志，苦思冥想，反复实践，而且经常是夜以继日，是一种高强度的脑力劳动耗费，会损害劳动者的身心健康，需要较高的劳动力补偿费用。

二是从现代科技劳动者的使用价值方面看，劳动具有二重性，抽象劳动创造价值，具体劳动创造使用价值并同时转移旧价值。现代科技劳动在创造新价值方面的特点是：（1）高级或超高级复杂劳动，在一定时间内，能凝结成为更多的价值量。由于现代科技劳动者掌握了现代科学技术，不仅能充分利用自然力，而且凭借对现代科学理论深刻而综合的认识，运用先进的高科技生产手段，对自然物质属性进行深度开发和利用，大大提高劳动生产率，创造更大量的国民财富。（2）由于现代科技发展的特殊性，在一定时间内，有些现代科技劳动者能够实现更多的高额价值。随着现代科技革命发展进程的加快，科学发现与技术发明转化为现实生产力的周期越来越短。在发明到应用过程的初期，只有首先取得成果的单位或个人才有对该项产品或技术的所有权，该新产品生产者的个别劳动时间就成为社会必要劳动时间，这种商品或以价廉物美取得额外的高额价值，或以新商品的垄断性实现较高的价值。（3）现代科技劳动具有风险性。由于现代科技产品生产的复杂性，使现代科技生产者的个别劳动成为一种风险劳动。进行现代高科技生产为购置先进科技设备必须投入大量资金。由于新技术转化的周期缩短，新的生产技术迅速发明出来，现有科技设备将被淘汰，但原有设备通过折旧率还未能将投入的资本金收回，这种无形损耗将给经营者带来重大损失。

最后，陈征总结指出，现代科技劳动不仅仅是形成商品价值的抽象劳动，还是创造使用价值的具体劳动；它在创造使用价值的同时，还起着转移旧价值的作用；它不仅创造出多种为经济社会发展以及满足人们生活需要的新产品，而且将生产资料的旧价值转移到新的商品中去，并将凝结在科学知识中的旧价值也转移到新商品中去。

陈征有关现代科技劳动的相关论述，不仅阐明了现代科技劳动及其价值创造的过程，而且厘清了科学知识与价值创造的关系，说明“科学知识是人类劳动的结晶，科学有价值但它本身不能创造价值，必须通过人的现代科技劳动才能创造价值”的重要理论观点。这对于重视科学技术在社会经济发展中的作用，重视现代科技劳动者在创造价值和国民财富中的贡献和作用都具有十分重要的意义。

（五）现代教师劳动及其价值创造

在过去那种“脑力劳动剥削体力劳动、知识分子是臭老九”观点的影响下，虽然也曾宣传尊师重教，但不可能对教师劳动进行深入系统的研究。即使在实施科教兴国战略，不拘一格重人才的今天，对科技劳动、管理劳动十分重视，但对教师劳动却较少论及。21 世纪初，党中央明确提出了“尊重教师的劳动”“使中华民族尊师重教的优良传统不断发扬光大”的重要观点，教师劳动才引起应有的重视。陈征认为：“科技劳动、管理劳动等确实在社会经济生活中起着十分重要的作用，但科技劳动者和管理劳动者是借助于教师劳动这个基础，才掌握了自然科学和社会科学基础理论的。”① 党的十六大提出的尊重劳动、尊重知识、尊重人才、尊重创造是党和国家的一项重大方针，陈征认为：“所谓尊重劳动，当然包括尊重教师劳动这项重要内容。”这说明，研究教师劳动有着重要的理论及现实意义，而陈征在创建现代科学劳动理论体系中，对教师劳动及其价值创造也进行全面的研究。

教师劳动是随着生产劳动的发展，社会文明的进步才得以产生和发展的。在此，陈征概括了教师劳动的产生和发展的历程，并提出了“现代教师劳动”的新范畴。

远古时代，人们在生产劳动中取得的点滴经验，完全依赖师傅带徒弟式的言传身教才得以积累并传承下来，教师劳动还未产生。文字的出现使知识和经验找

① 陈征．劳动和劳动价值论的运用与发展［M］．北京：高等教育出版社，2005：78.

到了一个独立于人体的贮存积累系统，这是人类的知识积累和智力发展产生了第一次重大飞跃。人类为了学习、继承前人的知识和经验，必须学习和运用文字，便出现了讲授文字的教师。我国古代的夏朝和商朝就出现了“庠”“序”之类的学习场所，民间也出现了大量的私塾和塾师，这是最早的学校和教师。他们发挥着传授文字、生产经验、典章制度和道德修养的重要作用。随着社会经济和生产力向前发展，出现了专门从事脑力劳动的知识分子，他们收集、整理、进一步加工分散零碎的知识，使其成为独立的完整的理论体系，这样，社会生活中就分别出现了自然科学和社会科学的各种学科专业课程，这些都成为教师的教学内容。陈征通过对教师劳动发展历史的考察指出，在科学技术理论知识尚未高度发展时，原有的教师劳动只是传授一般基础知识和一般专业知识，是一般的教师劳动。20 世纪中期以来，各学科、各专业、各类知识之间相互渗透，汇流、交叉、综合日益频繁，出现了科学技术化、技术科学化，形成科学技术一体化新趋势，开始走向“大科学”时代，走向现代化的新科技阶段。这时的教师承担着讲授基础知识和新的尖端的专业课程的重要任务，他们不仅要掌握有关的基础理论和实践知识，还必须掌握现代科学的最新的最尖端的理论和实践知识，从事高、精、尖专业课程的教学与研究。所以，陈征明确指出：“掌握了现代科学知识的劳动者所进行的是现代科学劳动，这是当代社会劳动的本质；而掌握现代科学知识的教师所进行的教学和科研活动，即现代教师劳动，是现代科学劳动的具体形式。”① 所以，现代教师劳动尤其是高校的现代教师劳动是以现代科技作为教学和研究的主要内容，反映了现代科技高度发展的要求，是高级的复杂的脑力劳动，对社会经济的发展起着重大作用。

陈征在归纳了教师劳动的一般特点即继承性、创造性、连续性、示范性、无私性和艰苦性的基础上，总结了掌握现代科学技术知识的教师所进行的劳动的新特点，主要表现为六个方面。

（1）继承和传播科学技术文化知识的综合性和专业性。现代科学技术随着实践的发展不断向前发展，特别是 20 世纪末，进入信息化的高科技阶段，新的专业、新的学科不断出现，而且更加细致、深入和具体化；另一方面，相关学科、交叉学科大量涌现，将形成一批高度综合化的大学科群。出现了既高度分化又高度综合的总体化趋势，这就要求教师既要对不同的新兴专业学科都有深入的了解，又要求他们能根据现代科学综合化的要求，进行综合而系统的教学。

（2）探索和创新研究的复杂性和艰苦性。现代教师劳动在继承和传播的基础

① 陈征．劳动和劳动价值论的运用与发展［M］．北京：高等教育出版社，2005：79.

上还要不断探索和创新，通过对自然界和人类社会未知现象的探索，揭示新规律、掌握新知识、创造新理论，为改造自然和改造社会服务，这需要一个较长时间的探索过程，而且要求教师广泛、深入掌握相关学科的专业知识，需要坚强的毅力和吃苦耐劳的精神。

（3）独立性与协作性相结合。科研活动依赖劳动者发挥独创性和主动性，强调独立思考、独立钻研、独立创造和独立负责的精神，但随着现代化科技向微观和宏观的深度和广度发展，社会化程度不断提高，以及各学科的互相渗透，要进行科研创新，越来越依赖于多学科的集体协作。所以，科研活动要求独立性与协作性相结合。

（4）无私奉献的精神进一步发扬光大。科学理论一经创立，只要偿还了它所耗费的代价，就会像自然力一样，永无止境地向社会馈赠。科学没有国界，任何国家和个人都可以使用，这正充分体现了科学家和发明者的无私奉献精神。现代教师劳动也包括发展科学技术创建新理论的内容，也体现这一无私奉献精神。

（5）培养一代新人的艰巨性和复杂性。在科技高度发达的现代社会，对学科专业知识的要求更加广泛和深远，而且专业性、综合性、理论性和实践性都要达到相当的高度和深度。现代的人才，既要有专业知识，还要具有广博而综合的知识和高度的创新能力，正确的政治观点和思想品德。为了培养这样的一代新人，对现代教师劳动就提出了更新、更广、更高的要求。

（6）现代教师劳动质量的评价具有滞后性和特殊性。教师劳动具有精神生产和劳动力再生产的双重性。继承、传播、发展和创新现代科学文化技术，属于精神生产性质。现代教师劳动所培养的新一代劳动者在不同的生产实践中改造自然形成新的先进生产力，具有劳动力再生产的性质。这从量上是可以计算的，但他所培养的学生有没有达到合格水平，是不是突出的拔尖人才。尚需若干年检验，以这些学生对社会的贡献为依据，才能看出现代教师劳动的质量、水平和贡献，这就使教师劳动的质量评价具有时间滞后的特殊性。

在总结现代教师劳动特点的基础上，陈征对现代教师的价值创造进行深入的剖析。针对当时有人认为“价值必须包含在商品中，教师劳动的对象是学生，不是物质产品，因而不创造价值”的观点，陈征进行了反驳。他指出：“教师的主要任务是培养具有一定文化知识、掌握现代科学技术的年轻劳动者，高层次学校则是培养掌握某一门或数门现代科技的专家，在社会主义市场经济条件下，由于劳动力市场或人才市场的存在，这些年轻的劳动者也会进入劳动力市场。”① 这

① 陈征．劳动和劳动价值论的运用与发展［M］．北京：高等教育出版社，2005：85.

说明，学校虽然不生产物质产品，但它培养特殊的劳动力商品，教师对学生进行教育，实际上是对学生进行服务。马克思曾经指出："购买这些服务，也就是购买提供'可以出卖的商品等'，即提供劳动能力本身来代替自己的服务，这些服务应加入劳动能力的生产费用或再生产费用。"① 根据马克思的观点，购买教师的这些服务，也就是购买提供可以出卖的商品等。劳动者接受教育和训练费用，就是劳动力价值形成的三个要素之一。尤其是在现代高科技条件下，现代教师劳动因为教师本身需要学习更多的高科技知识，花费更多的学习费用，因而教师劳动力价值较高，而现代教师劳动所培养的新一代劳动者所包含的劳动力价值也较高。

虽然《资本论》着重研究的是物质产品的生产过程和价值形成过程与实现过程，对非物质产品论及较少，但从马克思的有关经济学手稿中，可以看出他对教师等劳动的分析、对精神产品的生产、对劳动力的生产过程所花费的劳动成为劳动力价值形成的重要因素的分析，基本上是肯定他们的劳动创造价值和剩余价值的。如马克思曾经指出："例如，在学校中，教师对于学校老板，可以是纯粹的雇佣劳动者，这种教育工厂在英国数量很多，这些教师对学生来说虽然不是生产工人，但是对雇用他们的老板来说却是生产工人，老板用他的资本交换老师的劳动能力，通过这个过程使自己发财。"② 据此，陈征在深入剖析商品价值形成和价值创造过程的基础上，说明教师不仅创造价值，还创造剩余价值，尤其是在现代科学技术高度发达条件下现代教师劳动能创造质高量多的价值，这是完全符合市场经济的实际情况。由此，陈征认为，不仅要重视教师的劳动，而且根据按劳分配付酬的社会主义原则，现代教师劳动应该取得相应的、必要的报酬。

陈征上述的论述，对于正确认识和重视现代教师劳动，对于实施科教兴国发展战略具有十分重要的指导意义。

上述简要地概述了陈征有关现代科学劳动具体形式及其价值创造的基本理论，有力地证明了非物质生产部门如管理部门也是价值创造的重要来源，这是对主张"只有物质生产部门才能创造价值"的观点予以的有力回击，是对马克思劳动价值论的重大发展。说明现代服务劳动、现代管理劳动、现代科技劳动、现代教师劳动、现代精神劳动等，都是当代劳动价值理论的新内容，反映着现代经济生活中的新情况、新问题。而且也充分表明，当代劳动价值理论的新发展，主要体现在劳动范围的进一步扩大，是物质产品与非物质产品、有形产品与无形产品并存；直接生产部门的生产劳动与间接生产部门的生产劳动共同发展。而这些部

---

① 马克思恩格斯文集（第8卷）[M]. 北京：人民出版社，2009：229.

② 马克思恩格斯文集（第8卷）[M]. 北京：人民出版社，2009：417.

门的劳动者主体，都需掌握现代科学技术，通过各种不同具体形式互相交换其劳动，从而构成统一的劳动价值理论的新内容。因此，现代科学劳动贯穿于各种形式的高科技产品的具体劳动，它既决定着当代社会劳动的发展方向，又是整个社会经济发展的根本动力和核心决定力量。

第四节　陈征运用现代科学劳动理论探索有关生产要素价值问题

随着经济的发展和生产范围的进一步扩大，技术、土地和自然资源作为一种基本的生产要素发挥着越来越重要的作用，这些要素的价值问题既是一个重要的理论问题，也是一个重大的实际问题，直接关系到劳动价值论自身体系的构建和对现实理论问题的相应研究。陈征在创建现代科学劳动理论体系的过程中，不仅重视对理论范畴的界定和对具体形式的分析，而且还注重理论研究用于解决实际问题，运用现代科学劳动理论探索生产要素的价值问题，对自然资源、技术商品、土地等的价值问题进行全面、细致的分析，形成一系列创新性理论观点。这是陈征在创建现代科学劳动理论体系过程中的重要突破，对于运用价值规律处理好经济建设过程中的生产要素方面的矛盾具有重要指导意义。

一、对技术商品价值的剖析

“技术是人们对某种产品的设计、工艺方法的改进和对生产提供某种技术服务所需要的系统知识。”① 技术作为人类改造客观世界的系统知识，随着人类社会经济和科学的不断发展，技术产品走向市场而成为商品，从而加速了技术成果向生产力的转化过程，带来生产力的迅速发展，使技术商品的贸易地位日益凸显。陈征应对当前技术商品广泛发展及其在国民经济中的作用，运用马克思的劳动价值论对技术商品的形成与发展、技术商品的使用价值与价值进行深入的研究。

1. 技术商品的形成与发展

陈征明确指出：“技术产品发展为商品，是人类社会经济和科学发展到一定阶段的产物。”② 他通过考察人类社会历史发展历程，对这一重要观点进行充分

①② 陈征．劳动和劳动价值论的运用与发展［M］．北京：高等教育出版社，2005：203.

的论证。

陈征指出，技术是随着人类社会的产生，生产活动的发展，人们在生产实践中不断积累经验而形成的。在经济和科学发展水平较低的奴隶社会和封建社会里，技术一般也只能停留在劳动者的经验、技能以及他们所使用的工具形态上，还未形成独立的形态。随着资本主义经济的发展和产业革命不断深化，技术开始从劳动者的技能独立出来，成为社会经济中的一个重要部门，技术成果开始走向市场，并加速了向生产力的转化过程，推动了生产力的发展，同时也促进了科学技术的发展。技术商品不仅在国内市场进行交易，而且在国际贸易的经济发展中越来越占据重要地位。

陈征回顾了我国在计划经济初期，由于不承认社会主义经济是商品经济，不承认技术成果是商品，科技成果难以转化为生产力。对此，陈征认为，这种供给制式的直接调配体制，割断了科研和生产之间的联系，严重挫伤了科技人员的积极性和创造性，不仅束缚了科学技术自身的发展，也大大限制了国民经济的发展。党的十二届三中全会公布了《中共中央关于经济体制改革的决定》，提出了“促进技术成果的商品化，开拓技术市场，以适应社会主义商品经济的发展”。由此国家不仅承认技术成果是商品，并开拓技术市场进行交易，这是我国科学技术领域的重大变革，也是我国经济生活中的一项重大变革。所以，陈征总结指出：“随着我国社会主义市场经济的建立并逐步走向完善，技术市场上的技术商品交易迅速发展，有力地推动了现代科学技术迅速向生产转化，也有力地推动了社会主义经济的迅速发展。对社会主义市场经济的建立与完善，起着极其重要的作用。”①

2. 创造技术商品的劳动二重性的特征

陈征从分析生产技术商品的具体劳动和抽象劳动的特殊性出发，指出生产技术商品的具体劳动无论是从劳动对象、劳动目的、劳动资料及劳动场所看，都有别于一般商品。从劳动对象而言，技术商品生产的劳动对象是科学知识和信息，而不是一般的物质资源和物质产品，尽管在实验或试验过程中需要消耗一些物质原料，但技术商品生产的具体劳动过程，是以科学知识、信息作为劳动对象，无论是理论研究，还是应用研究，都离不开图书资料、情报文献、实验数据、观察记录等，这就决定了技术商品的生产主要是非实物型。从劳动目的而言，一般商品生产的目的在于销售，以便取得利润，所以一般商品的生产最主要考虑的是否适销对路。而技术商品生产的目的则是为了在理论上探索，在实践中运用，进行

① 陈征．劳动和劳动价值论的运用与发展［M］. 北京：高等教育出版社，2005：204.

创造发明，解决社会经济和生产中需要解决的实际问题，实现理论创新和实践创新，生产出先进的鲜为人有的新的使用价值。就劳动资料而言，一般商品生产者在生产过程中主要是运用机器等生产手段，作用于原材料等劳动对象。而技术商品生产时主要运用在科研劳动时所使用的物质工具，如笔墨、纸张、仪器、设备等“硬”劳动资料，以及已有的理论、原理、定律、方法等“软”劳动资料。从劳动场所看，生产一般商品的具体劳动，总是在直接生产过程中如车间、工地直接进行，而生产技术商品的具体劳动，一般总是在生产过程以外进行的。如在实验室进行数据测试等。这时，科技劳动者只是作为“总体工人”的一个器官，间接地作用于物质产品的生产。

上述是陈征对技术商品具体劳动特殊性的分析与总结，充分说明生产技术商品的具体劳动的显著特征。按照马克思劳动价值论的基本原理，不管人们劳动的具体形式如何不同，它们都是人们脑力和体力的耗费，都是人类劳动力的支出。这种撇开具体形式的无差别的人类劳动，就是抽象劳动。那么，生产技术商品的抽象劳动与生产普通商品的抽象劳动又有何不同呢？对此，陈征主要概括为以下几个方面：一是科学技术知识的潜在性。生产一般商品的抽象劳动，主要是消耗一定的脑力和体力，劳动者是否掌握科学知识并不是必要的条件。而生产技术商品的劳动者，必须掌握科学技术知识和前沿理论并进行创造性的研究，是一种高级的、复杂的脑力劳动。二是无形性。生产一般商品的抽象劳动，是将劳动直接凝结在劳动产品的实际物体内。而创造技术商品的抽象劳动，往往凝结在无形产品之中。三是高强度性。技术商品的创造，往往需要夜以继日的加班加点。从医学上讲，在大脑思维的同时，也伴随着体力的消耗，甚至要超过一般的正常体力劳动的耗费量。可见，创造技术商品的抽象劳动，在脑力和体力上的支出都是高强度的。四是高效性。创造技术商品的抽象劳动，往往是和产品创新、技术创新、工艺创新等紧密联系着的。是高级的倍加的复杂劳动。新产品具有垄断高价，从而这种劳动具有较高的经济效益。

陈征对生产技术商品的具体劳动和抽象劳动特殊性的分析与总结，运用劳动价值论剖析了生产技术商品劳动的基本原理，这在当前科学技术发展日新月异，技术商品层出不穷的形势下，对于解决技术商品在交易中存在的问题，推动技术商品市场健康稳定的发展具有重要的指导意义。

3. 技术商品的使用价值与价值的特殊性

从使用价值而言，技术商品的使用可以转化为直接生产力。陈征指出：当“技术成果运用到生产中以后，或者能够生产出新的产品，或者能够开辟新的生产领域，或者使用新的工艺，提高生产效率、减少劳动和物化劳动消耗，或者能够减少环境污染，保护资源等等”[①]。这就明确地说明技术商品的使用价值在于：科学技术商品的使用能大大提高劳动生产率，带来巨大的经济效益。陈征又进一步指出，由于“技术商品是知识和载体的结合物”，“知识是技术商品的内容载体是技术商品的存在形式”,[②] 先进技术商品的使用价值就在于使“内容与形式达到完美的统一，即将知识的先进性和载体的实用性结合起来”。在此基础上，陈征总结了技术商品的使用价值的特殊性。

一是知识性。技术成果是知识性商品，购买者不仅需要图纸、技术资料等软件，同时也需要专业技术设备人员和与之相配套的物质条件，才可正式进入使用过程。因此，卖方在转让技术成果商品的同时，还必须提供安装、调试，技术人员培训等周到的技术服务，才能使技术商品顺利地转化为生产力。

二是时间性。某项新的技术出现以后，旧技术就会被取代，技术商品具有很强的时间性。特别是现代科学技术迅速发展的新时期，技术更新的周期越来越短更新换代越来越快。技术商品能否及时投入生产，是实现它的应用价值，为社会创造财富的重要条件。

三是创新性。技术开发是一种创新性和创造性的劳动，不可复制和大批量生产，即使社会上有许多单位和个人同时对同一课题进行研究，也只有最先取得成果者才拥有对该成果的专利权。而且技术成果的完成往往需要花费大量的时间、人力和费用，所以要杜绝仿造和复制的行为，保护发明者的利益，在法律上保护知识产权，使技术商品的使用价值在实践中能得到合理而充分的发挥。

从价值上看，技术商品的价值虽然也是凝结着人类无差别的抽象劳动。但与一般物质商品的价值决定相比，又有其特殊之处，陈征主要从以下几个方面进行分析。

首先，价值运动过程的特殊阶段性。一般商品的价值运动过程是生产—流通—消费，而且这三个阶段是直接联系进行的。而技术商品被生产出来之后，它表现为潜在的价值，即科技劳动者劳动创造的价值表现在技术商品中，是潜在的，还没有完全表现出来。只有结合有关的物质设备和经过专业人员的操作，然后进入新产品的生产过程，并作为新产品活动的一部分加入新产品成本中，技术商品才真正地被生产出来，潜在的价值才真正转化为现实的生产价值。这就是说，技术商品的价值必须伴随它所生产的新产品才能真正地产生。

其次，由于技术商品是创新性劳动的结晶，是前人所没有取得的成功，因而

---

① 陈征．劳动和劳动价值论的运用与发展［M］. 北京：高等教育出版社，2005：207.

② 陈征．劳动和劳动价值论的运用与发展［M］. 北京：高等教育出版社，2005：204.

生产技术商品的个别劳动时间大体上相当于它的社会必要劳动时间。也就是说，生产技术商品的社会必要劳动时间，基本上是以创新者的个别劳动时间来衡量的，这就使技术商品的价格具有垄断性。

最后，由于技术商品都是在对前人科研成果的继承、利用的基础上进行创造和发展起来的，科学知识是积累的劳动，本身具有价值。凝结在科学知识中的这种特殊的物化劳动，在使用这些科学知识时，这种物化劳动也像生产资料价值一样，逐步转移到新产品中去。因此，与一般商品的价值构成相比较，技术商品价值的构成中，增加了转移来的科学知识的价值部分。所以，由于技术商品在生产中的运用，提高了劳动生产率，又由于技术商品的创新性，往往能产生垄断价格以高于其价值的价格进行销售，这些都能给企业带来超额利润。针对当时有人提出“这种超额利润不是由劳动创造，而是由自然力产生”的观点，陈征表示反对。根据马克思的相关原理，“自然力不是超额利润的源泉，而只是超额利润的一种自然基础。因为它是特别高的劳动生产力的自然基础。”① 所以，陈征指出：“技术商品的使用价值是生产超额利润的自然力。这种超额利润的来源仍然是人类抽象劳动，不是技术商品的使用价值。”②

4. 技术商品不仅有经济效益，而且有重大的政治效益、社会效益

上述是陈征从经济学的角度对技术商品的价值进行的经济分析。陈征最后总结指出：“技术商品不仅有经济效益，而且有重大的政治效益、社会效益。”③ 这说明，由于技术商品和技术市场的贸易，使科技劳动同生产劳动实现了分工与合作，从而使科技由潜在的财富变成现实的财富，这是使科技发明劳动得到报酬继续发展和生产者应用先进技术获取巨大利益的必要过程。正如马克思所指出的：“单是科学——即财富的最可靠的形式，既是财富的产物，又是财富的生产者。”④

通过上述的分析，陈征总结指出：“当前，国际上的经济竞争主要是科技竞争，是科技人才的竞争。我国提出科教兴国战略，重视科技、重视人才，定当在建设中国特色社会主义的进程中取得巨大成就。”⑤ 由此可见，高度重视现代科技的发展，高度重视科技商品是财富的最可靠的形式，高度重视现代科技劳动和人才的培养，不仅有重大的经济意义，而且有更重大的政治意义和历史意义。

---

① 马克思恩格斯文集（第7卷）[M]. 北京：人民出版社，2009：728.

②③ 陈征. 劳动和劳动价值论的运用与发展 [M]. 北京：高等教育出版社，2005：210.

④ 马克思恩格斯文集（第8卷）[M]. 北京：人民出版社，2009：170.

⑤ 陈征. 劳动和劳动价值论的运用与发展 [M]. 北京：高等教育出版社，2005：211.

二、对土地价值的解析

（一）主张“土地价值二元论”

关于土地价值问题，我国学术界众说纷纭。一种观点认为：“土地价格不是土地价值的货币表现，因为土地是自然物不是人类劳动产品，其本身无价值。”① 另一种观点认为：整个土地都是有价值的。“土地价值是由土地资本价值与土地自然价值在内在耦合机制的运行中生成的。”“即使是完全未经人类的劳动参与、尚未进入交易的天然土地，都是有价值的。”② 又一种观点认为：“土地由自然土地和人工土地所构成，前者无价值而后者有价值，二者组成统一的整体。”③ 他们把土地物质称为自然土地，把土地资本称为人工土地，主张土地价值二元论。

对于上述的争论，陈征在坚持马克思劳动价值论和地租理论的基础上，经过全面的考察和研究，主张土地价值二元论。

马克思曾经明确指出：“如未开垦的土地的价格，这种土地没有价值，因为没有人类劳动对象化在里面——又能掩盖实在的价值关系或由此派生的关系。”④“在‘劳动的价值’这个用语中，价值概念不但完全消失，而且转化为它的反面。这是一个虚幻的用语，就像土地的价值一样。”⑤ 这就明确指出，未开垦的土地没有人类劳动物化在内，没有价值。马克思又说：“在社会发展进程中，地租的量（从而土地的价值）作为社会总劳动的结果而增长起来”⑥“一块已耕土地，和一块具有同样自然性质的未耕土地相比，有较大的价值。”⑦ 在这里，马克思说的是，经过人工开发的土地，其中包括人类物化劳动在内，是社会总劳动的一个组成部分，是有价值的，故而称之为“土地的价值”“有较大的价值”。

有的人根据马克思的话认为土地无价值，有的人也根据马克思的话认为土地有价值。对此，陈征认为，这并非马克思的话自相矛盾，而是片面理解所致。陈征指出：当前绝大部分土地都是经过人工开发过的，这种土地，既包括原生的作

---

① 国家土地管理局政法司．土地使用制度改革的理论与实践（第一集）［M］. 1992：5-6.
② 乔志敏，肖扬．土地价值剖析［J］. 不动产纵横，1995（6）：2.
③ 周诚．土地经济学原理［M］. 北京：商务印书馆，2003：329.
④ 马克思恩格斯文集（第5卷）［M］. 北京：人民出版社，2009：123.
⑤ 马克思恩格斯文集（第5卷）［M］. 北京：人民出版社，2009：616.
⑥ 马克思恩格斯文集（第7卷）［M］. 北京：人民出版社，2009：717.
⑦ 马克思恩格斯文集（第7卷）［M］. 北京：人民出版社，2009：699.

为自然资源的土地部分，又包括经过人工开发的人工土地部分，这二部分一同存在于某一具体的土地之内，这种土地可称为经济土地，是现实的经济资源。所以说，未开垦的自然土地，没有人类劳动物化在内，没有价值；经过人工开发的土地，凝结了一般人类劳动，是有价值的。现实生活中，未开垦的土地极少，一般以原生的自然资源的土地形式和已开发人工土地形式存在，二者都包含在现实的经济土地之中。这是陈征在综合分析马克思基本观点的基础上，结合当前土地的实际情况对土地价值的基本内涵的科学、全面的阐述。

马克思把土地肥力分为自然肥力和人工肥力。陈征在研究中指出，所谓自然肥力是指由母质、气候、生物、地形和陆地年龄等五种因素相互作用而形成的，是自然历史过程的产物，与人的生产活动无关；所谓人工肥力是由人类通过耕作、施肥、排灌以及改良土壤等一系列人为因素作用下而形成的一种肥力，是人类劳动的产物。从土地肥力形成的历史来看，通过人类生产活动，是提高土地肥力的最大、最重要的因素，一整套熟化土壤的技术措施体现了人类改造自然的伟大力量。

通过对土地自然肥力和人工肥力概念的分析，陈征明确指出："作为土地的自然肥力是原生因素，没有人类劳动凝结于其中，是无价值的；作为土地的人工肥力，是人类劳动的产物，在其中，凝结着人类社会抽象劳动，因而是有价值的。"① 马克思指出："如果土地改良的效果比较持久，那么，在租约满期时，人工增进的土地的级差肥力，就会和土地的自然的级差肥力合而为一。"② 成为土地肥力，密切结合而不可分。针对当时有人提出：土地中凝结着的人类社会劳动只应叫作劳动积累，不能形成土地价值。对此，陈征反驳指出，其实，只要人类劳动凝结在商品的物质外壳中（当然无形产品例外），都可称为商品价值。如果劳动凝结在钢笔的物体中，表现为钢笔的价值。如果劳动凝结在房产的物体中，表现为房产的价值。如果劳动凝结在土地物体中就表现为土地的价值。

综上所述，现实生活中存在的"经济土地"，既存在作为自然资源的无价值部分，又存在经过人类劳动开发加工的有价值部分，是上述二者结合为统一的有机整体，这是陈征概括的"土地价值的二元论"。这不仅阐明了土地价值的科学内涵，而且对于纠正对土地价值论的曲解和歪曲马克思土地价值论具有重要的意义。

（二）运用土地价值论分析土地价格问题

关于土地的价格问题，陈征开门见山地指出："土地价值的二元论，决定了

① 陈征．劳动和劳动价值论的运用与发展［M］．北京：高等教育出版社，2005：214.

② 马克思恩格斯文集（第7卷）［M］．北京：人民出版社，2009：761.

土地价格的二元论。"① 陈征认为，在商品经济的一般规律中，商品价格是价值的货币表现，但也有一些特殊情况，商品的价格不是由价值所决定的。

马克思指出："价格形式不仅可能引起价值量和价格之间即价值量和它自身的货币表现之间的量的不一致，而且能够包藏一个质的矛盾，以致货币虽然只是商品的价值形式，但价格可以完全不是价值的表现。有些东西本身并不是商品，例如良心、名誉等等，但是也可以被它们占有者出卖以换取金钱，并通过它们的价格，取得商品形式。因此，没有价值的东西在形式上可以具有价格，在这里，价格表现是虚幻的。"② "必须牢牢记住，那些本身没有任何价值，即不是劳动产品的东西（如土地），或者至少不能由劳动再生产的东西（如古董、某些名家的艺术品等等）的价格，可以由一些结合在一起的非常偶然的情况来决定。"③ "瀑布和土地一样，和一切自然力一样，没有价值，因为它本身中没有任何对象化劳动，因而也没有价格，价格通常不外是用货币来表现的价值。在没有价值的地方，也就没有什么东西可以用货币来表现。这种价格不外是资本化的地租。"④ "这样资本化的地租形成土地的购买价格或价值，一看就知道，它和劳动的价格完全一样，是一个不合理的范畴，因为土地不是劳动的产品，从而没有任何价值。"⑤

通过对马克思有关土地价格论述的考察，陈征认为，经济土地价格中的一部分（无价值部分）不是价值的货币表现形式，而是资本化的地租。因为如果一块无主、未经开垦的原生土地，任何人都可以像人们使用空气一样占有它，使用它，不需付出任何代价，这种土地当然不是商品。如果这块土地为人们所占有，存在着经济上的所有权，如果别人要占有它，使用它，必须从经济上给予报酬，如果为了占有而购买它，这就要付给土地价格；如果在一定时间内租赁使用它，就要付给地租。所以马克思说，地租是土地所有权在经济上的实现。

因此，陈征指出：对于原生土地的价格，不是价值的货币表现，而是由土地所有权所决定的；而对于经过人工开发的土地价格，则是价值的货币表现。马克思把投入土地、固定在土地上、和土地合并的资本，称为土地资本。马克思指出："资本能够固定在土地上，即投入土地，其中有的是比较短期的，如化学性质的改良、施肥等等，有的是比较长期的，如修排水渠、建设灌溉工程、平整土

① 陈征．劳动和劳动价值论的运用与发展［M］．北京：高等教育出版社，2005：215.
② 马克思恩格斯文集（第5卷）［M］．北京：人民出版社，2009：123.
③ 马克思恩格斯文集（第7卷）［M］．北京：人民出版社，2009：714.
④ 马克思恩格斯文集（第7卷）［M］．北京：人民出版社，2009：729.
⑤ 马克思恩格斯文集（第7卷）［M］．北京：人民出版社，2009：702－703.

地、建造经营建筑物等。我在别的地方，曾把这样投入土地的资本，称为土地资本。它属于固定资本的范畴。”① 陈征认为，这种投入在土地上，与土地合并成为土地物质形态中凝结的物化劳动，作为资本价格转移入土地中形成土地的价值，而这一投入的资本，要采取折旧的形式按期收回和取得相应的利息。因此，这部分土地的价格是由土地资本折旧和利息这二者构成的，是土地价值表现为货币的形式。最后，陈征总结指出：“经济土地的价格具有二重性，属于开发的原生土地、无价值的一部分，是地租的资本化，是土地所有权在经济上实现，是由生产关系决定的。属于已开发、投入土地资本、有人类社会劳动凝结于其中成为价值的那一部分，即属于土地资本折旧和利息的部分，是价值的货币表现。”② 这就进一步说明了“土地价值的二元论，决定了经济土地价格的二元论”。

总之，陈征有关土地价值的论述，科学、全面地解析了土地价值及其构成，从土地价值的二元论入手分析了土地价格的二重性质，并由此推断指出，因城市土地开发要增加“九通一平”和安装水电等基本措施，需要投入大量的土地资本，造成城市土地价格高于农村土地价格。

三、对自然资源价值的探索

自然资源是指一切能为人类提供生存、发展、享受的物质条件，是商品和经济发展的基本因素。商品理论是市场经济发展的基础，自然资源价值理论又是商品理论的一个重要内核；而对自然资源的认识与利用，关系到科学技术的发展，关系到国民经济能否快速、协调、稳定、可持续发展的重大问题。因此，加强对自然资源价值的研究，具有至关重要的意义。

（一）阐明自然资源价值的基本原理

关于自然资源价值的问题，学术界上仍然存在着不同的观点和争论。一种观点认为，未经开采的自然资源是有价值的，这种价值不是由劳动引起，而是由其有用性和稀缺性所决定的；另一种观点认为，未经开采的自然资源，不能作为商品进入市场，没有价值也没有价格；又一种观点认为，未经人类劳动开发的自然资源没有价值，反之，经过人们劳动加工改造过的自然资源是有价值的。

对于此类的种种观点，陈征认为：“研究自然资源的价值问题，一定要坚持

---

① 马克思恩格斯文集（第7卷）［M］. 北京：人民出版社，2009：698.

② 陈征. 劳动和劳动价值论的运用与发展［M］. 北京：高等教育出版社，2005：217.

马克思的科学的劳动价值论，结合实际情况，以新的科学发展观为根据，围绕经济社会的可持续发展，具体问题具体分析，作出合乎实际的理论结论，以推动理论创新和经济发展。”① 陈征在坚持这一原则的基础上，就自然资源的价值问题进行剖析。

自然资源是一切能为人类提供生存、发展、享受的物质条件。未经人类劳动加工开发的原生的自然资源当然不存在什么人类抽象劳动所创造的价值。有人认为，在资本主义生产方式下未经开发的土地（未开垦的荒地）具有价格，因而认为自然资源物质也有价值。对此，陈征认为：“这是不妥当、不确切的推论，在理论上是说不通的。”② 就此他运用马克思劳动价值论进行剖析。陈征指出，由自然资源加工改造成为经济资源，由于消耗了人类的劳动，因而具有价值。对于经济资源与自然资源的关系，陈征指出，有些经济资源是由自然资源发展而来，有些经济资源并不是由自然资源发展而来，如资本资源、技术资源、人力资源等都是经济发展中的重要资源，都不是由自然资源所形成。为了概念上准确起见，陈征又指出：“由自然资源开发发展而来的经济资源称为自然经济资源，如已开采的矿山、已耕种的土地等等。”③ 这说明自然资源与经济资源并非两个并列的概念，而是由自然资源发展成为自然经济资源。而在现代社会，未经劳动加工过的自然资源，几乎不存在，现存的自然资源基本上都是具有价值和使用价值的自然经济资源。

由于自然资源包括已开发和未经开发两部分资源，因此其价值具有二重性。对于未经开发的自然资源部分，由于未凝结人类的抽象劳动，不具有价值，但有价格，这种价格，陈征称这为“想象的价格”“虚幻的价格”“虚假的价值”，是由于它的稀少性、垄断性和不可或缺性，或由些非常偶然的情况来决定的；但陈征又指出，决定这一价格归根到底是资源的所有权问题，即产权问题是形成价格的根本关键问题。这说明，这种未经人类劳动加工开采的原生自然资源的价格，归根结底是由于它的所有权问题所决定的。而人类在原生的自然资源进行劳动加工以后，形成自然经济资源，这种加工所消耗的劳动，物化并成为自然资源的价值。价格是价值的货币表现，自然经济资源的价格具有二重性，一方面是由自然资源所有权引起的价格决定，另一方面由投入的劳动（或资本）转化为价值的价格决定的。这种二重性是由自然资源发展为自然经济资源而产生的，它是一定的生产关系的产物，是市场经济存在的必然结果。陈征所提出的自然经济资源二重性的价格观，是运用马克思科学劳动价值观对现实重大问题的解析，具有重要理论与现实意义。

---

①②③ 陈征．劳动和劳动价值论的运用与发展［M］．北京：高等教育出版社，2005：195.

（二）运用自然资源价值论分析有关理论与实践问题

1. 自然资源的价值表现形式

关于自然资源的价值表现形式问题，有一种观点认为：由于在人类社会发展的不同历史时期，人类对自然资源开发利用的强度和范围有明显的不同，从而自然资源的价值表现形式也有明显的变化。持这一观点的同志认为：从原始社会到18世纪中叶是自然资源无价值表现时期；从18世纪中叶到20世纪50年代是自然资源的模糊价值表现时期；从20世纪中叶以来是自然资源有价值表现时期。① 对此观点，陈征指出："这样解释自然资源的价值表现形式是不妥的。马克思在《资本论》第1卷第一章第三节研究价值形式时，着重从商品内部相对价值形式和等价形式如何相互联系表现出来，由简单的价值形式发展到货币形式，来说明货币的起源和本质。"② 陈征认为，在这里，这一同志所认为的自然资源价值表现形式，实质上是人们是否承认自然资源的价值问题，也就是人们从开始不承认自然资源有价值，然后逐步认识到自然资源有模糊价值，最后则承认自然资源有价值，这是人们对自然资源的价值认识的发展过程，并不是自然资源价值表现形式的发展过程。

在此，陈征根据科学技术发展的不同阶段，对自然资源价值形式进行深入的分析。

陈征指出，在人们认识和利用自然资源的早期阶段，对能够开发和利用的自然资源较少，其效益也是比较微小的。随着科学技术的进一步发展，尤其是资本主义生产关系的形成和工业革命的推进，人们对自然资源逐步加深认识，发现了一些新的自然资源是生产的原料和动力来源，正如马克思所说："自然力是不费资本分文"。这时候，进入了人类对自然资源大量索取和掠夺时期，自然资源的价值被进一步挖掘。20世纪50年代以来，随着现代科学技术的突飞猛进式发展，人们对自然资源的认识日益深化，不仅可以科学地利用现有自然资源，还可以从深度和广度发掘自然资源以应用于社会生产和经济生活。就此，陈征指出了人们对自然资源价值的认识出现双层的认识。一方面，认识到自然资源对经济社会生产和生活起着巨大作用；另一方面，也逐步认识到人类对自然资源开发利用的同时，也带来很大的破坏，将给人类带来一系列的危害和灾难，因此要保护环境，保护自然资源，把自然资源的有效供给和持续利用作为可持续发展的重要条件。可以

① 赵秉栋. 论自然资源的价值问题［J］. 河南大学学报（自然科学版），1999（2）.

② 陈征. 劳动和劳动价值论的运用与发展［M］. 北京：高等教育出版社，2005：198.

说，这时候是掌握了现代科学技术的人们，对自然资源认识和利用的高级阶段。

2. 有关“资源无价”的责难

一种观点认为：天然的自然资源没有价值。受此价值观念的影响，在现实生活中出现了“产品高价、原料低价、资源无价”的不合理现象。正是这种资源无价的观念及其在理论和政策上的表现，导致了资源的无偿占有、掠夺性开发和浪费使用，造成资源损毁、生态环境恶化、极大地削弱了经济发展的基础。① 按照这种看法，自然资源没有价值的观点导致了自然资源的无情掠夺和大量浪费，“资源无价”成了罪魁祸首。对于这种“资源无价”的责难，陈征运用马克思相关理论、结合不同时期的现实情况有理有据地进行剖析。

陈征认为：“首先要明确资源无价的‘价’是指什么？”② 在此，陈征从历史的实际情况出发，阐明了“资源无价”的实质内涵。

陈征指出，从“产品高价、原料低价”的排列来看，“资源无价”应是指价格而不是价值。说自然资源没有价值是客观存在。如说资源没有价格，就不能归罪于自然资源没有价值了。如前所述，没有价值的自然资源同样可以有价格，这种价格不一定是价值的货币表现，而是一定的生产关系的产物。在这里，决定的关键是所有权问题，也就是产权问题，以及经济体制问题，还有科学技术的发展程度对自然资源认识和利用的程度问题。陈征指出，自然资源的使用价值，有些在表面上就是客观存在的，可以直接利用它，如土地开发后即可种植谷物，在科学不发达时期人们就可以利用它。有些自然资源的使用价值是随着科学技术的发展，才被人们认识利用并重视的。当科学技术未发展到一定程度时，对这些自然资源盲目废弃，这是人们认识、利用、开发自然资源的水平较低的结果，并不是这些资源本身有无价值的罪过。自然资源无价值不是造成浪费和破坏自然资源的罪魁祸首，即使说自然资源无价格也不是由自然资源无价值所造成的。所以，陈征总结指出：“‘资源无价’的根本原因，要从经济体制、产权关系、科学技术发展程度等方面去寻找。至于‘产品高价、原料低价’，也不在于产品和原料内在价值本身，而是要从完善社会主义市场经济体制、加强经济管理、加强经济核算、提高经济效益、充分利用先进科技于生产过程等方面去探索经济发展的新途径。”③

① 李金昌．关于自然资源的几个问题［J］．自然资源学报，1992（3）．

② 陈征．劳动和劳动价值论的运用与发展［M］．北京：高等教育出版社，2005：200.

③ 陈征．劳动和劳动价值论的运用与发展［M］．北京：高等教育出版社，2005：201.

（三）自然资源与可持续发展

通过对自然资源基本原理的分析，陈征指出："自然资源与可持续发展自然资源是人类生存和发展的基础，也是经济社会发展的基础。"① 并对此观点进行论证。

陈征指出，人类的衣食住行无一不需要依赖自然资源。生产过程的劳动对象、劳动手段也都需要利用自然资源。随着科学技术的最新发展，人类对自然资源的认识和利用日益深化。有些自然资源是可以再生的，如野生的林木砍伐后可以再植树造林。有些自然资源是不可再生的，如煤矿、油田开采终极后就不可再采。随着工业化的实现，人类占用自然资源能力大大提高，采取先开发、后保护的道路，大量消耗和破坏自然资源特别是不可再生性的自然资源的现象十分严重，以掠夺资源为代价换取经济增长。在此，陈征通过对"可持续发展战略"思想的形成与发展的考察，说明对自然资源要积极保护、合理利用、科学开发、注意节约的重要性，并指出，资源短缺将严重制约我国未来经济社会的发展。

基于上述的分析，陈征总结指出："必须彻底转变思想观念，以新的科学发展观为指导，由以物为本转变为以人为本，实现资源市场化，通过市场运动规律有效地配置自然经济资源，从资源依赖和投资驱动为主向资源集约和创新驱动转变，大力节约资源，科学利用资源，努力发展再生性资源，积极发现新的替代性资源，保护资源产权，不断提高资源利用率，充分发挥自然资源在人类经济社会生产和生活中的重要作用，实现经济社会的全面、协调、可持续发展。"② 总之，陈征所提出的有关自然资源价值的一系列观点，对于当前日益恶化的环境和不断枯竭的自然资源的严峻形势而言，无疑具有高度的前瞻性和重要的指导意义。

综上所述，陈征在商品经济日益发展的新形势下，对技术、土地、自然资源等生产要素的价值等新问题进行全面的论述，既可解惑释疑，又可深化认识，从而为其创建现代科学劳动理论奠定了坚实的理论基础，这是陈征研究马克思劳动价值论的系列成果，影响深远。

---

① 陈征．劳动和劳动价值论的运用与发展［M］．北京：高等教育出版社，2005：200.

② 陈征．劳动和劳动价值论的运用与发展［M］．北京：高等教育出版社，2005：202.

第五节 本章小结

劳动价值理论是马克思主义政治经济学的基石，我们在任何时候任何形势下都必须坚持，不可动摇。但由于当代社会与《资本论》创作的历史背景产生了巨大的变化，出现了许许多多马克思当时无法预想的新情况、新问题。因此，在新形势下，如何对马克思劳动价值论深化认识和丰富发展，是一项重大的任务。陈征在长期深入研究马克思劳动价值论的基础上，坚持从新技术革命下社会经济发展的实际情况出发，对新的情况做出新的理论概括和说明，不仅对马克思的科学劳动进行阐发，还对当前掌握了现代科学技术的现代科学劳动的内涵、范畴、作用及其具体形式进行系统的研究，创建了现代科学劳动理论体系。这是发展劳动价值论的重要范畴和核心理论内容，对整个社会发展起着超前引领作用，具有重大的理论意义和现实意义。

一、丰富和发展了马克思劳动价值论

陈征所创建的现代科学劳动理论体系，极大地丰富和发展了马克思劳动价值论，主要体现在三个方面。

一是捍卫了马克思劳动价值论的科学性和纯洁性。脑力劳动是否创造价值，过去一直是有关劳动价值论争论的焦点之一。尤其是随着科学技术的发展，生产高度机械化、自动化，并运用电子计算机控制和指挥生产过程的时候，体力劳动消耗减少了，而脑力劳动所占的比重增加了，有些资产阶级经济学者借此攻击马克思主义，叫嚷马克思的劳动价值论只适用小商品生产，而不适用以先进技术为基础的当代资本主义生产，认为马克思劳动价值论已经过时了。早在 1980 年，陈征发表了《创造商品价值的劳动包括脑力劳动》一文，对“脑力劳动是否创造价值”这一问题进行深入的研究，从质和量两个角度说明马克思的“劳动创造价值”中的劳动，不仅包括体力劳动，也包括脑力劳动。这对当时有些人主张的“只有体力劳动创造价值，脑力劳动不创造价值”的错误观点进行有力的驳斥，并结合当代劳动的新特点，创造性地提出“商品价值创造由体力劳动为主转变为以脑力劳动为主”的重要观点。此外，针对有人以“知识价值论”和“商品价值论”等错误理论来取代马克思劳动价值论的企图，陈征则撰文批驳，陆续撰写了《“知识价值论”质疑》《“商品价值论”辨析》等文章，运用马克思劳动价

值论的基本原理，批驳了“知识价值论”“商品价值论”荒谬之谈，分析了知识与价值、商品与价值创造之间的关系，揭露了反马克思主义者企图颠覆马克思经济学的阴谋诡计，坚决地捍卫了马克思劳动价值论的科学性和纯洁性。

二是对马克思科学劳动的阐发。“科学劳动”一词，是马克思最早提出来的，但由于历史条件的限制，未做进一步深入的研究。陈征在长期研究马克思劳动价值论的基础上，敏锐地发掘了这一重要宝藏，对“科学劳动”的基本原理进行全面阐发，提出了一系列重要理论观点。说明科学劳动是一种在实践活动中对客观规律认识的基础上进行的科学发明和创造的劳动；也是一种将科学转化为技术、将技术应用于生产实践的过程，是由潜在生产力转化为现实生产力的过程；是需要数代人接力棒式的协作，长期共同劳动的结晶，是一种脑力劳动，或构成脑力劳动的主要组成部分。这是陈征对马克思“一般科学劳动”的深入研究和吸收的基础上，对马克思已提及但又未能作详细分析的一般科学劳动理论进行完善和提升，充实和丰富了马克思劳动价值论的内涵。

三是创建了现代科学劳动理论体系，实现了对马克思劳动价值论的重大发展和重要创新。随着科学技术的发展和信息技术革命的日益深化，陈征提出马克思劳动价值论在新的历史条件下必须向前发展。因此，陈征在深入研究马克思劳动价值论的过程中，根据科学技术的发展和结合当代劳动的新特点，提出“现代科学劳动”这一新的理论范畴，并且从内涵实质、具体形式和作用等方面系统地创建了“现代科学劳动理论体系”，说明现代科学劳动是掌握了现代有关最新科学、多学科的前沿理论和最新先进技术的科学劳动者所进行的科学劳动，并对现代科学劳动的二重性进行深入的分析，这是现代科学劳动的实质内容，而现代服务劳动、现代管理劳动、现代科技劳动、现代精神劳动、现代教师劳动是现代科学劳动的具体形式，体现着现代劳动和生产的最新发展趋势。现代科学劳动是发展马克思劳动价值论的重要范畴和核心理论内容，是新时期深化认识马克思劳动价值论关键所在。掌握现代高科技的现代科学劳动者的劳动已成为整个社会经济发展的根本推动力，代表着先进的生产力，反映着生产最新发展趋势，体现着新的时代精神。这充分说明陈征研究劳动价值论的真知灼见，也说明陈征所创建的现代科学劳动是对马克思劳动价值论的重大发展和重要创新。

二、为党和国家提出“四个尊重”重大方针提供重要的理论依据

人民群众是社会的组成人员和历史的创造者，劳动是人的内在的本质，是一切社会财富的源泉，也是人区别于其他动物最根本的标志。说人民群众创造了历

史，实际上是人类劳动创造了历史。“劳动”作为一个范畴，在马克思主义政治经济学中具有极其重要的地位。马克思的劳动价值论对于劳动创造价值给予充分的肯定和全面的分析，是人类十分宝贵的财富。而陈征的现代科学劳动思想，重点是说明现代科学劳动及其价值创造问题，其实质是必须重视劳动（包括体力劳动和脑力劳动），重视科学知识在价值创造中的作用以及重视高科技人才在科技发明创造和增加社会财富中的贡献。这在一定程度上纠正了人们对“劳动及价值的创造”这一范畴的片面性理解和偏差，使“尊重劳动”成为社会普遍的认识而引起广泛的重视。

党的十六大报告指出：“必须尊重劳动、尊重知识、尊重人才、尊重创造”①的重大方针，党的十八大也明确指出：“广开进贤之路，广纳天下英才，是保证党和人民事业发展的根本之举。要尊重劳动、尊重知识、尊重人才、尊重创造，加快确立人才优先发展战略布局，造就规模宏大、素质优良的人才队伍，推动我国由人才大国迈向人才强国。”② 党的十九大报告把这一重大方针进一步引向深入，提出要建设“知识型、技能型、创新型劳动者大军，弘扬劳模精神和工匠精神，营造劳动光荣的社会风尚和精益求精的敬业风气。”③ 这些方针政策是党中央对人类社会的发展历史进行深入研究、对改革开放伟大实践的深刻总结以及对现代科学技术的巨大作用的准确预测的基础上提出来的，这是在高科技条件下充分肯定现代科学劳动作用的具体表现，为当代劳动的发展指出了明确的方向。现代科学劳动理论对于全社会贯彻和落实这一重大方针具有重要的指导意义。

三、充分肯定各种社会劳动的积极作用，促进生产力发展

现代科学劳动理论不仅揭示了当代劳动的实质内容，而且深入、具体地分析了它的具体形式，厘清了当代劳动的内涵与外延，说明了现代劳动包括生产性劳动和一部分非生产性劳动；肯定了体力劳动和脑力劳动在商品价值创造中的作用，尤其重视脑力劳动作用的发挥；主张尊重和鼓励不同所有制经济共同发展，充分发挥它们的积极作用；认为一切有利于社会主义现代化建设事业的经济活动

① 党的第十六次全国代表大会：全面建设小康社会，开创中国特色社会主义事业新局面，2002 - 11.

② 党的第十八次全国代表大会：坚定不移沿着中国特色社会主义道路前进，为全面建成小康社会而奋斗，2012 - 11.

③ 党的第十九次全国代表大会：不忘初心，牢记使命，高举中国特色社会主义伟大旗帜，决胜全面建成小康社会，夺取新时代中国特色社会主义伟大胜利，为实现中华民族伟大复兴的中国梦不懈奋斗，2017 - 10.

都是属于劳动范畴。这说明，现代科学劳动理论有利于充分调动各种社会劳动的积极性，从而为社会主义经济建设服务。2015 年 4 月，习近平总书记在庆祝“五一”国际劳动节大会上的讲话强调指出：“在我们社会主义国家，一切劳动，无论是体力劳动还是脑力劳动，都值得尊重和鼓励；一切创造，无论是个人创造还是集体创造，也都值得尊重和鼓励。”[①] 2016 年 4 月，习近平总书记在知识分子、劳动模范、青年代表座谈会上的讲话强调：“人类是劳动创造的，社会是劳动创造的。劳动没有高低贵贱之分，任何一份职业都很光荣。”[②] 这说明，劳动是社会财富和社会发展的真正源泉，劳动创造了世界，所有从事劳动、并为社会创造价值的人们都应该受到社会的尊重。

尤其在当今时代，社会化大生产的程度越来越高，科学技术在推动经济发展过程中起着越来越重要的作用。同时，人们的生活需求也更为多样化，不仅有物质方面的需要，还有满足精神方面的需求。因此，现代科技劳动、现代管理劳动以及现代精神劳动等都是高级或超高级的脑力劳动，其能创造更多的价值，能破解生活中的难题，能创造更加美好、幸福的生活。因此，加强以现代科学劳动理论为指导，鼓励多种所有制经济共同发展，重视管理劳动的改进和优化，推进现代服务劳动的发展，有利于树立正确的思想观念，调动一切积极的因素，为实现有中国特色的社会主义现代化建设而共同奋斗。

四、重视知识与创造，有利于推动创业创新

现代科学劳动理论是关于掌握现代最新科学技术知识的高级、复杂的劳动的理论。它重视在生产和社会实践中对客观规律的认识和掌握；重视对科学的发明和创造；重视科学技术的发展和广泛应用，使科学技术由潜在的生产力转化为现实生产力的发展过程。现代科学劳动是一种创新性和创造性的劳动，能创造更多更大的价值，而现代劳动者自身的价值在创造社会财富的同时也得以充分体现。

2014 年 9 月，李克强在夏季达沃斯论坛上首次公开发出“大众创业、万众创新”的号召，使“创客”在中国由陌生到流行。而 2015 年的全国两会，把

① 习近平在“五一”国际劳动节上大会上的讲话［EB/OL］. http：//news. xinhuanet. com/ttgg/2015 - 04/28/c_1115120734. htm，2015 - 4.

② 习近平同志在知识分子、劳动模范、青年代表座谈会上的讲话［EB/OL］. http：//news. cctv. com/2016/04/30/ARTI1WBFoGvW1a2gu4euSefY160430. shtml，2016 - 4.

“创业创新”正式写入了政府工作报告，为建设世界科技强国而奋斗。2016年1月新修订的《高新技术企业认定管理办法》，加大了对科技型中小企业的倾斜支持，助力大众创业、万众创新。2016年5月30日，习近平在全国科技创新大会、两院院士大会、中国科协第九次全国代表大会上《为建设世界科技强国而奋斗》的讲话中强调指出，我国要建设世界科技强国，关键是要建设一支规模宏大、结构合理、素质优良的创新人才队伍，激发各类人才创新活力和潜力。要极大调动和充分尊重广大科技人员的创造精神，激励他们争当创新的推动者和实践者，使谋划创新、推动创新、落实创新成为自觉的行动。这充分显示了本届政府对创业创新前所未有的重视，也预示着草根创业者与民间的创新力量将成为中国经济的“新引擎”。

因此，在当前，充分发挥现代科学劳动理论的指导作用，有利于激发广大民众创业创新的潜能和热情，鼓励个人和企业把握住创新机遇，敢于挑战，积极拓宽创业的外延；有利于充分发挥知识和科学技术在价值形成中的重要作用，以新技术改造传统产业、以新商业模式拓展新市场；同时，有助于加快服务型政府建设，形成有利于创新发展的体制机制，并在全社会营造尊重知识、尊重人才、尊重创造的环境，充分调动人们创造财富的积极性，最终助推经济的转型升级，实现社会经济持续健康发展。

五、现代科学劳动理论对整个社会发展具有超前的引领作用

根据现代科学劳动理论，由于现代科学劳动掌握了现代最前沿的科学理论，采用先进技术进行生产，因而可以充分利用巨大的、无偿的自然力为生产服务，从而大大提高劳动生产率。这说明现代科学劳动理论的实质是突出现代科技在生产中的作用，强调现代科技对社会经济发展的引领作用。胡锦涛同志在庆祝清华大学建校100周年大会上的讲话中指出：“推动经济社会又好又快发展，实现中华民族伟大复兴，科技是关键，人才是核心，教育是基础。”① 党的十八大报告明确指出：“要实施创新驱动战略。科技创新是提高社会生产力和综合国力的战略支撑，必须摆在国家发展全局的核心位置。”② 强调科技创新在实施创新驱动

---

① 胡锦涛：在庆祝清华大学建校100周年大会上的讲话［EB/OL］. http：//politics. people. com. cn/GB/14467460. html，2011－04.

② 党的第十八次全国代表大会：坚定不移沿着中国特色社会主义道路前进，为全面建成小康社会而奋斗，2012－11.

发展战略的重要地位。这与现代科学劳动思想相吻合的，也是现代科学劳动理论实质的具体表现。在此，笔者从经济、生活、军事等方面入手，简要说明现代科学劳动理论对整个社会发展的引领作用。

经济上，现代科学技术具有乘数效应，可以放大各生产要素的生产力，创造巨大的价值量。2012 年以来，以互联网和可再生能源系统相结合为核心的第三次工业革命将把人类带进一个大数据的时代，科技创新已成为各个国家社会经济发展的根本推动力。无论是互联网金融、创新驱动发展战略还是第三次工业革命，都充分表明科技创新具有渗透作用，可以放大各生产要素的生产力，提高社会整体生产力水平。近年来，以高科技为支撑的互联网产业的全球竞争力日益凸显，具有惊人的财富创造能力。随着阿里巴巴的上市，中国实现了互联网千亿美元市值的梦想。以腾讯和阿里巴巴为代表的中国电子商务平台和高科技企业近年来取得了令人瞩目的成绩，摩根士丹利发布研究报告称，中国电子商务销售额在 2003 年几乎为零，已飙升为 6000 亿美元左右，约占全球总体市场份额的比重高达 35%。[①] 而随着电子商务消费渠道的开发，未来中国在全球的电子商务的份额将进一步增加，这也为中国经济转型提供了更为强劲的动力。这充分说明科学技术具有乘数效应，可直接转化为现实力。因此，掌握现代高科技的现代科学劳动者的劳动已成为整个社会经济发展的根本推动力。

社会生活上，现代科学技术的快速发展，对人们的生活方式、交往方式、教育方式等都产生革命性的影响。科技产品已逐渐应用到社会生活的方方面面，人们的衣食住行无不与科技密切相关，说明现代科技产品已成为我们生活不可缺少的一部分。尤其是随着第四次工业革命进程的加快，软件技术驱动的数字互联将会彻底改变整个社会，给公众生活带来颠覆性的变化。根据《深度转变：技术引爆点与社会影响》（2015 年 9 月版）的研究报告，介绍了一系列的重大技术变革，其所带来的社会影响是前所未有的，如数字化身份和数字化家庭。在互联程度越来越高的世界中，网络上的虚拟生活渐渐变得与现实生活密不可分，在网络世界中，人们能够依靠他们在网络上虚拟形象，搜索并共享信息，自由发表言论，与他人邂逅，并能在世界上任何地方发展并维护与他人的关系；而且随着家庭自动化快速发展，人们可以通过互联网控制照明、百叶窗、空调、安防系统和家用电器，这不仅提高了资源使用效率，对于安保、安防、检测入侵以及家庭共享等具有重要作用；如无人驾驶汽车的开发与能效和安全性能的不断提升，可以

① 中国科技网［EB/OL］. http：//www. stdaily. com/index/chanye/2017 - 02/24/content_518723. shtml，2017 - 02.

缓解交通压力、降低排放，并对现有的交通及物流模式产生颠覆性的影响；更有甚者，在未来，3D 打印机不仅能够打印物品，还能够制造人体器官——这一过程被称为“生物打印”，这种“生物打印”将解决器官捐献供体稀缺的问题，促进个体化治疗，在满足人体的定制化需求方面具有巨大的潜力。此外，随着互联网信息技术的发展，社交网络的普及和网络上合作式的参与方式让教育不仅仅局限在教室，学生们通过雅虎和 Skype 网络电话在虚拟课堂上与遥远的同龄人共同学习，形成全球的学习环境。诸如此类的技术变革层出不穷，将给人类带来前所未有的变化。

军事上，科学技术始终是世界军事发展和变革的动力，每一次重大科技进步和创新都会引起战争形态和作战方式的深刻变革。当代军事领域是前沿技术发展汇集的核心地带，也是最富创新性、最具超越性、最有颠覆性的科学技术发展前沿。纵览美军演进史，不难发现，“科技制胜”贯穿了其力量发展的全过程。伊拉克战争中，美英联军使用的大量高新技术武器装备及弹药采用了先进的微电子技术、系统集成技术、精确制导技术、人工智能技术和光电技术等，几乎涉及现代科学的各个领域，装备的作战效能大大提高。当前，军事技术形态加速向智能化、网络化、精确化方向发展，武器装备微型化、隐身化、无人化趋势凸显，科学技术将成为现代军事战争的主导力量。2017 年 3 月 12 日，习近平总书记在出席十二届全国人大五次会议解放军代表团全体会议时强调，加快建立军民融合创新体系，下更大气力推动科技兴军，坚持向科技创新要战斗力，为我军建设提供强大科技支撑。他的讲话清晰地指出了科技进步对世界军事发展走向的深刻影响，深刻阐明了科学技术在强军征程中的重要作用，也充分表明现代科学劳动在军事发展和变革中的主导作用。与此同时，随着高科技在军事领域的广泛运用，特别是非对称作战力量的不断发展，未来战争的突然性、毁伤力都将空前增大，无论是发达国家还是发展中国家，都将难以避免战争所带来的重大创伤，国与国之间将在共同发展、相互制约中逐渐消灭战争、走向和平，这也说明现代科学劳动将把人类带向更加美好的未来。

综上所述，现代科学劳动由于掌握了现代高新技术知识，能更加充分地利用自然力，从而大大提高劳动生产率。放眼古今中外，人类社会的每一项进步，都是与科学技术密切相关的，从互联网、云计算到现在正在开启的大数据时代，都是现代科学劳动的结晶。而且随着科学不断发展、发现和创造，现代科学劳动也随之不断的发展，作用越来越大，越来越突出，从而推动社会的进步；而科学劳动的发展，又会进一步推动科学技术的研发和进步，从而使科学技术广泛运用于指导生产和经济，使科学劳动不断发展，永无止境，起着越来越重要的作用。

科学劳动的影响不仅仅局限于经济方面，而且贯穿于社会的各个方面，包括外交、政治、军事等，如一个国家政局的稳定和综合国力的提升都离不开掌握高科技的现代科学劳动者的服务和奉献；我们幸福美好生活的实现也离不开现代科学劳动给我们带来的福利；而现代化的战争则是以高科技武装的一系列高精尖武器的战争，信息化主战武器系统在战争中起着决定性的重要作用。这说明，无论哪一个国家、哪一个社会、哪一个领域的发展和进步都离不开科学技术的贡献，离不开现代科学劳动，现代科学劳动已经成为经济社会发展和国家兴衰成败的关键，从而把人类社会不断推向前发展，由一个时代不断推向更高级的时代，使世界之间的距离缩小了，国与国之间出现共生共荣甚至大同的趋势。当前，习近平总书记更是十分重视和强调科技的独立自主和创新，中国不仅意欲站在前人的肩膀上与美欧等科技大国一争高下，甚或还有可能实现世界科技引领者的愿景。习近平总书记在2013年7月到中国科学院考察工作时就强调指出："科技兴则民族兴，科技强则国家强。"① 这些都充分说明了掌握现代科学技术的现代科学劳动在国民经济乃至综合国力竞争中都发挥了重要的作用。因此，必须重视现代科学劳动理论的指导，重视科学技术的创造和运用，更好地发挥现代科技对社会经济发展的支撑和引领作用。

---

① 习近平：深化科技体制改革 增强科技创新活力［EB/OL］. http：//politics. people. com. cn/n/2013/0717/c1024－22231248. html，2017－07.

陈征对社会主义城市地租理论的创新

马克思在批判地继承古典学派的基础上，创建了科学的劳动价值论和剩余价值论，以及平均利润和生产价格理论、生息资本和利息理论，继而在上述理论的基础上，创建了科学而系统的全新地租理论。马克思的地租理论主要是研究资本主义农业地租，对城市地租尚未论及。虽然马克思提出的有关绝对地租、级差地租和垄断地租的基本原理，对于指导研究城市地租也有重要意义，但与农业地租相比，城市地租有着自身独特的性质和运动规律，不能完全套用农业地租理论，从而给后人留下进一步研究的空间。

陈征是著名的马克思主义经济学家，他长期运用《资本论》的基本原理研究中国社会主义经济问题，取得丰硕的成果。尤其是随着改革开放进程的推进，社会主义城市土地使用制度改革成为亟待解决的重大难题。在此形势下，陈征运用马克思的地租理论，对社会主义城市地租进行卓有成效的探索，就城市土地的特性、城市绝对地租、城市级差地租、城市垄断地租以及地价、地产市场等方面提出一系列创见性的理论观点，从而创建了社会主义城市地租理论体系，丰富和发展了马克思地租理论。尤其是《社会主义城市地租研究》（1996）的问世，填补了城市地租理论研究的空白，是我国目前唯一的一部研究社会主义城市地租的专著，具有重大的理论意义和实践价值。该书于 1998 年获全国普通高校第二届人文社会科学优秀成果二等奖、福建省社科优秀成果一等奖，影响深远。

第一节　陈征对地租基本理论的阐发与探索

地租理论对整个资本主义经济来说是十分重要的，在《资本论》整个体系中具有重要的地位。马克思在《资本论》第一卷出版后，还继续坚持对资本主义农业进行深入研究，并在研究劳动价值论和剩余价值论的基础上，创建科学的资本主义农业地租理论体系。陈征在对马克思地租理论基本原理进行深入研究和科学把握的基础上，对涉及地租一些重要理论问题以及学术界有关地租一些争论问题进行阐发和探索，从而为其创建社会主义城市地租理论体系奠定了重要理论基础。

一、有关绝对地租几个争论问题的探索

（一）要区分两种不同意义上的绝对地租

马克思关于资本主义农业绝对地租的理论，是从农业资本有机构成低于工业资本有机构成出发，由于农产品价值高于其社会生产价格，从而产生绝对地租。随着农业生产力的发展，农业有机构成将接近甚至等于工业有机构成，在这样的条件下，资本主义绝对地租是否依然存在，是20世纪70年代国内外学术界争论颇为激烈的问题。当时不管是主张“完全消失”的同志还是主张“继续存在”的同志，都能从马克思相关论述中找到根据。如有人引证马克思《剩余价值理论》中的一段话，即：“由于农产品价值下降，一般利润率提高，绝对地租就可能降低。由于资本有机构成的变革，农产品价值下降，虽然利润率这时并不提高，绝对地租也可能降低。一旦农产品的价值和它的费用价格彼此相等，从而农业资本具有非农业资本的那种平均构成，绝对地租就会完全消失。”① 此外，他们引证马克思在1862年致恩格斯的信中所说的：“假定一切非农业资本的平均构成是c80，v20……如果农业资本的平均构成等于c60，v40……那就证明农业还没有达到和工业相同的发展阶段。……如果农业中的比例等于c80，v20（在上述前提下），那么，绝对地租就会消失。”② 据此，他们认为这时的“绝对地租就会完全消失”，马克思的绝对地租理论过时了。而主张“继续存在”的同志，往往引证马克思《资本论》第3卷的如下一段话：“如果农业资本的平均构成等于或高于社会平均资本的构成，那么，上述意义上的绝对地租，也就是既和级差地租不同，又和以真正垄断价格为基础的地租不同的地租，就会消失。……乍一看来，这似乎是矛盾的：一方面假定农业资本的构成提高，也就是说，它的不变部分比它的可变部分相对地增大；另一方面又假定土地产品的价格上涨到足以使新

① 马克思恩格斯全集（第26卷Ⅱ）［M］. 北京：人民出版社，1973：447.

② 马克思恩格斯文集（第10卷）［M］. 北京：人民出版社，2009：188－189.

的、比以往耕种的土地更坏的土地也能支付地租，而这种地租在这种情况下只能来自市场价格超过价值和生产价格的余额，简单地说，只能来自产品的垄断价格。”① 这又说明在工农业有机构成相等的条件下，由农产品价值高于生产价格而产生的前一种意义的绝对地租消失了，而由农产品垄断价格高于价值和生产价格而产生的后一种意义上绝对地租依然存在。

从上述的引文看来，似乎存在一个矛盾：前者主张绝对地租已完全消失，后者则认为绝对地租依然存在。而如何理解这个“矛盾”呢？陈征反对断章取义、一知半解就对马克思地租理论下定论，他认为只有“区分两种不同意义上的绝对地租”，才能真正掌握绝对地租的实质内涵。进而他根据马克思基本原理对此问题进行具体、深入的阐述，澄清了理论上的模糊认识，维护了马克思地租理论的科学性。

陈征指出，马克思的绝对地租理论是在批判古典学派的基础上创建起来的。陈征在研究中发现，马克思从最初完全接受李嘉图的地租论到详细地分析李嘉图理论的错误，并随着科学的彻底的劳动价值论的建立，进而研究并创建新的绝对地租理论，从而解决了资产阶级经济学家争论不休而又无法解决的难题。陈征研究了马克思在1862年写给恩格斯的信，即“我必须从理论上证明的唯一的一点，是绝对地租在不违反价值规律的情况下的可能性。这是从重农学派起直到现在的理论论战的焦点。李嘉图否认这种可能性；我断定有这种可能性”②。陈征认为，马克思在1862年期间，研究绝对地租的主要中心点，就是要在劳动价值论的基础上创造性地阐明资本主义绝对地租的形成问题，这是李嘉图所无法克服的难题，因此对农业有机构成的分析，成为马克思创建地租理论的关键。当时，马克思是从农业有机构成比工业低出发，论证绝对地租的产生。正是由于马克思发现了农业有机构成低于工业这一状况，农业资本就能推动更多的劳动，从而实现更多的剩余劳动，使农产品的价值高于它的生产价格，更由于土地私有权的存在，阻碍工业部门的资本向农业中自由转移，从而使这部分剩余劳动所创造的超额利润，转化为绝对地租。对此，陈征认为，农产品的市场价格按它的价值出售，既符合价值规律的要求，又包含了绝对地租的实现，这就解决了在劳动价值论的基础上建立绝对地租理论的问题。但陈征在研究中发现，马克思把农业有机构成低于工业，仅仅是作为资本主义绝对地租产生的条件，而绝对地租产生的根源则在于土地所有权本身，即地租无非是土地所有权在经济上的实现形式。如马克思指

① 马克思恩格斯文集（第7卷）［M］. 北京：人民出版社，2009：865.

② 马克思恩格斯文集（第10卷）［M］. 北京：人民出版社，2009：193.

出："凡是土地所有权（事实上或法律上）不存在的地方，就不支付绝对地租。"①

此外，马克思在1865年下半年写成的《资本论》第3卷地租篇草稿，对上述理论进行进一步的完善、补充和发展。马克思在《资本论》第3卷第86页中指出，在工农业有机构成相等的条件下，由农产品垄断价格高于价值和生产价格而产生的后一种意义上的绝对地租依然存在。所以，陈征通过对马克思两种不同意义上绝对地租的分析指出：土地所有权是产生绝对地租的直接原因；农业有机构成低于工业，只是产生绝对地租的条件；而农产品价值高于生产价格，使得一部分剩余价值转化为绝对地租，这是绝对地租的直接来源。如果农业有机构成等于工业，只是产生绝对地租的条件消失了，但产生绝对地租的直接原因仍然存在。因此，只能是：一种条件下形成的绝对地租的来源消失了，另一种条件下形成的绝对地租的来源就会产生，消失的不是全部绝对地租，只是前一种意义上的绝对地租。只要存在着土地私有权，那么租种土地就必须向土地的所有者支付地租，这就使得农产品必须以高于价值的市场价格（垄断价格）来售卖，从而产生另一种意义上的绝对地租。

（二）阐明三种不同含义的垄断价格

根据马克思两种不同意义上绝对地租的观点，工农业资本有机构成相等时，前一种意义的绝对地租消失了，但由于土地私有权存在，地租必然存在，这就使得农产品必须以高于价值的市场价格（垄断价格）来售卖，从而产生另一种意义上的绝对地租。那么，对于这种"垄断价格"作何理解呢？当时学术界见仁见智。有人认为：这种垄断价格是指帝国主义时期的"以国家垄断资本主义为基础的资本垄断价格"。② 另一种观点认为：由这种垄断价格所形成的"绝对地租"已经转化为"垄断地租"。再一种意见是：这种垄断价格是普通意义上的垄断价格，它形成后一种意义上的绝对地租。对于上述不同的观点，陈征认为："对垄断价格的上述三种不同理解，恰恰表明了垄断价格具有三种不同含义，只有区分这三种不同含义的垄断价格，才能弄清楚是哪一种含义上的垄断价格带来绝对地租。"③ 为此，陈征对这三种不同含义的垄断价格进行深入阐析。

对于帝国主义时期的垄断价格，陈征指出，资本主义发展到垄断阶段，垄断

① 马克思恩格斯文集（第10卷）［M］. 北京：人民出版社，2009：190.

② 王积舒 . 资本主义地租若干问题探讨——兼及社会主义地租问题［J］. 辽宁大学学报，1983（5）：47.

③ 陈征 . 社会主义城市地租研究［M］. 济南：山东人民出版社，1996：113.

资本家通过垄断商品生产和销售市场，人为地规定垄断价格，从而摄取垄断高额利润。这种垄断价格，广泛存在于资本主义垄断时期的工业、农业和其他行业中，它反映了垄断时期的经济特征，但不能反映土地私有权的垄断和土地经营权的垄断的实质，也不能用以说明绝对地租的产生。这是陈征对上述引文中第一个“垄断价格”内涵的分析。继而，他根据马克思的相关论述对于另外两种含义的垄断进行阐释。

马克思曾经指出：在农业中有两种不同情况的垄断，一种是“自然垄断”，另一种是“人为垄断”。[①] 对于“自然的垄断”，马克思称之为由垄断特殊自然条件所产生的垄断价格，是“真正的垄断价格”。[②] 陈征认为，这种特殊的自然条件，提供独特的产品，产生垄断价格，从而摄取垄断利润，而这又是由于土地所有者拥有对该特殊自然条件土地的所有权，使这部分超额利润转化为地租，在这里，垄断价格产生地租。但马克思又指出：“这种垄断价格既不是由商品的生产价格决定，也不是由商品的价值决定，而是由购买者的需要和支付能力决定。”[③] 对此，陈征认为，这种由购买者的需要和支付能力决定的垄断价格所产生的地租不是绝对地租，而是垄断地租。由此可见，马克思所指的“自然的垄断”而产生的“真正的垄断价格”只能产生垄断地租。

对于“人为的垄断”，马克思曾经指出：“如果由于土地所有权对在未耕地上进行不付地租的投资造成限制，以致谷物不仅要高于它的生产价格出售，而且还要高于它的价值出售，那么，地租就会造成垄断价格。”[④] 对此，陈征认为，正因为土地所有权的存在，要向土地所有者租种土地，就必须支付地租。但在工农业有机构成相等的情况下，农产品的市场价格只按其价值或生产价格出售，租地经营的农业资本家只能取得平均利润，那么他就无法交纳绝对地租。如果他把平均利润的一部分作为地租交纳，农业资本家就得不到平均利润，也就不会对土地进行投资。因此，只有将农产品的市场价格提高到价值或生产价格以上来出卖，这种市场价格，也这是垄断价格，即由“人为的垄断”而造成的垄断价格。陈征指出，这种由土地所有权而产生的垄断价格所形成的超额利润，转化为另一种意义上的绝对地租，即“地租产生垄断价格”。马克思把这种垄断价格称为普遍意义上的垄断价格，以与上述“真正的垄断价格”相区别。

陈征上述的分析科学地阐明了三种垄断价格的不同含义，即第一种垄断价格

---

① 马克思恩格斯文集（第 7 卷）［M］. 北京：人民出版社，2009：221.

②③ 马克思恩格斯文集（第 7 卷）［M］. 北京：人民出版社，2009：864.

④ 马克思恩格斯文集（第 7 卷）［M］. 北京：人民出版社，2009：877.

是垄断资本主义时期普遍存在的，它反映了垄断时期经济特征；第二种垄断价格是由于特殊的自然条件决定的，即由“自然的垄断”所决定的垄断价格，形成垄断地租；第三种垄断价格是由土地所有权，即“人为的垄断”而形成的垄断价格。区分这些不同的垄断价格，就能分析出后一种意义上绝对地租的来源。既不能把不同的垄断价格混为一谈，也不能把绝对地租与垄断地租混为一谈。

针对当时有人提出的“由垄断价格而带来的后一种意义上的绝对地租会不会违背价值规律”的疑问。陈征进一步指出，马克思地租理论是建立在劳动价值论的基础上的，后一种意义上的绝对地租不会违背价值规律。由土地所有权垄断而形成的垄断价格，“不过是把其他商品生产者的一部分利润，转移到具有垄断价格的商品上”①。这和利润平均化一样，只是由一个部门转移到另一个部门而已。当然这和前一种意义上绝对地租的价值实现有所不同，前者转化为绝对地租的剩余部分，由农业内部的农业工人所创造；后者体现的剩余价值部分，则来自全社会，它不仅是农业工人创造的剩余价值的一部分，而且也包括工业等其他劳动者剩余劳动创造的剩余价值的一部分。

陈征正是在马克思劳动价值论的基础上，区分了两种不同意义上的绝对地租的来源，阐明了三种不同含义的垄断价格，把绝对地租理论引入到一个新的高度和深度，从而有力地驳斥了“马克思的绝对地租过时论”，在新的历史条件下坚持并阐发了马克思的绝对地租理论，为进一步研究社会主义城市地租提供了较坚实的理论基础。

二、对虚假社会价值的探索

马克思在《资本论》第3卷研究级差地租时曾经提到关于农产品“虚假的社会价值”问题。自20世纪五六十年代起，国内外学术界对此一直存在着不同见解。那么，对于马克思究竟从什么意义上把资本主义级差地租看成虚假的社会价值？这种虚假的社会价值的来源是什么？它如何“由市场价值规律造成”？等一系列的问题，是争论中的焦点。对这些问题，陈征在深入钻研马克思地租理论的前提下，提出自己的看法和见解，澄清了理论上的模糊认识。

（一）资本主义级差地租是虚假的社会价值的一种形式

对于“虚假的社会价值”的实际含义，当时我国学术界各抒己见，出现三种

---

① 马克思恩格斯文集（第7卷）[M]. 北京：人民出版社，2009：975.

观点。第一种意见是以骆耕漠为代表的，认为虚假的社会价值是农产品市场价格高于社会价值之间的差额；第二种意见是以许涤新同志为代表的，认为虚假的社会价值是市场价值与实际价值之间的差额；第三种意见是以卫兴华同志为代表的，认为虚假的社会价值等于全部农产品的社会价值总和大于个别价值总和之间的差额。

陈征坚持从马克思地租理论的基本原理出发，并充分合理吸收当时其他学者研究成果的基础上，提出了自己的看法。他认为，虽然马克思没有对虚假的社会价值下一个简单明了的定义，但从马克思提出的这一范畴并运用于分析级差地租的具体情况看，虚假的社会价值，是指“农产品中个别生产价格和社会生产价格之间的差额部分”[①]。从量的方面看，相当于级差地租量；从质的方面看，也就是提供级差地租的那部分价值；从形式上看，级差地租则是虚假的社会价值的一种表现形式。此外，马克思认为虚假的社会价值“是由在资本主义生产方式基础上通过竞争而实现的市场价值所决定的”[②]，陈征指出，这里所说的“市场价值”是指社会生产价格，这说明虚假的社会价值，是由资本主义生产方式和价值规律发生作用的结果。这是由于资本家垄断了优等地的经营权以后，使农业中的超额利润固定化，加之社会对农产品需求量的增加，使劣等地也投入耕种，而这种农产品的市场价格则由劣等地产品的个别生产价格所决定，那么由于供求之故，使优、中等地产品都按劣等地产品的个别生产价格所决定的社会生产价格出售，从而产生个别生产价格和社会生产价格之间的差额，形成虚假的社会价值。由此，陈征总结指出：“虚假社会价值的形成，和农业中的资本主义经营及垄断有关，是竞争和价值规律发生作用的结果。”[③]

那么，对“虚假的社会价值”中的“虚假”二字应作如何理解呢？陈征指出，在“社会价值”之前冠以“虚假”二字，并非说这部分价值在客观上是不存在的，而是指这部分价值在实际中耗费的劳动总数较少，但在价值关系中比被还原的社会劳动总量则较多。就如马克思指出的：“被看作消费者的社会对土地产品支付过多的东西，对社会劳动时间在农业生产上的实现来说原来是负数的东西，现在竟然对社会上的一部分人即土地所有者来说成为正数了。”[④]

陈征认为，坚持劳动价值理论是理解虚假社会价值的关键，个别价值或个别

---

① 陈征．社会主义城市地租研究［M］．济南：山东人民出版社，1996：141.

② 马克思恩格斯文集（第7卷）［M］．北京：人民出版社，2009：744－745.

③ 陈征．社会主义城市地租研究［M］．济南：山东人民出版社，1996：142.

④ 马克思恩格斯全集（第25卷）［M］．北京：人民出版社，1974：745.

价格，尽管它会低于或高于社会价值或社会生产价格，在市场上总会按社会价值所决定的市场价格出售，在交换价值的关系中进行还原，使社会价值得以实现。陈征又进一步指出，价值决定本来只是交换关系中的一种社会行为，是以客观存在的社会必要劳动时间的消耗为基础的。不能绝对地认为消耗多少个别劳动时间就一定要体现为多少社会价值；也不能是机械地认为乙多消耗的个别劳动时间一定要转到甲少消耗的个别劳动时间里。这种绝对地、机械地通过加减转移平均个别劳动消耗以致完全等同于社会必要劳动消耗的认识，实际上是对价值决定这种“社会行为”缺乏深层次理解，也是对虚假社会价值产生种种误解的理论根源。

在上述分析的基础上，陈征揭示了骆耕漠、许涤新等对虚假的社会价值认识的偏差，如骆耕漠把虚假的社会价值看成是“农产品的市场价格高于社会价值之间的差额”，这实际上把虚假的社会价值理解为社会价值或社会生产价格之外的东西，这既不是级差地租部分，也不是绝对地租部分，因而是不合理的。另外，对于许涤新把虚假的社会价值看成“市场价值与实际价值之间的差额”、并不是客观存在的观点，陈征认为，社会价值或市场价值都是客观存在的，都是实际价值，两者之间不应该出现差额，而且持此观点必然得出个别消耗的实际劳动时间等于社会价值的错误结论，这就违背了马克思劳动价值理论。陈征认为，卫兴华把虚假的社会价值看成是社会价值总和大于个别价值总和之间的差额，这是正确的，是完全符合马克思的原意的。在此，为了避免以后与社会价值中还包含绝对地租的原理相混淆而发生矛盾起见，又可以突出地表达农产品的社会生产价格由劣等地产品的个别生产价格来决定的原理，陈征提出以“农产品的社会生产价格高于个别生产价格之间的差额”来代替“社会价值”。这就把虚假社会价值与级差地租密切联系起来，以便进一步把级差地租看成为虚假社会价值的一种表现形式，显然是科学和合理的。

（二）优中等地生产率较高的劳动，是虚假的社会价值的源泉

关于虚假的社会价值的源泉问题，当时国内外学术出现了分歧意见，他们有的认为虚假的社会价值最后是落实到由农产品的消费者来负担，有的则认为虚假的社会价值是通过使社会资本的平均利润保持或降低到较低水平而取得的，还有的同志则认为虚假的社会价值作为级差地租的这种超额剩余价值，完全是由农业劳动者的社会劳动创造出来的，是由投入较优等土地上的劳动创造出来的。

对于上述种种的观点，陈征根据马克思劳动价值论的基本原理，辩证、合理地吸收他人研究成果的基础上，对虚假的社会价值的源泉进行科学的阐析。陈征

指出，根据马克思劳动价值理论，商品的价值量是由生产该商品的社会必要劳动时间决定，不管个别劳动时间消耗多少，在市场上，统一按照一定的社会必要劳动时间决定的价值量进行交换。马克思指出：“生产力特别高的劳动起了自乘的劳动的作用，或者说，在同样的时间内，它所创造的价值比同种社会平均劳动要多。”① 由此，陈征指出：“劳动生产率较高的企业消耗的个别劳动时间可以体现为较多的社会价值，仍然是该企业内部工人劳动的结果，而不是把别的企业工人劳动创造的价值转移过来。”② 陈征从这一基本原理出发，指出由于土地所有权和土地经营权的垄断，以及社会需求的关系，农产品的社会生产价格是由劣等地的生产条件决定的。因此，出现了农产品的个别生产价格才会低于社会生产价格，个别价值才会低于社会价值，这就形成了虚假的社会价值。由此，陈征总结指出，虚假的社会价值是客观存在的，是个别价值在交换过程中还原成的社会价值，以较少的实际劳动消耗还原为一定量的价值，其实质是来源于劳动者的劳动所创造的价值的实现。但陈征又进一步指出，由于土地等自然条件的好坏对农产品的生产有重要的影响，因此，优、中等地之所以能取得级差地租，并体现着这部分虚假的社会价值，和农业劳动的自然生产率紧密相关，但不能认为是由土地等自然条件创造出来的。

陈征对虚假的社会价值源泉的科学阐析，对当时一些错误的认识予以有力的反驳。他指出，把虚假的社会价值的来源看成由农产品的消费者来负担，或者把虚假的社会价值看成是来源于社会资本的平均利润部分，都错误地认为虚假的社会价值部分不是本企业的农业工人创造的，而是通过在价值以上卖高价的方式，由别的企业通过降低平均利润的办法，把一部分剩余价值转移过来的。所以，陈征认为，他们的根本出发点是：不承认虚假的社会价值是农产品社会价格的组成部分，错误地认为是价格超过价值的部分，这是不符合马克思的意愿的，因而是不正确的。

（三）论证在商品经济存在的社会主义阶段，虚假的社会价值的客观存在

陈征在廓清虚假的社会价值的基本范畴之后，又把它运用于解决社会主义商品经济中的现实问题。当时，有人提出在社会主义里，由于否定了地主阶级的土地所有权，虚假的社会价值也已经消失。与此观点相反，他认为在当前社会主义

① 马克思恩格斯全集（第23卷）[M]. 北京：人民出版社，1972：354.

② 陈征. 社会主义城市地租研究 [M]. 济南：山东人民出版社，1996：147.

初级阶段还存在商品经济和对土地经营权的垄断，使级差地租和虚假的社会价值产生的条件仍然存在。而且在我国当前的社会主义阶段，生产力水平还较低，价值、货币等仍然作为重要的经济杠杆在发挥作用，支配农产品价值形成的规律和所赖以产生的条件也还存在。而且从我国当前的实际情况看，农产品的社会价值仍然必须由劣等地的生产条件来决定。他认为，如果以中等土地生产条件确定农产品价格，那么，经营劣等地的生产单位的个别劳动消耗就会高于社会价值，他们销售农产品所取得的收入，不仅不能取得一定的合理利润，甚至不能补偿成本支出。这就无法实现扩大再生产或不能维持简单再生产，也无法缩小客观上阻碍农业经济发展的工农业品剪刀差。陈征又进一步指出，虽然我国当前条件下虚假的社会价值依然存在，但它和资本主义生产方式下的虚假的社会价值有着本质的区别。在资本主义条件下，体现为虚假的社会价值的形式的级差地租，为土地所有者所占有，体现着土地所有者对农业劳动者的剥削关系。而在我国目前的社会主义阶段，体现虚假的社会价值的这部分超额剩余产品，为劳动者、集体企业、全民企业及其代表者国家所占有，体现着国家、集体和劳动者之间的经济关系，能够充分调动企业和个人的劳动积极性，有利于促进农业和工业的发展。

陈征的这些理论观点，对社会主义市场经济条件下农产品价格改革，仍然有着现实价值。

第二节　社会主义城市地租理论产生的原因

众所周知，马克思地租理论主要是研究资本主义农业地租，对城市地租略有涉及，但谈不上研究。那么，能否用马克思地租理论指导社会主义经济建设，一直是学术界颇有争议、亟须解决的问题。而当时国内外学术界对于社会主义城市地租问题的研究、关注的不多。这是关乎马克思经济理论发展的重要问题，也是随着改革开放和社会主义市场经济的发展，迫切需要解决的实际问题。陈征对社会主义城市地租理论的研究正是在此历史背景下产生的。

一、有关社会主义地租的争论为城市地租的研究提供了契机

马克思在《资本论》中研究资本主义地租的同时，也科学地预示了未来更高级的社会，地租是否依然存在。马克思指出：“从一个较高级的经济的社会形态的角度来看，个别人对土地的私有权，和一个人对另一个人的私有权一样，是十

分荒谬的。甚至整个社会，一个民族，以至一切同时存在的社会加在一起，都不是土地的所有者。他们只是土地的占有者，土地的利益者。”① 根据马克思上述的预测，在未来共产主义社会里，无论是个人、集团、国家，甚至同时存在的社会全体，都不能称为土地所有者，他们只能占有和使用土地，不存在土地所有权。这说明在共产主义社会的土地经济关系中，不存在着地租。马克思在1862年写给恩格斯的信中说：“凡是土地所有权（事实上或法律上）不存在的地方，就不支付绝对地租……土地私有制实际上也会失去意义。”② 在《剩余价值理论》中他又说：“诚然，即使绝对地租消失了，仅仅由土地自然肥力不同而引起的差别仍会存在。但是……这种级差地租是同市场价格的调节作用联系在一起的，因而会随着价格和资本主义生产一起消失。”③ 这就进一步说明，随着土地私有制和土地所有权的消灭，商品、价格和资本主义生产也不复存在，绝对地租和级差地租也因此都将消失。基于马克思上述的论述，国内外学术界长期存在一种论调：即社会主义社会不存在绝对地租和级差地租，并因此而断定马克思的绝对地租理论过时了。

由于受到上述思想的影响，十月革命后的苏联，实行军事共产主义政策，不存在商品经济以及地租等问题。1921年，苏联开始实行新经济政策，用商品交换代替产品交换，开始了对商品、货币以及地租理论的探讨。直到20世纪四五十年代，开始有人承认在社会主义条件下存在级差地租，但往往认为这只是级差收入，不是范畴意义上的级差地租。至于绝对地租，由于在20世纪20年代中期，斯大林在全苏第一次马克思主义土地问题专家代表会议上，宣布苏联废除了土地私有制，实现了土地国有化，消灭了绝对地租。因此，在苏联，社会主义不存在绝对地租的观点一直占据统治地位。

在我国，对于社会主义地租问题，基本上经历了和苏联相同的模式。中华人民共和国成立初期，由于受到马克思地租理论过时论的影响以及实行高度集中的计划经济体制和产品经济模式，学术界对社会主义地租，几乎普遍持否定的态度；对于社会主义级差地租问题，虽然承认有级差收益，并称之为“级差纯收入”，但却否定级差地租范畴。从20世纪60年代开始，卫兴华、骆耕漠、许涤新等经济学家曾经对马克思“虚假的社会价值”与级差地租进行了研究和分析，不少人肯定级差地租的存在，并在一定程度上引起了国内学术界对级差地租的重

---

① 马克思恩格斯文集（第7卷）[M]. 北京：人民出版社，2009：878.

② 马克思恩格斯文集（第10卷）[M]. 北京：人民出版社，2009：190.

③ 马克思恩格斯全集（第26卷）[M]. 北京：人民出版社，1973：111.

视。党的十一届三中全会以后，随着国内学者对级差地租理论研究的不断深入以及改革开放的全面推进，社会主义级差地租范畴普遍为人们所接受。

而对于社会主义绝对地租是否存在的问题，争论更为激烈。马克思研究绝对地租的角度，是从资本有机构成理论入手，分析了农业的有机构成低于工业，使农产品价值高于其社会生产价格，所取得的利润转化为绝对地租。所以有人据此而推断，将来资本主义工农业有机构成相等了，绝对地租就消失了。他们还引证马克思《剩余价值理论》中的如下一段话："由于资本有机构成的变革，农产品价值下降，虽然利润率这时并不提高，绝对地租也可能降低。一旦农产品的价值和它的费用价格彼此相等，从而农业资本具有非农业资本的那种平均构成，绝对地租就会完全消失。"① 由此，大多数人认为，绝对地租的消失是社会发展的一个必然趋势；同时，又有人引证马克思的话："随着社会主义土地公有制的确立和土地所有者阶层的消失，绝对地租已失去其存在的社会基础。"② 国内部分学者由此而推断，在实行社会主义社会的国家，由于废除了土地私有制，实行农村土地集体所有、城市土地国有的土地公有制，绝对地租产生的社会条件不复存在了，绝对地租也因此而消失了。但随着理论研究的不断深入和实践的发展，在我国社会主义初级阶段，存在着产生绝对地租的原因和条件，绝对地租的客观性仍为大多数人所认可的。

有关社会主义地租的争论为陈征研究社会主义城市地租提供了学术理论背景。陈征是研究《资本论》的全国著名经济学家，他在20世纪五六十年代就开始关注马克思的地租理论。在研究中，他敏锐地发现：马克思是在深入研究劳动价值论和剩余价值论的基础上，才形成资本主义地租理论的。所以，只有理解马克思的价值理论和生产价格理论，才能理解地租；只有理解生息资本和利息理论才能理解地价。因此，陈征在早期就十分注重对马克思的劳动价值论、剩余价值论、平均利润等理论的研究，在1952年撰写出版了《资本与剩余价值》一书；20世纪七八十年代发表了多篇相关的论文，如《马克思劳动价值理论的基本内容》，《资本论》第3卷的转化理论系列论文：即《从剩余价值到利润的转化》《利润到平均利润，价值到生产价格的转化》《平均利润发展到商业利润，生产价格进一步转化为商业价格》《平均利润转化为利息和企业主收入》《超额利润转化为地租》五篇文章，对马克思关于转化理论进行了系列研究，在此基础上，又进一步对马克思地租理论的形成、资本主义地租的实质进行了全面的分析和探

① 马克思恩格斯全集（第26卷）[M]. 北京：人民出版社，1973：447.

② 马克思恩格斯全集（第26卷）[M]. 北京：人民出版社，1972：270.

索，研究了马克思地租理论是怎样建立在劳动价值论和剩余价值论之上的，研究了资本主义地租是超额利润的转化形式，其实质是剩余价值论的一部分。陈征对劳动价值论、剩余价值论和平均利润的研究，为他全面系统研究马克思地租理论奠定了坚实的理论基础。

陈征发现，其实马克思对未来共产主义社会地租的预示，并非笼统的，而是具体和分阶段的。从资本主义社会到社会主义的“过渡阶段”，马克思是主张有必要保存土地所有权（公有权）的，地租也有存在的必要性。如在《共产党宣言》中，就明确提出“剥夺地产，把地租用于国家支出”①。陈征又发现，恩格斯在19世纪70年代写的《论住宅问题》一文中也认为社会主义地租是存在的：“消灭地产并不是消灭地租，而是把地租——虽然形式发生变化——转交给社会。所以，由劳动人民实际占有全部劳动工具，决不排除保存租赁关系。”② 列宁在《社会民主党在1905～1917年俄国第一次革命中的土地纲领》中也说：“土地国有就是全部土地收归国家所有。所谓归国家所有，就是说国家政权有获得地租的权利，并且由国家政权规定全国共同的土地占有和土地使用的规则。”这就说明：在无产阶级革命取得胜利、掌握国家政权，进入社会主义社会以后，土地国有化取代了土地私有制，但仍要交纳地租。只是地租的形式发生了变化，由原来交给土地所有者个人，转为交给国家，但地租仍然是存在的。

20世纪80年代初，学术界逐渐开展了社会主义有无绝对地租的争论，陈征此时发表了《要区分两种不同意义上的绝对地租》《有关绝对地租的几个争论问题》等多篇文章，面对着学术界对马克思绝对地租的种种质疑和责难，陈征指出：“土地所有权是产生绝对地租的直接原因，农业有机构成低于工业，只是产生绝对地租的条件；而农产品价值高于生产价格，使得一部分剩余价值转化为绝对地租，这是绝对地租的直接来源。”③ 因此，只要存在着土地所有权与经营权的分离，绝对地租必然存在。在我国社会主义商品经济条件下，实行土地所有权与使用权相分离，土地使用者必须因占有、使用土地，而向土地所有者交纳地租，城市绝对地租是客观存在的。

陈征的剖析在当时引起了重大的反响。当时学术界一些人对马克思地租理论缺乏全面的理解而断章取义，错误地认为社会主义不存在着地租、马克思地租理论已经过时了，陈征对此进行有力的抨击，从理论上证明了马克思、恩格斯是肯

① 马克思恩格斯文集（第2卷）［M］. 北京：人民出版社，2009：52.

② 马克思恩格斯文集（第3卷）［M］. 北京：人民出版社，2009：328.

③ 陈征．社会主义城市地租研究［M］. 济南：山东人民出版社，1996：113.

定社会主义地租的存在的，维护了马克思地租理论的科学性和当代价值，也为其进一步研究和创立社会主义城市地租理论奠定了深厚的理论基础。

二、城市地租是改革开放的重要产物

中华人民共和国成立初期，各城市政府首先接管了一批国民党政府所有的城市土地，没收了帝国主义和官僚资产阶级在中国占有的大批城市地产；但为了调动民族工商业、个体劳动者、城市居民发展生产的积极性，对其所拥有的私有土地仍给予承认。因此，中华人民共和国成立初期的城市土地形成了国有与私有并存的格局。1950 年 4 月 3 日政务院公布的《契税暂行条例》第八条指出："各机关与人民相互间有土地房屋之买卖、典当、赠与或交换行为者，均应缴纳契税。"直到 1956 年，城市私有土地基本上可以买卖、出租、入股、典当、赠与或交换等。1956 年 1 月 18 日中共中央书记处《关于目前城市私有房产基本情况及社会主义改造的意见》中规定："一切私人占有的城市空地、街基地等地产，经过适当办法，一律收归国家"，从而实现了城市土地的全面国有化。至于城市国有土地的使用，当时因不存在地租这种理论的指导，则"由当地政府无偿拨给使用，均不必再缴租金"，从而形成了我国计划经济体制下的无偿、无限期、无流动的城市土地使用制度。

土地无偿使用制度带来了种种的弊端，主要表现为：首先，由于城市土地无偿使用，并通过行政划拨方式配置，使国有化的土地演变成为部门、单位或个人所有，诱发投机行为，使一些部门或者单位以土地擅自与外商谈判合作，从中收取土地使用费，有些单位将土地高价出租或者出售，以物易地、以地易房等变相买卖国有土地的现象层出不穷；其次，土地使用者从国家获得用地时无须支付地租，对土地使用者也失去了经济约束，造成土地利用效率十分低下，多报少用、早征迟用、乱占乱用，甚至占而不用的现象频频发生，城市土地规划不合理，杂乱无章，土地闲置的现象大量存在，造成土地资源的巨大浪费；最后，对于城市土地使用权方面，由于国家不允许自由转让，使城市土地无法合理流动，生产要素得不到优化配置，这不仅影响了城市土地的合理规划和建设，城市建设资金也难以得到保障，城市功能也不能得到正常发挥，制约了城市经济的发展。

随着改革开放进程的推进，城市土地无偿使用制度的弊端日益凸显，直接阻碍着城市土地的合理规划和有效利用，成为城市经济发展的严重障碍。特别是经济特区的建立，对外资企业、中外合资企业使用土地要不要交纳地租已提上议事日程。城市土地使用制度改革的必要性，受到学术界和相关部门的普遍重视，有关土地制度改革的法律也逐步出台。1988 年 4 月 11 日第七届全国人民代表大会第一次会议中通过的宪法修正案，就有关土地出让制度进行了调整，由原来的“不准出租土地”的规定修订为“土地使用权可以依照法律的规定转让”。同年 12 月 29 日，《土地管理法》也做了相应的修订，提出了“国家依法实行土地有偿使用制度”。1990 年 5 月 19 日发布的《中华人民共和国城镇国有土地使用权出让和转让暂行条例》，对土地有偿使用的一系列问题进行了更为明确和具体的规定，包括土地使用权如何实行出让、出租、转让、抵押、终止以及划拨等。至此，国家从法律上对土地有偿使用制度给予明确的规定，在实践中也逐步实行。特别是党的十四大确立了社会主义市场经济体制的目标模式，市场体系也逐步建立和发展，而土地市场作为重要要素市场之一，也迫切需要发展并随之日益完善。

土地市场运行交换的是土地，土地的价格是资本化的地租。只有土地的价格确定了，才能在土地市场上买卖土地，土地市场才得以建立，而这一系列的问题，都涉及地租的研究。长期以来，由于否认社会主义地租的存在以及城市土地无偿使用的影响，对城市地租的研究是一个空白区。而随着改革开放实践的发展，建立和完善城市土地市场成为迫切的要求，陈征在长期研究马克思地租理论的基础上，对城市土地的有偿使用制度进行了开拓性的探索。在 20 世纪 90 年代初，陈征发表了《对外开放中的城市土地有偿使用》（1990）、《马克思的地租理论和城市土地有偿使用问题》（1991）、《城市土地有偿使用的几个理论问题》（1991）等多篇论文，指出，用马克思地租理论来指导、研究城市土地有偿使用，从当前来看，首先必须弄清三方面的理论问题，即“城市土地有偿使用和土地价格的关系；城市土地有偿使用和地租的关系；城市土地有偿使用和土地税的关系”①。而且通过对上述问题的深入分析和研究，说明地租理论是土地市场的深层次的理论基础，是社会主义市场经济理论中的一个重要的有机组成部分。

三、城市地租是由城市土地的特殊性所决定

马克思的地租理论，重点研究的是资本主义农业地租，对城市地租涉及很少，给后人留下研究的空间。陈征在长期研究马克思地租理论的过程中，敏锐地发现，城市地租和农业地租的内在本质，即二者既有共性又有特性，就共性而言，“地租是土地所有权借以实现的经济形式，只要有土地所有权，就有土地所

① 陈征．城市土地有偿使用的几个理论问题［J］．福建论坛（经济社会版），1991（1）：10.

有权和使用权的分离，在商品经济条件下，土地所有权的经济实现形式必然表现为地租”[①]。这是资本主义和社会主义地租的共性。就特性而言，陈征根据城市地租的运动规律，进行了深入的研究，总体上可以归纳为四个方面。

（1）城市和农业对土地的利用不同。城市地租不直接包含在土地产品中，农业地租直接包括在土地产品的价值之中，和土地产品密不可分。城市土地是“作为地基，作为场地，作为操作的空间基地发生作用”[②]。马克思称之为“经营建筑物”[③]，如工厂利用土地建厂房，商店利用土地建营业大楼，机关单位利用土地建办公场所，居民利用土地营建住宅。对此，陈征指出，这些建筑物虽然扎根在土地中，建立在土地上，但这些建筑物毕竟不是由土地中生长出来的，无须利用土地的自然肥力，因而不能称为土地产品，由此不能简单地说城市地租包含在这些建筑物中。而且不同行业对土地的利用不同，经营的内容和范围不同，因而不同行业形成不同地租的来源渠道，这就构成城市地租和农业地租相差别的特殊性之一。

（2）农业地租主要由自然条件的差异引起，城市地租主要由社会条件引起。关于地租产生的原因，陈征指出，农业对土地的利用，主要依赖于自然条件，土地的自然肥力，对农作物的生长和农产品的质量和数量起着决定作用，而城市使用的土地，主要依赖于社会条件，即依赖于土地资本的投入。陈征经过考察研究后指出：城市是政治经济文化的中心，是人们在一定土地面积上进行开发、加工和改造的结果，如兴建道路、桥梁、涵洞、供电供水等管道，平整土地，建立排污、排渍、交通道路等基础设施，从而有助于城市整体功能的形成与发挥，“这完全依赖于对土地的投资，使土地资本与土地物质相结合并融为一体，成为土地的改良物”[④]。马克思指出：“位置在这里对级差地租具有决定性的影响。”[⑤] 陈征认为，但城市土地的位置和农业土地的位置也有所不同，农业土地的位置主要视对市场远近距离而衡量其经济效益，基本上也是由自然条件形成的，城市土地的位置因素基本上是人为的，是由社会条件引起的。

（3）城市地租与农业地租的来源有所区别。马克思在价值规律的基础上指出，地租是由于农业有机构成低于工业有机构成，使农产品价值高于生产价格的部分而形成的超额利润，转化为农业绝对地租。对于城市地租的来源，陈征指

① 陈征．《陈征选集》续编［M］．太原：山西经济出版社，2005：502.
② 马克思恩格斯文集（第7卷）［M］．北京：人民出版社，2009：883.
③ 马克思恩格斯文集（第7卷）［M］．北京：人民出版社，2009：698.
④ 陈征．《陈征选集》续编［M］．太原：山西经济出版社，2005：503.
⑤ 马克思恩格斯文集（第7卷）［M］．北京：人民出版社，2009：874.

出："在工业中，虽然由于有机构成不同，有的企业可取得超额利润，由于平均利润率规律发生作用，这种超额利润不会转化为绝对地租。"① 但不能因此而否定城市地租的存在。马克思曾明确指出一切非农业用地都要交纳绝对地租。这就是说，尽管城市土地的使用者，对土地有不同的使用，都要交付城市绝对地租。地租是必要的土地贡赋，在竞争中使利润平均化之前必先扣除，使竞争者具有平等条件，再来参加平均利润的竞争。这样，不是地租在平均利润中扣除，而是在平均利润形成以前扣除。可见，在这方面，城市绝对地租与农业绝对地租是不完全相同的，这是陈征对城市地租特殊性研究的又一创见。

（4）城市地租往往包含在房租中，由此会出现城市土地投机。经过相关研究，陈征指出，农业中土地要作为生产手段起作用，在进行买卖租赁时主要是土地本身，而城市土地的作用是：它给劳动者提供立足之地，给他的劳动过程提供活动场所。必须在土地上建造房屋，才能对土地进行利用。因此，陈征认为："土地是房屋的载体，房屋是土地上的建筑物，因而城市地产往往与房产结合在一起，地价与房价往往结合在一起，地租与房租往往结合在一起，具有不可分割的特点。"② 所以，人们在进行房屋买卖、出租和抵押等房产交易活动时，必然相应地对土地所有权或使用权进行转让、出租和抵押，"一方面，地租、地价的变动会影响到房价与房租。另一方面，房价、房租的变动也会影响地价与地租"③，高额房租掩盖着高额地租。土地无偿使用的情况下，这些高额地租却都落在土地使用者的口袋里，使土地所有权不能在经济上得以实现。此外，伴随着房地产的开发，从而产生土地投机的行为。

对城市土地特殊性的论述，是陈征研究地租过程中的重大创见之一，说明了城市地租和农业地租既有共性又有特性，而共性寓于特性之中，离开了共性就无所谓个性。这就需要以马克思地租理论为指导，研究社会主义城市土地所出现的新情况、新问题，总结新经验，运用和发展马克思的地租理论。因此，城市土地的特殊性，决定了必须对社会主义城市地租理论进行深入的研究。

正是基于上述的因素，陈征经过长期的研究和探索，于20世纪八九十年代，在《中国社会科学》《经济学家》《经济研究》《当代经济研究》等权威性的核心刊物发表了二十几篇有关地租以及社会主义城市地租的文章，对当时学术界有关地租的争论问题阐明自己的观点，并根据改革开放的实际情况，率先研究了城市土地的有偿使用，开拓性地创建了社会主义城市地租理论体系。陈征于1996

① 陈征.《陈征选集》续编［M］. 太原：山西经济出版社，2005：504.

②③ 陈征. 社会主义城市地租研究［M］. 济南：山东人民出版社，1996：36.

年出版的专著《社会主义城市地租研究》提出了一系列新理论新观点，这是马克思地租理论在社会主义城市中的运用和发展，为城市房地产市场的建立与完善提供理论基础。该书是我国第一部研究社会主义城市地租的专著，于1998年获全国普通高校第二届人文社会科学优秀成果二等奖、福建省社科一等奖，影响深远。

第三节　社会主义城市绝对地租

一、城市绝对地租产生的原因和条件

在实行生产资料公有制的社会主义国家，农村土地实行集体所有制，城市土地归国家所有，城市绝对地租是否存在呢？这是当时国内外学术界长期争论悬而未决的问题。对此，陈征进行深入的探讨并阐明自己的观点。

（一）对城市绝对地租客观性的分析

对于有没有社会主义城市绝对地租，长期以来，存在着两种截然不同的观点。一种观点认为，只有城市级差地租，没有绝对地租；另一种观点主张，在社会主义土地所有制条件下，绝对地租是客观存在的。对此，陈征认为，社会主义城市绝对地租是客观存在的，并从理论上进行系统的分析。

马克思在《资本论》中指出："不论地租的特殊形式是怎样的，它的一切类型有一个共同点：地租的占有是土地所有权借以实现的经济形式，而地租又是以土地所有权、以某些个人对某些地块的所有权为前提。土地所有者可以是代表共同体的个人。"[①] 据此，陈征认为，尽管地租的形式各式各样，但只要存在土地所有权，并需要通过经济形式予以表现，地租就会产生，这是各种不同地租的共性。陈征还通过考察封建地租、资本主义地租和社会主义地租所体现的经济关系和社会关系后，总结指出：不同社会的土地所有制，需要以不同的经济形式来实现，从而产生不同性质的地租，反映着不同社会形态的生产关系，从而再次印证了上述的结论，即一切地租的共性是："地租是土地所有权在经济上的实现形

① 马克思恩格斯文集（第7卷）[M]. 北京：人民出版社，2009：714.

式。”[①] 在此基础上，他又进一步分析指出，虽然土地所有权是产生绝对地租的原因，但并非唯一的条件，还必须具备以下两个条件。

一是土地租赁关系的存在。陈征指出，土地所有权要在经济上实现，必须以土地所有权和使用权相分离为前提。如果不存在着租赁关系，土地所有者本身自己使用土地，此时，土地所有权和使用权合二为一，就无所谓交纳地租。但是，如果土地所有者把土地让渡给他人使用，出现了所有权与使用权相分离，就可从土地使用者那里取得经济的补偿。由此，地租便成为土地所有权在经济上的表现形式。在此，陈征还总结了土地所有权与使用权相分离的两种情况：一种是土地所有者把土地使用权在一定时期内无偿地出借或者转让，此种情况就不必交纳地租，土地所有权在经济上无所体现，这是土地无偿使用的具体表现；另一种是在一定时期内，土地使用权进行有偿的转让或者出租，从而收取一定的租金或者转让金，即地租，从而实现了土地所有权的经济效益。可见，“土地租赁关系是产生地租的客观基础，地租则是土地租赁关系在经济上的实现”[②]。

二是商品经济的出现。马克思早就指出：“只有在商品生产的基础上，确切地说，只有在资本主义生产的基础上，地租才能作为货币地租发展起来，并且按照农业生产变为商品生产的程度而发展起来。”[③] 这说明，资本主义地租是与发达商品经济相联系的经济范畴，商品经济是资本主义地租产生的必要经济条件。对此，陈征结合我国的实际情况指出，在高度集中的计划经济旧体制，商品经济未得到充分发展，对城市土地长期无偿使用，不存在租赁关系，城市地租也因而被否定。随着改革开放的逐步推进和商品经济的发展，城市土地的有偿使用，已成为客观的必然趋势，随之而来的大规模城市土地开发，使城市地租已成为客观的事实。因此，陈征指出：“社会主义地租是社会主义商品经济条件下的产物，不仅如此，社会主义商品经济越发展，社会主义地租也随之发展。”[④]

通过以上的分析，地租的产生必须具备以下三个条件：即必须以土地所有权存在为前提；土地所有权必须与使用权相分离，并通过有偿的租赁关系而实现；必须以商品经济的发展为条件。根据上述的条件，陈征指出：“随着我国城市商品经济的迅速发展，市场机制、价格机制、分配机制逐渐形成并发生作用，社会主义城市绝对地租不仅是客观存在，而且正在随商品经济的发展而发展。”[⑤]

---

①② 陈征．社会主义城市地租研究［M］．济南：山东人民出版社，1996：40.

③ 马克思恩格斯文集（第7卷）［M］．北京：人民出版社，2009：718.

④⑤ 陈征．社会主义城市地租研究［M］．济南：山东人民出版社，1996：42.

（二）对否定城市绝对地租的错误观点的驳斥

虽然社会主义城市绝对地租的客观性是经济和社会发展的必然，是为理论和实践所证明的。但是学术界仍然有人否定社会主义城市绝对地租的存在，他们断章取义、片面地理解马克思的地租理论，并为自己的观点辩护。对此，陈征一一回应并有理有据地进行驳斥。

（1）否定城市绝对地租存在的理由之一是：随着社会主义土地公有制的确立和土地私有者阶层的消失，绝对地租已失去其存在的社会基础。认为只有在私有制和土地私有者阶层存在的条件下才有城市绝对地租，在城市土地归国家所有，不存在土地所有者阶级的情况下，城市绝对地租就不存在。持此观点的同志还引用马克思曾经说过的话："凡是土地所有权（事实上或法律上）不存在的地方，就不支付绝对地租……土地所有权实际上也会失去意义。"① 我国《宪法》明文规定，"城市的土地属于国家所有"，因此我国城市土地不应存在绝对地租。

对此，陈征一针见血地指出：持此观点的同志，把绝对地租和剥削混为一谈，没有真正把握资本主义地租和社会主义地租的本质区别。马克思研究绝对地租理论时是以资本主义为研究对象的，显然，马克思所说的"土地私有制不存在"，是指资本主义土地所有制不存在。但根据"地租是土地所有权在经济上的实现"这一基本原理，所有权是涵盖私有制和公有制的。恩格斯说："消灭土地私有制并不要求消灭地租，而是要求把地租——虽然是用改变过的形式——转交给社会。"② 马克思也说："土地所有权本身已经产生地租。"③ 对此，陈征指出："如果社会一旦废除了所有权，地租（包括绝对地租与级差地租）就会消失。如果仅仅是废除了私有制，在公有制土地所有权存在的条件下，绝对地租仍然存在。"④ 陈征的分析，揭示了马克思绝对地租的实质，也使上述观点的理论依据不攻自破。而关于"地租与剥削"的关系问题，陈征认为：资本主义的绝对地租交给个人，是土地所有者剥削剩余价值的一部分。但社会主义绝对地租是交给国家，代表社会的政府统一用于发展社会主义经济事业的支出，纳入国民收入再分配的轨道，体现的是国家、集体或企业、劳动者之间的合作关系，是劳动者对社会所做的贡献，对发展社会主义经济有利。

---

① 马克思恩格斯文集（第 10 卷）［M］. 北京：人民出版社，2009：190.

② 马克思恩格斯文集（第 3 卷）［M］. 北京：人民出版社，2009：328.

③ 马克思恩格斯文集（第 7 卷）［M］. 北京：人民出版社，2009：854.

④ 陈征 . 社会主义城市地租研究［M］. 济南：山东人民出版社，1996：43.

（2）否定城市绝对地租存在的又一理由是：在农业用地转化为城市用地的过程中，城市用地者（如工商业）已一次性地将土地价格付给所有者了。在工商业者那里，付出的土地价格，即“绝对地租是作为不变资本的一部分而存在着”，并逐步在运转中转移到新产品中去，“经过一定年限而等于零”。因此，城市地租就不存在了。陈征认为这种观点是值得商榷的，并从三个方面进行剖析。

首先，陈征认为，上述观点把土地价格与绝对地租混为一谈。土地价格是地租资本化的具体表现，工商业者向土地所有者购买土地，支付土地价格。土地价格也可以理解为地租的购买价格，即它对若干年地租一次性支付而形成的，这实质上只是决定土地价格的数量因素，并不能把土地价格等同于地租本身，更不能等同于绝对地租本身。其次，支付土地价格以后，工商业者本身即成为该土地的所有者，并在自己的土地上进行经营，在生产经营中取得土地收益。如果工商业者把土地出卖，而不是自己经营，他本身就可以从土地购买者手上取得地租。如果说绝对地租已不复存在了，那么他再出卖时为何还能取得价格呢？这明显是与现实背离的。再次，只要土地所有者依然存在，不管工商业者如何将地价纳入成本，“土地所有权本身即产生地租”这一客观规律仍然存在的。如果地租已被购买就不复存在，那么就等于废除土地所有权，显然是错误的。最后，陈征指出：“上述的论点如能成立。那么农业资本家向土地所有者购买土地，支付土地价格，并将其作为不变资本的一部分转移到产品中去，也等于否定农业绝对地租的存在。”① 这显然也是不符合马克思地租理论的。

（3）否定城市绝对地租存在又一理由是：如果说城市土地也存在绝对地租，而城市用地一般是由农业用地转化而来的，农业土地本身就有绝对地租，这等于说，同一块土地具有两种甚至多种绝对地租，认为这是悖理的。

对此，陈征认为，这是属于合理的现象，因为土地过去作农业经营时已支付过绝对地租，农业用地转化为商业用地时，工商业者购买了土地所有权，就有权取得绝对地租，否则工商业者的土地所有权就等于虚构。陈征进一步指出，上述观点是没有准确把握土地价格的概念，对其进行绝对化的理解。土地价格作为地租的购买价格，购买的是土地所有权或者一定时期的土地使用权。在此，不应认为，这种地租已一次性地全部计入不变资本，并转移到产品成本中去，只能把它看作由土地所有者收取的绝对地租。因此，陈征认为：“既不能说城市土地的绝对地租实际上就是农业土地中的绝对地租，也不能说城市土

---

① 陈征．社会主义城市地租研究［M］．济南：山东人民出版社，1996：44.

地不存在绝对地租。”①

总之，陈征通过以上对否定城市绝对地租的观点的剖析，进一步说明了在我国社会主义商品经济条件下，土地为国家所有，并存在着土地所有权与使用权相分离的情况，土地使用者必须向国家交纳地租，城市绝对地租是客观存在的。

二、城市绝对地租的来源

马克思论证农业绝对地租产生时，是以农业有机构成低于工业有机构成，超额利润不参加利润率平均化，由于土地所有权存在，使超额利润转化为绝对地租的。马克思又指出，一旦农业有机构成与社会平均有机构成相等，上述意义上的绝对地租就会消失，但另一种意义上的绝对地租依然存在，它是来自农产品的“市场价格超过价值和生产价格的余额”，即来自农产品的垄断价格，这就是马克思两种意义上的绝对地租。有些人没有完全理解两种意义上绝对地租的实质内涵，而错误地认为，如果农业有机构成与工业有机构成相等时，绝对地租就会消失。

其中有一种代表性的观点认为，工业各部门的有机构成虽不相等，有的取得超额利润后，参加利润率平均化，因而工业中的超额利润并不转化为绝对地租，也就是说，工业中是没有绝对地租的。据此，陈征进行回应并指出，马克思在论述农业绝对地租时，曾经假定工业中有机构成不同，不会因此产生绝对地租。但他并没有直接说明工业中没有绝对地租。相反，马克思论述了工业、建筑地段等地都要交纳地租。马克思说：“一方面，土地为了再生产或采掘的目的而被利用；另一方面，空间是一切生产和一切人类活动的要素，从这两个方面，土地所有权都要求得到它的贡赋。”② 马克思又说：“一定的人们对土地、矿山和水域等的私有权……这部分剩余价值，甚至在一切工业企业中也被拦截，因为不论什么地方，都要为使用地皮（工厂建筑物、作坊等所占的地皮）付地租。”③ 对此，陈征认为，不管是农业和采掘工业所利用的土地，还是加工工业、商业、服务业、住宅等非农用地所利用的土地，只要土地所有权的存在，使用土地都是要交纳地租的。可见，马克思也是肯定工业以及其他行业都有绝对地租的，只是由于受历

① 陈征．社会主义城市地租研究［M］．济南：山东人民出版社，1996：45.

② 马克思恩格斯文集（第7卷）［M］．北京：人民出版社，2009：875.

③ 马克思恩格斯全集（第26卷，第二册）［M］．北京：人民出版社，1973：30－31.

史条件的限制，并没有对其做进一步的分析。

针对当时有人提出要“把马克思关于工农业有机构成相等条件下绝对地租来自农产品的垄断价格的观点，套到社会主义城市绝对地租中来”，陈征不予以赞同。陈征认为，与农业相比较，城市土地具有特殊性，即城市土地不是作为生产的直接要素，不能通过土地生产产品而体现其价值，它主要是利用空间位置作为城市经济活动和生产活动的基本场所，是城市居民借以工作、生活和生存的物质条件，不可能直接通过土地生产产品而体现其价值。而且，城市土地用途不一，情况也较为复杂，有工业用地、商业服务业用地，也有非经营性和居民住宅用地等。这说明，陈征是反对“把绝对地租来源于农产品价值大于生产价格”的理论生搬硬套到城市地租中。此外，他还总结了研究城市绝对地租来源时，必须坚持的三个基本原则：一是只要土地所有权存在，就必须交纳地租；二是要符合价值规律的要求；三是从城市土地的特殊性、从城市土地的具体使用情况出发。在此基础上，陈征对城市工业、商业、服务业、银行保险业和居民住宅等绝对地租的来源做具体的分析。

（1）城市工业绝对地租的来源。对于城市工业绝对地租，陈征将其分为采掘工业绝对地租和加工工业绝对地租，并指出：蕴藏于土地中的矿物质，是采掘业的劳动对象和直接生产要素，是生产过程的内部条件，不管矿藏贫富，位置好坏，只要进行开采，都必须交纳地租，并将采掘工业绝对地租的来源总结为“是对平均利润以上的利润部分的扣除”①。而对于加工工业的绝对地租来源，陈征认为，应在有机构成正常的条件下进行分析，并主张采取“先扣除绝对地租再参加利润平均化”的办法，因为如果在利润平均化以后提取一部分利润作为地租，就会导致工业平均利润低于农业平均利润，形成不同的平均率，从而违背了平均利润和生产价格理论。

（2）城市商业绝对地租的来源。按照城市地租的基本原理，商业企业因使用商业楼宇、商场、贸易市场等场地，而必须支付商业绝对地租。陈征认为，商业不生产产品，主要是实现商品形态的变化，进行买卖活动，并为此支付商业流通费用，由此，他又指出：“商业流通费用和商业利润，都由产业部门创造的剩余产品价值来补偿，为商业经营活动而必须支付的商业绝对地租则须从商业利润中扣除。”② 按照陈征的相关分析，其过程是：商业企业先以低于生产价格的批发价格从产业部门购进商品，而商品是以现实生产价格在市场上销售的，其构成包括批发价格、各项商业流通费用以及商业地租（包括绝对地租和级差地租）和平

①② 陈征．社会主义城市地租研究［M］．济南：山东人民出版社，1996：48.

均利润。这说明商业绝对地租是产业部门劳动者创造的，是剩余产品价值的一部分。

（3）城市服务业绝对地租的来源。城市服务业范围较广，涉及餐饮、维修、理发等物质领域和非物质领域的多种行业。陈征对不同行业绝对地租的来源进行具体的分析，他指出："属于物质生产部门的应采取先扣除后平均的办法，从剩余产品价值中分割出一定部分；属于非物质生产部门的应与商业绝对地租来源相同，从利润中扣除。"①

（4）银行保险业绝对地租的来源。银行、保险业也是属于非物质生产部门，其利润主要来自存、贷款利息之差。陈征认为，在这个差额中，除了银行、保险业的利润外，还包括各项流通费用以及建筑地段的绝对地租。所以，必须要做相应的扣除，剩余才是银行、保险业的利润。因此，金融行业的绝对地租归根结底仍然来源于工农业生产部门创造的剩余产品价值。②

（5）居民住宅用地绝对地租的来源。关于居民住宅用地的绝对地租的来源问题，陈征认为，住宅属个人消费品，是实现劳动力再生产的必要条件，住宅绝对地租应属于房租的一部分，其来源"应由消费者从个人收入中支付，源于必要劳动部分所创造的价值部分"③。

陈征上述分析的各个部门的绝对地租之和，构成了城市绝对地租总额。"虽然各个部门的绝对地租的来源不同，但从总体上看大都来源于社会总剩余产品价值的一定部分，只有住宅绝对地租才是工资部分的扣除。"④ 因此，陈征提出商品价值构成可用下面的公式表示：$W=C+V+m(\overline{P}+R)$，W 为商品价值，C 为生产资料价值，V 为工资，m 为剩余产品价值，$\overline{P}$为企业平均利润，R 为绝对地租。

陈征根据马克思的剩余价值论、生产价格和平均利润等理论，对城市各个行业的绝对地租的来源进行具体而科学的分析，进一步证明城市绝对地租不仅是客观存在，而且是可以量化的，这是陈征对马克思有所涉及但未做具体分析的重要领域进行研究，所取得的创新性成果，是陈征社会主义城市地租理论体系的重要组成部分。

三、城市绝对地租量的确定

关于城市绝对地租量的规定，陈征既坚持以马克思农业地租量的规定为指

①②③　陈征．社会主义城市地租研究［M］．济南：山东人民出版社，1996：49.

④　陈征．社会主义城市地租研究［M］．济南：山东人民出版社，1996：50.

导，又依据城市绝对地租量的独特运动规律，对城市绝对地租量、城市绝对地租量的上限和下限以及城市绝对地租量的发展趋势进行深入的研究，并提出以下观点。

（一）以邻近农村的城市边缘地段的土地来确定城市绝对地租量

根据马克思的相关理论，农业绝对地租量是由农业劣等土地支付的绝对地租量来确定，陈征指出："社会主义城市绝对地租量也要由城市劣等土地支付的绝对地租量来确定。"① 但同时又指出，城市劣等地与农业劣等地是有区别的，必须具体问题具体分析。经考察研究后，他指出，农业劣等地主要指土地贫瘠且又是边远高寒交通不便的山区，它生产的农产品产量很低，城市中的劣等地则是距离市中心繁华地段较远、交通通信条件较差、处于城市边缘的城乡接壤地带。一般而言，劣等地总是最后投入使用的，所以绝对地租量等于劣等地的边际收益。又由于城市的土地使用者都必须支付绝对地租，而绝对地租量又是由劣等地的地租量来确定，土地所有者出租土地，取得的绝对地租量又总是与出租土地面积大小成正比。如果出租土地的等级各异，就要对劣等地以上等级的土地加收不同的级差地租，也就是在绝对地租的基础上加收不同的级差地租。因此，"城市中的劣等地，是计算城市绝对地租和级差地租的起点和基础"②。

另外，陈征又指出，基于城市土地的特殊性，城市劣等地具有相对性，不同行业对所用土地的优劣有不同的评价标准。如工业用地优劣的特别重要的标准是交通是否便利；商业和服务业用地优劣的特别重要的标准是地区繁华和人口密集程度；环境安静、卫生、优美，空气新鲜，是居民选择住宅区最佳标准。所以，正是由于不同行业用地有不同的判别标准，城市的劣等地具有相对性。此外，随着城市政治、经济、文化、交通的发展，城市劣等地也在发生变化，原来只有一个中心区的城市可能会发展为多个中心区。原来作为中间地段的土地发展为中心地段，相应的边缘地区不断扩大，使原来农业土地的近郊区，现在则划入城市作为边缘地区的土地。

基于以上的现实，陈征认为，邻近农村的城市边缘地段的土地，"是从农村土地转化而来，对农业来说，土质较肥沃，位置较优越，原是农村中最好的土地，在这种土地上，既包括农业绝对地租，也包括农业级差地租，因而把城市土地的绝对地租量确定为郊区农村土地所支付的农业级差地租和绝对地租量的总

①② 陈征．社会主义城市地租研究［M］．济南：山东人民出版社，1996：51.

和"[①]。这样确定的城市绝对地租量，会大大高于农业绝对地租量。

（二）城市绝对地租量的上限和下限

马克思指出："地租究竟是等于价值和生产价格之间的全部差额，还是仅仅等于这个差额的一个或大或小的部分，这完全取决于供求状况和新耕种的土地面积。"[②] 这说明农产品价值是农业绝对地租量的上限，农产品的生产价格是农业绝对地租量的下限，并根据供求状况来决定农业绝对地租具体的量。但陈征认为，社会主义城市绝对地租不是价值与生产价格之间的差额，因而与上述上限与下限不相适应，不能机械套用。如上所述，城市边缘土地对城市中心来说是劣等的，但邻近的农业土地对农业来说则是优等的，城市边缘土地又是从这种农业土地转化而来的，因此，社会主义城市绝对地租量的下限是不能小于郊区同等面积土地上支付的农业地租量；另外，城市边缘土地兴办第二、第三产业，在单位面积土地上创造的价值和利润会远远大于农业，因而也完全有条件提供一定量的绝对地租，城市绝对地租量的上限，是不能大于土地使用者的全部超额利润，也就是要保证土地使用者能获得平均利润。在上限和下限之间，存在一定弹性，由供求状况来调节。同时，他又进一步指出，在计算城市绝对地租量时，还应该注意地区差异和市际差异，商品发达的城市与不发达的城市，大、中、小城市使用同样的土地提供的利润差异很大，相应的绝对地租量也应不同。

（三）城市绝对地租量的发展趋势

关于城市绝对地租量的发展趋势如何，是逐步上升还是不断下降，当时学术界见仁见智。有人根据马克思说的"在正常条件下，绝对地租也只能是微小的"[③]，认为随着城市经济的发展，绝对地租会趋于缩小并呈零度增长；也有人根据马克思说的"不仅人口的增加，以及随之而来的住房需要的扩大……都必然会提高建筑地段的地租"[④]，认为社会主义城市绝对地租有不断提高的趋势。

对于以上的观点，陈征根据马克思相关原理进行了深入的剖析。陈征认为，马克思的"绝对地租也只能是微小的"，所指的是农业绝对地租的发展趋势，不能机械地套用到城市绝对地租。就此，陈征还进一步分析了农业绝对地租和城市

---

① 陈征．社会主义城市地租研究［M］．济南：山东人民出版社，1996：52.

② 马克思恩格斯文集（第7卷）［M］．北京：人民出版社，2009：862.

③ 马克思恩格斯文集（第7卷）［M］．北京：人民出版社，2009：872.

④ 马克思恩格斯文集（第7卷）［M］．北京：人民出版社，2009：875.

绝对地租发展趋势的区别。对于农业地租来说，随着科学技术在农业中的应用，生产力迅速发展，投入农业的土地资本不断增加，农业劳动生产率不断提高，单位面积产量增加，级差地租因此不断扩大，相比较而言，绝对地租则相对地缩小。而对于城市地租水平，则是和城市经济发展水平相适应的。马克思说过："地租的量完全不是由地租获得者的参与所决定的，而是由他没有参与、和他无关的社会劳动的发展决定的。"[①] 所以，随着城市经济的不断发展和经济效益的提高，单位面积土地的生产率也在提高，相应地，土地要素所得的超额利润或平均利润也在提高，因而绝对地租量有不断上涨的趋势。由此，陈征断定："随着城市经济发展对有限土地的需求不断增加，地价必然上涨，城市绝对地租量必然提高，这似乎是经济发展的客观必然。"[②] 历史的发展充分说明陈征当时的预测是合乎经济发展的必然趋势的，说明他具有高超的判断力和远见力。

综上所述，陈征在坚持马克思地租理论的基础上，对社会主义城市绝对地租进行全面的探索和研究，集中反映了城市绝对地租的本质属性和量的运动规律，是对马克思地租理论的重要发展和重大创新。

第四节　社会主义城市级差地租

一、城市级差地租产生的原因和条件

对于社会主义城市级差地租的认识，也是一个充满争论和逐渐成熟的过程。有些人认为在社会主义公有制下，不存在级差地租，也不可能有城市级差地租；在城市土地无偿使用的情况下，有些人只承认土地级差收益，认为不存在级差地租；而在社会主义市场经济条件下，土地市场成为市场体系中的一个有机组成部分，城市级差地租存在的客观性已很少人质疑了。但在当时随着城市房地产的开发和大力发展，城市土地市场也日渐完善，以马克思级差地租理论为指导，分析社会主义级差地租存在的原因和条件，从理论与实际上来说，都是十分重要的。

马克思指出，土地的自然肥力、地理位置和追加投资所形成的不同生产率，是产生农业级差地租的物质条件。陈征指出："在城市，土地的自然肥力

① 马克思恩格斯文集（第7卷）[M]. 北京：人民出版社，2009：717.

② 陈征. 社会主义城市地租研究 [M]. 济南：山东人民出版社，1996：55.

不起作用"[①]，就如马克思所说的："土地的位置具有这种决定作用。"[②] 应该说，在不同地段追加投资会有不同的生产率，从而取得不同的级差收益。进而，陈征从经济条件和社会条件两个层面来论证城市级差地租产生的客观条件。从经济条件看，当前我国实行的是社会主义市场经济，消费品、生产资料以及生产要素都要以商品的形式进入市场，利用价值、价格、货币等经济范畴进行交易。所以，正是随着商品经济的发展和社会主义市场经济体制的建立，从而使土地作为特殊商品进入市场，这是级差地租产生的客观经济条件。从社会条件看，我国实行城市土地国有化，国家是土地的所有者，而企业、单位或者居民是土地的使用者，他们在使用土地时，就形成对土地经营权的垄断，并在不同的地段取得级差收益。又由于国家对土地所有权的垄断，在商品经济条件下，城市土地的级差收益必然以级差地租的形式交由国家支配，从而使土地所有权在经济上得以实现。

可见，由于对城市土地经营权的垄断，取得级差收益；又由于对土地所有权的垄断，才使级差收益转化为级差地租。这种由土地所有权和使用权相分离而出现的对城市土地的出租和承租关系，不仅资本主义社会存在着，在社会主义社会也仍然存在。恩格斯说过："消灭土地私有制并不要求消灭地租，而是要求把地租——虽然是用改变过的形式——转交给社会。所以，由劳动人民实际占有一切劳动工具，无论如何都不排除承租和出租的保存。"[③] 对此，陈征也明确指出："这一关系体现了社会主义城市土地公有制经济实现形式的级差地租范畴，调节着城市土地所有者与使用者、使用者与使用者之间的经济利益关系，调节着城市土地经济关系中的各方面矛盾。"[④] 即在社会主义制度下，国家将土地使用者利用土地自然条件而带来的财富通过收入分配集中起来，然后再用于全社会，为全社会谋福利，这是社会主义城市级差地租的实质。

在此，陈征又以工业和商业为例，分析级差地租的具体来源。从城市工业看，占有较好土地进行生产，生产率就会较高，使所生产商品中的个别劳动时间低于社会必要劳动时间，个别价值低于社会价值，从中取得的级差收益必然转化为地租；从城市商业看，占有较好地段的企业纯粹流通费用较低，销售成本也低于平均成本，个别成本与市场价格就会出现差额，由个别生产价格低于社会生产

① 陈征．社会主义城市地租研究［M］．济南：山东人民出版社，1996：56.

② 马克思恩格斯文集（第7卷）［M］．北京：人民出版社，2009：845.

③ 马克思恩格斯文集（第3卷）［M］．北京：人民出版社，2009：328.

④ 陈征．社会主义城市地租研究［M］．济南：山东人民出版社，1996：57.

价格的差额所形成的超额利润就转化为城市级差地租，这是价值规律在城市土地经济领域中的特殊表现形式，这也是城市级差地租的规律。马克思也曾经指出："凡是存在地租的地方，都有级差地租，而且这种级差地租都遵循着和农业级差地租相同的规律。"① 但由于城市土地有着与农业土地不同的特性，因而城市级差地租也有独特的运动规律和表现形式。

二、探索城市级差地租的两种形式

按照马克思级差地租理论，农业级差地租可分为级差地租Ⅰ和级差地租Ⅱ。由于土地的自然肥力及所处的位置不同，等量资本投在面积相同的两块土地上，由此产生的超额利润，便转化成为级差地租Ⅰ；如果以等量资本连续投在同一块土地上，产生不同的生产率，取得超额利润而转化成为级差地租Ⅱ。那么社会主义城市级差地租是否也存在着这两种形式呢？这是马克思所没有涉及的，又需要进行系统分析的理论问题，对此，陈征以马克思的级差地租理论为指导，进行了创新性研究。

（一）城市级差地租Ⅰ

根据农业的基本情况，在农业中，土地是劳动手段，农作物从播种时起，到生根发芽、开花结果，以至于最终农产品的数量和质量，都依赖于土地的自然肥力，这是产生农业级差地租Ⅰ的重要因素。陈征指出，与农业级差地租Ⅰ所不同的，土地的自然肥力对城市级差地租Ⅰ不产生影响，不管是在肥沃的土地上还是在贫瘠的土地上建筑房屋，都不会因此产生差别，这是城市级差地租和农业级差地租的差别之一。而城市对土地的利用则主要在于其空间位置，马克思指出："它给劳动者提供立足之地，给他的过程提供活动场所。"② 如在土地上建造的厂房、商业大厦、办公大楼以及居民住宅等，都是对城市土地的具体使用，而土地的自然肥力与土地的使用不发生任何作用。陈征指出："在城市，位置对于级差地租Ⅰ的形成具有决定作用。"③ 因为在社会化大生产的经济条件下，城市内部存在着复杂的社会分工体系，从事生产和经营活动的企业，无时无刻不在与外在空间进行联系，城市土地的地理位置正是制约着这种联系的效率因素之一。在

① 马克思恩格斯文集（第7卷）［M］. 北京：人民出版社，2009：874.

② 马克思恩格斯全集（第23卷）［M］. 人民出版社，1972：205.

③ 陈征.《陈征选集》续编［M］. 太原：山西经济出版社，2005：514.

此，陈征以商业为例，分析了地理位置的差异对城市级差地租Ⅰ的决定性作用。在繁华地段的商业和在城郊的商业相比，前者距离市场较近，运输费用较少，而且人口密集，流动量大，每天销售商品的数量多，营业额高，资金周转速度快，企业的利润率高。在其他条件相同时，位置条件不等的商业企业之间的年利润率的差别，等于它们之间用于单个周转的流动资金的差额乘以年周转次数。这种由资金周转速度造成的差异，既可表现为个别企业之间流动资金数量的差异，也可表现为流通时间长短不同的差异。这种较高的利润率中包含着超额利润，在一定条件下可转化为级差地租。

总之，由于城市土地位置的差别，不论是工业还是商业，都会使得流通过程中发生运输费用的差别和资金流动速度的差别，都会给不同企业带来不同的利润率，从而使有些企业获得超额利润，转化为城市级差地租Ⅰ，这是位置对于级差地租具有决定性影响的具体表现。

（二）城市级差地租Ⅱ

对于城市土地是否存在级差地租Ⅱ，当时学术界争议颇多，出现了不同的意见。如有一部分人坚持只有级差地租Ⅰ，认为土地位置是产生城市地租的决定性因素，而不存在产生级差地租Ⅱ的因素；也有学者把农业中土地经营权垄断产生超额利润从而形成绝对地租的原理套用到城市土地中来，由此来否定城市级差地租Ⅱ的存在。如有人指出："从连续追加投资来看，对工业品的经营，不易形成垄断"，"从而限制了城市级差地租Ⅱ形成的可能性"。那么，为何不易形成垄断呢？他认为主要是基于两个方面的原因，一是"因为工业品价格是由平均生产条件决定，任何追加投资，都会形成竞争，促使超额利润消失。"陈征认为，这是将农业中土地经营权垄断产生超额利润从而形成绝对地租的原理，套用到城市土地中来，认为城市中不易形成垄断，就不可能形成超额利润，也就不可能转化为地租，这不仅否定了城市级差地租Ⅱ的存在，也否定了整个城市地租的存在，显然是不合理的。二是由于"人们对工业消费品的需求，在花色品种、质量、消费构成等方面会有不断的新的变化，这些因素，都限制了对某种产品经营的垄断"。陈征认为，某种产品（工业消费品）经营权的垄断与土地经营权的垄断是两个互不相干的问题，对工业消费品经营垄断的限制不可能直接限制级差地租Ⅱ的形成，这种否定城市级差地租Ⅱ存在的理由也是不充分的。虽然当时也有人承认城市级差地租Ⅱ的存在，但却不能进行系统而有说服力的分析。

陈征在研究社会主义城市级差地租的过程中，根据城市土地的特性，在对理论界存在的诸多观点进行释疑和反驳的过程中，形成了城市级差地租Ⅱ新的理论观点。陈征指出，与农业级差地租Ⅱ相同的，城市级差地租Ⅱ也是指在同一块土地上连续追加投资而产生的超额利润。但在具体形式上，城市级差地租Ⅱ有其独特的表现形式。在此，陈征主要从微观和宏观两个层面来说明城市级差地租Ⅱ的形成。从微观上看，在城市一定面积土地上，可以连续追加投资，通过高层建筑、提高容积率等形式取得更多的超额利润，并在一定条件下，转化为级差地租Ⅱ；这和农业中追加投资（如改良土壤、增施化肥等）增加土地产品而取得级差地租Ⅱ相比，在同一块土地上追加投资是相同的，但在具体形式上，城市级差地租Ⅱ有自己的特点。从宏观上看，城市作为政治、经济、文化的中心，是人们对一定面积土地进行加工改造的结果，无论是处于自然状态的土地、荒地，还是人们已经耕种的熟地，都必须对其进行水、电、道路、桥梁等基础设施的兴建与改造，从而使城市土地具有整体的功能，才能进一步地使用。所以，陈征认为，级差地租Ⅱ就是在已有城市土地的基础上，进一步追加投资而形成的。这种对城市土地的总体投资关系到每块土地上的建筑物，应分别摊派在不同地段土地上的不同建筑物上，表现为土地开发费用，即土地资本的折旧与利息。陈征最后总结指出："城市土地资本的总体，是城市土地级差地租形成的基础……由于它是以对土地投资和追加投资的形式出现，最终形成城市级差地租Ⅱ的范畴。"① 这是陈征对马克思农业级差地租理论的重大发展和重要创新，解决了城市土地使用机制的理论问题，具有重要的理论和现实意义。

三、城市级差地租量的确定

城市级差地租量的运动规律，是研究城市级差地租的重要内容之一。城市房地产市场已是社会主义市场体系中的一个重要组成部分。土地价格是地租的资本化，必须依据绝对地租和级差地租的量来计算。陈征提出计算城市级差地租量的相关理论，对确定城市土地价格、发展城市土地市场具有十分重要的意义。

（一）城市级差地租量的确定

首先，陈征指出："城市土地分等定级，是测算级差地租量的前提条件。只有合理确定土地等级，才能进一步分析各级土地上的级差地租量。"② 根据城市土地的特点，城市土地的等级是依据城市土地自然地理位置、交通地理位置和经

① 陈征．社会主义城市地租研究［M］．济南：山东人民出版社，1996：67.

② 陈征．社会主义城市地租研究［M］．济南：山东人民出版社，1996：68.

济地理位置这三者在空间上的有机组合而综合体现的。具体而言，陈征根据土地的自然环境、交通状况和经济发展水平等条件，依据相应的指标和得分方法，进行量化计算然后综合各项得分，得出不同地段的分值，据此确定不同地段的等级。其次，陈征认为，在确定等级之后，要进一步确定各地段的级差幅度。由于超额利润是级差地租的实体，因此，级差幅度的确定应以不同地段的超额利润为根据。但城市存在工业、商业、服务业等不同的行业，它们的超额利润各不相同。对此，陈征依据当时的现实情况提出“以商业利润作为分析的根据是比较合适的”①，理由有以下几个方面：一是商业用地的单位面积盈利高，使用效益也高；二是商业对土地的级差反应最灵敏，在市中心区和边缘区的收益相差可达数十倍；三是商业企业集中了许多工业产品，能够比较客观综合地反映商品经营利润的实际水平。但商业利润中包括平均利润和超额利润，陈征认为，超额利润中应当剔除资本的物质技术和企业经营管理两种因素所带来的利润，留下的部分，便是土地级差所得，作为土地的级差收益，在一定条件下转化为级差地租。

（二）城市级差地租量的最高限和最低限

明确级差地租量的最高限和最低限，是确定级差地租量的重要基础。城市级差地租量的运动规律，是围绕着它的最高限和最低限，并在一定的社会客观条件下不断运动而表现出来的。陈征明确指出：“城市级差地租量的最低限应高于城市绝对地租的量，最高限应低于使用最优城市土地最好企业实际所获得的表现为超额利润的那一部分的级差收益量。”② 在此，陈征还对此结论作进一步的论证。他认为，对于最低限问题，道理是很明白的。因为在最低等级的城市土地上经营，只提供绝对地租，没有级差收益。而对于最高限问题，从理论上说，级差地租由企业在最优城市地段上经营，所取得的超额利润转化而来的。如果级差地租的最高限超过这一部分，将会造成对平均利润部分或者由资本构成或经营管理而带来的超额利润部分的侵占。虽然这种情况在个别企业可能存在，但在理论上是说不通的。

此外，陈征还根据城市规模的不等以及城市用地收益的差别，具体地分析城市级差地租量的最高限与最低限，并提出自己的见解。陈征认为：大、中、小城市每平方米的土地收益量一般是呈递减的趋势，所以，“相应地，大城市的级差地租量的最高限和最低限都应高于中等城市，中等城市的级差地租量的

---

① 陈征．社会主义城市地租研究［M］．济南：山东人民出版社，1996：69.

② 陈征．社会主义城市地租研究［M］．济南：山东人民出版社，1996：70.

最低限也应高于小城市"①。关于"城市最低等级的土地是否交纳地租"这一问题，陈征认为，这是相对的，要视具体情况分析，并把城市土地与农业土地结合起来进行考察和分析。他指出：如仅从城市土地内部来看，最低等级的土地不提供级差地租；如果是处于郊区的城市土地的级差地租，会高于或者等于邻近农业土地的级差地租，这种城市土地就要提供级差地租。

再者，陈征还提出了具体计算级差地租量的方法。陈征指出：计算城市级差地租量的关键在于确定级差地租率，以各个等级不同的土地投资量乘以级差地租率，所得出的结果便是"级差地租量"。关于"地租率"，马克思在《资本论》第3卷中有所涉及，但未做具体解释。陈征经研究后创新性地指出：地租率应指"该地段由土地级差带来的超额利润和该地段预付资本的比率"②。而地租量的计算，从概念上说，"从总利润量中减去平均利润量，再减去因其他因素而获得的超额利润量，剩下来的就是由土地级差所产生的超额利润，在一定条件下转化为级差量"③。而对于实际操作问题，陈征认为："不管何种计算法，都必须采用先进的科学手段，力求准确、简便、易算，并合乎实际，才有利于普遍应用和推广。"④ 陈征创新性地提出有关地租量计算的原理，为当时探讨测算级差地租量的计算方法提供了重要的理论依据。

（三）城市级差地租的发展趋势

关于级差地租的发展趋势，当时学术界存在着截然相反的观点。一种意见认为："城市土地的位置级差的总趋势是缩小，而不是扩大"，⑤ "随着城市规划、交通设施的不断完善，会对级差地租的形成发生拉平的作用"。⑥ 另一种意见认为："级差地租存在着不以人们意志为转移的全面上涨的趋势。"⑦

城市级差地租究竟是"缩小""拉平"，还是"全面上涨"？对此，陈征根据城市经济不断发展的客观情况，进行了科学预测："不仅绝对地租在上涨，级差地租也在上涨。"⑧ 并从以下几个方面进行论证。首先，陈征已前瞻性地预测到，随着城市经济的发展，固定资本和城市人口不断增加，对用地的需求

---

① 陈征．社会主义城市地租研究［M］．济南：山东人民出版社，1996：70.

②③ 陈征．社会主义城市地租研究［M］．济南：山东人民出版社，1996：71.

④ 陈征．社会主义城市地租研究［M］．济南：山东人民出版社，1996：72－73.

⑤ 赵怀顺，黄宗武．城市土地制度改革研究［M］．重庆：四川人民出版社，1990：117.

⑥ 社会主义绝对地租问题讨论述评［J］．经济研究资料，1985（8）：55.

⑦ 杨继瑞．地价上涨趋势探源［J］．不动产纵横，1993（3）：48.

⑧ 陈征．社会主义城市地租研究［M］．济南：山东人民出版社，1996：73.

不断增大，除促进绝对地租增加外，同时也促进了级差地租的提高。城市作为政治、经济、文化的中心，随着经济不断增长，企业规模不断扩大，各种商业、服务业也纷纷兴起。由此不仅吸引农业人口等外来人口不断向城市流动，而且也加大了对高层次人才的需求，使教育、科技、文化也必须相应地发展。从而一方面增加了固定资本的投入，另一方面也使城市的人口不断增长，这些都将增大对用地的需求。而城市土地的稀缺性、不可再生性、固定性和耐久性，当对土地的需求不断增加而土地供给又因有限性和不可再生性不能因之增加时，土地价格必然上涨，同时也表现为地租的增加或提高。可见，城市地租的上涨是城市政治、经济、文化发展的必然结果。其次，随着城市的发展，必然会增加对土地的投资，由于土地资源的特殊自然属性，土地资本经过一定时期以后，将会溶化在土地上，使资本所有权转化为土地所有权，原有的土地资本的利息部分就转化为级差地租，因而促使级差地租量增大。最后，随着城市经济的发展，城市中心也在向多元化和专业化发展，从而出现黄金宝地性质的市地区位，新的土地级差随之产生，加上城市土地不断向郊区扩展，面积日益增大，远郊区和市中心区的级差也日益扩大，级差地租就会相应地提高。

因此，无论从城市经济的发展还是从城市土地资本的投入与收益来看，城市级差地租都有不断上涨的发展趋势。所以，陈征明确指出："城市级差地租将随着城市经济的发展而提高已是客观存在的现实，毋庸置疑。"①

上述陈征有关城市级差地租量的核心观点，揭示了城市级差地租量的内涵和运动规律，对于确定城市土地价格、发展城市土地市场具有十分重要的理论指导意义。

第五节 社会主义城市垄断地租

一、有关城市垄断地租的争论

马克思在研究资本主义农业地租时指出，垄断地租是地租的特殊形式。它是指在特殊自然条件下生产的稀有产品，因其产品供不应求而形成垄断价格，带来

① 陈征．社会主义城市地租研究［M］．济南：山东人民出版社，1996：75.

垄断超额利润所转化的特殊形式的地租，即垄断地租。马克思指出：“这种垄断价格既不是由商品的生产价格决定，也不是由商品的价值决定，而是由购买者的需要和支付能力决定。”① 由于这种垄断价格，产生了超额利润，更“由于土地所有者对这块具有独特性质的土地的所有权而转化为地租，并以这种形式落入土地所有者手中”②。这样，“垄断价格造成地租”③即垄断地租。这种农业中的垄断地租，是在特殊条件下，生产特殊产品，形成垄断价格，垄断超额利润所转化的特殊形式的地租。那有没有社会主义城市垄断地租呢？这是当时学术界争论颇为激烈的问题，需要运用马克思的地租理论，研究我国经济建设的实际，创造性地回答的新问题。

一种观点是否定社会主义城市垄断地租的存在，其理由是：一是认为城市土地没有产生垄断地租的自然条件，垄断地租只存在于少量自然条件特别有利的土地上，而城市土地只是工商业经营的立足之地，城市土地位置的差别只能形成级差地租，而不能产生垄断地租；二是城市中占据特殊有利地理位置的工商业，所经营的产品只能按市场价进行销售，不能以高于价值的垄断价格出卖，不存在垄断价格，即城市中没有构成垄断地租的超额利润来源。

对此，陈征在反驳中论证了城市垄断地租存在的客观性。陈征认为，首先，社会主义具备了产生垄断地租的一般条件：即“在社会主义条件下，存在着土地所有权，存在着土地所有权和使用权的分离，存在着出租者和承租者之间的土地租赁关系，存在着商品经济和土地市场等”④，这些是形成绝对地租和级差地租的社会经济条件，同样也是形成垄断地租的社会经济条件，垄断地租也同样是土地所有权在经济上的实现形式，其突出地表现为对土地经营权垄断所带来的收入；其次，陈征指出：与农业垄断地租所不同的，城市垄断地租是由于在城市特别好的地段上经营，其地理位置特别优越，交通方便，公共设施齐全，能够吸引大量的本市顾客和外来流动人口，在此经营的商业，商品的销售额高、商品流转快，资金周转速度也快，因而能带来特别高的超额利润，产生特别高的经济效益的结果，从而转化为城市垄断地租。

根据陈征的城市垄断地租理论，以北京的王府井大街、上海的南京路等为例，这些是大城市中的商业黄金地段，在此经营的商业，凭借特别优越的地理位置取得超额利润，这种大大超过其他地段的营业额所形成的经济效益，促使这种

---

① 马克思恩格斯文集（第7卷）［M］. 北京：人民出版社，2009：864.

②③ 马克思恩格斯文集（第7卷）［M］. 北京：人民出版社，2009：877.

④ 陈征 . 社会主义城市地租研究［M］. 济南：山东人民出版社，1996：77.

地段上的建筑物取得了垄断价格形态，从而以高房价、高房租表现出来，其中，除去对建筑物本身的投资外，就包含着高额垄断地租。这说明，在我国社会主义现阶段，城市垄断地租是客观存在的。

二、城市垄断地租的特点

为了能进一步论证城市垄断地租的客观性以及对上述的否定理由进行深入的批驳，陈征对城市垄断地租的特点进行全面的总结，主要归纳为以下几个方面。

（1）城市土地位置对城市垄断地租的产生起着决定性作用。陈征指出：农业中的垄断地租是源于特殊的自然土地条件，农业利用土地生产农产品，垄断地租包含在特殊土地产品的垄断价格中。与农业垄断地租不同的是，城市土地不生产产品，但土地位置则起着决定性作用，在特别好的土地位置上建造房屋，并利用这些房屋进行各种经营活动，因此能取得特别高的超额利润转化成垄断地租。但不管是源于特殊土地的自然条件还是特殊的地理位置，只要土地所有权存在的条件下，这种特别高的超额利润都可转化为垄断地租。只是对城市垄断地租来说，城市土地位置是起决定性作用的。

（2）城市垄断地租来源的特殊性。与农业垄断地租的来源所不同，城市垄断地租不是来源于特殊商品的垄断价格。对此，陈征主要从两个方面进行分析：一是位置特别好的土地上的建筑物本身可以垄断价格出售，由垄断价格产生垄断地租；二是利用黄金地段的建筑物进行经营活动，虽然商品仍以市场价格销售，但由于其位置优越，人口流动量大，营业额大，资金周转快等因素，可取得特高的超额利润，以其一部分支付高额的房租，房租中的一部分，转化为垄断地租。这两种垄断地租的来源虽然不一，但由超额利润转化为城市垄断地租的结果则是完全一致的。这两种情况与农业垄断地租有所差别，但仍是客观存在的。

（3）垄断地租往往包含在高额房租中，高额房租掩盖着垄断地租。陈征指出：由于城市土地功能的特殊性，“在城市特殊位置的土地上建筑房屋，房屋与土地密不可分，因而地价往往和房价结合在一起，地租往往和房租结合在一起”。[①] 加之建筑房屋本身需要的原材料和工时都是既定的，建筑业主的主要利润是通过提高地租实现的。马克思指出：“建筑业主从建筑本身取得的利润是很

① 陈征．社会主义城市地租研究［M］．济南：山东人民出版社，1996：79.

小的；他通过提高地租取得他的主要利润。"① "建筑投机的真正对象主要是地租，而不是房屋。"② 这说明，高额的房租除了投资建房的资本折旧与利息外，大量的是由高额地租产生的。因而，垄断地租往往包含在高额房租中，高额房租往往掩盖着垄断地租。

陈征最后总结指出："城市垄断地租的来源，可能是垄断价格超过价值或社会生产价格的余额，也可能是个别生产价格低于社会生产价格的部分。"③ 针对当时有人提出："城市垄断地租是占有某种特殊地位的企业，其市场垄断价格超过价值和生产价格的余额。"④ 陈征认为，上述观点实际上是无视城市地租的特性，把农业垄断地租套用到城市中来的结果。陈征指出：如果是指该企业经营的商品，不可能因该企业所处的地理位置形成该商品的垄断价格；如果说的是这种特殊地段的建筑物，应属于房地产的经营范围，不可能表现为该企业的经营活动。

陈征有关城市垄断地租特点的分析，进一步明晰了城市垄断地租的客观性，这是在马克思垄断地租理论基础上的重大发展。

三、城市垄断地租量的确定

关于城市垄断地租的量如何确定，当时学术界存在着不同的观点和看法。有人认为城市垄断地租的量，"应该等于在城市黄金地段上单位用地平均承担的商业利润与非黄金地段上的单位用地平均承担的商业利润之间的差额"⑤；也有学者认为，"级差地租向上延伸便是垄断地租" "垄断地租实质上也是一种级差地租。"⑥

对此，陈征通过对城市垄断地租的全面分析，结合城市土地的使用情况，提出以下的观点。

首先，陈征认为，城市垄断地租的量是以在该地段建筑物上经营取得的特高超额利润为前提，根据土地使用者的需要以及实际支付能力来决定的。所以，对该地的兴趣是使用该地的主观意愿，但如果城市垄断地租超出使用该地而取得特高超额利润范围，使用者就无力支付。所以，城市垄断地租表面上表

① 马克思恩格斯文集（第7卷）［M］. 北京：人民出版社，2009：876.

② 马克思恩格斯文集（第7卷）［M］. 北京：人民出版社，2009：875-876.

③ 陈征．社会主义城市地租研究［M］. 济南：山东人民出版社，1996：80.

④⑥ 张朝尊．中国社会主义土地经济问题［M］. 北京：中国人民大学出版社，1991：167.

⑤ 郝寿义．论社会主义城市土地有偿使用费的理论构成［J］. 天津社会科学，1986（6）.

现为土地使用者的主观意志，客观上是由使用该地取得的超额利润的量决定的。

其次，对于有人提出“级差地租向上延伸便成为垄断地租，垄断地租实质上也是一种级差地租”的观点，陈征认为，这是与农业垄断地租的情况相吻合的，但不完全符合于城市垄断地租。因为城市垄断地租的来源是多方面的，既可能来自特殊地段建筑物的垄断价格，也可能来自在特殊地段上经营所得的特高超额利润，也有部分来源于商品的个别生产价格低于社会生产价格的差额，不完全是级差地租的向上延伸。

最后，陈征将绝对地租、级差地租和垄断地租进行比较。陈征认为，把垄断地租看作级差地租，相对而言有一定的道理，因为垄断地段的地租可以看作特高级的级差地租；绝对而言，是欠妥的，因为级差地租的土地级差幅度，由不同地段的超额利润的差别来确定，垄断地租比级差地租可以高许多倍，在其间并不形成什么级差，而且随着支付者的主观需要及支付能力而定，不受级差界限的约束，把二者等同起来，就混淆了正常的地租形式与特殊的地租形式之间的界限；三种不同形式的垄断，却区别为三种不同形式的地租，由土地所有权的垄断产生绝对地租，由土地经营权的垄断带来级差地租，由对城市特殊位置的地段的垄断带来城市垄断地租，前两者是地租的正常形式，后者是地租的特殊形式。

第六节　对城市土地价格和城市地产市场的研究

房地产问题是我国城市经济社会发展中的一个极其重要的理论问题，房地产市场作为社会主义市场体系的有机组成部分，是由房产市场和地产市场组成的，而地产市场又是房产市场的基础，研究地产市场具有重要的理论意义和现实意义。陈征在全面研究城市地租的基础上，对地产市场也进行充分的论述，主要包括以下几个方面的内容。

一、界定了地产与地产市场的概念

马克思说：“土地是一切生产和一切存在的源泉，并且它又是同农业结合着的"[①]，是人类"不能出让的生存条件和再生产条件所进行的自觉的合理的经营"[②]。农业土地是农作物生长不可或缺的物质基础，而城市土地为人们的生产、经营和生活提供了场所和空间，是人们活动的必要载体。按照马克思的相关原理，未经开垦的土地，没有人类的劳动物化在里面，是没有价值的；但由于人们占有了土地，产生了对土地的所有权，如果将该土地租给土地经营者去耕种，所有权和使用权相分离，土地所有者即可凭此收取地租，这种土地，一旦投入农业生产，人们的劳动就会对象化在土地上，这种土地就有了价值。尤其对于城市土地来说，在所有权和使用权相分离的情况下，为了适应城市经济文化发展的需要，要求投入大量的资本和劳动，从而实现"七通一平"。这种凝固在土地上的资本马克思称之为土地资本。陈征在综合以上城市土地价值形成的基本条件的基础上，概括出地产的概念，即"由土地物质和投入土地的资本相结合而形成的固定资产所构成的有机统一体"[③]。陈征还进一步说明，地产是自然物质的土地与土地资本的有机统一体，即物化劳动和活劳动凝结在自然物质的土地中形成的，割裂其中的任何一个方面都是错误的。

关于地产市场的概念，陈征首先对地产市场的各个要素及其关系进行分析。他指出，市场作为商品流通中各种经济关系的总和，在地产市场中，城市土地是地产市场的客体，是地产市场经营的对象，这是城市地产市场存在的基础；地产市场的主体是参与地产交易的当事人。因此，陈征认为，城市地产市场是指："城市土地这种特殊商品在流通中经过交易而发生的经济关系的总和，体现着土地供求双方为确定土地交换价格而进行的一切活动。"[④] 这就较为完整地说明了城市地产市场的概念及其实质。

二、厘清了地租、地价和地产市场的关系

地租是土地所有权在经济上的实现形式，长期以来，有些人把地租简单看成一种剥削的范畴，甚至把土地价格与土地自由买卖也贴上资本主义的标签，这显然是错误的。我国要建立和完善地产市场，就必须利用价格、地租等经济范畴作为理论基础。因此，有必要对地租、地价等范畴进行客观的分析。

① 马克思恩格斯选集（第12卷）[M]. 北京：人民出版社，1962：757.
② 马克思恩格斯文集（第7卷）[M]. 北京：人民出版社，2009：918.
③ 陈征 . 社会主义城市地租研究 [M]. 济南：山东人民出版社，1996：85.
④ 陈征 . 社会主义城市地租研究 [M]. 济南：山东人民出版社，1996：86.

陈征指出，地租作为一种中性范畴，和货币、工资等经济范畴一样，在不同的社会里反映着不同的经济关系。一般商品的价格是商品价值的货币表现，社会主义地产市场的土地价格则不同，它是包含土地资源价格和土地资本价格两方面的内容。以自然资源形态存在的土地，不是劳动产品，不具有价值；但土地作为人类的财产，被人们垄断地占有时，即取得了纯粹经济形态。因此，把土地出租，即可取得地租，这是土地所有权在经济上的实现形式。马克思曾经指出："不同的人借以独占一定部分土地的法律虚构在经济上的实现。"① 陈征认为，这说明把这种土地的所有权或使用权转让给别人，从而会取得一定的报酬，这一报酬就表现为土地价格。因此，"土地价格不是土地价值的货币表现，而是地租资本化的结果"②。陈征又进一步提出，土地价格实际上不是购买土地的价格，而是对由土地所提供的地租的购买价格，它是由地租量的大小和利息率的水平决定的。用公式表示为：土地价格 = 地租 ÷ 利息率，这种土地本身的价格，是由土地本身的经济关系引起的，是对土地所有权的转移或对一定时期土地使用权转让在经济上的补偿，对于这部分陈征称之为"地租资本化价格，或者土地资源价格，这是构成现实土地价格的一部分"③。另外，陈征又指出：对城市土地进行"七通一平"等基础设施建设进行的开发，要投入一定量的活劳动和物化劳动，即对土地进行投资，这就形成了现实土地价格的另一部分即"土地资本价格"，从而使土地的使用价值也得到增加，而且这一价值凝结在土地中，形成土地的价值。当其随同土地被让渡时，这部分价值理应得到补偿，从而形成土地资本价格。地产市场的现实土地价格即由土地资源价格与土地资本价格两部分构成。

综上所述，"土地资源价格"和"土地资本价格"构成了地产市场的现实土地价格，说明地租是地价的基础，地价是地产市场的主要内容，这为正确把握地产市场的特点，发展房地产市场经济奠定了重要的理论基础。

三、总结了城市地产市场的特点

地产市场作为社会主义市场经济体系的一个组成部分，与一般商品市场具有共性。但由于地产市场是以土地这种不动产作为交易对象的，也正由于土地的有限性与不可再生性，因而土地在产权流动、法律保护及供需弹性方面都存在与一

① 马克思恩格斯文集（第7卷）[M]. 北京：人民出版社，2009：715.

②③ 陈征. 社会主义城市地租研究 [M]. 济南：山东人民出版社，1996：88.

般商品市场不同的特点。当时学术界关于社会主义地产市场的特点也有许多不同的看法和观点，如有人认为这种特点表现为垄断性、竞争性和不完全性等；还有人认为地产市场是一种国家干预度较高的市场等。

对于以上的观点，陈征认为在当时都有一定的道理，堪称一家之言。当然，对于城市地产市场的特点，陈征根据城市土地使用制度及现实的情况进行了全面的分析，并形成了自己独到的见解。

（一）现阶段，我国城市地产市场只进行有限期的土地使用权的交易

首先，陈征总结了土地市场买卖与一般商品买卖的区别：即一般商品的买卖，商品的所有权会发生转移，而土地的买卖则不同，“既可以对土地所有权的买卖，也可以对土地使用权的转移”①。随着城市土地使用制度的不断完善，城市地产市场逐步形成和发展。尤其在改革开放和市场经济发展的推动下，城市用地需求不断增加，这就需要把农地改为城市用地。因而，出现了一种特殊的土地市场，即土地所有权“由集体所有制转变为国有制”②。此外，在城市内部，为了维护城市土地公有制，在地产市场上土地所有权不能出卖，只能进行土地使用权的交换，土地使用权与土地所有权发生分离进入地产市场。这是陈征总结的城市土地市场有别于一般商品市场的显著特点，即“在城市地产市场上，不进行土地所有权的买卖，只进行有限期的土地使用权的交易，进行土地批租”③。

（二）我国实行国家宏观调控下城市地产市场机制，批租市场与转租市场共同发展

陈征根据当时我国城市地产市场的运行机制，分析了城市地产市场的两种主要模式即“土地批租市场和土地转租市场”。陈征指出：土地批租市场主要是土地所有者转让土地使用权的市场，将土地进行纵向流动，这是国家依据相关的法律将土地进行有偿、有限期转让使用权，从中取得土地出让费的土地转让形式；土地转租市场主要是土地使用者再转让土地使用权的市场，将土地进行横向流动，表现为“转卖和转租两种形式”。④陈征根据批租市场和转租市场的运行机制，总结了批租市场与转租市场之间的关系：即“转租市场形成的转租价格，是在批租价格的基础上形成的”“实质上是批租市场的进一步发展和补充，两者是

①② 陈征．社会主义城市地租研究［M］．济南：山东人民出版社，1996：91.
③④ 陈征．社会主义城市地租研究［M］．济南：山东人民出版社，1996：92.

密切联系着的”。[①] 而且，批租市场是国家对地产市场宏观调控的支撑点，而转租市场基本是由市场机制和价值规律进行调节的。基于以上的分析，说明“批租市场必须由国家垄断，构建国家宏观调控下的城市地产市场机制，以促进批租市场和转租市场的健康发展”[②]，这是陈征总结的地产市场的另一个特点。

（三）土地价格是批租价格和转租价格的基础

一般商品的价格，是商品价值的货币表现，是以价值为基础的。但由于地产市场的现实土地价格的特殊性，所以，陈征指出，土地批租价格包括两部分：一是为取得土地使用权而必须支付的费用，即“土地资源年期的购买价格”；二是“出让期内为使用土地资本要交纳以开发投资为内容的费用”，即“土地资本使用年期的购买价格”。[③]这说明土地批租价格包括土地使用权的购买价格和土地使用权的购置价格，而转租价格“是批租价格的转化形式或分割形态，在实质上是一致的”[④]，都反映着城市土地的特殊性，这些与一般商品价格的形成是不同的。

（四）城市地产市场土地使用权的出让及具体使用具有特殊性

首先，陈征总结了土地使用权的出让及具体使用与一般商品的区别，即当购买一般商品时，购买者就取得了该商品的所有权和使用权，可以根据自己的需要而任意使用该商品。而土地作为一种特殊的商品，其具体用途必须纳入城市土地规划，不能任意使用。进而，陈征从两个方面分析了城市地产市场土地使用的特殊性：一方面，城市土地规划必须符合城市总体规划的要求；另一方面，土地作为城市一切活动的载体，是城市总体规划的重要内容，在总体规划中占有突出的重要位置。因此，取得土地使用权的任何单位和个人，在对城市土地具体使用时，是受到城市总体规划的约束，不能随意使用。

（五）城市地产市场收益分配的复杂性

一般商品出售后，其收入具有相对独立性，一般为原商品所有者所有；在土地私有制的条件下，出售土地所取得的收入也归土地所有者所有。而我国城市地产市场的收益分配是十分复杂的，陈征做了如下的分析：由于我国实行城市土地国有化，土地使用权出售后，取得的收益，涉及多个主体和多领域的利益关系，收入分配是十分复杂的，既涉及国家、地方政府、职能机构部门等主体的收入分

①②③　陈征．社会主义城市地租研究［M］．济南：山东人民出版社，1996：93.

④　陈征．社会主义城市地租研究［M］．济南：山东人民出版社，1996：94.

配关系，又要考虑“一部分用于补偿投入城市建设的土地资本的折旧费和利息，以及继续用于扩大城市建设和旧城改造的资金”①，这足以说明城市地产市场收益分配的复杂性。

（六）房产和地产相结合，房产应服从于地产

对于一般的商品，是可以直接投入使用或进入消费过程的。而城市土地的使用往往要在其上建造房屋等建筑物。土地归国家所有，而建筑物往往是单位或者个人的，人们在对房产进行出租或者买卖时，往往连同国有的土地也一起转让。因此，陈征指出：“地产往往和房产结合在一起的。”②据此，陈征深刻地认识到，在房产交易中，房屋的所有者是起主导作用的，在出卖房屋时，连同国有土地的使用权也一同转让，而收入一般只作为房价收入落入私人的口袋，从而产生了“使地产服从于房产的不合理现象”③。这是我国地产市场上存在的突出问题。

陈征把土地这种特殊的商品与一般商品相区别，对城市土地价格和城市地产市场进行深入细致的研究，提出一系列创新性的观点，不仅有利于城市土地有偿使用制度的改革和顺利推行，而且为发展和完善城市房地产市场提供重要的理论依据。

第七节　本章小结

在社会主义国家，是否有地租，是否有城市地租，是学术界长期争论、悬而未决的问题。随着改革开放进程的推进和市场经济的发展，以及城市土地有偿使用制度改革的实践证明，社会主义城市地租的客观存在是不容忽视和不可回避的。陈征在深入研究马克思地租理论的基础上，开拓性地研究并创建了社会主义城市地租理论体系，不仅深化和发展了马克思地租理论，而且为社会主义城市土地制度改革和房地产市场的建立与完善提供了重要的理论依据，具有重大的理论意义和现实意义。

---

①② 陈征．社会主义城市地租研究［M］．济南：山东人民出版社，1996：95.

③ 陈征．社会主义城市地租研究［M］．济南：山东人民出版社，1996：96.

一、丰富和发展了马克思地租理论

马克思在对古典政治经济学的地租理论进行批判和继承的基础上，建立了科学的地租理论，成为马克思经济理论体系的重要组成部分。马克思的地租理论着重研究了资本主义农业地租，对城市地租涉及很少，更谈不上研究，给后人留下争论的空间。当时，学术界某些人片面、断章取义地理解或别有用心地歪曲马克思地租理论，认为马克思地租理论已经过时了。对此，陈征在争论中阐明自己的观点和主张，有理有据地批驳和抨击了错误的观点，捍卫了马克思地租理论的科学价值。同时，随着城市土地有偿使用制度的实施和社会主义市场经济体制的建立，迫切需要对社会主义城市地租展开研究。

城市地租和农业地租既有共性，又有个性。社会主义城市地租既是城市的，又是社会主义的，存在着许多和资本主义农业地租不相同的新情况、新问题。所以，陈征研究社会主义城市地租时，始终坚决反对机械化地套用马克思农业地租理论，而是坚持以马克思地租理论为指导，又根据城市土地的特性进行系统的创造性研究，提出一系列有关城市地租的新见解和新认识，创建了社会主义城市地租理论体系，丰富和发展了马克思地租理论，填补了学术界在社会主义城市地租研究上的空白。如陈征对社会主义城市地租特性的分析、关于社会主义城市绝对地租来源的探讨、关于城市绝对地租量的分析和发展趋势的预测、对社会主义城市级差地租两种形式的论述、城市垄断地租特殊性的阐述，及对地产两重性决定土地价格两重性的分析等一系列问题。这些问题都是马克思地租理论尚未涉及，又是在改革开放的实践中亟待解决的重大难题。

总之，陈征紧密结合城市土地的特殊性，运用马克思地租理论对社会主义城市地租理论进行创造性的研究，创建了系统完整的社会主义城市地租理论体系。这一理论不仅驳斥了“马克思地租理论不适用于研究城市地租”的谬论，又进一步丰富和发展了马克思地租理论，为马克思地租理论在社会主义城市中的运用增加了具体而又实际的新内容，具有重大的理论意义。

二、为城市土地使用制度改革和完善城市土地市场提供了重要的依据

地租是土地所有权在经济上的实现，不管是实行土地私有制的资本主义国家

还是实行土地公有制的社会主义国家，只要存在着所有权，地租必然客观存在。由于社会主义建设是前无古人的伟大事业，许多问题都需要在实践中不断探索和总结经验，也难免会走弯路。对于地租，我国走过一段曲折的道路，这就是从否定地租到肯定地租的存在。如前所述，城市土地的无偿使用，对于城市土地的开发、城市经济建设，乃至市场经济的发展都带来诸多的负面影响。党的十一届三中全会以后，随着经济的发展和改革开放发展战略的确立，出现了许多新问题、新现象，如外商使用土地的问题被提到议事日程，亟须对城市土地的无偿使用制度进行改革。

从1988年开始，我国在多个城市设立了试点，逐步推行了城市土地有偿使用制度，并取得了显著的成效。但我国城市土地有偿使用制度的确立不是一蹴而就的，需要在改革中不断摸索和完善，从试点到推广的过程中出现了一系列的亟待解决的难题。如土地使用价格缺乏合理和明确的标准，在同外商谈判中往往由少数领导人主观臆断，导致城市土地使用价格畸高畸低，存在着许多诸如此类的不合理现象。陈征在社会主义城市地租理论中，阐明了城市土地有偿使用制度的必要性，对土地价格内涵的科学界定，对城市绝对地租、级差地租、垄断地租的实质及其量的决定和运行规律等问题进行深入和细致的研究，为城市土地有偿使用制度的形成，为房地产市场的建立与完善提供了重要的理论基础。同时，陈征还以级差地租、绝对地租、垄断地租等作为理论立足点，全面解释了土地区位与土地用途的差别化对于土地价格差异化的影响，从而诠释了城市土地价格的特殊性，为建立、健全土地价格评估体系和制定土地价格政策提供了科学的依据。

总之，陈征建立的科学系统的社会主义城市地租理论体系，有利于深化改革，扩大开放，搞好城市土地有偿使用；有利于推进城市土地市场的发育与完善；有利于为建设有中国特色的社会主义市场经济服务。因此，研究社会主义城市地租理论有极其重要的现实意义。

三、城市地租理论的实践与运用

陈征所创建的社会主义城市地租理论体系，不仅从宏观上指导着社会主义城市土地的规划和城市土地制度的改革，而且对于促进城市经济的发展、有效利用土地资源、合理调节收入分配和促进企业间的平等竞争都具有十分重要的指导意义。时隔二十几个春秋，社会主义经济飞速发展，中国的社会面貌发生了翻天覆地的变化。陈征所提出的城市地租的一些新观点、新见解，在当前社会经济生活中得到了明证，这充分说明了陈征的社会主义城市地租理论的科学性及高度的前瞻性。

（一）有利于城市土地的有效利用和合理配置

城市土地作为国家所有的财产，具有有限性和不可再生性，极其珍贵。在城市土地无偿使用的情况下，土地使用者往往通过行政划拨的方式，长期零成本地占用土地，这势必造成忽视城市土地是一种稀缺性的自然资源，不予以合理、科学、谨慎的使用，普遍贪大求全，粗糙地投资和滥用土地，造成城市土地规划不合理、环境污染严重和土地资源的巨大浪费。由于不考虑土地成本，使土地使用者会轻易在优劣不同的地段上进行频繁的迁转，重复开发城市土地，这种外部性往往给当地政府的重新规划和治理带来了巨额的经济负担。

在社会主义城市地租理论的指导下，城市土地的有偿使用，有助于形成合理、科学的城市土地价格体系，实现地租的资本化。从而使土地使用者在规划和再投资时，能够结合本身经济实力和发展条件，重视权衡土地的成本和收益，力求经济效益和社会效益的最大化，从而会认真安排土地的使用范围、使用面积，并对其具体的用途进行谨慎的规划，合理的布局。对土地管理者而言，地租在土地市场上发挥着重要的指示性和引导性作用，使政府在土地管理过程中，能够根据地租水平的变动，及时了解土地的需求和用地动向，进而从宏观上对土地市场进行调节，使地租在城市土地市场充分发挥杠杆作用，不断提高土地产出效率，从而实现土地资源的高效整合和合理配置。

（二）有利于推动区域经济发展和城镇化进程

陈征在分析城市土地有偿使用的必然性时就明确指出：“实行城市土地有偿使用制度，就可以取得一笔可观的收入，作为建设资金的一项重要来源。”[①] 这说明城市土地的有偿使用，不仅有利于城市有效利用和合理布局，而且为地方基础设施建设提供了充足的资金，对区域经济的增长具有实质性的作用。

在当前的分税制体制和土地管理制度下，地方政府作为其管辖区域的土地管理者，土地出让金收入基本划归地方政府，并在实践过程中逐渐演变成各级地方政府的主要财政收入之一，在地方财政收入中占据相当大的比例，而且随着城市土地的进一步开发和房地产业的发展，地方土地财政收入迅速增长，不仅缓解了地方政府财政支出的难题，而且对于推动城市经济的发展和城镇化进程提供了重要的物质支撑。

---

① 陈征．社会主义城市地租研究［M］．济南：山东人民出版社，1996：12.

参见图4－1有关2001～2013年全国土地出让金、地方财政的具体收入与增长情况的数据，以及土地出让金收入占地方财政收入比重的变化趋势。

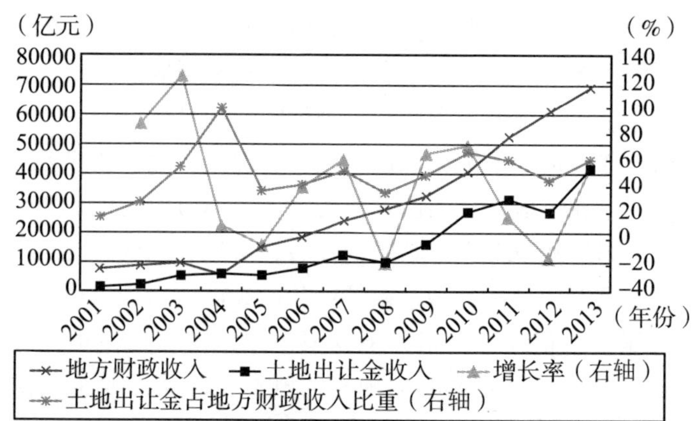

图4－1　2001～2013年全国土地出让金收入及其占地方财政收入比重

资料来源：根据各年《中国国土资源年鉴》、各年《中国统计年鉴》的数据整理。

由图4－1可知，2001～2013年期间，全国土地出让收入的绝对数量在大幅度增长，绝对数据由2001年的1295.89亿元上升至2013年的41250.00亿元；同时，土地出让金收入占地方财政收入的比例也在不断的攀升，从2001年的16.61%上升到2013年的59.81%。虽然在这期间，2008年的土地出让收入出现比较大的负增长，数量由2007年的12216.72亿元减少到2008年的9739.21亿元，在地方本级收入中的比重也由51.83%下降为35.16%，这主要是受国际金融危机的影响。随着2009年全球经济的回暖，土地出让金开始持续增长，其占地方财政收入的比重也在上升。总体上来看，国家土地出让金收入及其占地方财政收入的比重都是呈上升的趋势。

土地出让金的大规模收入，再加上土地相关税收收入，成为地方政府的第二财政，从制度上激发了地方政府发展经济的积极性。一方面，地方政府以资源稀缺的土地出让为手段进行招商引资，带动地方经济的发展和解决就业问题，有助于改善当地的民生；另一方面，地方有了雄厚的土地财政收入，有利于房地产业和建筑业的发展，并带动了其他产业的发展，有利于当地城市基础设施的完善，为城市的发展提供了必要的扩张空间，从而有力地推进当地城市建设的进程。而且，城市作为各种生产要素集聚的空间，能够创造出规模经济效应，不仅成为地区经济增长的重要动因，而且已成为现代经济发展“增长极点”，对于人力资源素质的提升、经济社会的全面发展和经济结构的转型升级都具有重要的意义。改革开放四十年来，我国能取得经济发展的伟大成就、城镇化进程的显著成果，很大程度上得益于城市土地在经济上的实现，得益于社会主义城市地租理论的指引和贡献。当然，不可否认的是，土地财政的节节攀升引发了一系列的经济和社会问题，必须引起高度的重视。

（三）对地价必然上涨的科学预测

陈征在论证城市绝对地租量的发展趋势时，曾预测："随着城市经济发展对有限土地的需求不断增加，地价必然上涨，城市绝对地租量必然增加，这似乎是经济发展的客观必然。"① 随着经济的发展和城镇化进程的加快，近十几年来，我国房地产业得到了前所未有的发展，已成为推动中国经济增长的巨大引擎，但随之而来的房价高、买房难的问题，也成为百姓最为关注的热门话题。在论述房价与地价的关系时，陈征曾多次指出，房价往往包含着地价，高房价、高房租，就是源于地价高。下面一组数据说明房价与地价的关系，也印证了陈征对城市绝对地租发展趋势的科学预测。

由表 4－1 的数据可知，房价与地价是呈正相关的关系，地价的上涨必然带来房价的上涨。而且从 2001 年至 2011 年这 11 年间，从监测城市的商住综合地价变化来看，都是呈上升的趋势，由 2001 年的 1315 元/平方米增长至 2011 年的 4811 元/平方米。这也印证了陈征所指出的，随着城市经济发展对有限土地的需求不断增加，地价必然上涨的重要观点。在 20 世纪八九十年代，中国房地产业还比较低迷之时，陈征就能做出这一科学的预测，他的敏锐观察力和卓识远见已为实践所证明，实在难能可贵。

表 4－1　　2001～2011 年监测城市商住综合地价与商品房价格及增长率

年份	商住综合地价（元/平方米）	地价增长率（%）	商品房价格（元/平方米）	房价增长率（%）
2001	1315	—	2170	—
2002	1340	6.02	2250	3.69
2003	1663	6.3	2359	4.84
2004	1697	7.92	2778	17.76
2005	2070	5.27	3168	14.04

① 陈征．社会主义城市地租研究［M］．济南：山东人民出版社，1996：55.

续表

年份	商住综合地价（元/平方米）	地价增长率（%）	商品房价格（元/平方米）	房价增长率（%）
2006	2280	6.96	3367	6.28
2007	2613	14.92	3864	14.76
2008	3664	0.59	3877	0.34
2009	4053	7.31	4695	21.10
2010	4488	10.76	5029	7.11
2011	4811	7.20	5377	6.92

资料来源：《2011 年我国城市地价与房价关系专题报告》①。

（四）城市级差地租理论在房地产开发中的应用

根据城市地租理论，城市级差地租的产生是由于城市土地地理位置的差异或对同一城市土地追加投资，从而使该地段经营的企业能取得超额利润转化为级差地租Ⅰ或级差地租Ⅱ。

房地产开发主要是指以土地与房屋建筑为对象的一系列人类生产活动。在社会主义市场经济条件下，城市房地产开发要求全面均衡和优化社会效益、经济效益和生态效益。但在实际的开发过程中，房地产商往往更多关注的是房地产业的经济效益，竞相竞争地理位置优越的土地。这些地段人口流动性大、交通方便，往往是大型的商业、服务业和办事处的集中地，可以带来专业化和分工协作的好处，其地价比较高，增长也快。而其周边，也是居住的理想场所，邻近的住宅区房价一般也比其他地段的房价来得高，这也是为何开发商之间会为地理位置优异的土地进行竞相拍价的原因。而从理论上说，这个拍价就会形成级差地租理论中的超额利润，以级差地租的形式交付给政府。同时，由于城市整体规划和合理布局的需要，一些工业往往处于城郊地区，从陈征对级差地租量的分析，这些城郊地区不形成级差收益，只需交纳绝对地租，所以工业用地的地价总体水平一般比商业、服务业和住宅区的地价来得低，增长也慢。

图 4－2 是以 2000 年为基期的重点城市分用途平均地价指数增长情况，反映了综合、商业服务业、住宅和工业等不同用途的地价水平和变化趋势，充分印证城市级差地租理论的科学性，也说明了城市级差地租理论在指导当前房地产开发中发挥着重要的作用。

① 魏后凯，李景国．中国房地产发展报告 NO.9［M］．北京：社会科学文献出版社，2012：38.

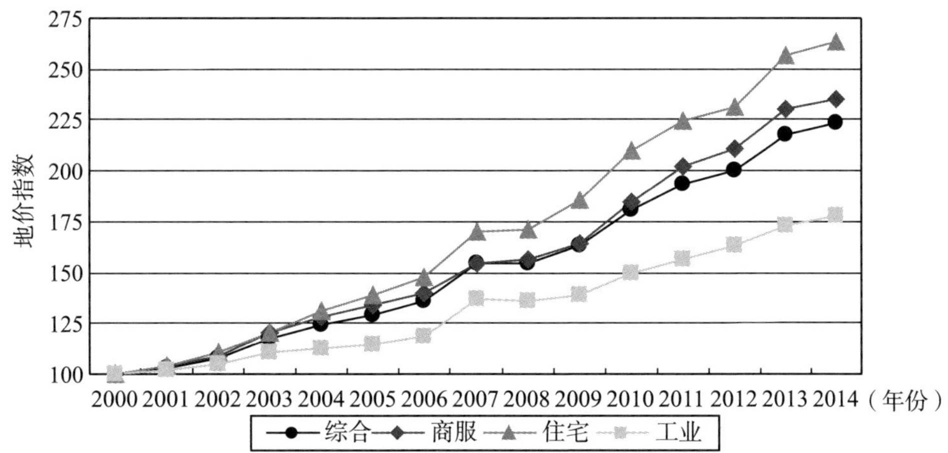

图 4－2　2000～2014 年第一季度重点城市分用途地价指数

资料来源：2014 年第一季度全国主要城市地价监测报告［EB/OL］. http：//news. dichan. sina. com. cn/2014/04/19/1082208. html，2014－04－19.

由图 4－2 可知，从监测的重点城市来看，2000～2014 年第一季度重点城市分用途地价指数总体水平持续上升。尤其是商业服务业以及住宅用地的地价总体水平比较高，而且增长也迅速；而工业用地的地价水平较低，增长也较为缓慢。这是级差地租、级差收益的效应，而且随着经济的发展和城镇化进程的加快，商服和住宅用地的地价增长速度必然会比其他用途的地价来得快。

以上的数据充分说明了城市级差地租理论的科学性和前瞻性，展示了级差地租理论在房地产开发中的指导价值，也印证了陈征对城市级差地租量发展趋势的准确预测。说明随着城市经济的发展，固定资本和城市人口的不断增加，级差地租也会不断提高，“加上城市土地不断向郊区扩展，面积日益增大，远郊区和市中心区的级差也日益扩大，级差地租就会相应地提高”①。

（五）城市垄断地租有利于合理调节收入与分配，促进企业间的平等竞争

按照陈征社会主义城市地租的相关原理，城市垄断地租是由在特别好的地段上经营，带来特别高的超额利润转化而来的。由于城市土地归国家所有，在有计划的商品经济条件下，城市地租将为我们提供一种很重要的经济杠杆，能带来巨大的经济效益和社会效益。征收城市地租，尤其是级差地租和高额的垄断地租，

① 陈征 . 社会主义城市地租研究［M］. 济南：山东人民出版社，1996：73.

就可以使一些不适合在繁华地带的居民住宅或工业企业因效益低而主动向城郊地区迁移，为第三产业的发展腾出更大的空间，使大批的旅馆、酒店、饮食店等从偏僻小巷走出来。这一方面有利于市政建设，同时亦能为旅客、为城市人民的生产、生活提供更多的便利。同时，在优越的地段上经营的企业取得的高额利润，以土地使用费或土地使用税等名义交由国家，这不仅有利于地方政府的城市基本建设资金储备，促进城市经济的发展，而且通过这种城市地租杠杆的调节，可以使各企业在同一起跑线上平等地展开竞争，避免一些企业由于地理位置的差别而造成利润的巨大差异，这有利于通过平等竞争以推进企业改善经营管理和服务水平，提高经济效益。也使那些靠地吃饭的企业，不要长期躺在“地”上，而要努力面向市场，改善经营管理而取得竞争中的优势。

总之，陈征对社会主义城市地租的开拓性研究，建立完整科学的社会主义城市地租理论体系，实现了对马克思地租理论的重大发展和重要创新，并随着时代的发展把马克思地租理论推向前进，充分证明马克思地租理论仍具有强大的生命力。陈征不仅从理论上实现了伟大的创新，而且根据我国经济发展的现实需要，丰富和拓展了社会主义城市土地市场理论体系，成为我国城市土地市场理论体系的重要组成部分。城市地租理论对于城市土地的规划、房地产的开发和城市经济的发展都具有十分重要的指导意义，在改革开放和社会主义现代化建设中发挥了重要的指导作用，其所蕴含的基本原理和提出的新观点都具有高度的科学性和前瞻性，已为事实所证明，也印证了他求真务实和勇于创新的优秀理论品质。

第五章

陈征对马克思价值转化理论的系统研究

马克思运用唯物辩证法，通过对资本主义经济的矛盾分析，建立了转化理论。马克思在《资本论》第3卷中，研究资本的各种不同形式和剩余价值的各种表现形式，研究了剩余价值如何转化为利润，利润如何转化为平均利润，平均利润如何表现为产业利润和商业利润，乃至进一步分割为利息和企业主收入，以及超额利润如何转化为地租等。但《资本论》第3卷出版以后，一些资产阶级经济学家企图从各个不同的角度来攻击马克思的“转形”① 理论，他们制造了马克思的价值理论同生产价格的矛盾，即《资本论》第1卷同第3卷的“矛盾”，声称马克思在《资本论》第3卷中放弃了劳动价值论等，妄图通过否定劳动价值理论，进而推翻剩余价值理论，否定整个马克思的经济学说。因此，围绕着“转形”问题的论争，实质上是一场捍卫或否定马克思主义的理论斗争。

马克思的转化理论被称为理论界的重大难题之一，难度很大。面对着资产阶级经济学家对马克思价值转形理论的非议和诽谤，国内外学术界也给予有力的反击。但从正面、系统、完整地对马克思的转化理论进行研究，为数甚少。陈征迎难而上，对马克思转化理论进行卓有成效的系统研究。陈征认为：为捍卫马克思的经济学说，围绕着“转形”问题的论争，必须从两方面进行。一方面，必须深入、准确、全面、完整和系统地研究马克思的转化理论；另一方面，针对论争者所提出的各种不同观点和论据，分别进行驳斥。为此，陈征于20世纪80年代撰写了第三卷的转化理论系列论文：即《从剩余价值到利润的转化》《利润到平均

① “转形”也可译为“转化”，指转化形式而言，国内外学术界围绕着转形问题的论争，陈征认为实即指转化理论。

利润、价值到生产价格的转化》《平均利润发展到商业利润、生产价格进一步转化为商业价格》《平均利润转化为利息和企业主收入》《超额利润转化为地租》五篇文章，对马克思的转化理论进行了系统研究，说明了剩余价值如何转化为利润，利润如何转化为平均利润，平均利润如何表现为产业利润和商业利润，并进一步分割为利息和企业主收入，以及超额利润如何转化为地租等等。这不仅阐明了马克思转化理论的实质及其科学性，同时为进一步批判资产阶级学者的各种谬论打下坚实的理论基础，产生深远的影响。

第一节　从剩余价值到利润的转化之研究

一、从剩余价值到利润的转化过程

剩余价值是利润的实际内容，利润是由剩余价值转化而来的现象形态。古典学派的集大成者、杰出的代表李嘉图，虽然很早就关注利润问题，但由于他不懂得由剩余价值到利润的转化，必须要经历转化的中间环节，因而也不能说明利润和剩余价值的关系，不能说明利润的实质，以及剩余价值如何转化为利润，当然也就根本不可能对转化过程进行科学的分析。

陈征认为，要阐明从剩余价值到利润转化的中间环节和具体过程，首先要厘清马克思研究由剩余价值到利润转化的逻辑顺序：即马克思首先把剩余价值和可变资本相比，说明剩余价值是由可变资本带来的；其次，把剩余价值和产品中所费的不变资本和可变资本转化而成的成本价格相比，把剩余价值看成成本价格的增加额；最后，把剩余价值和全部预付资本相比，把剩余价值看成全部预付资本的增加额，这时，剩余价值才转化为利润。所以，陈征认为，在这个过程中，剩余价值作为成本价格的增加额，即以成本价格和剩余价值相比，是转化的中间环节，这一环节是理解由剩余价值到利润转化过程的关键。

（一）剩余价值到利润转化的第一步：由剩余劳动创造的剩余价值，转化表现为由可变资本带来的剩余价值

弄清剩余价值的来源问题，是理解和掌握剩余价值到利润转化的重要前提。众所周知，马克思在《资本论》第 1 卷中就深刻揭示了剩余价值的来源问题，即剩余价值来源于工人在剩余劳动时间所创造的价值。所以，工人必要劳动和剩余

劳动比率，可变资本和剩余价值的比率，是形成剩余价值率，它表示资本家对工人的剥削程度。陈征认为："把剩余价值看成可变资本带来的，而不是全部预付资本的产物，这就可以弄清剩余价值的来源。"① 但陈征又指出，以剩余价值与可变资本相比，只能说明剥削程度，还不能从纯粹形态上说明剩余价值本身。为此，陈征根据马克思相关原理，从分析劳动力商品及工资入手，进一步阐明剩余价值的本质问题。陈征指出，工人把劳动力作为商品出卖给资本家，资本家支付给工人的工资，体现为资本家的可变资本。而可变资本是不能创造剩余价值的，它作为工资付给工人后，即转化为工人的劳动力价值的报酬。所以，陈征总结指出："工资是劳动力价值或价格的转化形态。一方面，一部分货币，首先从资本家的可变资本转化为工人的收入；另一方面，工人的劳动力的价值或价格，必须转化为劳动价值或价格的工资。"②

通过陈征对马克思上述两个方面的转化的分析，说明由于工人把劳动力出卖给资本家，并到资本家的工厂从事生产劳动，生产出新的产品，从而创造出新的价值，即创造出既包括补偿劳动力价值的消耗部分和体现为剩余价值的部分。所以，陈征一针见血地指出："如果把剩余价值看成由可变资本创造的，显然是资本创造价值的谬论，和劳动价值论根本不相容。"③

这种由剩余劳动创造的剩余价值，经过转化，表现为由可变资本带来的剩余价值，说明由劳动力价值转化为工资，一部分货币由可变资本转化为工人的收入，初步地被掩盖起来了，这是由剩余价值到利润转化的第一步。在此，陈征通过对可变资本和工资作深入、细致的研究，说明了剩余价值的真正来源与实质。

（二）由剩余价值到利润转化的第二步：把剩余价值看成成本价格的增加额

陈征开门见山地指出："把剩余价值看成成本价格的增加额，是由剩余价值到利润转化的第二步，也是这个转化过程的中间环节。"④ 在此，陈征根据马克思商品价值及价格的相关理论进行分析。

资本主义的商品价值是由 c、v、m 构成。如果从商品价值中减去 m 部分，剩下来的只是 c + v。所以，马克思说："商品价值的这个部分，即补偿所消耗的生产资料价格和所使用的劳动力价格的部分，只是补偿商品使资本家自身耗费的

①②③④　陈征．从剩余价值到利润的转化——《资本论》第三卷转化理论研究之一［J］．财经理论与实践，1983（1）．

东西，所以对资本家来说，这就是商品的成本价格。”[①] 所以，c + v 部分，是资本主义的成本价格，即资本家生产该商品的资本耗费。陈征认为，实际上，作为商品价值，应该包含 c + v + m，即物化劳动的转移部分和活劳动新创造的价值部分，只是在资本家看来，他在生产商品时，只支出了不变资本加可变资本，剩余价值部分并不费资本家分文，因而不计入成本。马克思说：“商品使资本家耗费的东西和商品的生产本身所耗费的东西，无疑是两个完全不同的量。”[②] 对此，陈征认为，资本家只计算生产时的不变资本和可变资本的消耗，它是形成资本主义成本价格，但实际上商品生产本身的物化劳动和活劳动的消耗，则形成实际生产的成本价格。

在上述分析的基础上，陈征又进一步研究了资本主义的成本价格与实际生产的成本价格之间的区别。陈征指出：“资本主义的成本价格和实际生产的成本价格是不同的，它是资本主义生产关系的反映，是对实际生产的成本价格的歪曲。”[③] 陈征认为，资本主义成本价格应看成为它是包含在商品价值中的所费不变资本价值和可变资本价值的转化形式，而且由于这一转化，产生了一种假象，进一步掩盖了商品价值的实质和资本的实质。在此，陈征从价值和资本两个层面进行分析。

从价值方面看：转移到新产品中的不变资本价值部分，仅仅是旧价值在新产品中的再现，它的量不会因转移而增减；可变资本的价值部分，是由新创造的价值量中用于补偿劳动力价值的消耗部分，当新创造的价值量已定时，用于补偿可变资本部分的量与剩余价值部分的量是此消彼长的关系，但它们量的增加或减少，只是在新创造的价值量的范围内产生分割比例的变动，不会使商品价值量发生变化。所以，陈征总结指出，资本主义成本价格中的不变资本和可变资本，在质上以及在量的变化上都是不同的，但不变资本价值和可变资本价值一旦转化为资本主义成本价格范畴以后，上述差别就被掩盖了，看到的是二者的共同点，即都是商品价值中用于补偿预付资本的部分。

从资本方面看：陈征指出，根据马克思的论述，体现旧价值转移的不变资本和新价值用于补偿可变资本的部分，是完全不同的两个方面，不变资本只是剥削剩余价值的条件，可变资本才是剩余价值真正的来源。但这一事实真相，被资本主义成本价格这一范畴所掩盖了。在成本价格中，可变资本作为预付资本，以工

---

①② 马克思恩格斯文集（第7卷）[M]. 北京：人民出版社，2009：30.

③ 陈征. 从剩余价值到利润的转化——《资本论》第三卷转化理论研究之一 [J]. 财经理论与实践，1983 (1).

资的形式支出，同支出在生产资料形式上的不变资本是一样的，从而掩盖了旧价值的转移和新创造价值的区别、不变资本和可变资本的区别。所以，马克思说："我们看到的只是完成的现有的价值，即加入产品价值形成中的预付资本的各个价值部分。"① 因此，剩余价值的真正来源又进一步掩盖起来了，"资本的增殖过程的神秘化也就完成了"②。

通过上述的分析，陈征总结指出："正是由于不变资本价值和可变资本价值转化为资本主义成本价格，资本的实质和价值的实质就进一步被掩盖起来，以被歪曲了的形式而表现。"③ 即商品价值 = 成本价格 + 剩余价值，剩余价值就表现为成本价格的超过额，表现为商品生产中耗费的资本价值的增加额。这一转化，进一步掩盖了剩余价值的真正来源，同时，也为进一步向利润转化起着中间环节的作用。马克思指出："首先就生产中所耗费的资本来说，好像剩余价值同样都来自所耗费的资本的不同价值要素，即由生产资料构成的价值要素和由劳动构成的价值要素，因为这些要素同样都加入成本价格的形成。"④

（三）第三步：由剩余价值到利润的转化

在上述研究的基础上，陈征对剩余价值转化为利润的过程进行深入细致的分析。陈征指出："剩余价值，不仅对生产中所耗费的资本来说，是一个价值增加额，而且对所使用的资本来说，也是一个价值增加额。"⑤因为如果没有机器、厂房等生产资料，就无法进行生产，也不可能创造出剩余价值。马克思指出："就它形成剩余价值来说，它不是靠它作为所耗费的资本的特有属性，而是靠它作为预付资本，从而作为所使用的资本的特有属性，来形成剩余价值的。因此，剩余价值既由预付资本中那个加入商品成本价格的部分产生，也由预付资本中那个不加入商品成本价格的部分产生；总之，同样由所使用的资本的固定组成部分和流动组成部分产生。"⑥ 对此，陈征认为，如此把剩余价值看成全部预付资本的产物，看成"由所使用的资本的一切部分产生的"，"剩余价值，作为全部预付资本的这样一种观念上的产物，取得了利润这个转化形

① 马克思恩格斯文集（第7卷）[M]. 北京：人民出版社，2009：39.

② 马克思恩格斯文集（第7卷）[M]. 北京：人民出版社，2009：40-41.

③⑤ 陈征. 从剩余价值到利润的转化——《资本论》第三卷转化理论研究之一 [J]. 财经理论与实践，1983（1）.

④ 马克思恩格斯文集（第7卷）[M]. 北京：人民出版社，2009：42.

⑥ 马克思恩格斯文集（第7卷）[M]. 北京：人民出版社，2009：43.

式"①。这样，商品价值就由 c + v + m，转化成为成本价格加利润，即 k + P。由此，陈征明确指出：正是由于这一转化，从质的方面上看，利润变成为全部预付资本的产物，利润的来源神秘化了；从量的方面上看，会出现利润量和剩余价值量的不一致。从而使资本主义的剥削实质在利润的形式上一步一步地被掩盖、被歪曲起来了。

通过深入的分析和研究，陈征指出，马克思所研究的，不仅仅是成本价格和利润本身，而是把它们作为转化的中间环节来进行研究的。在 c + v 转化为成本价格这一范畴时，劳动的消耗转化为资本的消耗，商品价值和劳动消耗相脱离；在 m 转化为利润范畴时，剩余劳动的占有转化为资本的自行增殖，剩余价值和剩余劳动相脱离；正是由于这一转化，资本的消耗和资本的增殖，代替了旧价值的转移和新价值的创造，这样，商品的价值实质上被掩盖起来了，资本和剩余价值的实质也被掩盖起来了，资本的剥削关系更加看不出来了。所以，陈征总结指出：研究这个转化过程，研究这些现象形式如何歪曲地表现着资本主义经济的本质，它既是研究资本主义各种经济关系和各种经济活动的必要的理论环节，又为进一步分析利润的再转化，提供了理论前提。

二、从剩余价值率到利润率的转化引出剩余价值到利润的转化，年剩余价值率是转化的中间环节

马克思指出："应当从剩余价值率到利润率的转化引出剩余价值到利润的转化，而不是相反。"② 这说明，应先有剩余价值率到利润率的转化，然后才有剩余价值到利润的转化。由此，陈征从分析剩余价值率与利润率的概念出发，阐明剩余价值率与利润率之间的关系。

一方面，剩余价值率与利润率是不同的两个概念，而且二者是互相排斥的。剩余价值率是剩余价值和可变资本的比率，剩余价值只表现为可变资本的结果；利润率是剩余价值和全部预付资本的比率，在利润率中，剩余价值则表现为全部预付资本的结果，不再被当成可变资本的产物，剩余价值率所反映的实际内容被否定了，资本对劳动的剥削在被歪曲的形式上表现出来。另一方面，利润率和剩余价值率又是互为条件的，表现为：利润率是由剩余价值率转化而来的，剩余价

① 陈征．从剩余价值到利润的转化——《资本论》第三卷转化理论研究之一［J］．财经理论与实践，1983（1）．

② 马克思恩格斯文集（第 7 卷）［M］．北京：人民出版社，2009：51．

值率又只能通过利润率才得到表现。

为了进一步阐明剩余价值如何借助利润率转化为利润，陈征分析了由剩余价值率转化为利润率的具体过程。根据马克思的分析，“资本的总公式是 G—W—G′；这就是说，一个价值额投入流通，是为了从流通中取出一个更大的价值额。”① 那么，这个更大的价值额（即剩余价值部分）是如何发生的呢？陈征明确指出：这个更大的价值额“不是由不变资本产生的，而是由可变资本带来的，即资本家把可变资本作为工资，购买工人的劳动力，然后由工人在劳动过程中创造出来的。不变资本只是生产剩余价值的必要条件，可变资本才显示出剩余价值产生的来源。”② 陈征认为，在实际生产过程中，只有把预付的可变资本同活劳动相交换，对活劳动进行剥削，“才能把这个价值转化为一个更大的价值”③；只有把预付的如劳动资料、劳动对象等劳动条件“转化为生产条件的形式，才能对这种劳动进行剥削”④。在资本家看来，不变资本和可变资本都作为预付资本来支出，因而他们有理由认为：剩余价值是由全部预付资本带来的，他们能获得多少的利润，是由全部预付资本来决定，即“不是决定于利润和可变资本的比率，而是决定于利润和总资本的比率，即不是决定于剩余价值率，而是决定于利润率”⑤。因此，资本家就不再关心不变资本和可变资本的实际区别，只是关心预付出了多少数量的资本才能取得多少利润。这样，不把 m 和可变资本相比，而把 m 和预付总资本相比，所以，马克思说：“我们就得到了一个与剩余价值率$\frac{m}{v}$不同的利润率$\frac{m}{C}=\frac{m}{c+v}$。”⑥ 所以，剩余价值率就转化为利润率。

剩余价值率转化为利润率以后，“剩余价值借助利润率而转化为利润形式的方式”也就随之产生。在此，陈征结合马克思相关论述，阐明剩余价值要借助利润率而转化为利润形式的主要原因。陈征指出：利润首先表现为成本价格的增加额，所以，要说明利润的转化，首先要说明 c + v 部分如何转化为成本价格，然后才能说明 m 部分如何转化为成本价格的增加额。但陈征认为，在确定成本价格的增加额时，总是从现有的利润率出发的。据此，他用具体实例阐析了从利润率到成本价格的逻辑演化过程。这就是：资本家先用预付总资本来乘利润率，得出利润部分，然后用成本价格加上利润，从而形成生产价格，即形成作为市场价

① 马克思恩格斯文集（第 7 卷）[M]. 北京：人民出版社，2009：49.

②③④⑤ 陈征．从剩余价值到利润的转化——《资本论》第三卷转化理论研究之一 [J]. 财经理论与实践，1983（1）.

⑥ 马克思恩格斯文集（第 7 卷）[M]. 北京：人民出版社，2009：51.

格中心的生产价格。这说明资本家是先从利润率出发来计算利润。所以，陈征总结指出："剩余价值转化为利润，必须以剩余价值率转化为利润率为前提。"①

马克思指出："实际上，利润率从历史上说也是出发点。"他又说，"剩余价值和剩余价值率相对地说是看不见的东西，是要进行研究的本质的东西，而利润率，从而剩余价值作为利润的形式，却会在现象的表面上显示出来"②。据此，陈征分析指出，剩余价值和剩余价值率是本质的东西，利润和利润率则是资本主义经济生活中的表面上的经济现象。当剩余价值率和剩余价值转化为利润率和利润以后，则以被歪曲了的形式表现出来，甚至资本家们为了掩盖剥削的实质，掩盖剩余价值的真正来源，直至否定剩余价值和剩余价值率的真实存在，以维护本阶级的利益。在此，陈征阐明马克思如何运用由现象到本质、由具体到抽象的研究方法，对利润、利润率这些现象形式作出科学的说明。

在上述分析的基础上，陈征进一步阐明年剩余价值率是由剩余价值率到利润率转化的中间环节。马克思认为，剩余价值率是指剩余价值和可变资本的比率。可变资本周转一次，按照上述比率即可带来一定量的剩余价值，这样表述的剩余价值率就是实际的剩余价值率。但在企业中，可变资本在一年内周转的次数是不固定的，年剩余价值率等于实际的剩余价值率乘一年间可变资本周转的次数。用公式表示为 $M' = m'n$。所以，年剩余价值率与可变资本的周转次数是直接相关的。所以，马克思指出："利润率是按所使用的总资本计算的，但是按一定的时间，实际是按一年计算的。一年内获得和实现的剩余价值或利润对总资本的以百分比计算的比率，就是利润率。"③ 马克思又说："要使年利润率的公式完全正确，我们必须用年剩余价值率代替简单的剩余价值率，即用 M'或 $m'n$ 代替 m'。"④ 对此，陈征分析指出，在计算时，必须从实际剩余价值率出发，进一步计算出年剩余价值率，然后才能计算出年利润率。所以说年剩余价值率是实际剩余价值率向年利润率转化过程中的中间环节。

继而，陈征进一步揭示了实际剩余价值率转化为年剩余价值率的实质。由于实际剩余价值率是由预付的可变资本来计算的，而年剩余价值率则是由使用的可变资本来计算的，实际剩余价值率和年剩余价值率的区别，就是由预付的可变资本和使用的可变资本的区别引起的，即由一年内预付可变资本的周转次数引起

---

① 陈征. 从剩余价值到利润的转化——《资本论》第三卷转化理论研究之一［J］. 财经理论与实践，1983（1）.

② 马克思恩格斯文集（第7卷）［M］. 北京：人民出版社，2009：51.

③ 马克思恩格斯文集（第7卷）［M］. 北京：人民出版社，2009：252.

④ 马克思恩格斯文集（第7卷）［M］. 北京：人民出版社，2009：88.

的。陈征又进一步指出，一旦实际剩余价值率转化为年剩余价值率，预付的可变资本和使用的可变资本的区别在表面上就会消失，从表面上看，好像剩余价值不仅取决于对劳动的剥削，而且也取决于可变资本的流通速度。年剩余价值率进一步转化为年利润率，不变资本与可变资本的区别就消失了，这就又进一步造成利润是全部预付资本产物的假象。

在阐明剩余价值率到利润率的转化、剩余价值到利润的转化后，陈征揭露了资产阶级经济学家为何不能揭示剩余价值真正来源的原因：即由于资产阶级经济学家被表面的经济现象所迷惑，不懂得利润的实质，不懂得利润和剩余价值的关系，不懂得剩余价值如何转化为利润、剩余价值率如何转化为利润率，当然更不懂得在上述转化过程中的中心环节。他们在这方面的错误的一种表现是，如李嘉图学派，“把利润率的规律直接表现为剩余价值率的规律，或者相反，完全是一种荒谬的尝试”①。他们把利润和剩余价值、利润率和剩余价值率完全混为一谈，把现象形式当作事物的本质，从而无法正确分析如何由本质到现象的转化。这方面错误的另一种表现是：马尔萨斯的“滑稽的表演”,② 即认为商品的价值等于商品中包含的预付资本加利润，而预付资本的价值等于预付资本中包含的预付资本加利润。于是利润就等于预付资本的利润加利润的利润。陈征认为，马尔萨斯是先假定利润的存在，然后用一个外在尺度来衡量它的价值量，这样，就根本不能弄清楚剩余价值和可变资本的关系，无法知道不变资本与可变资本的区别，不可能理解利润的实质和剩余价值的起源，即“根本不可能推论出这个余额和在工资上支出的资本部分之间的任何独特关系。”③

通过上述的分析，陈征总结指出，只有马克思，在建立了科学的劳动价值论和剩余价值论的基础上，运用唯物辩证法分析资本主义经济，深刻地揭示了由剩余价值率到利润率，由剩余价值到利润的转化过程，揭示了上述转化过程中的中间环节，由本质到现象地给予了科学的说明，并为进一步分析由利润到平均利润、利息、地租等形式的转化奠定了理论基础，从而建立了由剩余价值转化为一系列现象形式的转化理论，并成为马克思经济学说整体中的重要构成部分。

---

① 马克思恩格斯文集（第7卷）[M]. 北京：人民出版社，2009：54.

② 马克思恩格斯文集（第7卷）[M]. 北京：人民出版社，2009：56.

③ 马克思恩格斯文集（第7卷）[M]. 北京：人民出版社，2009：55－56.

三、剩余价值转化为利润、资本关系更加神秘化

陈征开门见山地指出："剩余价值转化为利润以后，利润的形式掩盖剩余价值的实质，资本主义的生产关系更加神秘化。"①

马克思指出："剩余价值通过利润率而转化为利润形式的方式，只是生产过程中已经发生的主体和客体的颠倒的进一步发展。"② 在此，陈征根据资本主义的生产过程对马克思这一观点进行具体的阐析。陈征指出，在生产过程中，劳动者是生产的主体，生产资料是客体。但是，剩余价值转化为利润以后，资本家投入资本，购买生产资料和劳动力，通过生产过程和流通过程，取得由剩余价值转化而来的利润，就把作为主体的人和作为客体的物，完全颠倒过来了。资本家正是用剥削到的剩余价值或利润的一部分，使它资本化，反转过来起着支配劳动者的作用，进而成为剥削劳动的工具，而工人、劳动者，本来是生产中的主体，但却"反而仅仅表现为物质劳动力，表现为商品。"③

所以，通过对马克思转化理论的研究，陈征指出，正是由于这种人对物的关系颠倒表现为物对人的关系，人和人的关系为物和物的关系所掩盖，必然由此产生歪曲事物本质的意识。这就是：把剩余劳动所创造的剩余价值，歪曲地表现为超过成本价格的余额，即利润；把由不变资本和可变资本转化而成的成本价格，歪曲地表示为商品的固有的价值；把表示资本剥削程度的剩余价值率和表示资本增殖程度的利润率混为一谈。正是由于现象形式歪曲地表现了事物的本质，使生产过程中的主体和客体、人和物的关系颠倒地表现出来，从而使资本关系更加神秘化，使人们为现象所迷惑，而看不出它的本质了。在剩余价值关系中，资本对劳动的剥削关系，是赤裸裸地暴露出来的；而在资本和利润的关系中，就如马克思所说的"资本表现为一种对自身的关系"④ 即一定价值额的资本，可以产生一定价值额的利润，这种一定价值额的利润，好像是由资本本身产生的。"利润还是剩余价值的一个转化形式，在这个形式中，剩余价值的起源和它存在的秘密被掩盖了，被抹杀了。"⑤

此外，陈征又充分注意到由剩余价值到利润的转化、由剩余价值率到利润率

---

① 陈征．从剩余价值到利润的转化——《资本论》第三卷转化理论研究之一［J］．财经理论与实践，1983（1）．

②③ 马克思恩格斯文集（第7卷）［M］．北京：人民出版社，2009：53．

④ 马克思恩格斯文集（第7卷）［M］．北京：人民出版社，2009：57．

⑤ 马克思恩格斯文集（第7卷）［M］．北京：人民出版社，2009：56．

的转化，是一个不以人们意志为转移的客观经济过程，利润、利润率，剩余价值、剩余价值率，都是资本主义的客观经济范畴，它们之间的转化，也存在于客观的资本主义经济生活之中，是资本主义生产关系的必然的具体表现。所以，陈征认为，马克思所作的分析，正是从资本主义经济的实际出发，对客观存在的经济关系和经济范畴，给予了科学的和正确的说明，从而建立起系统的科学的理论。这是马克思运用唯物辩证法进行研究所作出的巨大贡献，也是资产阶级经济学者所无法认识无法说明的地方。

第二节　利润到平均利润、价值到生产价格的转化之研究

一、利润到平均利润、价值到生产价格转化的关键地位

马克思在分析了剩余价值转化为利润的基础上，进一步分析了由利润到平均利润、价值到生产价格的转化。陈征指出："这一转化，在《资本论》第3卷所研究的转化理论中处于关键性地位，它是以后一系列转化的基础。离开了这一转化，以后一系列的转化也就无从谈起。"① 可以说，这一层次的转化是马克思转化理论的核心，是国内外学术界关于马克思价值转形争论的中心点，也是西方经济学家对马克思《资本论》的责难之处。

众所周知，马克思在《资本论》第3卷中，是要说明资本如何采取产业资本、商业资本、生息资本、农业资本和农业中的土地所有权等问题，以及与此相适应的，剩余价值转化为产业利润、商业利润、利息、地租等具体形式。陈征指出："这些具体形式，是资本主义经济的本质关系的现象形态，但却是本质关系的歪曲和颠倒的表现。"② 进而，陈征分析了马克思如何运用由抽象到具体的分析方法，按照不同的层次，揭示了这些本质如何逐步转化为它们的各种具体现象形态。陈征认为，如果没有对剩余价值到利润的转化的分析，就看不清利润的实质。如果没有对利润到平均利润、价值到生产价格转化的分析，也不可能对资本主义经济生活中的平均利润、生产价格作出科学而系统的理论说明；同样，如果不能对平均利润、生产价格作出科学的理论说明，那么，产业利润、商业利润、

①② 陈征．由利润到平均利润、价值到生产价格的转化——《资本论》第三卷转化理论研究之二［J］．南京师大学报，1983（2）．

利息和地租等具体形式的形成以及它们的经济实质，也都无法正确地予以揭示。正因为如此，马克思运用唯物辩证法，从本质到现象对剩余价值及其各种具体形式以及它们在转化过程中的不同层次，做了科学的分析和说明，揭示了整个剩余价值的分配过程，从而构成了《资本论》第3卷的科学的理论体系，同时也说明它们如何构成了整个资本主义经济生活的复杂画面。

资本主义商品是资本主义经济的基本细胞，而剩余价值规律支配着资本主义商品生产。但是，在发达了的垄断前资本主义经济生活中，剩余价值规律已不再直接通过利润来表现，而是通过平均利润来表现的；价值规律的表现形式也发生了变化，它已不是以价值为中心，而是以生产价格为中心，通过市场价格围绕着生产价格上下波动而起作用。因此，陈征认为："研究平均利润和生产价格，是理解垄断前资本主义经济中剩余价值规律和价值规律发生作用的具体表现形式的一把锁匙。"①

所以，陈征通过对资本主义经济规律的分析，说明平均利润和生产价格理论，在一系列转化过程中以及在整个资本主义经济的剩余价值的分配和实现的过程中，都处于关键性地位。所以，"只有很好地掌握马克思的平均利润和生产价格的基本原理，才能对复杂的资本主义经济以及《资本论》第3卷有较深刻的理解与说明。"②

二、利润转化为平均利润，以平均利润率的形成为前提

正如必须先有剩余价值率到利润率的转化，然后才有剩余价值到利润的转化一样，利润转化为平均利润，也必须先有不同部门的特殊利润率转化为平均利润率，然后再由平均利润率计算出平均利润。由此，陈征明确指出，由利润到平均利润的转化，平均利润率的形成是前提，也是这一转化过程中的关键。

马克思指出：如果商品在市场上都按照它的价值来出售，投在不同生产部门的同量资本，即使在剩余价值率相同的情况下，由于资本有机构成不同，资本周转时间不同，也会产生极不相同的利润率。对此，陈征认为，资本主义生产的目的是获得更多的剩余价值，资本家往往以利润率的高低来决定选择资本的投入部门。这样就会造成资本由利润低的部门流向利润高的部门，使资本在不同部门的流出和流入，使供求之间就会形成一种比例，使得一些商品的市场价格高于价

---

①② 陈征．由利润到平均利润、价值到生产价格的转化——《资本论》第三卷转化理论研究之二［J］．南京师大学报，1983（2）．

值，另一些商品的市场价格低于价值，以致不同生产部门的利润率，均衡为平均利润率。所以说，由利润到平均利润的转化，平均利润率的形成是这一转化过程的关键。而平均利润率的形成，则是通过不同生产部门之间的竞争和资本转移而实现的。

陈征认为，平均利润率的形成和平均利润的确定，是由商品价值引申出来，所以必须以对价值的分析作为基础。马克思指出："这些特殊的利润率在每个生产部门都 $=\frac{m}{c}$，并且像本册第一篇所作的那样，它们要从商品的价值引申出来。没有这种引申，一般利润率（从而商品的生产价格）就是一个没有意义、没有内容的概念。"① 对此，陈征作如下的分析：由于商品的价值是由 c、v、m 构成的，在生产过程中，由于不变资本数 c 的价值部分，一部分转移到新产品中去；另一部分则保留在生产资料形态上，这就产生了所用资本与所费资本的差异。成本利润率是按已经转移到新产品中的 c 加 v 所形成的成本价格来计算的，但是，成本价格是所费资本的界限，资本家以所用资本来计算的资本利润率必然小于成本利润率。引起资本的竞争和转移的，是由于资本利润率不同，因而形成的平均利润乃是平均的资本利润率。由此可见，平均利润率虽然不是直接地以对单个商品价值的分析为基础，而是建立在总资本与总利润、总价值与总剩余价值的基础之上，从而表明它是由商品价值引申出来的。因此，陈征总结指出："价值理论仍然是利润率转化为平均利润率的理论基础。"②

根据马克思的相关理论，由利润率到平均利润率的转化，"这种平均化显然是结果，而不可能是起点。"③ "全部困难是由这样一个事实产生的：商品不只是当作商品来交换，而是当作资本的产品来交换。"④ 在此，陈征分析了由简单商品经济发展到资本主义商品经济，生产者生产的目的从交换到获取尽可能高的利润，从而产生竞争和资本转移，从而引起平均利润率的形成，这是资本主义经济规律发生作用的必然结果，是其生产关系的产物。

马克思指出："平均利润本身是在十分确定的历史的生产关系下发生的社会生活过程所形成的一个产物，一个形成物，正如我们已看到的，这个产物要以极

---

① 马克思恩格斯文集（第 7 卷）[M]. 北京：人民出版社，2009：176 - 177.

② 陈征. 由利润到平均利润、价值到生产价格的转化——《资本论》第三卷转化理论研究之二 [J]. 南京师大学报，1983（2）.

③ 马克思恩格斯文集（第 7 卷）[M]. 北京：人民出版社，2009：195.

④ 马克思恩格斯文集（第 7 卷）[M]. 北京：人民出版社，2009：196.

为复杂的中介过程为前提。”① 陈征把这个复杂的中介过程概括为：一是由剩余价值到利润的转化，年剩余价值率是中间环节。二是由利润到平均利润的转化，而平均利润率的形成则是这一转化过程的中间环节。马克思又说：它的形成“不仅在于不同生产部门利润率的差别，求出它们的简单平均数，而且还在于这些不同利润率在平均数形成上所占的比重。而这取决于投在每个特殊部门的资本的相对量，也就是取决于投在每个特殊生产部门的资本在社会总资本中占多大的部分。”② 这就是说，既取决于各个不同部门的特殊利润率，又取决于不同部门所占有的资本的相对量。

所以，陈征总结指出：“由竞争和资本转移而引起平均利润率的形成，是以各种复杂的经济条件为前提的。”③ 此外，陈征还发现，马克思还研究了产业资本和商业资本如何共同参与平均利润率的形成，以及投在商业上的不变资本和可变资本如何补偿、如何取得平均利润等一系列复杂性的问题。这就进一步说明，由利润到平均利润的转化过程必须以复杂的中介过程为前提。

三、价值转化为生产价格，以利润转化为平均利润为前提

利润转化为平均利润，是价值转化为生产价格的前提。在此，陈征运用马克思相关原理对这一问题进行细致、全面的解析。

众所周知，资本主义商品的价值，是由 c + v + m 构成的，资本主义的生产价格，则是由成本价格加平均利润组成的。商品中的成本价格部分，是由所费的不变资本加可变资本转化而来的，由于这种转化，才产生了成本价格范畴，是由剩余价值转化为利润的中间环节，属于转化的第一层次。但是，陈征认为：“由价值向生产价格的转化，属于生产价格构成内容之一的成本价格，又必须有所发展。”④ 陈征认为，必须注意马克思所强调的两个方面：一方面，“不管资本的有机构成如何不同，只要为生产产品所预付的资本部分相等，其产品的成本价格总是相等的。”⑤ 马克思又指出：“不管所生产的价值和剩余价值多么不同，成本价格对投在不同部门的等量资本来说总是一样的。成本价格的这种等同性，形成不

① 马克思恩格斯文集（第 7 卷）[M]. 北京：人民出版社，2009：885.

② 马克思恩格斯文集（第 7 卷）[M]. 北京：人民出版社，2009：185.

③④ 陈征．由利润到平均利润、价值到生产价格的转化——《资本论》第三卷转化理论研究之二[J]. 南京师大学报，1983（2）.

⑤ 马克思恩格斯文集（第 7 卷）[M]. 北京：人民出版社，2009：172.

同投资竞争的基础，而平均利润就是通过这种竞争确定的。”① 所以，对资本家来说，如果支出100元资本，不管是按10c＋90v来支出，还是50c＋50v来支出，所生产的商品对资本的耗费总是一样多的。另一方面，成本价格又是特殊的，由于生产的产品和部门不同，生产条件也不同，包含在产品中的部分也不一样。正是由于不同商品中的成本价格不一样，就产生不同部门支出的不变资本和可变资本价值量不一样，这也构成由特殊利润向平均利润转化的基础。

那么，在价值转化为生产价格过程中，成本价格范畴如何实现这个转化呢？陈征剖析指出，在价值向生产价格转化的过程中，生产该商品所消耗的各种生产资料和劳动力，不是按其价值购买并转入新产品中去的，而是按照它们的生产价格买进并加入产品中的。由于该生产资料的生产价格与价值不完全相等，计算加入商品成本价格的，就不是转移来的商品价值，而是生产价格。因而成本价格等于转移来的不变资本与可变资本价值的定义，陈征认为应修改为：“成本价格等于转移来的所消耗的各种商品的生产价格。”② 这种修改，从成本价格方面来说，是价值转化为生产价格的一个中间环节。如果说，由所费不变资本加可变资本形成商品的成本价格，是由剩余价值到利润转化的中间环节；那么，成本价格的进一步发展，即由所消耗的各种商品的生产价格决定，则是价值转化为生产价格的一个中间环节。由此可见，成本价格在这两个不同层次的转化过程中，都起着不同程度的中介作用，并赋予程度不同的新内容。

构成生产价格内容的另一部分是平均利润。平均利润是由利润转化而来，为平均利润率所决定。马克思指出：“生产价格以一般利润率的存在为前提；而这个一般利润率，又以每个特殊生产部门的利润率已经分别化为同样多的平均利润率为前提。”③ 先根据不同生产部门的资本量和它的特殊利润率，使之均衡化为平均利润率，然后根据资本量和平均利润率计算平均利润，最后再把成本价格与平均利润相加，“由此形成的价格，就是生产价格。”④ 据此，陈征认为：“价值转化为生产价格，是利润转化为平均利润的直接结果。”⑤

由于平均利润是由利润转化而来，利润又是由剩余价值转化而来。所以，陈征认为，剩余价值、利润、平均利润在实质上都是一致的，从量上说，社会总剩余价值量和总利润量是相等的。但是，平均利润量一般是不等于所生产的实际剩

① 马克思恩格斯文集（第7卷）[M]. 北京：人民出版社，2009：172.

②⑤ 陈征. 由利润到平均利润、价值到生产价格的转化——《资本论》第三卷转化理论研究之二[J]. 南京师大学报，1983（2）.

③④ 马克思恩格斯文集（第7卷）[M]. 北京：人民出版社，2009：176.

余价值量的，但并不能说明生产价格与价值毫无关系，而是说明生产价格中的平均利润是由剩余价值转化而来的，因而生产价格也是由价值转化来的。价值是转化为生产价格的基础和实在内容，它如果离开价值这个基础，生产价格也就会成为空洞的东西，丧失了科学范畴的实际意义。

针对有的同志所指出的：个别价值转化为社会价值，是价值转化为生产价格的前提。对此观点，陈征认为要辩证地分析，他认为，笼统地说个别价值转化为社会价值是价值转化为生产价格的前提，是不确切的，不科学的。陈征又进一步指出，个别价值转化为社会价值，是由部门内部的竞争引起的，而价值转化为生产价格，是由部门之间的竞争引起的，前者是以个别资本作为研究对象，后者则是以社会资本作为研究对象，二者在实质上是有差别的。此外，个别价值转化为社会价值无法说明部门之间的竞争和资本转移，以及由此而产生的利润率的平均化问题，无法说明平均利润率的形成，当然也就无法说明由利润到平均利润的转化，也就更谈不上由价值到生产价格的转化了。由陈征上述的分析说明，要了解由价值到生产价格的转化，关键在于平均利润率的形成。

也有的同志认为：生产价格是社会化大生产的必然结果，因而生产社会化也就成为价值转化为生产价格的前提条件。对于此类的观点，陈征认为，社会化大生产虽然有利于利润率的平均化，但不能决定不同部门之必然产生竞争和资本转移，不能决定平均利润率的形成和平均利润的出现，当然也就不能决定生产价格范畴的出现，更不能决定由价值到生产价格的转化。陈征指出：平均利润和生产价格范畴，是由资本主义的经济关系中产生的，反映着资本主义生产的实质。而生产社会化，则是生产力高度发展的产物，二者有本质区别。所以，“如果把生产社会化作为价值转化为生产价格的前提条件，无异于把生产力的条件混同于生产关系的条件，显然是无法说明上述转化的复杂中介过程的”①。

四、平均利润与生产价格是资本主义生产关系产生的经济范畴

陈征根据商品经济发展的历程，阐析了平均利润与生产价格是资本主义生产关系产生的经济范畴，随着资本主义经济的发展，平均利润率发展成为一般利润率，从而产生平均利润和生产价格。马克思曾经谈过：“商品按照它们的价值或

---

① 陈征．由利润到平均利润、价值到生产价格的转化——《资本论》第三卷转化理论研究之二［J］．南京师大学报，1983（2）．

接近于它们的价值进行的交换，比那种按照它们的生产价格进行的交换，所要求的发展阶段要低得多。按照它们的生产价格进行的交换，则需要资本主义的发展达到一定的高度。”① 所以，陈征认为，平均利润和生产价格的研究，是对剩余价值理论和劳动价值理论的进一步深入和发展，也是对资本主义生产关系研究的进一步深入和发展。马克思说：“平均利润本身是在十分确定的历史的生产关系下发生的社会生活过程的一个产物。”② 所以，陈征说：“它是由资本主义经济实质转化而来的一种现象形态。”③

陈征通过对这一层次的转化和第一层次转化的充分比较，进一步揭示了平均利润与生产价格范畴如何进一步掩盖着并歪曲地反映着资本主义经济的实质。

从质的方面来说，在剩余价值转化为利润的前一层次中，利润表现为预付总资本的产物，可变资本的特殊作用以及剩余价值的源泉，都被掩盖起来了。从量的方面说，剩余价值的量和利润的量的差别，还未完全显示出来，有的话，那“还只存在于利润率和剩余价值率之间，而不是存在于利润和剩余价值之间。”④ 但是一旦进入转化的第二层次，即利润转化为平均利润、价值转化为生产价格时，这就出现了新的情况。就如马克思所说的：“现在，不仅利润率和剩余价值率，而且利润和剩余价值，通常都是实际不同的量。”⑤ 因此，陈征认为，在质和量上都表现为全部预付资本的产物，这就不仅“把利润的真正性质和起源完全掩盖起来”，并且“价值规定的基础本身就被掩盖起来”⑥，造成了一种假象，好像加在成本价格上的平均利润，不是生产中形成的商品价值的一部分，而完全是由外在条件确定的。所以，陈征总结指出：“在这里量的差别掩盖着质的差别，而质的差别又掩盖着量的差别，完全把价值和剩余价值的实质掩盖起来，并歪曲地表现它们。”⑦

陈征认为，虽然平均利润和生产价格掩盖着资本剥削剩余价值的经济实质，但是它却从整体上揭示了整个资产阶级和工人阶级之间在经济上的对立关系。即由“平均利润率取决于总资本对总劳动的剥削程度”，⑧ 这也正是全体资本家都

---

① 马克思恩格斯文集（第7卷）［M］．北京：人民出版社，2009：197.

② 马克思恩格斯文集（第7卷）［M］．北京：人民出版社，2009：885.

③⑦ 陈征．由利润到平均利润、价值到生产价格的转化——《资本论》第三卷转化理论研究之二［J］．南京师大学报，1983（2）.

④⑤ 马克思恩格斯文集（第7卷）［M］．北京：人民出版社，2009：187.

⑥ 马克思恩格斯文集（第7卷）［M］．北京：人民出版社，2009：188.

⑧ 马克思恩格斯文集（第7卷）［M］．北京：人民出版社，2009：219.

会关心对劳动的剥削程度的原因所在。所以，陈征明确指出："平均利润率的规律表明：在资本家相互竞争中虽然会产生矛盾，但在加强对工人的剥削方面却是完全一致的，在这里，不仅仅是个别资本家剥削个别工人，而是整个资产阶级和整个工人阶级完全处于敌对的地位。"① 就如马克思曾精辟地指出："我们在这里得到了一个像数学一样精确的证明：为什么资本家在他们的竞争中表现出彼此都是假兄弟，但面对整个工人阶级却结成真正的共济会团体。"②

马克思运用唯物辩证法，依据劳动价值论和剩余价值论，进一步分析资本主义经济，从而在经济思想史上开创性地揭示出由利润到平均利润、价值到生产价格的转化过程，以及它们之间的内在联系。马克思以前的资产阶级经济学家，例如李嘉图，由于不能分析生产价格与价值的内在联系，无法解决平均利润与价值规律的矛盾，"硬是抽掉剩余价值和利润之间、剩余价值率和利润率之间的差别，以便能够坚持作为基础的价值规定"③。而亚当·斯密在无法说明平均利润、生产价格等现象形态时，放弃了劳动价值论，"也放弃了对待问题的科学态度的全部基础，以便坚持那种在现象上引人注目的差别。"④ 至于从事实际经营的资本家，"必然也不能透过假象来认识这个过程的内在本质和内在结构"⑤。

通过上述的分析，陈征总结指出："只有马克思才揭开了隐藏在现象背后的秘密，科学地分析了剩余价值和价值的转化形式，揭露了各个剥削集团共同瓜分剩余价值的实质，创造了资本主义分配的理论体系和一系列转化形式的理论。"⑥ 列宁曾说："在《资本论》第3卷里，解决了在价值规律的基础上形成平均利润率的问题。马克思把经济学推进了一大步，这表明现在他是根据普遍的经济现象、根据全部社会经济来分析问题。"⑦ 正是由于马克思对社会经济全面地、从现象到本质地进行分析，深刻揭示了一系列的转化过程，才能在劳动价值论和剩余价值论的基础上，创建了科学的平均利润和生产价格理论。

---

①⑥ 陈征．由利润到平均利润、价值到生产价格的转化——《资本论》第三卷转化理论研究之二［J］．南京师大学报，1983（2）．

② 马克思恩格斯文集（第7卷）［M］．北京：人民出版社，2009：220．

③ 马克思恩格斯文集（第7卷）［M］．北京：人民出版社，2009：188－189．

④⑤ 马克思恩格斯文集（第7卷）［M］．北京：人民出版社，2009：189．

⑦ 列宁选集（第2卷）［M］．北京：人民出版社，1972：594．

第三节　平均利润发展到商业利润、生产价格进一步转化为商业价格之研究

一、阐明利润一部分转化为商业利润的前提和关键

上述陈征所研究的马克思有关剩余价值转化为利润、利润转化为平均利润，都是假定在产业部门中直接进行的，平均利润都是由产业资本家所获得。但在资本主义实际经济生活中，存在着商业资本，因而利润的一部分，又必须再转化为商业利润。这样，平均利润必须进一步转化，表现为产业利润和商业利润。

利润的一部分表现为产业利润，陈征已在前文中论述清楚了，但利润的另一部分如何表现为商业利润，陈征在此进行了深入细致的研究。陈征明确指出："利润的一部分转化为商业利润，其前提条件是：商品资本转化为商品经营资本（商人资本）；其转化的关键是：商业资本参加平均利润率的形成。"① 在此基础上，并作如下的分析。

（1）商品资本转化为商业资本是利润一部分转化为商业利润的前提。

在前资本主义社会的经济生活中，商人资本对生产往往起支配作用。资本主义经济中的商人资本，是产业资本运动的一个阶段，在资本主义经济生活中处于从属地位。那么，为什么产业资本运动中的商品资本这个特殊阶段，要独立化为商品经营资本即商业资本呢？为什么商业资本要作为一个特殊资本执行特殊的职能呢？这仍然要从转化谈起。为此，陈征通过对产业资本运动过程的考察，阐明了这种由商品资本转化为货币资本，或由货币资本再转化为商品资本，是资本形态的变化和运动，根据马克思所指出的："这种形态变化分解为买和卖，即商品资本转化为货币资本和货币资本转化为商品资本，形成产业资本再生产过程的一个阶段，因而形成产业资本再生产过程的一个阶段。"② 陈征认为，随着实践的发展，商业资本独立化，并作为一种特殊资本执行职能，这就有可能缩短产业资本循环的流通过程，加快由商品到货币在形态上的转化时间，从而有利于产业资

① 陈征．利润的一部分转化为商业利润，生产价格地一步转化为商业价格——《资本论》第三卷转化理论研究之三［J］．福建师范大学学报，1983（3）．

② 马克思恩格斯文集（第7卷）［M］．北京：人民出版社，2009：298．

本家加强对剩余价值的剥削，从而提高实际利润率。正如马克思所说的“只要处在流通过程中的资本的这种职能作为一种特殊资本的特殊职能独立起来，作为一种由分工赋予特殊一类资本家的职能固定下来，商品资本就成为商品经营资本或商业资本。”① 可见，“商品经营资本不外是这个不断处在市场上、处在形态变化过程中并总是局限在流通领域内的流通资本的一部分的转化形式。”② 由此，陈征总结指出：“商品资本转化为商业资本，是利润一部分转化为商业利润的前提条件。”③

（2）商业资本参加平均利润率的形成是利润一部分转化为商业利润的关键。

商业资本的产生只是商业利润产生的前提条件，而要说明商业利润如何由利润的一部分转化而来，关键在于研究商业资本如何参与平均利润率的形成。对此问题，陈征进行了深刻的论述。

陈征在分析平均利润和生产价格时就已指出，由于不同生产部门之间的竞争，引起资本转移，形成平均利润率，这是从不同生产部门之间的情况出发的，因而利润率的平均化，也只是限于产业部门内。当商业资本出现后，就要求参与平均利润率的形成和平均利润的分配。利润最大化，是资本家经营的最终目的和选择投资于哪个部门的唯一标准。如果商业利润率高于产业利润率，资本就会流向商业部门。反之亦然。这就会使商业资本和工业资本共同参加利润率的均衡化，形成共同的平均利润率。马克思指出：“所以在流通过程中独立地执行职能的资本，也必须和在各不同生产部门中执行职能的资本一样，提供年平均利润。如果商人资本比产业资本带来百分比更高的平均利润，那么，一部分产业资本就会转化为商人资本。如果商人资本带来更低的平均利润，那么就会发生相反的过程。一部分商人资本就会转化为产业资本。”④

以此为基础，陈征进一步阐明了商业资本参与平均利润的形成的新特点。

一是产业资本的不同部门之间，由于该企业所生产的剩余价值量不同，因而以该企业的剩余价值量和该企业预付总资本量相比的利润率各不相同，在竞争中，使这些各个企业的不同的特殊的利润率，均衡化为平均利润率。但是，商业资本本身所具有的买卖商品的特殊职能，仅仅是实现价值和剩余价值，不能创造价值和剩余价值，因而本企业内部并没有创造出新的剩余价值和利润，这也就不

---

① 马克思恩格斯文集（第7卷）［M］. 北京：人民出版社，2009：298.

② 马克思恩格斯文集（第7卷）［M］. 北京：人民出版社，2009：299.

③ 陈征. 利润的一部分转化为商业利润，生产价格地一步转化为商业价格——《资本论》第三卷转化理论研究之三［J］. 福建师范大学学报，1983（3）.

④ 马克思恩格斯文集（第7卷）［M］. 北京：人民出版社，2009：314.

可能像工业生产部门那样，以本企业的剩余价值量和本企业的预付资本量相比而产生本企业的特殊利润率，因而也就不可能把本企业的特殊利润率参与到利润率均衡化的行列中去。

二是商业资本参与平均利润率分配，使平均利润率下降。马克思指出："商人资本会按照它在总资本中所占的比例，作为一个决定的因素参加一般利润率的形成。"① 在此，陈征运用具体的实例解析了商业资本参与平均利润率的直接结果是平均利润率下降了。所以，陈征分析指出，商业资本参与平均利润率的分配，是仅仅凭借它在总资本运动过程中在商品流通阶段所发挥的作用，而参与平均利润率的形成。它所取得的平均利润率，是由商业资本本身在总资本中的所占的比例决定的，这和平均利润率在产业资本内部不同部门之间的均衡化过程是完全不同的。

三是在总资本中，产业资本和商业资本各占的比重不同，对平均利润率的影响不同。如果产业资本所占的比重大，而商业资本所占的比重小，则平均利润率相对地高；反之，如果商业资本所占的比重大，则平均利润率就相对的低。可见，商业资本量的大小，直接关系到它在总资本中所占的比重，从而也就直接决定着平均利润率高或低。这也就是说：商业利润是"对产业资本的利润作了一种扣除"②。

四是就产业资本而言，"周转表示再生产的周期性"③，如果资本周转快，周转的次数多，因而生产的剩余价值量也多，就会带来更多的利润。但商业资本的周转次数多或少，周转时间快或慢，它只能因此实现更多的剩余价值，不能因此创造出更多的剩余价值或利润，这是因为："对商人资本来说，平均利润率是一个已定的量。商人资本不直接参与利润或剩余价值的创造；它按照自己在总资本中所占的部分，从产业资本所生产的利润量中取得自己的份额，只是就这一点来说，它才作为一个决定的因素参加一般利润率的形成。"④ 所以，正是由于商业资本仅仅是以本身的资本量在总资本中所占的比重而参与利润率的平均化，所以不管商业资本周转的快或慢，它所取得的平均利润率和平均利润的量都是已定的，这和产业资本又是完全不同的。

五是商业利润是来源于产业工人所创造的剩余价值。从商业资本参与平均利润率的形成说明，商业利润是来源于产业工人所创造的剩余价值，是产业资本家

---

① 马克思恩格斯文集（第7卷）［M］. 北京：人民出版社，2009：318.

② 马克思恩格斯文集（第7卷）［M］. 北京：人民出版社，2009：319.

③④ 马克思恩格斯文集（第7卷）［M］. 北京：人民出版社，2009：344.

转让给商业资本家的一部分剩余价值，形成商业利润，因此，由剩余价值转化而来的利润的一部分，还要进一步再转化为商业利润。马克思说："商人资本和剩余价值的关系不同于产业资本和剩余价值的关系。产业资本通过直接占有无酬的他人劳动来生产剩余价值。而商人资本使这个剩余价值的一部分从产业资本手里转移到自己手里，从而占有这部分剩余价值。"[①] 正是由于利润的这一部分再转化为商业利润，这就构成在转化过程中的一个新的层次。研究这一层次的转化过程，就可透视商业资本和产业资本共同剥削并瓜分产业工人创造的剩余价值的秘密。

二、利润的一部分转化为商业利润过程的复杂性

一部分利润向商业利润转化，是一个极其复杂的过程，陈征结合马克思相关理论，主要从以下几个方面进行深入细致的研究。

首先，从表面现象上看，商业利润好像来源于对商品的单纯加价。由于商业资本家只能在流通中靠买卖商品，来取得商业利润，因而商业利润，"必然等于商品的购买价格和它的出售价格之间的差额，必然等于后者超过前者的余额。"[②] 有人误认为商业利润好像来源于对商品的单纯加价。对于这种错误的认识，陈征批驳指出，商业利润是在于商业资本参与平均利润率的形成，同量商业资本必须取得同量的商业利润。这样，就必须把由剩余价值转化而来的平均利润在产业资本和商业资本之间进行分割，而这种分割的转化过程，首先是通过工业品的出厂价格，或所谓工厂价格、批发价格等形式而表现出来。商业资本家是按等于商品价值的商业价格出售其商品的，他的商业利润，也是由购买价格低于销售价格而产生的，是由于商业资本和产业资本一样，都取得相同的平均利润的结果。由此，陈征总结指出："利润的一部分向商业利润的转化过程，首先是通过出厂价格即批发价格，从而引起利润转化为产业利润和商业利润，在出厂价格之内，只计算产业利润，在出厂价格之外，再增加商业利润，而这又都是由平均利润率所决定，根据资本量而取得平均利润的结果。"[③] 因此，把产业资本取得的平均利润和商业资本取得的平均利润分别计算，从而出

① 马克思恩格斯文集（第7卷）［M］. 北京：人民出版社，2009：327.

② 马克思恩格斯文集（第7卷）［M］. 北京：人民出版社，2009：314－315.

③ 陈征. 利润的一部分转化为商业利润，生产价格地一步转化为商业价格——《资本论》第三卷转化理论研究之三［J］. 福建师范大学学报，1983（3）.

现两个不同的范畴，即产业利润和商业利润范畴，是利润的一部分向商业利润转化的一个重要步骤。

其次，再进一步向前转化，就是在工厂批发价格的基础上，加入商业资本所取得的平均利润，即商业利润，形成商业价格。这是商业利润的取得过程，但同时又是商品价值和剩余价值的实现过程，二者是密切关联着的。由于商业资本具有实现价值和剩余价值的特殊作用，产业资本家才愿意让渡部分剩余价值给商业资本家，商业资本家也才能因此取得商业利润，这是利润的一部分转化为商业利润的又一个重要步骤。在此，陈征充分注意到商品价值实现的流通阶段中复杂性问题。商业利润范畴既包括资本家对无酬劳动的榨取，也包括对付出的商业资本的补偿，这些与生产部门中产业资本家取得的产业利润完全是纯收入的情况不一样。

最后，根据马克思相关原理，对商品经营资本作进一步的分析，阐明一部分利润如何向商业利润转化。按照马克思的相关论述，商品经营资本可以分为三个部分：一是直接投在商品买卖上的资本，马克思简称为 B；二是作为纯粹流通费用支出时相当于不变资本部分，简称为 k；三是作为纯粹流通费用支出时相当于可变资本部分，简称为 b。从 B 来说，是商业资本家向产业资本家购买商品的支出，从而取得商业利润。在此，商业资本 B 不会加入商品价格中去，但商业利润是要加入商品价格中去的。从 k 来说，这是商业资本用于纯粹流通费用中相当于不变资本部分，这一部分，不管商人资本是否独立化，都是必须支出的，都要追加到商品中去的；如果它属于流动资本范围，就一次全部追加到商品中去；如果它属于固定资本范围，就逐渐部分地把价值转移到商品中去。不仅如此，作为预付的不变资本的 k，同样也要相应地取得平均利润，因此，k 还要再加 k 的利润。从 b 来说，这是由纯粹流通费用中支付给商业工人工资的部分，由于商业工人的劳动不创造价值和剩余价值，但能实现价值和剩余价值，他们因此也必须取得劳动报酬。不仅如此，商业资本家付出这部分资本，也必须同时带来一定量的平均利润，也要采取商业利润的形式，从商品的售卖价格中得到补偿。陈征还通过引用具体的实例进一步说明，商业资本发挥作用在流通中实现价值和剩余价值的过程，也是商业资本家取得商业利润的过程，同时，既是一部分商业资本的补偿过程，又是一部分利润转化为商业利润的过程。可见，利润的一部分转化为商业利润，是在极其错综复杂的情况下实现其转化的。

三、资本的竞争如何在价值转化为生产价格的基础上，进一步转化为商业价格

在上述分析的基础上，陈征又进一步阐明资本的竞争如何在价值转化为生产价格的基础上，进一步转化为商业价格。

在商品买卖的市场上，商业资本家把购进的商品卖出去，商品就会从流通领域转入消费领域，这种由商人手中最后卖出的商品价格，就是商业价格。而商业价格的客观界限，是生产价格和平均利润率。马克思说："他的出售价格有两个界限：一方面是商品的生产价格，这是不由他做主的；另一方面是平均利润率，这也是不由他做主的"。① 所以，陈征认为，正是由于客观上存在的生产价格和平均利润率的不同水平，因而也就客观地决定着商业价格的大小。

陈征指出："商业利润和商业价格的出现，使平均利润和生产价格，在更确切的意义上得到进一步的说明。"② 他认为，由于商业资本参与平均利润率的形成，平均利润就变成是由总生产资本加总商业资本和生产过程中生产出来的总利润相比来决定；生产价格，也就变成是由成本加产业利润再加商业利润决定。由成本加商业利润而形成的生产价格，即工业品的生产价格。马克思说："我们以后要在上述这个更确切的意义上使用生产价格这个用语。"③ 这里，马克思所说的生产价格，陈征认为一般是指工业品的生产价格，即成本加产业利润，而由成本加产业利润再加商业利润而形成的商业价格，马克思称之为实际生产价格。即"商品的实际价格 = 商品的生产价格 + 商业利润。""所以，生产价格或者说产业资本家本人出售商品的价格，小于商品的实际生产价格。"④ 如果以 k 代表成本，p 代表产业利润，h 代表商业利润，那么，生产价格 = k + p，实际生产价格 = 商业价格 = k + p + h。如此分析之后，这就明显地看出，由于商业资本的出现和商业利润的产生，生产价格就进一步发展为商业价格。马克思指出："如果已知价值和剩余价值的界限，那就不难理解，资本的竞争如何把价值转化为生产价格并且进一步转化为商业价格。"⑤

---

① 马克思恩格斯文集（第 7 卷）[M]. 北京：人民出版社，2009：342.

② 陈征．利润的一部分转化为商业利润，生产价格地一步转化为商业价格——《资本论》第三卷转化理论研究之三 [J]. 福建师范大学学报，1983（3）.

③ 马克思恩格斯文集（第 7 卷）[M]. 北京：人民出版社，2009：319.

④ 马克思恩格斯文集（第 7 卷）[M]. 北京：人民出版社，2009：318.

⑤ 马克思恩格斯文集（第 7 卷）[M]. 北京：人民出版社，2009：349.

那么，在这里，需要进一步研究的问题是：如何通过资本的竞争，在价值转化为生产价格的基础上，生产价格进一步转化为商业价格呢？这一步转化的关键是什么？陈征明确指出："生产价格进一步转化为商业价格的关键在于：商业资本周转速度对商业价格的影响。"① 从而，陈征通过对商业资本周转速度的快慢和产业资本周转速度快慢所引起的结果不同进行分析。

陈征指出，产业资本多周转一次，多生产一次剩余价值，因而使总利润增加。商业资本的周转尽管快慢不同，每年都只能按平均利润率取得一定量的商业平均利润，即使在一年内商业资本多周转一次，只是把已定的商业利润量分摊到不同数量的商品上，从而有不同的商业价格，但商业利润的总量却不会增加。只是商业资本周转的速度越快，分摊到单位商品上的商业利润就较少，因而该商品的商业价格就较低；反之亦然。正如马克思所阐述的规律是："商业加价的多少，一定资本的商业利润中加到单个商品的生产价格上的部分的大小，和不同营业部门的商人资本的周转次数或周转速度成反比。"② 因此，陈征指出，在一年内，产业资本家根据产业资本量取得多少平均产业利润，商业资本家也按照商业资本量取得一定量的平均商业利润。但如果个别商业资本周转比平均周转快，这个个别商业资本家就会取得超额商业利润。反之亦然。由此，就会在工业和商业之间产生竞争，引起资本转移，一些产业资本家就会把资本转而投到商业中来，迫使商业利润下降。由此可见，商业资本周转速度对商业价格的影响是生产价格进一步转化为商业价格的关键。

通过上述的研究，陈征进一步指出了从生产价格进一步转化为商业价格的实质问题。商业价格，归根结底还是由商品的价值决定的。在以前分析生产价格形成时，只在工业生产内部论证平均利润的产生，而商业资本参与了平均利润率的形成以后，工业品的生产价格仅仅是成本加产业利润，这种生产价格的总和必然小于社会产品的总价值，只是把生产价格再加商业利润，这种实际生产价格的总和，才会与社会总产品价值的总和完全相等。可见，生产价格等于价值的原理，必须进一步发展为实际生产价格等于价值的原理，这是由工业生产价格向商业价格的进一步转化，实际上也是生产价格进一步向实际生产价格的转化。

在这个进一步转化的过程中，马克思指出："对商业资本来说，利润率是外

---

① 陈征．利润的一部分转化为商业利润，生产价格地一步转化为商业价格——《资本论》第三卷转化理论研究之三［J］．福建师范大学学报，1983（3）．

② 马克思恩格斯文集（第7卷）［M］．北京：人民出版社，2009：347.

部既定的，利润率和剩余价值的形成之间的内在联系已经完全消失。”① 据此，陈征认为，由于商业资本本身只能实现价值和剩余价值，它本身只能和产业资本在竞争中共同参与平均利润率的形成，因而对商业资本来说，利润率只是由外部既定的。商业利润本来是由剩余价值的一部分转化而来的，但一旦转化为商业利润和商业价格以后，商业利润和剩余价值的关系，商业利润率和剩余价值率的关系，也就完全掩盖起来。即利润转化为商业利润的形式以后，又进一步掩盖了对剩余价值剥削以及剥削程度的真相。

第四节　平均利润转化为利息和企业主收入之研究

一、借贷资本实际转化为资本并投入生产过程，是货币资本转化为生息资本的必要条件，货币作为资本变成商品，是利息作为货币资本价格的转化的关键

平均利润进一步转化为利息和企业主收入，是陈征研究马克思转化理论的第四层次。为了阐明平均利润如何转化为利息和企业主收入的过程，陈征首先对货币资本如何转化为生息资本、利息为何作为资本商品的价格等内容进行分析。

首先，区分了货币资本与生息资本的内涵。陈征指出，货币资本是以货币形式存在的资本，职能资本家持有货币资本可以不断地用于购买生产资料和劳动力，以其作为交换的一般等价物投入生产过程。但如果这些货币贷给职能资本家，而职能资本家又把它用之于生产过程，这样，货币资本就被称为借贷资本。当这种货币资本的贷出和借入，体现着生息资本家和职能资本家双方之间的借贷关系时，便成为生息资本。但陈征又充分注意到，马克思在《资本论》第3卷第五篇所研究的生息资本，并不是一般地说货币贷出取得利息即可称为生息资本，而是指在特定的资本主义生产关系中，表现货币资本家与职能资本家之间借贷关系的那种生息资本。如果货币资本家把货币贷给某个消费者用于维持生活，虽然货币贷出者也因此能取得利息，但不是马克思所研究的资本主义经济生活中的生息资本。按马克思的定义，生息资本，从简单的形式看，表现为G—G′；从实际运动的公式看，则是：G—G—W—G′—G′。在此，陈征根据马克思的相关原理

① 马克思恩格斯文集（第7卷）[M]. 北京：人民出版社，2009：349.

分析了借入货币资本的是产业资本家还是商业资本家，由此形成不同的循环公式。但不管在公式中间的职能资本家是产业资本家还是商业资本家，生息资本家把货币资本贷给职能资本家，目的是取得利息；职能资本家贷入生息资本，目的是投入生产过程和流通过程，不仅要在生产过程中剥削剩余价值，还要在流通过程中实现剩余价值。正是由于这种实际投入生产过程的货币资本，才能带来剩余价值，并使一部分剩余价值转化为利息。所以马克思说："生息资本只有在借贷货币实际转化为资本并生产一个余额（利息是其中的一部分）时，才证明自己是生息资本。"① 可见，货币资本转化为生息资本，必须以借贷货币实际转化为资本并投入生产过程作为前提条件。"事实上，只有资本家分为货币资本家和产业资本家，才使一部分利润转化为利息，一般地说，才产生出利息的范畴。"②

其次，分析了资本商品与一般商品、货币的关系。马克思指出，生息资本的独特性质，就在于把货币作为资本商品，利息则被歪曲地表现为借贷资本的价格。据此，陈征分析了把货币作为资本商品，与一般意义上的商品、货币的区别。从使用价值方面看：一般商品的使用价值，只表现为自然属性，即它本身的用途，货币的使用价值，则作为一般等价物，可以与一切商品相交换，货币一旦转化为资本，增加了作为资本来执行职能的使用价值，可以剥削剩余价值，取得平均利润。从价值方面看：一般商品的价值，只体现为一定量的社会劳动在物体内的凝结，表示着商品生产者之间的社会关系。作为货币，除了它本身具有价值外，还可作为价值尺度，代表一定的价值量而与其他商品相交换；货币一旦转化为资本，价值就成为资本的自动的主体，通过不同形式的不断变换，实现价值的不断增殖。在此基础上，陈征又进一步分析了商品、货币、资本的相互联系。即资本是在商品、货币的基础上转化而来的，作为生息资本的资本商品，又是在货币资本的基础上进一步转化而来的。在资本主义社会里，货币是作为货币或者作为资本商品，是由它的不同用途决定的。如果把货币作为一般等价物，作为商品交换的媒介，货币仅仅起着货币的作用；如果把货币用于购买生产资料和劳动力，进行生产，创造剩余价值，货币就作为资本发生作用；如果货币资本家把货币资本贷给职能资本家，实际上就是把货币作为资本的使用价值，即生产利润的能力，让渡给职能资本家，这时的货币资本，就变成为商品，即作为商品的资本，或简称为资本商品。所以马克思说："在这里，资本是作为商品出现的，或

① 马克思恩格斯文集（第 7 卷）［M］. 北京：人民出版社，2009：428.

② 马克思恩格斯文集（第 7 卷）［M］. 北京：人民出版社，2009：415.

者说，货币作为资本变成了商品。"① 这就构成生息资本的独特性质。这种资本商品的独特性质，和流通过程中的商品资本、货币资本完全不同。在流通过程中，商品资本是以商品的形式出现的，资本家出卖商品，通过售卖实现其价值。但在商品出售时，仅仅是作为商品来执行职能。流通过程中的货币资本，由于它执行了货币的职能，购买了生产资料和劳动力，成为资本主义生产过程的先导，这既是和资本的总运动过程相联系而言，也是把用货币购买作为资本循环的一个阶段来看待的。所以，马克思说，在流通过程中，"……实际发生作用时，商品资本仅仅起商品的作用，货币资本仅仅起货币的作用。"② 生息资本则不同，它是以资本投入流通，从而成为资本商品。在这里，货币资本家把货币作为资本商品，贷给职能资本家，从而体现着货币资本家与职能资本家的资本商品的借贷关系，这种借贷关系是由这种资本商品的特殊使用价值即能带来平均利润而产生的。货币资本家通过资本商品的贷出，让渡这种特殊的使用价值，使职能资本家取得对资本的使用权，在这里，资本的所有权和使用权分离了，这正是生息资本独特性质的具体表现。

最后，阐明了利息的实质。陈征指出，正是由于货币资本家把货币资本的使用权让渡给职能资本家，职能资本家依靠对这些资本的使用而取得平均利润，因此，职能资本家便把所取得的平均利润的一部分，作为利息，付给货币资本家。马克思指出："利息不外是一部分利润的一个特殊名称，一个特殊项目。"③ 陈征认为，这样，平均利润的一部分，归职能资本家所有，成为企业主收入（企业利润）；另一部分则作为利息，归货币资本家所有。在这里，利息就成为货币资本的价格，是对资本商品这种特殊商品的特殊使用价值的报酬。可见，作为货币资本价格的利息，不是由价值决定的，而是由特殊商品的特殊的使用价值决定的。马克思说："价格已经归结为它的纯粹抽象的和没有内容的形式，它不过是对某个按某种方式执行使用价值职能的东西所支付的一定货币额。"④ 这就产生了一个矛盾：一方面，说生息资本是特殊商品，利息是资本商品的价格；另一方面，价格是商品价值的货币表现，但作为利息，却是资本商品的使用价值的表现，这就是矛盾，所以马克思说："……不要忘记，这里支付的，是利息，而不是商品价格。如果我们把利息叫作货币资本的价格，那就是价格的不合理的形式。"⑤ 由此说明资本商品是一种特殊商品，利息是这种特殊商品的特殊价格。可见，货

① 马克思恩格斯文集（第7卷）[M]. 北京：人民出版社，2009：382.
② 马克思恩格斯文集（第7卷）[M]. 北京：人民出版社，2009：383.
③ 马克思恩格斯文集（第7卷）[M]. 北京：人民出版社，2009：379.
④⑤ 马克思恩格斯文集（第7卷）[M]. 北京：人民出版社，2009：396.

币作为资本变成商品，是利息作为货币资本价格的转化的关键。

二、平均利润转化为利息和企业主收入的过程，是从量的分割到质的演变过程

“平均利润转化为利息和企业主收入的过程，是由纯粹量的分割转变为质的分割的过程。”对于这一基本观点，陈征根据马克思的论述进行充分的说明。

马克思指出：“并不是利润的每一个偶然的量的分割，都会照这样转变为质的分割。”① 陈征认为，利润由量的分割转变为质的分割，首先是在职能资本家使用借入资本来从事经营的场合产生的。陈征阐析，职能资本家向货币资本家贷入货币资本，投入生产过程，取得剩余价值。因此，剩余价值转化而来的利润的一部分作为利息交给货币资本家，而利润的另一部分作为企业主收入留给自己。不管是直接经营生产所取得的产业利润还是从事商品经营活动所取得的商业利润，都通称为企业主收入，实即企业利润。而且从量的方面来看，作为利息的部分和作为企业主收入的部分是此消彼长的关系。具体地说：如果平均利润率已定，企业主收入的量就由利息率决定。反之，如果利息率已定，企业主收入的量的大小，就由平均利润率决定。同时，如果总利润和平均利润相偏离，总利润和平均利润之间的差额，就由一切会引起暂时偏离的市场行情决定。就是说，企业主收入的量是多少，不仅取决于平均利润率，而且取决于实际取得的利润量，而实际利润量是由市场价格高于或低于生产价格所决定的。因此，陈征总结指出：“平均利润分割为利息和企业主收入的量的分割，既取决于利息率，又取决于平均利润率，还取决于实际利润量。”②

上述纯粹量的分割又如何引起质的分割呢？陈征指出，对于使用借入资本的职能资本家来说，他所取得的平均利润都要分割为利息和企业主收入两部分。利息率，在使用借入资本以前，就已确定。至于企业主收入的量，这要看职能资本家经营的好坏，从而取得实际利润量的多少而有所不同。这就造成一种现象，好像利息表现为总利润中属于资本所有权本身的部分，而企业主收入则表现为职能资本家经营好坏的结果。由于同一资本的所有权和使用权相分离，由资本的所有权带来了利息，由资本的使用权带来了企业主收入，这样，利息和企业主收入，

---

① 马克思恩格斯文集（第7卷）[M]. 北京：人民出版社，2009：417.

② 陈征．平均利润转化为利息和企业主收入——《资本论》第三卷转化理论研究之四［J］. 财经理论与实践，1983（1）.

就归属于两个不同范畴，从而有不同的特点。所以马克思说："总利润这两部分之间的这种质的区分，即利息是资本自身的果实，是撇开了生产过程的资本所有权的果实，而企业主收入则是处在过程中的、在生产过程中发挥作用的资本的果实，因而是资本使用者在再生产过程中所起的能动作用的果实"[①] 就明显地表现出来了。由此，陈征指出，这种质的区分，并不是人们的主观看法，而是客观存在的经济现实。货币资本家凭借对货币资本的所有权而取得利息；而职能资本家则要通过对生产和流通的各项经营活动取得企业主收入。正是由于上述经济状况是客观存在着的，因而平均利润必然分割为上述两部分，从而不仅具有量的规定性，而且具有质的规定性，这样，就由纯粹量的分割转变为质的分割了。

在上述分析的基础上，陈征又进一步指出，利润分割为利息和企业主收入，普遍存在于企业中，无论这个企业进行经营活动的资本是贷入的还是自有的。作为利息，为资本的所有者占有，作为企业主收入，为使用资本从事经营活动的职能资本家占有。他在实际上已经具有双重身份，即资本的单纯所有者和资本的使用者，就如马克思所指出的，他的资本本身，"就其提供的利润范畴来说，也分成资本所有权，即处在生产过程以外的、本身提供利息的资本，和处在生产过程以内的、由于在过程中活动而提供企业主收入的资本。""每个资本的利润，从而以资本互相平均化为基础的平均利润，都分成或被割裂成两个不同质的、互相独立的、互不依赖的部分，即利息和企业主收入，二者都由特殊的规律来决定。"[②]"这不仅是在不同的人之间进行分配的利润的不同部分，而且还是利润的两种不同范畴。""因此，单纯量的分割变为质的分割"。[③] 这样，它们和资本有着不同的关系，有着不同的规定性。

综上所述，不管职能资本家所使用的是借入的资本还是自有的资本，利润由量的分割必然发展为质的分割。马克思指出："总利润的一部分转化为利息形式，就会使它的另一部分转化为企业主收入。"[④] 陈征认为，利息与企业主收入，处在对立的形式中，二者的名称、范畴、表现形式不同，并由不同的特殊规律所决定，但都是由剩余价值转化而来的。就如马克思所指出的"它们二者不是与剩余价值发生关系——它们只是剩余价值固定在不同范畴、不同项目或名称下的部分"[⑤]，实质上都是剩余价值。

---

① 马克思恩格斯文集（第 7 卷）［M］. 北京：人民出版社，2009：420.

②③ 马克思恩格斯文集（第 7 卷）［M］. 北京：人民出版社，2009：421.

④ 马克思恩格斯文集（第 7 卷）［M］. 北京：人民出版社，2009：422.

⑤ 马克思恩格斯文集（第 7 卷）［M］. 北京：人民出版社，2009：425.

三、收入资本化，是生息资本向虚拟资本转化的关键

在资本主义经济生活中，利息，不仅由生息资本产生，而且还可由虚拟资本产生。要了解虚拟资本如何产生利息的发展过程，必先了解生息资本如何向虚拟资本的转化过程。在此，陈征对“收入资本化，是生息资本向虚拟资本转化的关键”的重要观点进行解析。

首先，阐述了虚拟资本的概念。陈征指出，虚拟资本是和现实资本相对立的概念，是指那些对于它们的所有者似乎就是资本，但它本身没有价值。虚拟资本以生息资本的存在为前提，是在生息资本的基础上转化而来的。陈征又进一步解析了这个转化的具体过程，即把每一个有规则的固定收入，都表现为资本的利息，即货币收入首先转化为利息。然后，再根据这些利息，推算出能够产生这些利息的资本量。在此基础上，他进而说明“收入资本化”为何会产生虚拟资本呢？即第一步，把这种固定收入的货币看成为利息；第二步，再把这些利息看成是由多少量的资本带来的；第三步，在推算出这个资本量以后，把该项所有权证书看成是这个资本量的代表，这样，虚拟资本就形成了。可见，虚拟资本是由生息资本转化而来的，是生息资本发展的必然结果。马克思说：“人们把虚拟资本的形成叫作资本化。人们把每一个有规则的会反复取得的收入按平均利息率来计算，把它算作是按这个利息率贷出的一个资本会提供的收益，这样就把这个收入资本化了。”① 这种收入资本化，实际上也就是利息资本化。至于以后所研究的由地租资本化所决定的土地价格，也是收入资本化的一种形式，是在利息资本化基础上的进一步发展。

在上述分析的基础上，陈征还以所有权证书即股票为例来进一步阐析虚拟资本的内涵。陈征指出，随着资本主义信用的发展和股票的产生，一些资本家投入一定量的货币资本，从而取得一定量的股票，从而使资本以双重的形式存在：一是以货币资本、生产资本、商品资本的形式，存在于该企业中，表现为现实资本；二是以股票的形式，即以所有权证书的形式，存在于股东手里，表现为虚拟资本。但陈征认为，这个资本不应该有双重存在，现实资本只是存在于企业中，股票不过是在企业中发生职能资本的纸制复本，只能按期取得股息。由于股票可以在市场上自由买卖，因而和企业的现实资本的运动分开进行，成为企业现实资本的代表。但陈征又进一步指出，股票虽然并不是真正的资本，只是幻想的虚拟

① 马克思恩格斯文集（第7卷）[M]. 北京：人民出版社，2009：528－529.

资本。但股票一旦成为虚拟资本，进入股票市场，就会成为可以买卖的特殊的资本商品，从而对这种特殊资本商品的价格有独特的运动和决定方法。这就是，在股息不变时，利息率越高，股票的市场价格就越低，反之，利息率下降，股票的市场价格就上涨。所以，马克思说，“它的价值始终只是资本化的收益，也就是一个幻想的资本按现有利息率计算可得的收益。”① 正是由于上述虚拟资本的独特运动，就使得股票等有价证券成为投机的对象。在这里，利息资本化找到了新的表现形式。

四、利润分割为利息和企业主收入，进一步掩盖了资本关系的本质

陈征开门见山地指出利润分割为利息和企业主收入的实质，即“进一步掩盖了资本和雇佣劳动的对立，这就使得资本主义的剥削关系，完全被歪曲、被颠倒地表现出来了。”② 进而对利息与企业主收入的本质与现象进行深刻的阐述。

从利息看：不管是使用自有资本还是使用借入资本的职能资本家，都必须把资本的一般价值，变为占有无酬劳动的手段。利息就表现为资本所有权的结果，是由资本本身产生出来的。其实，利息，作为剩余价值转化形态的利润的一部分，是职能资本家剥削雇佣工人的结果。这是实质的方面。另外，一旦利润的一部分转化为利息的形式，资本与劳动的对立就消失了。生息资本是由借贷资本家贷给职能资本家的，只是借贷资本家与职能资本家之间的对立，而不与生产过程中的工人相对立，就如马克思所说的，“生息资本是作为所有权的资本与作为职能的资本相对立的。”③ 在形式上，生息资本只是在生产过程之外，凭借资本的所有权取得利息，借贷资本家好像没有剥削工人，利息好像不是剩余价值的一部分，资本家与劳动者之间的关系被歪曲为：“利息是两个资本家之间的关系，不是资本家和工人之间的关系。”④

从企业主收入看：它本是平均利润的一部分，也是由剩余价值的一部分转化而来。但它一旦表现为企业主收入的形式，也就把资本剥削剩余价值的实质掩盖

① 马克思恩格斯文集（第7卷）[M]. 北京：人民出版社，2009：530.

② 陈征．平均利润转化为利息和企业主收入——《资本论》第三卷转化理论研究之四［J]. 财经理论与实践，1983（1).

③ 马克思恩格斯文集（第7卷）[M]. 北京：人民出版社，2009：426.

④ 马克思恩格斯文集（第7卷）[M]. 北京：人民出版社，2009：429.

起来了。“企业主收入也不与雇佣劳动形成对立，而只与利息形成对立。”① 这表现为：在平均利润率已定的情况下，企业主收入率的高低与利息率成反比。职能资本家把利息看作为生息资本所有权的结果，企业主收入则是他生产经营活动的结果。本来，职能资本家对生产的管理主要体现着剥削的职能，现在，却歪曲地表现为单纯的劳动过程，资本家的剥削活动和工人的被剥削的劳动，都被看成一样的东西。这样，资本主义剥削实质就完全被掩盖起来了。

综上所述，由于利润分割为利息和企业主收入，资本和劳动的对立，被歪曲地表现为利息和企业主收入的对立、借贷资本家和职能资本家之间的对立了。由于职能资本家和借贷资本家对工人的剥削和对立，转化为生产过程内的职能资本家和生产过程外的借贷资本家之间的对立，表现为资本所有权和使用权的对立，利息和企业主收入就不再表现为资本对雇佣劳动的剥削，从而把利息和企业主收入的真正来源掩盖起来了。

马克思指出：“尽管利息只是利润即执行职能的资本家从工人身上榨取的剩余价值的一部分，现在利息却反过来表现为资本的真正果实，表现为原初的东西，而现在转化为企业主收入形式的利润，却表现为只是在再生产过程中附加进来和增添进来的东西。在这里，资本的物神形态和资本物神的观念已经完成。”② 所以，陈征指出：“资本本来是一种社会关系，在生息资本形式上，却表现为货币和货币、本金和利息、物和物的关系。也就是说，人和人的关系被歪曲地表现为物和物的关系，资本主义生产关系的本质从此完全颠倒过来了，资本的属性也歪曲地表现为货币本身的属性。”③ 用马克思的话说，则是 “在生息资本上，资本关系取得了它的最表面和最富有拜物教性质的形式。”④

第五节　超额利润转化为地租之研究

一、超额利润转化为地租的前提条件

根据马克思相关原理，资本主义地租是超额利润的转化形式，其实质，仍然

---

① 马克思恩格斯文集（第7卷）[M]. 北京：人民出版社，2009：426.

② 马克思恩格斯文集（第7卷）[M]. 北京：人民出版社，2009：441－442.

③ 陈征. 平均利润转化为利息和企业主收入——《资本论》第三卷转化理论研究之四 [J]. 财经理论与实践，1983（1）.

④ 马克思恩格斯文集（第7卷）[M]. 北京：人民出版社，2009：440.

是剩余价值的一部分。在此，陈征从质和量两个方面对资本主义地租的实质以及超额利润转化为地租的前提条件进行深入的分析。

陈征指出，从量的方面看：农业工人在剩余劳动时间内创造的剩余价值的一部分，转化为平均利润，为经营农业的资本家所占有；剩余价值的另一部分，形成超额利润，转化为地租，为土地所有者攫取去，所以，资本主义地租，是剩余价值的一部分。从质的方面看：资本主义地租，是超过平均利润以上的部分，即超额利润。这种超额利润，是在特殊条件下生产出来的，由超额剩余价值转化而来的。由此可见，农产品中的剩余价值的一部分，即超额剩余价值部分才会转化为资本主义地租。有些资产阶级经济学家，把农业中的全部剩余产品说成都是地租，显然是错误的。

陈征在转化理论研究之一到之四中，论述了剩余价值如何转化为利润和平均利润，平均利润又如何表现为工业利润和商业利润，分割为利息和企业主收入等，那都是从工业出发，引申到商业、金融业等方面，说明剩余价值到各种上述形式的转化。由于资本主义生产主要包括工业和农业两大部门，因此，陈征认为："在工业方面剩余价值如何转化的问题分析之后，就需要进一步研究农业中的这部分剩余价值的转化问题。"① 在此，陈征首先提出的问题是：在资本主义农业中，形成超额利润并转化为地租的前提条件和工业中的形成剩余价值并转化为利润和平均利润的条件是否相同呢？如果不相同，那么，农业中的这种条件又是什么呢？

对于上述的问题，马克思曾经指出，不能把对剩余价值和利润的一般条件的分析，用来代替对形成农业中的超额利润的条件的分析，它们之间是不相同的。在此，陈征根据马克思的相关论述，从剩余价值和利润的一般存在条件来进行分析：首先，在生产方面，直接生产者更能提供剩余劳动，创造剩余价值。其主观条件是，生产者在劳动时间内，除去必要劳动部分外，还必须完成剩余劳动。其客观条件是，生产者也能够完成剩余劳动。其自然条件是，农业劳动自然生产率必须有足够的发展，劳动者所生产的产品，除去供给自己消费的必要生活资料之外，还能把剩余产品生产出来。其次，从交换方面看，商业生产和商品交换必须有一定程度的发展，商品交换时按价值出售，才能使商品中包含的剩余价值和利润得以实现。只要具备了上述两方面的条件，剩余价值和利润就会生产出来，并得以实现。但是，马克思又指出："剩余劳动和剩余价值本身的主观条件和客观

① 陈征．超额利润转化为地租——《资本论》第三卷转化理论研究之五［J］．福建师范大学学报，1984（2）．

条件，和一定的形式（不管是利润形式或地租形式）无关。这些条件对剩余价值本身起作用，而不管它采取什么特殊的形式。因此它们不能说明地租。”① 对此，陈征认为，上述条件，只能说明剩余价值和利润的一般存在条件，并不能说明农业中超额利润的形成并转化为地租的条件。地租只是剩余价值的一部分，具有与一般剩余价值不同的特殊性。所以，他认为，要分析地租的存在条件，必须分析形成超额利润，然后再转化为地租的特殊条件。不能“把作为商品和价值的一切产品具有的性质，说成是农产品特有的性质”②。不能把形成剩余价值的一般条件和农业中形成超额剩余价值的条件等同起来。

在这里，陈征又充分注意到，要分析农业中超额利润产生的条件及其如何向地租的转化，又必须在商品、价值、剩余价值，及其转化为利润和平均利润的条件的基础上来进行。只有在资本主义商品生产的基础上，价值、剩余价值、利润和平均利润，才得以生产和实现，因而剩余价值的一部分，即农业中的超额利润的部分，才有可能转化为地租。因此，陈征得出结论：要说明资本主义地租的产生，必须首先说明资本主义的生产过程，必须以剩余价值和平均利润等一系列的形成条件为基础。他分析，农产品作为商品，作为价值并得以发展，是商品生产基础上的共有现象。作为商品和剩余价值等特性，说明了表现为资本主义地租的这部分超额剩余价值所具有的一般性。此外，它再转化为地租，还需具有特殊性，即如马克思说所说的：“地租的特征是：随着农产品作为价值（商品）而发展的条件和它们的价值的实现条件的发展，土地所有权在这个未经它参与就创造出来的价值中占有不断增大部分的权力也发展起来，剩余价值中一个不断增大的部分也就转化为地租。”③ 所以，陈征总结指出：“要分析地租的存在条件，必须在分析一般剩余价值形成条件及其转化为平均利润条件的基础上来进行。”④ 他直接指出：“在资本主义制度下，形成地租的特殊条件则是土地的所有权，即资本主义对土地所有权的垄断。”⑤ 正是由于土地所有者掌握着土地所有权，在农产品商品化，农产品中所包含的剩余价值不断生产和实现的情况下，土地所有者依靠土地所有权的垄断，把土地出租给经营农业生产的资本家，从而收取地租，不断从剩余价值中攫取一个日益增大的份额。“真正的地租是为了使用土地本身而支付的，”⑥ 即纯粹由土地的所有权带来的。由此可见，土地所有权，既是农

① 马克思恩格斯文集（第7卷）[M]．北京：人民出版社，2009：717.

②③ 马克思恩格斯文集（第7卷）[M]．北京：人民出版社，2009：720.

④⑤ 陈征．超额利润转化为地租——《资本论》第三卷转化理论研究之五 [J]．福建师范大学学报，1984（2）.

⑥ 马克思恩格斯文集（第7卷）[M]．北京：人民出版社，2009：699.

业中形成超额剩余价值即超额利润的条件，又是超额利润转化为地租的条件，这是产生资本主义地租的特殊前提条件。

为什么资本主义土地所有权是资本主义地租的形成条件呢？陈征认为，研究资本主义农业，要着重研究资本主义农业中的生产关系和分配关系，研究农业工人所创造的剩余价值一部分如何转化为平均利润归经营农业的资本家所占有，而另一部分又如何转化为地租由农业资本家交纳给土地所有者手中。在此，陈征主要根据资本主义农业的基本特点及地租的本质进行分析。

陈征指出，地租，体现着农业工人、农业资本家和土地所有者三者之间的关系，是反映农业生产关系和分配关系的基本范畴。资本主义农业是把土地当作资本家的投资要素来考察的，作为这种投资要素的土地所有权，它既决定着资本主义地租的形成，也决定着资本主义地租的形式，还决定着资本主义地租的发展趋势，因而对资本主义农业中的生产关系和分配关系有着决定性的影响。陈征认为，土地所有权不仅仅是一个法律上的概念，而且是一个经济上的概念。即使法律上的土地所有权，也是由不以人们意志为转移的经济条件所决定的。马克思指出："用这些人使用或滥用一定量土地这样一种法律权力来说明问题，是什么问题也解决不了的。土地的这种使用，完全取决于不以他们的意志为转移的经济条件。"① 他又说："地租是土地所有权在经济上的实现，即不同的人借以独占一定部分土地的法律虚构在经济上的实现。"② 这是一切地租所具有的共同性。但资本主义地租，是剩余价值的一部分，是超额利润的转化形式，"是以土地所有权、以某些个人对某些地块的所有权为前提。"③ 资本主义农业的土地所有权，不能创造超额利润，但却可以使这种超额利润转化为地租，"它不是使这个超额利润创造出来的原因，而是使它转化为地租形式的原因。"④

由上述的分析可见，和工业中的剩余价值转化为利润和平均利润等具体形式的前提条件不同，资本主义农业中超额利润的形成及其向地租的转化，则是以资本主义的土地所有权作为前提条件。

二、超额利润转化为地租的发展过程

陈征在研究马克思地租理论的基础上，发现研究地租的困难在于说明：资本

① 马克思恩格斯文集（第7卷）[M]. 北京：人民出版社，2009：695-696.
② 马克思恩格斯文集（第7卷）[M]. 北京：人民出版社，2009：715.
③ 马克思恩格斯文集（第7卷）[M]. 北京：人民出版社，2009：714.
④ 马克思恩格斯文集（第7卷）[M]. 北京：人民出版社，2009：729.

主义农业中的超额利润即超额剩余价值是如何形成的，这种超额利润又如何转化为地租？这既要研究农业中的超额利润的形成过程，还要研究这种超额利润如何转化为地租的发展过程。“这种转化在什么时候发生，怎样发生，在什么情况下发生，总是我们必须研究的问题。”①

根据马克思的地租理论，级差地租和绝对地租是资本主义地租的两种主要形式，“这两个地租形式，是唯一正常的地租形式。”② 陈征认为，要分析超额利润如何产生及其如何转化为地租的过程，必须从具体分析这两种地租形式入手。

首先，阐明级差地租的基本原理。

根据马克思的地租理论，资本主义农业级差地租分为级差地租Ⅰ和级差地租Ⅱ。级差地租Ⅰ是由于土地的自然肥力和位置远近不同，两个等量资本投在等量面积的不同等级的土地上，经营那些肥力较好或位置较好土地的农业资本家，就能在出卖农产品时，因个别生产价格低于社会生产价格而获得超额利润，并转化为地租。如果同等数量的资本，连续投在同一块土地上，也就是在同一块土地上投入较多的资本，从而产生不同的生产率，因此产生个别生产价格低于社会生产价格的超额利润，由此转化为级差地租Ⅱ。不管是级差地租Ⅰ还是级差地租Ⅱ，级差地租都是由农产品的个别生产价格低于社会生产价格之间的差额，从而产生超额利润，并转化为级差地租的。马克思说：“级差地租实质上终究只是投在土地上的等量资本所具有的不同生产率的结果。”③ 陈征认为，其间的差别只是：级差地租Ⅰ，是由于各个资本投入不同的土地上从而具有不同生产率的结果；级差地租Ⅱ，则是各个资本投入同一块土地上从而具有不同生产率的结果。

在此，陈征提出一个问题：即为什么农产品的个别生产价格会低于社会生产价格从而产生超额利润呢？这种超额利润与工业中的超额利润有何不同？又为什么它必然会转化为级差地租呢？

在此，陈征以具体实例解析超额利润产生的原因。说明这种超额利润的产生，并不是因为他们高于社会生产价格出售商品，而是因为他们按照社会生产价格出售商品。马克思曾一语破的地指出：“因为他们的商品是在特别有利的条件下，即在优于这个部门占统治地位的平均水平的条件下生产出来的，或者说，因为他们的资本是在这种特别有利的条件下执行职能的。”④

---

① 马克思恩格斯文集（第7卷）［M］. 北京：人民出版社，2009：731－732.

② 马克思恩格斯文集（第7卷）［M］. 北京：人民出版社，2009：864.

③ 马克思恩格斯文集（第7卷）［M］. 北京：人民出版社，2009：759.

④ 马克思恩格斯文集（第7卷）［M］. 北京：人民出版社，2009：722.

继而，陈征进一步概括了这种超额利润和工业中的超额利润的异同点。从共同点而言，即它们都是由生产条件上的原因引起的，即由于处在有利条件下的生产者所生产的商品，个别生产价格低于社会生产价格，但在市场上，又都按照社会生产价格出卖，从而使个别生产价格低于社会生产价格的差额部分，形成超额利润。从不同点而言，在工业中，取得这种利润的生产者，只是暂时的。如果个别生产者在较好生产条件下生产商品，取得超额利润时，其他的厂商也会千方百计地改善生产条件，提高劳动生产率，从而使生产该商品的社会必要劳动时间降低，其社会生产价格也会下降，原超额利润就会消失。农业则不同。农业生产的主要条件是土地，但土地又是有限的，由于土地的自然肥力和位置远近不同，以及在同一块土地上连续进行投资，都要受到客观存在的土地面积的限制。就如马克思所指出的，土地是一种自然力，“这种自然力是一种可以垄断的自然力。”① “这种自然条件在自然界只存在于某些地方。在它不存在的地方，它是不能由一定的投资创造出来的。”“这样的自然力，既不是相关生产部门的一般条件，也不是该生产部门一般都能创造的条件。”② 因此，它一旦为占有者所垄断，由它所产生的超额利润，就带有永久的、固定的性质。这种附着在土地上的有限的自然力，一旦为土地所有者占有，并把它租给农业资本家去经营，农业资本家就要把由经营而产生的超额利润交给土地所有者，这样，超额利润就转化为地租。由此，陈征总结指出：“土地所有权和土地经营权的垄断，就成为农业中超额利润的形成及其转化为级差地租的条件。”③

在上述分析的基础上，陈征又进一步分析了级差地租Ⅰ和级差地租Ⅱ的联系。陈征指出，级差地租Ⅰ和级差地租Ⅱ在形式上虽然不同，但在实质上则是完全相同，即它们都是由个别生产价格低于社会生产价格之间的差额所构成的超额利润转化而来。但是，这种超额利润到级差地租Ⅰ或级差地租Ⅱ的转化过程，则是完全不同的。陈征分析，由于土地的自然肥力和位置远近的差别，是客观明显地存在着的，所以当超额利润转化为级差地租Ⅰ时，是不会发生困难的，这在订立租约时就能够确定下来，这部分超额利润，就会全部地直接地转化为地租，归土地所有者所有。级差地租Ⅱ则不同。它的超额利润，是由于连续在同一块土地上投资所产生的结果。而连续进行投资则是由租地经营的农业资本家来进行的，

---

① 马克思恩格斯文集（第7卷）［M］. 北京：人民出版社，2009：726.

② 马克思恩格斯文集（第7卷）［M］. 北京：人民出版社，2009：726－727.

③ 陈征．超额利润转化为地租——《资本论》第三卷转化理论研究之五［J］. 福建师范大学学报，1984（2）.

具有一定的主观性。连续投资多少以及这样的投资能取得怎样不同的生产率，从而能够取得多少超额利润，这在订立租约时也是无法确定的。因此，在租约规定的期限内，地租已确定，这时，由不断追加投资所取得的超额利润，就直接归租地经营的农业资本家自己所有，不会转化为地租而交给土地所有者。只有到租约期满重新订立契约时，土地所有者才能采用增加地租的办法，使这部分用于土地改良的追加资本所获得的超额利润转化为地租。所以，马克思谈到级差地租时指出："后一个方法会把这种转化限制在一方面更为狭小；另一方面更不稳定的界限内。"① 对此，陈征解释称，说它是"更为狭小"，因为在租期内这种超额利润并没有直接转化为地租；说它是"更不稳定"，因为级差地租Ⅰ在签订租约时就已确定，是比较稳定的，而级差地租Ⅱ，只有在租约期满时才能转化为地租，而转化的量也是不确定，所以它是"更不稳定"的。这是陈征所分析的正是由于级差地租Ⅰ和Ⅱ在形式上的不同，因而在转化过程中也产生的差别。

其次，阐明绝对地租的基本原理。

绝对地租是农产品价值超过生产价格以上的余额，这部分余额，形成超额利润，转化为绝对地租。在此，陈征抓住关键的问题是：农产品的价值为什么会大于它的社会生产价格从而产生超额利润，以及这部分超额利润为什么又必须转化为绝对地租？对于这一个问题，陈征主要作如下的分析。

陈征指出，由于不同企业的有机构成高低不同，因而会发生有些企业产品的生产价格高于价值，而另一些企业的产品的生产价格低于价值的现象。在有机构成低的企业，价值高于生产价格，剩余价值就会高于平均利润。反之，在有机构成高的企业，价值低于生产价格，剩余价值就会比平均利润为少。在资本主义国家里，农业的发展往往落后于工业，农业中的社会劳动生产力往往比工业低，因而农业中的资本构成低于社会平均资本构成。就如马克思指出的"农业上一定量的资本，与同等数量的有社会平均构成的资本相比，会生产较多的剩余价值，或同样也可以说，会推动和支配较多的剩余劳动（因此，也就是使用较多的活劳动一般）。"② 这种农产品价值高于生产价格的差额，形成超额利润。

那么，为何这种超额利润不像在工业中那样，最终导致平均化，而必须转化为级差地租呢？陈征指出：由于在工业中，等量资本必须要求等量利润的客观趋势，引起各部门之间的竞争，发生资本转移，从而使利润率平均化，由成本价格加平均利润，形成生产价格。所有的厂商都一律要求按生产价格出售。这样，由

① 马克思恩格斯文集（第7卷）[M]. 北京：人民出版社，2009：760.

② 马克思恩格斯文集（第7卷）[M]. 北京：人民出版社，2009：860.

于利润的平均化，价值高于生产价格的部分，就不能作为超额利润归该企业所有，而是参加到社会平均化过程中去。可见，在工业中，这种由价值超过生产价格的部分，不会形成超额利润，更不会转化为地租。农业则不同，由于有机构成低，产生价值高于生产价格部分而形成的超额利润，还必须进一步转化为绝对地租。这是因为：农业中有一种外在的力量，阻碍着资本的自由转移，阻碍着利润率的平均化。马克思指出“在这里，土地所有权就是障碍”。“当资本投在土地上时，土地所有权或者说土地所有者，就作为这样一种外力和限制，出现在资本或资本家面前。”① 土地私有权的垄断，限制着资本的自由转移，阻碍着利润率在农产品中的平均化。任何资本家要把资本投资到农业中来，必须向土地所有者租赁土地，必须交纳地租。“不交地租，就不能对从前未耕种或未出租的土地投入任何新的资本。”② 因此，农产品的市场价格必须高于生产价格，租地经营的农业资本家，才能在取得平均利润以后，还有余额用来支付地租。由此，陈征总结指出，这部分超额利润所以能转化为绝对地租，是和土地所有权的垄断引起对农产品的垄断分不开的。正是由于土地所有权的垄断，引起对农产品的垄断，既阻碍着农业中的资本自由转移，也决定着农产品的市场价格高于生产价格来售卖。这样，农产品的价值，就等于成本价格加平均利润再加地租（包括价值高于生产价格而转化为绝对地租部分和社会生产价格高于个别生产价格的级差地租部分）。

马克思指出“在任何情况下，这个来自价值超过生产价格的余额的绝对地租，都只是农业剩余价值的一部分，都只是这个剩余价值到地租的转化，都只是土地所有者对这个剩余价值的攫取。”③ 对此，陈征认为，不仅绝对地租是这样，级差地租也是这样。它们都是由生产中创造的剩余价值的一部分转化而来的，而且又都是通过价值和价格的形成过程得到说明的。

陈征又进一步指出，除了级差地租和绝对地租，还有以真正的垄断价格为基础的垄断地租，它是由市场价格高于价值来决定，这种高于价值的市场价格，“是由购买者的需要和支付能力决定。”④

综上所述，为什么农产品价值中的个别生产价格低于社会生产价格部分和价值高于生产价格的部分都会表现为超额利润，而这两种超额利润又都必须转化为不同形式的级差地租和绝对地租，根本的关键在于：土地所有权的垄断和土地经营权的垄断。

---

①② 马克思恩格斯文集（第7卷）[M]. 北京：人民出版社，2009：862.

③④ 马克思恩格斯文集（第7卷）[M]. 北京：人民出版社，2009：864.

三、超额利润转化为地租的理论意义

在资本主义社会里，利润是剩余价值的正常形式，地租则是超额剩余价值的转化形式。由超额利润到地租的转化，与由剩余价值到利润和平均利润的转化完全不同，它研究的是平均利润范围以外的超额利润的转化问题，是从农业中的特殊情况出发，只适用于对资本主义农业作独特的研究。陈征明确指出：通过这种研究，“目的在于揭示资本主义农业中的生产关系和分配，揭示土地所有者和经营农业的资本家如何共同瓜分农业工人所创造的剩余价值”①。

马克思指出：“对那些和土地不同的劳动条件，即对农具和其他动产的所有权，在先前的各种形式下就已经先是在事实上，然后又在法律上，转化为直接生产者的所有权；这一点对货币地租形式来说，更是先决条件。起初只是偶然的，尔后或多或少在全国范围内发生的从产品地租到货币地租的转化，要以商业、城市工业、一般商品生产、从而货币流通有了比较显著的发展为前提。这种转化还要以产品有一个市场价格，并或多或少接近自己的价值出售为前提，而在先前的几种形式下，却不需要如此。”② 这里说的是产品地租到货币地租的转化条件，是以商品、货币、市场等一系列因素的充分发展为前提。

陈征指出，马克思关于超额利润转化为资本主义地租的理论，都就以劳动价值论为基础，只有在科学的劳动价值论的基础上才能对资本主义地租作出科学的正确的说明。在此，陈征又总结了资产阶级经济学家为何不能揭示地租实质的原因。如重农学派的代表人魁奈，把地租当作“纯产品”的一般形式，但由于他没有建立科学的劳动价值理论，因而不可能从理论上正确地说明资本主义的地租问题；古典学派的代表人亚当·斯密，是在经济学说史上系统地研究地租的第一人，他把地租看成由垄断价格产生的，是地主对土地私有权垄断的结果，但是他不了解价值和生产价格的区别，错误地认为地租是价格高于价值的结果。古典学派的集大成者李嘉图，坚持用劳动价值论分析地租的形成，但他仅仅承认有级差地租，否认绝对地租的存在。马克思在创立剩余价值理论的过程中，认为必须解决李嘉图所没有解决的问题，要在劳动价值理论的基础上，在不违背价值规律的情况下，论述绝对地租的存在和形成，指出了农产品价值高于生产价格部分，如

① 陈征．超额利润转化为地租——《资本论》第三卷转化理论研究之五［J］．福建师范大学学报，1984（2）．

② 马克思恩格斯文集（第7卷）［M］．北京：人民出版社，2009：901．

何形成超额利润，并转化为绝对地租，这就在不违反价值规律的条件下，论述了绝对地租的存在，创立了科学的资本主义的地租理论。

陈征又进一步指出，要说明超额利润到地租的转化，还必须以平均利润与生产价格的理论为基础。马克思指出："地租分析上的全部困难在于，要说明的是农业利润超过平均利润而形成的余额，即不是说明剩余价值，而是说明这个生产部门所特有的超额的剩余价值。"① 因此，"要能够谈论超过平均利润的余额，这个平均利润本身必须已被确立为标准，并且已被确立为生产的调节器（在资本主义生产方式下就是这样）"②。如上所述，有些资产阶级经济学家，由于不了解价值和生产价格、剩余价值和平均利润的区别，不能对资本主义地租作出科学的正确的说明。如果不懂得资本主义经济生活中存在着平均利润，当然也就不懂得还会有超过平均利润以上的超额利润，更谈不上超额利润如何转化为地租了。如果不懂得由平均利润加成本价格而形成的生产价格，当然也就不懂得个别生产价格如何低于社会生产价格，农产品价值如何高于生产价格，从而如何转化为级差地租和绝对地租了。所以，陈征总结指出："马克思所以能创建科学的地租理论，既是由于他把地租理论建立在劳动价值论的基础上，又是由于他把地租理论建立在科学的平均利润和生产价格理论的基础上。"③

通过陈征一系列的研究，说明马克思把平均利润和生产价格理论全面运用于资本主义的工业和农业，对工业和农业中的资本主义生产关系和分配关系给予科学地、系统地阐述，这就不仅说明了在工商业中，资本家集团如何瓜分剩余价值，而且说明了在资本主义农业中，土地所有者和农业资本家，如何瓜分农业工人所创造的剩余价值，从而使剩余价值理论像一根红线全面贯穿于资本主义社会的整个经济生活之中。因此，从广义上说，马克思的地租理论，也是其剩余价值理论中的一个有机组成部分。

第六节　本 章 小 结

马克思的转化理论在马克思理论体系中具有重要的地位，研究马克思的转化理论，是理解《资本论》第3卷的关键。陈征在长期研究和熟练掌握《资本论》

①② 马克思恩格斯文集（第7卷）［M］. 北京：人民出版社，2009：885.

③ 陈征. 超额利润转化为地租——《资本论》第三卷转化理论研究之五［J］. 福建师范大学学报，1984（2）.

基本原理的基础上，对马克思的转化理论进行正面、系统的研究，其所提出的理论观点和所运用的分析方法对于研究和理解马克思转化理论、维护《资本论》的权威性都具有重要的意义。

一、迎难而上，对于世界性理论难题进行全面系统研究

恩格斯在整理出版《资本论》第 3 卷手稿时曾指出："这个第三卷是我所读过的著作中最惊人的著作，最困难的问题这样容易地得到阐明和解决。"[①] 而马克思的转化理论则是第 3 卷中的最困难的问题之一，尤其是关于剩余价值转化为平均利润、价值转化为生产价格的价值转形问题，是马克思以前的及和他同时代的经济学家都无法解释的难题。古典学派虽然较为透彻地分析了资本主义经济过程的本质，但解释不了普遍现象；庸俗学派完全抛弃本质过程的研究，只是对经济现象作出经验的描述。《资本论》第 3 卷出版后，资产阶级学者们为了否定马克思的学说本身，他们试图从这一理论内部找出各种"矛盾"来驳倒马克思主义。而国内外马克思主义经济学家针对这些无理的、别有用心的批驳进行反击，出现了一些对马克思转形理论的研究成果，但大多是集中于资产阶级学者对马克思转形理论非议的批驳，正面、系统地对马克思转化理论进行研究是极少的。

陈征是当代著名的马克思主义经济学家，他不仅精通马克思《资本论》的基本理论，而且擅长于运用《资本论》基本原理研究社会主义经济问题，并进行发展创新。对于世界性重大的理论难题，陈征迎难而上，对马克思转化理论进行卓有成效的系统研究，于 20 世纪 80 年代撰写了第 3 卷的转化理论系列论文：即《从剩余价值到利润的转化》《利润到平均利润、价值到生产价格的转化》《平均利润发展到商业利润、生产价格进一步转化为商业价格》《平均利润转化为利息和企业主收入》《超额利润转化为地租》五篇文章，阐述了马克思转化理论的基本内涵，说明了剩余价值如何转化为利润，利润如何转化为平均利润，平均利润如何表现为产业利润和商业利润，并进一步分割为利息和企业主收入，以及超额利润如何转化为地租等一系列问题，对每一个转化的关键地位、前提条件和中间环节都进行深入细致的分析，阐明了资本主义经济的现象和本质及它们的关系，维护了马克思转化理论的实质及其科学性。

① 马克思恩格斯全集（第 36 卷）[M]. 北京：人民出版社，1975：299.

二、极大地维护了马克思《资本论》的科学性和权威性

价值转形是马克思劳动价值论的核心问题，也是一百年来有关马克思价值理论争论的焦点问题。1894 年，《资本论》第 3 卷一出版，剩余价值转化为平均利润、价值转化为生产价格的争论也随之产生。资产阶级学者们为了否定马克思的学说本身，他们试图从这一理论内部找出各种“矛盾”来驳倒马克思主义。他们制造了马克思的价值理论同生产价格的矛盾，即《资本论》第 1 卷同第 3 卷存在着矛盾，声称马克思在《资本论》第 3 卷中已放弃了劳动价值论等。如意大利资产阶级经济学家洛里亚在 1895 年发表的文章中指出，价值既然不外是一个商品和另一个商品的交换比例，所以单是总价值这个概念，就应该是荒谬的。又如奥地利经济学家庞巴维克发表《卡尔·马克思及其体系的终结》一文，声称：马克思的第 3 卷否定了第 1 卷，“因为，第 1 卷极端强调地说，全部价值的基础是劳动，而且仅仅是劳动，即商品价值是同生产它们所必要的劳动成比例的……可是，第三卷简单明了地说，按照第一卷说法必须如此的东西，却并不如此，而且决不能如此，即每个商品并不依照它们所包含的劳动进行交换，同时，这种情况还不是暂时和偶然的，而是必然和长期的。”① 再如，萨缪尔森在《马克思的价值向竞争价格的转形》一文中说：马克思的转化理论“极端酷似用橡皮擦去最初写下的东西，以后再重新出现，记入正确计算的东西”。他在另一篇论文中再次声称：“穿过数学的迷路就可以发现，价值和生产价格是两个可以代替而不可能调和的体系”，马克思的“价值是向价格的转形”，完全意味着“放弃第 1 卷的价值表式，代之以第 3 卷的、即采用资产阶级经济学的价格表式”等。②

总之，所有资产阶级学者对马克思转形理论的攻击都可以集中到一点：即《资本论》第 1 卷同第 3 卷是矛盾的，价值理论同生产价格理论是绝对不相容的。声称马克思在《资本论》第 3 卷中放弃了劳动价值论等，妄图通过否定劳动价值理论，进而推翻剩余价值理论，否定整个马克思的经济学说。陈征认为，围绕着“转形”问题的论争，实质上是一场捍卫或否定马克思主义的理论斗争。陈征指出：“为捍卫马克思的经济学说，围绕着‘转形’问题的论争，必须从两方面进行。一方面，必须深入研究马克思的转化理论，准确地而不是错误地、全面地而

---

① 转引自胡代光等主编：《评当代西方学者对马克思〈资本论〉的研究》［M］. 北京：中国经济出版社，1990：149.

② 《经济研究参考资料》第 192 期。

不是片面地、完整地而不是零碎地对马克思的转化理论进行系统的理解；另一方面，针对论争者所提出的各种不同观点和论据，分别进行驳斥。”① 为此，陈征在研究马克思转化理论的过程中，分析了由剩余价值到利润、利润再到利息、地租等各种具体形式的转化，经历了五个不同层次，每一层次中，又都有各自不同的中间环节。分析这些不同层次和不同的中间环节，是从正面研究马克思的转化理论，在此基础上，陈征对资产阶级学者的各种谬论进行严厉的批判，揭露其炮制的《资本论》第3卷与第1卷的矛盾的目的在于：妄图否定劳动价值理论，进而推翻剩余价值理论，从而否定整个马克思的经济学说。

三、为研究马克思价值转化理论提供重要的理论借鉴

马克思对转化理论的分析采用的是从抽象到具体的研究方法，说明了剩余价值如何转化为利润，利润如何转化为平均利润，平均利润如何表现为产业利润和商业利润，并进一步分割为利息和企业主收入，以及超额利润如何转化为地租等一系列问题，阐明了资本主义经济发展过程，披露资本主义社会的剥削本质。马克思在《资本论》第1卷序言中最先明确了其政治经济学的研究方法：“分析经济形式，既不能用显微镜，也不能用化学试剂。二者都必须用抽象力来代替。”② 马克思正是运用抽象分析法，从概括最为深刻的本质出发，通过仔细论证而后具体于实践，最终揭示经济现象的本质。一百年来，有关马克思转形理论的争论和所持的异议，问题并不在于马克思价值转形的理论本身存在缺陷，而是否以马克思的分析视角来研究和论证这一问题。

陈征指出，马克思在《资本论》中运用唯物辩证法，通过资本主义经济的矛盾运动、质量互变、否定之否定的发展，建立了他的转化理论。陈征认为，只有理解和掌握马克思在研究转化理论所运用的方法，才能真正说明马克思转化理论的科学内涵和实质。陈征指出，《资本论》中所揭示的转化基本上有两种：“一种是不同性质的转化”，即由一种旧质的概念转化为一种新质的概念，如作为交换媒介的一般等价物的货币转化为当作剥削剩余价值手段的资本；“另一种是同一性质的转化”，这只是由内容到形式的转化，或由这一形式到另一形式的转化，如剩余价值转化为利润，利润转化为平均利润，不管是利润，还是平均利润，实

---

① 陈征. 从剩余价值到利润的转化——《资本论》第三卷转化理论研究之一［J］. 财经理论与实践，1983（1）.

② 马克思恩格斯文集（第5卷）［M］. 北京：人民出版社，2009：8.

质上仍然是剩余价值。就如马克思所说的“剩余价值和利润实际上是一回事”。[①] 所以，陈征在分析马克思转化理论五个层次的不同转化时，由本质转化为不同现象形式，由这一形式转化为另一形式，从而说明马克思如何对资本的各种形式和剩余价值的各种形式给予由本质到现象的科学的分析与说明。因此，陈征对马克思转化理论的分析方法和内容的深入、系统的研究，为研究马克思的转化理论提供重要理论借鉴。

① 马克思恩格斯文集（第7卷）[M]. 北京：人民出版社，2009：56.

陈征运用《资本论》研究社会主义市场经济

第一节　开创性提出《资本论》对社会主义市场经济有重要指导意义

《资本论》不仅是深刻分析资本主义经济关系的鸿篇经典，同时还是详尽研究商品经济关系的精深论著。过去，人们往往把《资本论》中关于商品经济一般范畴仅仅局限于诸如商品、价值、货币、价格、劳动的私人性和社会分工等。这把《资本论》绝大部分的研究推斥于商品经济一般性的研究之外，研究过于狭窄。当时有一种观点认为马克思从未使用过市场经济的概念，因而谈不上是关于市场经济的理论；还有一种观点认为《资本论》分析的是资本主义的商品经济理论，对社会主义经济不适用，这实质上是《资本论》过时论的具体说法。

资本主义经历了自由竞争资本主义和垄断资本主义两个阶段。陈征指出：马克思处于自由资本主义阶段，以当时的资本主义生产关系为研究对象，对建立在社会化大生产基础上的商品经济进行了一系列的研究和分析。而社会主义经济是以公有制为基础的有计划的商品经济，这种有计划的商品经济，是建立在社会化大生产的基础上、以高科技为支撑的商品经济，其生产的实质、目的和范围与资本主义商品经济也有着不同之处。《资本论》的主要任务是研究资本主义生产关系，揭示资本主义经济的运动规律，但马克思同时也曾科学地预示了未来社会的基本轮廓和社会经济形态，说明在生产力还未发展到一定高度，商品经济还未得到充分发展的社会主义国家，还需要大力发展商品经济，利用商品、货币等经济工具，以促进生产力发展。商品作为资本主义的经济细胞，《资本论》是从商品分析开始，进而解剖资本主义的经济本质。因此，陈征既坚定又明确地指出："《资本论》中关于商品经济的一般原理，对社会主义经济是适用的；不仅如此，还要运用这些原理，在实践中进一步丰富和发展马克思的商品经济理论。"① 他又指出："马克思在《资本论》中有关商品经济的一般原理，舍象掉资本主义实质，他所揭示的社会化大生产条件下商品经济运动的规律，不仅对资本主义是适用的，对社会主义经济也是适用的。"② 如《资本论》中所论述的商品、价值、价格和货币，社会主义商品经济同样存在，价值规律、竞争规律、供求规律、货币流通规律、再生产规律等，现在仍然起作用。

进而，陈征以货币流通规律和资本积累理论为例，进一步说明《资本论》是适用于指导社会主义经济建设。如《资本论》中揭示的货币流通规律，即货币流通量取决于待实现的全部商品价格总额和货币流通速度之比。尤其是纸币出现以后，发行的纸币的量要与实际需要的货币量相适应，一旦纸币超量发行，物价就会上涨，发生通货膨胀。这一货币流通规律不仅对资本主义经济适用，对社会主义经济也同样适用。又如资本积累理论，马克思指出，积累是扩大再生产的源泉，《资本论》中揭示了资本积累从外延上、从内涵上使生产扩大；又因资本积累、投资增加、科学技术发展，引起资本有机构成提高；资本积累如何引起资本积聚和集中，引起垄断大企业和股份制的出现等。当前我国社会主义建设的根本任务是解放生产力，发展生产力，这就需要不仅从外延上，而且从内涵上努力实现扩大再生产，进行社会主义积累。而社会主义经济增长的根本关键在于采用先进技术和实行技术改造，提高有机构成，从而提高劳动生产率，提高经济效益。同时，必须注意保持积累与消费合理的比例关系，才能使国民经济各部门按比例协调发展。

上述的分析，说明《资本论》的基本原理，舍象其资本主义特质，结合社会主义的实际情况，是可以具体运用的。由此，陈征开创性地指出："《资本论》是对自由资本主义时期市场经济经验的总结，其中有关市场经济的原理，对于研究社会主义市场经济也有一定的指导和借鉴意义。"③ 从而旗帜鲜明地主张运用《资本论》指导社会主义市场经济建设，这对于重视《资本论》的研究以及在社会主义市场经济建设中坚持马克思主义经济学的指导地位都具有极其重要的意

① 陈征．陈征选集［M］．太原：山西经济出版社，1996：7.

② 陈征．陈征选集［M］．太原：山西经济出版社，1996：61.

③ 陈征．陈征选集［M］．太原：山西经济出版社，1996：10.

义。同时，他又指出："《资本论》虽然是研究资本主义经济的著作，但它的研究方法和一些基本理论，对于我国社会主义经济建设，对于改革开放，仍然有极其重要的指导意义。"① 这就进一步表明，不管是从社会主义现代化建设的性质和方向上，还是从社会主义建设的过程中，都必须坚持以马克思《资本论》为指导思想。同时，陈征围绕着相关的问题撰写发表了《〈资本论〉与社会主义经济》（1987）、《再论〈资本论〉与社会主义经济》（1991）、《三论〈资本论〉与社会主义经济》（1991）、《〈资本论〉与社会主义市场经济》（1994）、《〈资本论〉与技术革命》（1985）、《再论〈资本论〉和科技革命》（1992）等系列论文，就《资本论》的基本原理与研究方法如何指导社会主义市场经济提出许多新观点、新见解，尤其是原刊于《福建论坛》1987 年第 3 期《〈资本论〉与社会主义经济》一文，提出"社会主义商品，是社会主义政治经济学研究的出发点和立足点"，"社会主义是有计划的商品经济"② 等重要观点，该文发表后即于同年 4 月由《新华文摘》全文转载，后来又为美国的《国际社会经济杂志》（IJSE）译为英文全文转载，引起了国内外强烈的反响。由此可见，这些观点具有重大的现实意义和学术价值。

第二节　运用《资本论》研究社会主义市场经济

《资本论》是以资本主义的生产关系为研究对象的，在《资本论》中没有直接使用过"市场经济"一词，有人因此而认为《资本论》无法指导社会主义市场经济建设。对此，陈征不予以认同，并在长期研究的基础上指出：《资本论》"研究了自由资本主义时期市场经济的一般原理，分析了资本主义市场经济的运行机制和市场经济规律体系。研究《资本论》中有关市场经济的原理，对于研究社会主义市场经济也有一定的指导和借鉴意义"③。据此，陈征陆续撰写并发表了一些相关的论文，对《资本论》指导社会主义市场经济的发展提出了一系列精辟的观点和见解，具有重大理论和现实指导意义。

一、总结了《资本论》关于市场经济的一般特征

陈征认为，马克思在《资本论》中使用的是货币经济，并没有提到市场经济

① 陈征．陈征选集［M］．太原：山西经济出版社，1996：60.

② 陈征．陈征选集［M］．太原：山西经济出版社，1996：8.

③ 陈征．陈征选集［M］．太原：山西经济出版社，1996：10.

一词，但市场经济的基本原理都包括在《资本论》中。

商品是资本主义的经济细胞，马克思在《资本论》中是从分析商品出发，研究了简单商品的一般原理，揭示了资本主义商品的特殊性质，从而对资本主义经济进行全面和深入的研究。因此，要理解和把握商品经济和市场经济的有关原理，必须从研究商品的理论开始。陈征通过全面分析指出：市场经济同商品经济一样，是个中性概念，无论是在资本主义经济条件下还是在社会主义经济条件下，市场经济都将存在。所以，从一般性而言，“《资本论》中对商品一般原理的分析，既适用于简单商品经济，也适用资本主义市场经济和社会主义市场经济”①。此外，陈征根据事物的普遍性与特殊性的基本原理，指出：“《资本论》所分析的商品经济、市场经济原理，将其资本主义的特殊性质撇去，就会发现商品经济、市场经济的一般特征”②，进而把《资本论》中有关市场经济的一般特征概括为以下几个方面。

（一）企业是市场经济的主体

陈征以商品的所有权理论为基础，指出不管是小生产情况下还是社会化大生产条件下，企业是市场交换的主体，必须具有独立的自主经营权。进而，陈征根据马克思的劳动价值论，分析了商品的价值、使用价值和交换价值的内在逻辑关系，指出，市场交换是实现商品价值的必要条件，但商品本身无法执行交换的职能，必须通过商品所有者，并根据他们的意志，让渡自己的商品，占有别人的商品。因此，商品所有者理所当然成为市场的主体，他们不仅生产商品、占有商品，把生产的商品投入市场，再从市场购买生产资料及其他生产要素。因此，陈征指出：“企业是市场上进行商品买卖的主要角色，市场就是由各个作为商品所有者的企业进行买卖活动，实现商品形态的转换。”③这说明，如果没有企业对商品进行买卖，也就没有市场，市场经济也无从谈起，企业是市场经济的主体。

（二）平等竞争是市场经济的运行机制

陈征认为，马克思写作《资本论》的时代是以自由竞争为主的自由资本主义时期。对企业来说，商品能否销售出去，能否回收成本，取得利润，关乎着企业的生存与发展。因此，企业为了实现利润最大化，就会竞相销售商品，不可避免地会产生竞争。陈征还进一步指出，《资本论》第 3 卷中联系供求情况，对各个企业主体的竞争进行了详细的分析，对竞争的假象进行了深刻的揭示。因此，他

①②③　陈征．陈征选集［M］．太原：山西经济出版社，1996：22.

指出：《资本论》“论证了市场是商品生产者平等竞争的场所，有市场必然有竞争”①。尤其是随着市场经济的发展和法制的进一步健全，竞争将更为规范。因此，平等竞争是市场经济的运行法则，没有竞争也形成不了市场。

（三）通过供求和价格的变动进行调节

根据《资本论》的相关原理，供求、竞争、价格的波动是价值规律的表现形式。当供求变动时，商品的价格会围绕着价值上下波动。即商品供不应求时，价格上涨，企业盈利增加，因而扩大生产规模或投资创办新企业；反之，当商品供过于求，商品滞销，价格低于价值，使企业盈利减少，甚至亏本，由此而缩小生产或者转业停产。因此，由于供求变动，价格涨落，竞争规律发生作用，使物质资源及人力资源不断流向经济效益好的部门。据此，陈征指出：“供求的不断变动，价格围绕价值上下波动，调节着各种商品产量的增加或减少”，进而“调节着社会经济资源的合理配置，促进企业采用先进技术，提高劳动生产率”。② 由此可见，价值规律的作用，市场的调节，成为推动经济不断发展的动力机制，这是《资本论》中揭示的市场经济的重要内容。

（四）市场体系是市场经济的必备条件

随着市场经济的发展，各种生产要素商品化，迫切需要建立统一完善的市场体系与之相适应。陈征指出：“《资本论》中不仅研究了商品市场，也研究了资本市场，劳动力市场，土地市场等生产要素市场。”③ 陈征认为，各种市场不仅有不同的内容，而且互相联系，互相发生作用，组成统一的市场体系，不断在生产和流通过程中发生作用。

（五）法制管理是市场经济正常运行的重要保证

为了保证企业间平等、有序的竞争，必须要加强市场经济的法制管理。陈征经过对相关内容的研究指出：《资本论》中对劳动法、货币法、工资法等一系列的问题进行具体的分析，说明了法制管理在资本主义市场经济形成中的重要作用，没有法制的规范，市场也就不可能正常而有序地运转。因此，陈征指出：“市场经济也是一种法制经济。市场经济的运行需要一定的法律、法规来管理和保证”④，法制管理是《资本论》中所揭示市场经济的另一个特征。

总之，陈征通过对上述问题的分析，说明了“《资本论》中对有关商品的一

①②③④　陈征．陈征选集［M］．太原：山西经济出版社，1996：23.

般原理的分析，为商品经济和市场经济建立了必要的理论基础”①。对于任何一个国家和社会来说，要发展商品经济和市场经济，就离不开《资本论》中有关商品和市场的一般原理的指导。

二、主张《资本论》为市场体系提供了理论根据

陈征指出，《资本论》的市场理论，是对资本主义市场运动规律的理论概括，反映了社会化商品经济市场运动的规律。其中，关于资本商品的理论、劳动力理论、地租理论以及商品运动规律等，为市场体系提供了理论根据。

（一）《资本论》中关于资本商品的理论，是建立资本（金融）市场的理论基础

陈征根据马克思的相关理论，指出：货币作为一种特殊的商品，是资本再生产的一个重要要素，与整个资本运动紧密联系。当货币以生息资本的形态出现时，就成为资本商品，货币的所有者将货币资本贷给职能资本家，出现了资本所有权和使用权的分离。职能资本家取得了资本商品的使用权，并通过对资本商品的特殊使用获得利润。而货币资本的所有者由于让渡了使用权，因而能取得利息的补偿。这种贷出和贷入，就产生了资本市场与金融市场。对此，陈征指出：“把资本作为资本商品来经营，是资本市场（金融市场）的理论基础。”②

（二）《资本论》中关于劳动力商品的理论，是建立劳动力市场的理论基础

马克思指出，劳动力是商品而劳动不是商品，劳动力有价值和使用价值，可以在市场上进行买卖。马克思明确指出：“劳动力的价值也是由生产从而再生产这种独特物品所必要的劳动时间决定的”③，“生产劳动力所必要的劳动时间，可以归结为生产这些生活资料所必要的劳动时间，或者说，劳动力的价值，就是维持劳动力占有者所必要的生活资料的价值。”④ 根据劳动力商品理论，马克思还进一步研究了资本主义工资的形成；供求变动对于劳动力价值实现的影响；劳动

①② 陈征．陈征选集［M］．太原：山西经济出版社，1996：24.

③ 马克思恩格斯文集（第5卷）［M］．北京：人民出版社，2009：198.

④ 马克思恩格斯文集（第5卷）［M］．北京：人民出版社，2009：199.

力价值规律的变动对剩余价值规律变动的影响；等等。陈征通过对以上马克思劳动力商品理论的全面分析，指出："劳动力市场主要是对劳动力进行买和卖，而劳动力价值、价格的理论，当然成为劳动力市场的理论基础。"①

（三）《资本论》中关于土地商品化和地租、地价的理论，是建立房地产市场的理论基础

陈征指出：未经开垦的土地本身没有价值，不是商品，土地经过开发，凝结着人类的劳动，因而成为商品，而不管是对农业、工业以及其他行业乃至人们的生活，土地都发挥着不可或缺的作用。陈征还对马克思土地市场相关理论进行概括和总结，说明土地价格是资本化的地租，是土地进行买卖的基础。在资本主义社会里，商品经济高度发达，生产要素商品化，土地作为商品，可以自由买卖。而房屋是建造在土地上的，在进行房屋买卖时，连同土地一起进入房地产市场，因此而成为市场体系的一个重要组成部分。陈征还指出：马克思还从质和量建立了科学系统资本主义农业地租理论体系，从而"为土地价格的确定，又为房地产市场的经营和发展，提供了科学的理论根据"②。

（四）《资本论》中分析的商品运动规律，既是商品经济运动的规律，也是市场经济运动的规律

陈征指出：《资本论》中分析的价值规律、供求规律和竞争规律，既是商品经济运动的规律，也是市场经济运动的规律。首先，陈征根据《资本论》中价值规律的相关原理指出，由社会必要劳动时间决定的商品价值量，决定着商品生产与商品交换。市场价格由商品的价值决定，又受供求关系的影响，并围绕着价值上下波动，从而调节着商品的生产和销售，推动着市场经济的运行。所以，陈征指出："价值规律既是商品经济的基本规律，也是市场经济的基本经济规律。"③其次，对于供求规律，陈征指出，供求规律是商品的市场供给同有支付能力的需求之间的对立统一运动的趋势，实质上是生产与消费关系在市场上的反映。当供求平衡时，人们之间交换劳动的关系就会正常和协调；供不应求，价格上涨；供过于求，价格下降。正由于供求变动，引起价格围绕着价值上下波动，从而使价值规律得以实现和充分发挥作用。因此，陈征指出："供求规律必然在市场上才

①② 陈征．陈征选集［M］．太原：山西经济出版社，1996：25.

③ 陈征．陈征选集［M］．太原：山西经济出版社，1996：26.

能表现，所以它是市场经济运行的重要规律。”① 最后，关于竞争规律，陈征根据马克思的相关原理指出，有商品生产和商品交换，必然会产生竞争。商品的销售情况直接关系到生产经营者的经济利益，为了实现利润最大化，必然会引起市场主体之间的竞争。同时，陈征认为，竞争是与供求、价格、价值规律的作用紧密结合在一起，通过竞争，有利于企业提升管理水平、改进技术、提高劳动生产率，从而调节着市场经济，又推动社会生产力的发展。因此，竞争规律是市场经济运动的重要规律。

陈征通过对上述问题的分析，说明《资本论》中关于资本商品理论、劳动力商品理论、地租理论以及商品运动的规律为研究和发展社会主义市场经济提供了必要的理论基础。因此，建设有中国特色的社会主义市场经济，必须重视对《资本论》的研究和运用。

三、坚持运用《资本论》的立场、观点和方法研究社会主义市场经济

综前所述，说明陈征在研究社会主义市场经济时，是非常重视对《资本论》有关市场经济一般原理的学习和研究。但他又辩证地指出，《资本论》不能包含资本主义市场经济中的所有问题，当然也不能包含社会主义市场经济中的所有问题，所以“研究社会主义市场经济要从学习《资本论》开始，但不等于说，学习《资本论》就能解决社会主义市场经济的所有问题”②。进而，他又以国家宏观调控为例，指出国家宏观调控是垄断资本主义经济实践总结的产物，是现代市场经济与自由市场经济的重大区别所在，不仅对资本主义现代市场经济来说是重要的，对社会主义市场经济来说更是重要的。而《资本论》中虽然涉及对经济的宏观分析，但并没有详细研究宏观调控这一内容。因此，陈征认为，学习《资本论》重在掌握其研究的立场、观点和方法，而不能把它所有的内容都硬套到社会主义市场经济中来。由此，陈征总结了运用《资本论》研究社会主义市场经济需注意的几个方面。

（一）重在总结、汲取有价值的东西

古今中外的大思想家，其思想往往并非全由独创，皆有所传承。如马克思在

① 陈征．陈征选集［M］．太原：山西经济出版社，1996：25.

② 陈征．陈征选集［M］．太原：山西经济出版社，1996：27.

对重农学派、古典学派和庸俗学派的著作进行深入研究和批判继承的基础上，运用唯物辩证法，研究资本主义经济实际，从而创建了《资本论》。这说明马克思善于互相学习、互相借鉴、互相研究和吸收的优良品质。陈征认为，作为马克思主义者，也应该具备这种品质：即“从《资本论》的基本原理出发，研究和吸收百余年来东西方经济学中有价值的东西，去除其错误和糟粕”①，秉着批判继承的态度和兼容并蓄的胸怀，把《资本论》基本原理与社会主义市场经济建设实践相结合，不断探索和创建社会主义新理论，以丰富和发展马克思主义经济理论。

（二）坚持运用《资本论》的立场、观点和方法，着重研究社会主义经济问题

陈征指出，在马克思创建《资本论》时，资本主义经济关系在英国已发展比较成熟。所以，马克思以英国作为资本主义国家的典型代表，从英国的经济实际出发，对英国的经济实质、经济关系进行解剖和分析，进而总结了资本主义市场经济运动的规律。所以，陈征指出：“我们运用《资本论》研究社会主义市场经济，就要从中国社会主义经济建设的实际出发，探讨有中国特色的社会主义市场经济的特点、运行机制和运行规律，为改革开放、发展社会主义经济、实现战略目标服务。”② 也就是，在《资本论》的指导下，以中国为典型来研究中国特色的社会主义市场经济，同时也要参考和借鉴现代资本主义国家市场经济的发展状况和一些社会主义国家实行计划经济的经验和教训，但必须立足于总结中国经济建设实践经验的基础之上，从中国的实际出发，研究新情况，总结新经验，解决新问题，从而创建新理论，才能使马克思主义在新的历史条件下进一步向前推进和发展。

（三）要充分注意科学技术在经济发展中的作用

正如陈征在研究“《资本论》与技术革命”时所指出的，马克思在概括当时科技发展成果的基础上写作《资本论》，马克思所处的时代正是自然科学发展的时期，牛顿、拉普拉斯以来的科学发展，以及当时的物理学、数学方面的成就，都对马克思主义的形成产生重要影响。所以，“科学技术是生产力”这一思想是贯穿于《资本论》写作的全过程。当前，科学技术对生产力的促进作用和对社会经济生活的影响已超出人们的预想，邓小平同志总结了数十年来科技和经济发展

①② 陈征．陈征选集［M］．太原：山西经济出版社，1996：31.

的新经验，提出“科学技术是第一生产力”的重要论断，这是对马克思主义理论的重大发展。这些都足以说明，我们要建设有中国特色的社会主义市场经济，必须突出科学技术的重要地位。由此，陈征指出：“当前，特别重要的是如何把上述理论具体化，既从质上又从量上，具体描述、解释、预测现实经济活动，特别要注意科技发展对这些经济活动的具体作用，由此才能理解现代资本主义的一些经济现象，也才能总结社会主义市场经济实践的新经验，并概括提高到理论上来。”① 这说明，充分认识和高度重视科技发展对经济活动的作用，一方面有利于理解现代资本主义的一些经济现象，对于总结社会主义市场经济实践的新经验，并进行理论创新具有重要的意义。

综上所述，陈征坚持灵活运用《资本论》的立场、观点和方法的科学态度，为我们学习和研究马克思主义，创建社会主义新理论提供了科学的治学方法，说明陈征既坚守马克思主义阵地，又不盲从和教条，而是始终以实事求是和辩证发展的科学态度对待马克思主义经济学。陈征在其一生的学术生涯中，也时刻践行这一准则，以其严谨、切实的治学精神坚守在马克思主义经济学阵营。

四、有关《资本论》与市场经济研究中的几个争论问题

（一）《资本论》中研究的是不是典型的资本主义市场经济的争论

什么是典型的资本主义市场经济？这曾经是学术界热烈讨论的问题。有人认为：马克思是以自由竞争时期的资本主义市场经济为研究对象的，所以自由市场经济是典型的资本主义市场经济；也有学者认为，垄断资本主义的市场经济是建立在社会化大生产之上的，因此是典型的资本主义市场经济。

对此，陈征认为，首先必须要弄清楚什么是典型的资本主义。众所周知，马克思是以资本主义经济关系发展得比较成熟的英国作为自由竞争时期资本主义的典型来研究《资本论》的。但随着生产力和生产关系的发展，大概一百年以后，自由竞争资本主义被垄断资本主义所取代，这是马克思早已进行科学的预测，但由于受历史条件的限制，无法对垄断阶段的新情况、新问题进行具体的分析。现在，垄断资本主义在主要国家已发展了近百年，仍然具有生命力，而且不断向前发展。据此，陈征认为，垄断时期的资本主义生产方式才是典型的资本主义。当然，与此相适应，现代市场经济也在自由市场经济的基础上进一步的成熟和完

① 陈征．陈征选集［M］．太原：山西经济出版社，1996：33.

善。所以，陈征指出："有国家宏观调控的市场经济，比起完全由'看不见的手'主宰的自由市场经济，更加适应生产社会化发展的崭新情况。"① 所以，他认为，"垄断资本主义是典型的资本主义生产方式，现代市场经济是典型的资本主义市场经济。"②

（二）《资本论》中对自由市场经济是否"开展总体分析"的争论

当时有的学者提出："马克思在《资本论》中虽然对商品经济的运行、资源的配置做过分析，但仅限于揭示资本主义生产方式的历史局限性的需要之内，因而不可能展开总体分析，告诉人们如何发展商品经济。"③ 按照这种说法，《资本论》只揭示了资本主义生产方式的历史局限性，没有对商品经济、市场经济进行总体分析。对此，陈征认为这是值得商榷的，并进行了批驳。

陈征认为，这种观点忽视一般性与特殊性之间的关系，没有认识到任何一般性的东西都存在于特殊性之中，对商品经济或市场经济的研究，必须以特定的社会存在为前提，抽象地独立地研究商品经济或市场经济是根本不可能的。所以他指出："如果离开社会条件，孤立地对市场经济进行总体分析，即在社会条件的运行总体之外再产生一个总体，则是根本不可能的。"④在此，陈征还列举事实驳斥了上述的观点，如在《资本论》第2卷的第三篇，研究社会资本的再生产，就是从宏观角度对商品交换和市场经济进行全社会范围内的总体分析。但由于特定的历史条件，《资本论》中没有对宏观调控单独进行具体论述，因为宏观调控是垄断资本主义时期出现的新问题，但这并不影响对自由资本主义时期经济的全面分析。

综上所述，陈征认为："《资本论》中对当时商品经济和市场经济，实质上都进行了总体分析。"⑤

（三）《资本论》中有关范畴、概念能否在社会主义市场经济中继续使用的争论

陈征认为，任何一门科学理论，都是在前人研究成果的基础上发展起来的。马克思《资本论》中的一些概念如商品、价值、使用价值、货币、劳动生产率等，是沿用古典学派的。所以，采用《资本论》中的有关范畴、概念来研究社会主义市场经济，本是题中应有之义。

---

①②④⑤　陈征．陈征选集［M］．太原：山西经济出版社，1996：34.

③　鲁从明．论市场经济理论中的几个疑难问题［J］．经济理论与经济管理，1993（3）：61.

但陈征又进一步指出，对于长期以来存在争论的范畴，则要谨慎使用，如以“劳务市场还是劳动力市场”为例，在社会主义市场体系中，究竟是采用哪种提法呢？在党的十四大以前，我们习惯称为“劳务市场”，但根据马克思的相关理论，劳动力是商品而劳动不是商品，如说劳务市场几乎等于说是劳动市场，这在理论上是不够完善的，与马克思所做的分析不相吻合，也会出现一系列新问题：例如超过劳动力价值的新创造的价值部分是不是剩余价值问题；公有制条件下的劳动力商品与私有制条件下的劳动力商品有什么区别；劳动力个人所有制形成的客观条件是什么等一系列问题。在党的十四届三中全会上通过的《中共中央关于建立社会主义市场经济体制若干问题的决定》明确提出了“社会主义劳动力市场”的概念，并根据社会主义市场经济的要求，赋予“劳动力市场”新的解释，这一概念的使用也得以解决。

据此，陈征指出：“对《资本论》中的个别概念，既不能简单地生搬硬套到社会主义经济中来，即使运用到社会主义市场经济中有的也要赋予新的解释，增加新意，以体现社会主义经济的特质”；同时，要“根据建设社会主义市场经济新理论的需要，创造一些新的概念和范畴，以建立新的理论体系”。① 总之，陈征认为，在社会主义市场经济中，使用《资本论》中有关范畴和概念，必须从实际出发，实事求是，进行科学分析。

综上所述，陈征运用《资本论》基本原理研究社会主义市场经济，不仅阐明了《资本论》有关市场经济的一般原理，而且论证了《资本论》中这些原理对于研究和指导社会主义市场经济建设都具有重要的意义；同时对《资本论》与市场经济中相关争论问题进行解答和辨析，阐明了观点，澄清了理论上的模糊认识，为更好地学习、研究和运用《资本论》做出了不懈的努力。这在20 世纪 90 年代国内对社会主义市场经济的认识仍不统一，部分人对市场经济和市场取向的改革还存在质疑的形势下，陈征的相关分析具有重大的理论和现实意义。

第三节　运用《资本论》研究中国特色社会主义经济

在 20 世纪 80 年代，随着改革开放和建立社会主义市场经济体制目标的确

① 陈征．陈征选集［M］．太原：山西经济出版社，1996：35.

立，在当时，能否用《资本论》的基本原理指导改革开放和社会主义经济建设，是受到颇多关注和有争议的重大理论和实际问题。有人认为，《资本论》是研究资本主义经济的著作，对于我国社会主义经济建设是不适应的。对此观点，陈征表示反对，并指出，《资本论》的研究方法和一些基本理论，对于我国社会主义经济建设和改革开放具有极其重要的指导意义，并对此进行了深入分析和论证，提出一系列科学性和创新性的观点。

一、结合《资本论》探索中国特色社会主义经济理论

马克思在《资本论》中分析资本主义经济时，曾预示：生产资料的公有制、按劳分配、计划经济等是未来社会的基本特征，但由于各国的国情、具体情况不同，在具备一般性的经济特征外，还有其特殊性。据此，陈征指出，建设有中国特色的社会主义经济，既有社会主义经济的一般经济特征，又不能脱离中国国情，一般性寓于特殊性之中，“这种一般与特殊相结合，也就是马克思主义与中国具体实践相结合”①。对此，陈征结合《资本论》的基本原理，对建设有中国特色的社会主义经济进行全面的探索，提出许多新观点，这也是马克思主义中国化的具体表现，主要包括以下的内容。

（一）《资本论》与社会主义生产资料所有制

（1）实行有中国特色的生产资料所有制。实行单一的生产资料公有制，是马克思所预示的未来社会主义的经济形态，但当前，我国实行以公有制为主体，多种所有制并存的生产资料所有制。对此，陈征结合我国的基本国情进行科学分析。陈征认为：生产力水平较低，多层次、发展不平衡是我国的基本情况，这一基本国情，就决定了我国不能实行单一的公有制，而且在我国国民经济还未充分发达时，需要个体经济和私营经济发挥作用，作为公有制经济的必要补充。同时，为了发展社会主义经济，实现现代化，就要引进先进的技术和管理经验，吸引外商投资，对于发展社会主义经济具有重要的意义，这就要允许资本主义经济与外商独资经济的存在。因此，陈征指出：“非公有制经济成分的存在，是所有制方面的中国特色之一：这也说明，在社会主义初级阶段，不能搞单一的公有

① 陈征．陈征选集［M］．太原：山西经济出版社，1996：72.

制，不能使公有制纯之又纯。”①

坚持公有制为主体、多种所有制经济共同发展的有中国特色的生产资料所有制，是马克思《资本论》的基本原理与中国基本国情相结合的产物，陈征上述的观点有利于破除陈旧的观念，有利于尊重现实，尊重客观规律。

（2）公有制与商品经济可以兼容。马克思在《资本论》中是从生产资料私有制出发来分析商品经济的，他同时也预示了在生产力高度发展的未来社会，生产资料公有制将取代私有制，而商品经济在充分发展以后，将被产品经济所取代。由此可见，马克思只对私有制条件下的商品经济关系进行深入的分析，而对于公有制与商品经济关系问题，并未做探讨。对此，陈征认为，在社会主义实践中，仍然存在着商品经济的，而公有制与商品经济能否兼容，同时存在，是一个值得分析和探讨的问题。

对此，陈征经深入研究后指出：“商品经济只是一定的社会分工的产物，是在社会分工条件下劳动联系的一种社会方式，是社会经济运行的一种方式，它并不是特定的经济制度的范畴，在私有制条件下，资本主义可以利用它，在公有制条件下，社会主义也可以利用它。”② 由此说明，商品经济并非资本主义所特有的经济制度范畴，在实行公有制的社会主义社会，也可以利用。他又指出，公有制与商品经济的关系，就如同私有制与商品经济一样，既矛盾又统一，统一方面表现在二者可以互相促进，共同发展；而矛盾主要是源于传统经济体制是一种高度集中的指令性计划经济体制。任何所有制形式的企业都必须独立自主、自负盈亏，具有完全的自主经营权，这是商品经济的内在要求。因此，这要求改革传统经济管理体制，建立新的经济体制。这就要探索在坚持国家保持所有权的前提下，让企业拥有完全自主的经营权，这样既坚持了公有制，又符合商品经济的内在要求。

陈征根据理论界提出的两权分离的改革思路指出：“从理论上，是从《资本论》分析生息资本时，把所有权和使用权相分离出发”③，这就要探索全民所有制的多种实现形式，在坚持国家所有权的基础上，“企业要建立自主经营、自负盈亏、自我发展、自我约束的经营机制”④，这既能纠正传统经济管理体制上的行政指令，又符合商品经济的内在要求，对于搞好大中型企业具有重要的借鉴

---

① 陈征．陈征选集［M］．太原：山西经济出版社，1996：74.
② 陈征．陈征选集［M］．太原：山西经济出版社，1996：75 - 76.
③ 陈征．陈征选集［M］．太原：山西经济出版社，1996：76.
④ 陈征．陈征选集［M］．太原：山西经济出版社，1996：77.

意义。

综上所述，说明公有制与商品经济是统一的，是可以互相促进和共同发展的；而对于矛盾方面，是可以采取措施得以解决的。上述的分析充分证明了“公有制与商品经济不能兼容”的看法是不符合实际情况的，为以公有制为主体的社会主义国家发展商品经济，建立和完善社会主义市场经济体制奠定了重要理论基础。

（二）《资本论》与社会主义分配制度

建设有中国特色的社会主义的另一个基本特征是：实行以按劳分配为主体，其他分配形式为补充的分配制度。这种分配制度与马克思所设想的单一的分配制度有所差别。那么，如何结合中国的实际情况，运用马克思的相关原理来理解和解释当前的分配制度，是一个重大的理论和实际问题，陈征研究并解答了这一难题。

陈征指出，当前分配包含两个方面：“一方面是以按劳分配为主体的部分；另一方面是非按劳分配部分”①，非按劳分配作为按劳分配的补充，包括“属于劳动收入部分”和“非劳动收入部分”。但这个补充，在马克思所预示的社会主义是不存在的。对此，陈征认为，这种补充也是由我国国情决定的，即我国当前的生产力水平决定我国当前的多种所有制并存，就决定了多种分配形式同时并存，从而形成了分配制度上有中国特色的一个方面。马克思也曾指出：“消费资料的任何一种分配，都不过是生产条件本身分配的结果。”② 因此，生产力发展水平不平衡，是分配制度的决定因素。

陈征指出：“按劳分配的主体地位，是由生产资料的主体地位决定的。”③ 这与马克思的基本思想是一致的，但马克思所设想的按劳分配，是按个人劳动时间，发给劳动券，然后凭券领取消费品，是直接的按劳分配。而我国当前还存在着商品经济，生产力还没有发展到一定高度，还不能实现这种直接的按劳分配。有人据此而认为：按劳分配和商品经济不相容。对此，陈征指出：“他们硬把马克思的设想套到现实经济中来，说什么有商品经济存在，就不可能实现按劳分配。这种看法是不妥当的，也是不符合实际情况

① 陈征．陈征选集［M］．太原：山西经济出版社，1996：78.

② 马克思恩格斯文集（第3卷）［M］．北京：人民出版社，2009：436.

③ 陈征．陈征选集［M］．太原：山西经济出版社，1996：79.

的。"[①] 进而，陈征针对按劳分配必须通过商品交换而实现所产生的新情况、新问题进行剖析，从而有力地批驳了"按劳分配与商品经济不相容"的谬论。主要体现为四个方面的观点。

第一，按劳分配，受到商品价值实现的影响。在商品经济条件下，商品交换基本上是按社会必要劳动时间所决定的价值进行的。但在生产手段、生产工具等生产条件不同的情况下，劳动生产率也不同，因而生产同一商品的不同企业，所取得的经济效益有所区别，劳动者按劳分配所取得的收入也有所不同。这与马克思所设想的直接按劳分配有所区别，这正是商品交换对按劳分配发生作用所产生的结果。

第二，在商品经济条件下，由于各个企业是商品的独立生产者和经营者，企业的经济效益直接决定着劳动者的收入水平，因而，不同的企业，不同的经济效益，有不同的收入水平，这就难以实现等量劳动领取等量报酬的原则，而只能是经济效益好的企业，按劳分配的越多。据此，陈征主张把"劳动报酬和劳动贡献直接联系起来，把人们的劳动量和消费量直接联系起来"[②]，以此可以充分调动劳动者的积极性，对社会主义经济的巩固和发展具有重大的作用。

第三，在商品经济条件下，按劳分配是采用货币工资的形式，而不是劳动券的形式。由于消费品的市场价格是受商品价值、供求关系、竞争机制等多种因素的影响，工人取得的货币工资所能实际购买的消费品数量与由按劳分配应得的消费品数量会发生很大的偏差。

第四，货币工资是实现按劳分配的具体形式。对于全民所有制企业来说，可以采取工资与企业经济效益直接挂钩的制度，而对于不以营利为目的的机关和事业单位，是很难确定按劳分配的统一标准，所以需要在实践中不断探索科学合理的工资制，从而更有利于实现按劳分配的原则。

陈征指出的上述新情况、新问题，说明当前的按劳分配必须与商品经济相联系，必须采取商品交换而实现，这不仅有利于破除一些陈腐的观念，对于理解和把握当前的分配制度，同时又坚持马克思的基本原理具有重要意义。

陈征关于《资本论》与社会主义生产资料所有制、分配制度的研究，表明了实行有中国特色的社会主义经济制度的理论依据，也说明了我国建设社会主义不能照搬照抄《资本论》中马克思所设想的经济模式，而必须以《资本论》为指导，从客观实际出发，探索适合我国基本国情的具体运行方式。

---

① 陈征．陈征选集［M］．太原：山西经济出版社，1996：79.

② 陈征．陈征选集［M］．太原：山西经济出版社，1996：80.

二、运用《资本论》探寻社会主义改革开放道路

（一）《资本论》与社会主义经济改革

生产关系一定要适应生产力的发展水平，否则就要改革旧的生产关系，建立新的生产关系，这是人类社会发展的最基本的客观规律。党的第十二届三次会议指出："改革是社会主义生产关系的自我完善和发展，"① 改革，对不同生产关系具有不同的实质和不同的现实意义。陈征根据当时中国经济体制和政治形势，认为当前社会主义改革的重大课题是"寻求公有制发展的具体形式，建立新的适合于有计划商品经济的经济体制和经济运行机制"②。按照这个课题的要求，就要正确处理国家、企业、市场、劳动者之间的关系，使宏观调控机制、企业经营机制、劳动者激励机制能够正常而协调地进行。因此，陈征主张："运用《资本论》中有关原理来指导社会主义改革，绝不是按照资本主义方向来进行改革，而是在坚持社会主义方向的前提下，建立新的经济体制，组织社会主义经济的生产、交换、分配、消费等活动。"③针对当时有人提出"《资本论》着重揭示资本主义生产的实质，没有研究资本主义经济运行问题"的观点，陈征一针见血地指出：这种看法是没有读懂《资本论》的肤浅之谈，众所周知，《资本论》对资本主义经济实质做了深刻的揭露，但对资本主义经济运行也做了深入的研究。④ 陈征指出："只有正确而全面地理解《资本论》，才能把它用来指导社会主义的经济改革。"⑤对此，陈征还列举实例进行了论证。

（1）就企业经营机制而言。在社会化大生产的商品经济条件下，企业是社会经济的细胞，企业的经营状况，对于社会经济的正常发展有着极其重要的作用。陈征指出：马克思在《资本论》中，就是从单个企业经营机制出发，研究了资本循环和资本周转的基本原理，探索了货币资本—生产资本—商品资本—货币资本的循环转化过程，具体分析了生产时间、周转速度和次数，以及固定资本和流动资本等因素对再生产的影响。马克思上述的分析是从微观经济角度出发，研究单个资本主义企业的经济运行机制。因此，陈征指出：社会主义企业的经营机制虽然不能直接套用资本主义企业的经营机制，"但是，一个社会主义企业，也要从

① 中共第十二届第三次会议：中共中央关于经济体制改革的决定，1984-12.

②③ 陈征．陈征选集［M］．太原：山西经济出版社，1996：65.

④⑤ 陈征．陈征选集［M］．太原：山西经济出版社，1996：66.

货币资金如何转化为生产资金开始，进入社会主义的生产过程，以及商品资金如何再转化为货币资金，实现社会主义再生产的循环和周转。这就要运用资本循环和周转的理论，研究社会主义企业经营机制的内部条件和外部条件，以便发挥企业经营机制的功能"[①]。在此，陈征还就"如何搞活大中型企业"问题，指出："在坚持公有制的前提下，寻找公有制实现的具体形式……建立企业经营机制的内部条件和外部条件，都必须参照再生产过程中的循环和周转的理论。"[②]

（2）就宏观调控机制而言。《资本论》中关于社会资本再生产的理论，如研究第Ⅰ部类和第Ⅱ部类在再生产过程中的比例关系，即在简单再生产和扩大再生产条件下两个部类再生产的产品实现和平衡，以及生产资料和消费品在本部门内部的实现和平衡，在扩大再生产时必须有追加的生产资料，因而生产资料的生产必须优先增长，同时也要有追加的消费资料和劳动力，才能促使扩大再生产的实现。这里包括数量比例关系和产业结构两部分。对此，陈征认为："从管理社会经济的国家来说，就要制定宏观调控政策，充分运用宏观调控机制。"[③]此外，陈征在对垄断资本主义国家宏观调控机制的积极性和局限性分析的基础上，指出：我国社会主义经济建设是在不断实践和探索中进行的，"实行计划经济和市场调节相结合的对宏观经济进行调控的模式"[④]，是"依据马克思关于社会主义经济的原理和商品经济运行规律的原理相结合而进行的新创造"[⑤]，必须在《资本论》的方法和有关理论的指导下进行。

（3）就劳动者激励机制而言。马克思在《资本论》中对劳动者激励机制进行具体的描绘：即在资本主义制度下，劳动力成为商品，是机器的附属物，处于被雇佣被剥削的地位；而资本主义工资实质上是劳动力价值或价格的转化形式，不管是计时工资还是计件工资都是资本家加强对剩余劳动剥削的具体形式，使劳动者在饥饿的状态下忍受着除了劳动力以外一无所有的贫困化生活等。而在社会主义制度下，生产的目的则是为了满足社会全体成员的物质和文化需要，生产资料公有制使劳动者从机器的附属物转变为生产的主体，成为生产资料的主人，劳动者的积极性和创造性得到充分发挥。陈征认为，尤其按劳分配的实现，这就形成了新的社会主义的劳动者激励机制，而且是"最主要和最有效的激励机制"。由此，陈征总结指出："运用《资本论》的辩证唯物主义的方法论，研究社会主义经济中的劳动者激励机制，是改革和完善社会主义经济运行机制的又一个重要

① 陈征．陈征选集［M］．太原：山西经济出版社，1996：66.

②③ 陈征．陈征选集［M］．太原：山西经济出版社，1996：67.

④⑤ 陈征．陈征选集［M］．太原：山西经济出版社，1996：68.

方面。”①

总之，陈征以企业经营机制、宏观调控制度和劳动者激励机制为例，说明了《资本论》中的有关原理对于社会主义经济改革具有重要的指导意义。

（二）《资本论》与对外开放

马克思、恩格斯在《共产党宣言》中早就指出：“资产阶级，由于开拓了世界市场，使一切国家的生产和消费都成为世界性的了。”② 在此，马克思充分揭示了资本主义经济作为一种开放型经济，资本主义经济的发展以及国际市场的建立，几乎使世界所有国家都被卷入了统一的世界经济体系。同样地，社会主义生产是以公有制为基础的社会化大生产，社会化大生产的商品经济的运行，既要求对内开放，建立统一的国内市场，又要求对外开放，积极参与国际市场。因此，陈征指出：“社会主义经济也是一种开放型经济，需要在对外开放过程中不断地向前发展。”③这是现代商品经济和社会化大生产发展的客观要求，也是现代生产力和商品经济发展的必然趋势。所以，陈征认为：“《资本论》所研究的是现代化大生产条件下的商品经济。舍象其资本主义特质，仍然可以用来作为社会主义对外开放的指导思想。”④

为了更进一步进行分析，陈征以土地问题为例，具体说明《资本论》的相关原理如何指导中国进行对外开放。众所周知，我国城市土地实行国有化，所有权不能进行交易。但在对外开放过程中，在引进外商投资时，就会涉及土地使用问题，这就要根据马克思的地租理论，如根据马克思土地所有权与使用权相分离的理论和地租是土地所有权在经济上的实现等观点，用于指导城市土地的有偿使用制度改革，即在坚持国家所有权的前提下，出让土地使用权，收取一定的土地使用费，从而为国家城市经济的发展提供物质支撑；同时，也有助于厘清土地价格、地租、土地使用费等基本范畴。陈征指出：研究马克思的地租理论，是“制定正确的土地政策，顺利搞好对外开放的必要的理论基础”⑤。

总之，陈征充分运用《资本论》的基本原理来探索建设有中国特色的社会主义经济，对于社会主义经济改革和对外开放提出许多新观点新见解，阐明了社会主义建设的性质和要坚持的方向，证明了《资本论》的相关原理对于建设有中国

①③ 陈征．陈征选集［M］．太原：山西经济出版社，1996：69.

② 马克思恩格斯文集（第2卷）［M］．北京：人民出版社，2009：35.

④ 马克思恩格斯文集（第2卷）［M］．北京：人民出版社，2009：70.

⑤ 马克思恩格斯文集（第2卷）［M］．北京：人民出版社，2009：71.

特色的社会主义经济有重要的现实指导意义。

第四节　运用《资本论》探索技术革命

科学技术是生产力的观点，是伟大导师马克思早在19世纪40年代的时候就提出来的。20世纪七八十年代，随着新技术革命的形成，随之出现的“大趋势”“第三次浪潮”“第四次工业革命”等理论，甚嚣尘上。所以，如何看待《资本论》有关科学技术的论述，成为当时面临的重大理论与实际问题。20世纪70年代，陈征对此问题十分关注，当时写了一篇学习笔记：“必须采用先进技术——《资本论》第一卷第十三章”，文中论述了技术在生产力发展中的作用；20世纪80年代陈征又陆续撰写了《〈资本论〉与技术革命》（1985）、《再论〈资本论〉和科技革命》（1992）等多篇文章，运用《资本论》中的关于科学技术的基本原理论述当前经济建设中出现的新情况、新问题。

一、提出“马克思的科学技术基本原理是创作《资本论》的基础”的重要观点

早在19世纪40年代，马克思就提出“技术成就的生产力”[①] 的重要观点，就科学技术如何推动资本主义生产的发展进行了论述。19世纪50年代末，马克思运用经济学的基本原理，论证了“科学技术为何是生产力”，并明确提出“生产力中也包括科学”[②] 的原理。由此，陈征指出：“马克思是概括了当时科技发展成果的基础上写作《资本论》的，”[③] 并从以下几个方面进行论述。

（一）从社会发展规律方面

陈征认为，社会发展的起点是从生产力开始。马克思明确指出了“生产力中也包括科学”，其内涵既包括作为潜在生产力的知识形态的科学，也包括技术科学。由此可见，马克思是把技术的发展看成社会经济发展的物质基础。而且，从资本主义的发展历史来看，正是由于机器体系把自然力和自然科学并入生产过

① 马克思恩格斯全集（第4卷）［M］. 北京：人民出版社，1958：157.

② 马克思恩格斯全集（第46卷，下册）［M］. 北京：人民出版社，1980：211.

③ 陈征. 陈征选集［M］. 太原：山西经济出版社，1996：36.

程，才造成巨大的生产力，奠定资本主义生产的物质技术基础。

此外，陈征指出："马克思还进一步把科学技术的发展看成推动生产力发展、提高劳动生产率的一个重要因素。"① 如马克思指出："劳动生产力是由多种情况决定的，其中包括工人的平均熟练程度，科学的发展水平和它在工艺上应用的程度……"②，"劳动生产力是随着科学和技术的不断进步而不断发展的"③。他认为，马克思对经济范畴的分析，是从当代科学技术发展的实际情况出发的，把技术发展的作用运用于经济发展过程，不仅如此，科学技术的发展，是决定经济发展的基本因素。陈征的这些观点在马克思相关的论述中都可以得到印证。

（二）从创建《资本论》中有关经济范畴方面

有关经济范畴的创建方面，陈征开门见山地指出："马克思还把自然科学的内涵和经济科学的内容结合起来，从而确定某些经济范畴所赋予的实际内容。"④ 在此，陈征以机器体系为例，认为机器体系本是从经济角度所要研究的问题，而马克思将之概括为工具机、动力机、传动装置三个组成部分，而它的三个部分构成实质是科学技术在生产中的实际应用和发展。又如谈到劳动资料时，马克思指出："劳动资料是劳动者置于自己和劳动对象之间、用来把自己的活动传导到劳动对象上去的物或物的综合体。劳动所利用物的机械的、物理的和化学的属性，以便把这些物当作发挥力量的手段，依照自己的目的作用于其他的物。"⑤ 陈征认为，这是把社会经济内容和物质技术内容两方面联系起来加以考察，说明马克思在创建有关经济范畴时，十分重视科学技术基本原理的运用。

（三）从创作《资本论》的方法论方面

众所周知，马克思写作《资本论》的时期，正是处于自然科学发展以及自然过程的辩证法的论证时期。尤其是能量转换规律的发现和运用，气体动力理论的发展等，都证明了自然过程发展的辩证法。马克思在深谙自然科学的基础上，把自然辩证法运用于社会过程，创造了唯物辩证法，作为写作《资本论》的基本方法。因此，陈征指出："在《资本论》中，关于人的科学和自然科学的统一，密

---

① 陈征．陈征选集［M］．太原：山西经济出版社，1996：37.

② 马克思恩格斯文集（第5卷）［M］．北京：人民出版社，2009：53.

③ 马克思恩格斯文集（第5卷）［M］．北京：人民出版社，2009：698.

④ 陈征．陈征选集［M］．太原：山西经济出版社，1996：38.

⑤ 马克思恩格斯全集（第5卷）［M］．北京：人民出版社，2009：209.

切不可分的联系和相互影响的原则，表现了科学认识发展的进步路线，它像一根红线贯串于《资本论》全书之中。”①

综上所述，陈征从社会发展规律、经济范畴和创作方法三个方面入手，深入地剖析了马克思如何运用科学技术基本原理创作《资本论》，从而说明马克思在科学技术还未高度发展时就深刻地认识到科学技术的重大作用。在科学技术的影响力极为突出的当代社会，《资本论》的相关原理发挥着重要的理论和现实指导作用，《资本论》在当代仍显示出旺盛的生命力。

二、新技术革命形势下，对《资本论》相关原理的运用和发展

如上所述，科学技术的思想是《资本论》的内核，有着极其重要的地位。但在新技术革命形势下如何进一步运用、充实和发展《资本论》，是当时迫切需要解决的重大问题，它牵涉一系列的理论问题。陈征在 20 世纪 80 年代就十分关注这一问题，并进行深入的研究和探索，分析了现实问题，阐明了自己的观点，运用和发展了《资本论》的有关原理。

（一）关于生产力的内容问题

以生产工具为主的劳动资料，引入生产过程的劳动对象，具有一定生产经验与劳动技能的劳动者是构成生产力的基本要素。在人的劳动这个因素中，马克思把它理解为“体力和智力的总和”②。首先，陈征根据生产力的发展水平，指出人的劳动在不同时期所发挥的主导作用方面不同：在工场手工业时期，体力劳动在生产中起主导作用；而进入大工业和新技术革命以后，智力和知识成为生产工人劳动技能的基础，脑力劳动在生产中的作用日益凸显。因此，陈征把马克思“体力和智力的总和”的观点进一步具体化，提出劳动者应当“具有一定的生产经验、劳动技能、智力和知识”③，从而赋予劳动者新的时代要求。其次，从劳动对象来看，陈征认为：在新技术革命形势下，由于新兴材料科学的发展，劳动对象也要不断发生变化，塑料、合成橡胶、合成纤维三大合成高分子材料的出现，对工业、国防、医学的发展具有重大意义。再次，从生产工具来看，在新技术革命形势下，由于电子计算机和信息技术的发展和运用，陈征认为：“电子计

① 陈征．陈征选集［M］．太原：山西经济出版社，1996：38.

② 马克思恩格斯文集（第 5 卷）［M］．北京：人民出版社，2009：195.

③ 陈征．陈征选集［M］．太原：山西经济出版社，1996：39.

算机控制生产，又用机器人进行操作，这就充分体现了工具是智力和物力的统一，是物化了的智力。”① 最后，陈征又从新技术革命发展的情况指出，当前新技术革命时代，已经不是原有的从物质角度和能量角度来扩大人体的能力，而是从信息角度用计算机扩大了人的脑力，发展到一个新阶段。

（二）关于脑力劳动在商品价值创造中的作用问题

长期以来，有些人往往把创造商品价值的劳动看成仅仅是体力劳动，把脑力劳动说成是对体力劳动的剥削。对此，陈征指出：这是与马克思的原意不相符合的，马克思在《资本论》中多次强调，劳动，应包括体力和智力的总和。这说明马克思是主张脑力劳动和体力劳动一样，都创造商品的价值。为了反驳上述错误观点，维护马克思劳动价值论的科学性，陈征根据生产力发展的不同时期，脑力劳动和体力劳动在商品价值创造中的作用及商品价值的构成进行深入的分析。他指出，在手工业为主的条件下，商品的价值构成，活劳动比物化劳动多，在活劳动中，体力的部分比脑力的部分多；到了机器大工业时代，利用机械代替人的体力劳动，单位商品中，物化劳动部分比活劳动部分多，体脑部分也相应发生变化；到了自动化的机器体系阶段，脑力劳动在生产中的作用就更加显著。在商品价值构成中，物化劳动部分，不仅有一部分是由物质要素转化而来，而且大量的是智力劳动在物质中的凝结。就是说，物化劳动的转移部分，占大量的是智力劳动的凝结，在活劳动部分，智力劳动也是占大量的。这说明由于信息技术的发展，用电子计算机控制生产，开创了利用机械部分代替人类脑力劳动的时代。但这并不是说机器创造价值，而是说这些机械是人脑与体力劳动结合的产物，其中包含了更多的脑力劳动，凝结在这些机械中，然后再转移到产品里。这是新技术发展时期的突出的新现象，需要运用科学劳动价值论进行加以说明，并在实践中不断深化和发展。

（三）关于生产劳动和总体工人问题

马克思曾经指出：随着资本主义的发展，生产劳动和生产工人的概念，一方面趋于扩大了；另一方面，又变得更加狭小。对于哪些部门是生产劳动，在当时颇有争议。有些学者片面地理解马克思的相关理论，认为不应把商业、科研等一些劳务活动计入国民生产总值。针对这一观点，陈征以作家创作为例，认为如果出版一本科学著作或文艺书籍，只计算印刷成本，不计算作者的报酬，这就会出

---

① 陈征．陈征选集［M］．太原：山西经济出版社，1996：39.

现脑力劳动创造的精神商品得不到承认，实质是体力劳动创造价值的观点，是错误的。因此，陈征认为，不管是生产性与非生产性的劳动，物质领域还是精神领域的劳动，都应计入国民生产总值。

（四）关于再生产分类和生产结构问题

《资本论》中把物质资料的生产分为两大部类，但马克思又提出精神生产问题，有些人主张精神产品也应分为两部类。对此，陈征指出，按照现代有些发达国家的产业结构，一般分为第一产业、第二产业、第三产业，现在又出现了第四产业。而且陈征通过对美国历史上从业人员所占比重变化的考察后发现，1880～1976年，从业人员从第一产业为主导转变为第三产业为主导，尤其是从事信息产业的第三产业所占的比重越来越高，这种产业组成及其结构的变化，说明社会结构的变化和社会发展趋势的变化。因此，陈征认为："马克思的再生产理论必须进一步根据实际情况加以充实和发展。"①

（五）关于资本构成问题

根据马克思的相关原理，资本有机构成是指由资本技术构成决定并反映技术构成变化的资本价值构成，随着资本主义的发展，资本有机构成的提高成为必然的趋势。陈征认为：随着科学技术的发展，新材料、新能源的出现，以及机器人的使用等等，将会带来技术构成的巨大变化。与之相适应，在商品价值创造中，脑力劳动所占的比例越来越大，价值构成也必然发生变化。这说明，有机构成理论在新形势下必须进一步发展。

（六）关于资本集中问题

马克思指出，资本集中是资本主义发展的规律之一，现在发达的资本主义国家，一方面，随着国家垄断资本主义进一步发展，跨国公司等国际垄断组织也相继出现。另一方面，又出现了大量分散化和小型化的小企业，成为未来社会的特点之一。因此，陈征断定："这种集中与分散，大垄断组织与小企业的迅速发展，是现实经济生活需要进一步研究的新问题。"②

---

① 陈征．陈征选集［M］．太原：山西经济出版社，1996：41.

② 陈征．陈征选集［M］．太原：山西经济出版社，1996：42.

（七）关于分工问题

马克思区别了社会分工与工厂内部分工，这是对斯密混淆上述分工的一大发展。陈征在对马克思相关理论深入研究的基础上，结合当前科学技术发展水平的实际情况指出："随着科学技术的发展，社会分工出现了许多新现象，产生了许多新部门，分工更加专业化。"① 同时，陈征还进一步对工厂内部分工的分类及发展阶段进行具体的阐述，指出：按工厂内部分工而论，有程序分工和职能分工，程序分工经历了四个发展阶段：工场手工业分工、机器工厂分工、自动化工厂分工、办公室劳动分工；职能分工也经历了三个发展阶段：即放任管理、科学管理和自动化管理。由此说明了"分工理论在新的情况下也要继续向前发展"②。

以上例证说明了在新技术革命形势下，《资本论》的一些基本原理必须进一步充实和发展。陈征没有把《资本论》当作僵死不变的教条和神圣不可侵犯的东西，而是认为在新技术革命形势下，《资本论》的一些基本原理必须进一步运用、充实和发展，这才是真正马克思主义经济学的本质所在，从中也体现了陈征坚持真理、善于创新的卓越品质。也正是由于他对当前高科技发展有深入而准确的研究，才得以创建现代科学劳动理论体系。列宁在谈到马克思主义时也曾经指出："我们决不把马克思的理论看作某种一成不变的和神圣不可侵犯的东西；恰恰相反，我们深信：它正是给一种科学奠定了基础，社会党人如果不愿落后于实际生活，就应当在各方面把这门科学推向前进。"③

三、新技术革命形势下，对形形色色"新理论"的剖析

在新技术革命形势下，面对着新技术革命给人类带来的巨大变革，形形色色的理论也层出不穷。对此，陈征认为，我们必须研究新情况、新问题，不断总结新经验，以迎接形形色色的理论的冲击和挑战。

（一）对"知识价值论"的解析

当时有人认为，"在信息经济社会里，价值的增长不是通过劳动，而是通过知识实现的。劳动价值论诞生于手工业经济的初期，必将被新的知识价值论所取

①② 陈征．陈征选集［M］．太原：山西经济出版社，1996：42.

③ 列宁专题文集：论马克思主义［M］．北京：人民出版社，2009：96.

代。”对此观点，陈征是持反对意见的，并运用劳动价值论的科学原理对“知识价值论”这一谬论进行全面的剖析，说明知识本身具有价值，但知识是不能创造价值的。

陈征指出，在现代社会中，知识、科学、技术等发挥着越来越重要的作用，但知识本身不能创造价值，知识必须经过人类的劳动才能参与价值的形成。因为新的知识和技术，都是人们通过社会实践、科学实验、生产过程中总结和概括起来的，它本身就凝结了一定量的人类一般劳动。这种知识和技术，一旦投入生产，作为生产要素，在价值形成过程中，作为一种特殊的生产资源，被人们所掌握，既有旧价值的转移，同时，它又通过人的劳动，特别是脑力劳动的创造性活动，凝结在产品上，这就又进行着新价值的创造。在此基础上，陈征总结指出：“知识作为一种生产要素，和劳动工具、劳动对象一样，参加产品的价值形成。但是孤立的知识本身不能创造价值，知识要通过人来储存，来掌握，来运用，通过劳动者进行劳动才能创造价值。”① 这就充分表明，离开了人，离开了人的劳动，再好的知识也是一句空话，无法转化为生产力，无法创造出产品和价值。

陈征上述的论述，说明知识本身作为过去经验的结晶，是劳动的凝结；知识要转化到劳动者身上去，成为智能，因而这部分凝结的价值是要转移到掌握知识的劳动者身上去的；掌握了这种知识的人，即具有一定智能的人，就具有较高的复杂劳动的能力；通过复杂劳动，可以创造出更多的新价值，这种复杂劳动创造的新价值，远远大于复杂劳动力的价值。由此说明这仍然是劳动价值论，不是知识价值论。

（二）对“信息经济论”的辨析

随着信息技术的发展，信息在物质生产中的作用越发突出。与工业化时期的物质经济相比较，信息经济能减少产品和劳务中的物质消耗，使智能和信息的比重大幅提高，极大地提高劳动生产率，由劳务和信息转移来的价值部分也将增多。因此，有人认为，人类社会经济将由物质经济而步入信息经济，出现了“信息经济论”。

对此，陈征进行了辩证的分析，他指出，工业化时期的物质经济，是以大规模使用和消耗原料、资料和能源为基础，而随着信息技术的发展，产品和劳务中的物质消耗减少了，提高了智能和信息的比重，劳务和信息转移而来的价值部分

① 陈征．陈征选集［M］．太原：山西经济出版社，1996：43.

将增加，信息在物质生产中将起着很大的作用。但陈征又指出，物质资料的生产是人类生存的基础，不管是自然经济、商品经济还是未来的产品经济形态，都是以物质生产为基础的。虽然信息在现代经济发展中起着十分重要的作用，但信息不是物质，信息要进行传输、储存，必须借助一定的物质载体（如声波等），说明信息也不能脱离物质。再者，信息的获取、传输和利用都需要能量，而能量又必须依靠一定的物质才能发挥出来。这说明，信息必须通过一定的物质才能发挥作用。由此说明：虽然科技、信息在高级社会里发挥了极其重要的作用，但物质资料的生产仍然是社会经济的基础。

陈征上述的分析，说明“信息经济论”是不切实际的，与社会经济发展规律是不相符合的。

（三）对“信息社会论”的剖析

在信息技术给人类带来重大变革的今天，有人认为，人类社会进入了信息社会。在信息社会里，起决定作用的不是资本，而是信息知识，认为现在是处在由工业社会向信息社会转变的时代，它既不同于资本主义，又不同于社会主义和共产主义，而是一种全新的社会，把技术发展作为划分社会的标准。

对于上述的观点，陈征进行全面剖析和总结指出，社会发展和自然界一样是有规律的，生产力和生产关系的矛盾，经济基础和上层建筑的矛盾是社会的基本矛盾，不同生产力和生产关系相结合所产生的生产方式，决定着社会经济形态，决定着社会的划分标准。他又指出，“技术，仅是生产力一个方面的内容，技术的发展只能标志生产力的发展程度”①，而不能作为社会的划分标志；“由生产力决定生产关系，构成生产方式，才能决定不同的社会经济形态。”② 因此，陈征总结指出，信息社会论“实质上是利用科学技术发展的事实，制造新的概念，以抽象的信息文明，用来混淆公有制和私有制、资本主义和社会主义的区别，掩盖资本主义社会日益加深的矛盾，用科技革命取代社会主义革命，从而否定资本主义必然为社会主义所代替的社会发展规律，为资本主义进行理论上的辩护。”③

（四）对“科学技术第一还是人的因素第一”问题的解析

从“生产力也包括科学”到“科学技术是第一生产力”，是马克思主义理论的重大发展，说明了科学技术在生产力中的巨大作用。过去人们一直比较倾向于

①②③　陈征．陈征选集［M］．太原：山西经济出版社，1996：45.

“人是生产力的第一要素和决定性要素”的观点，因此，就会提出“究竟是科学技术第一还是人的因素第一”的问题，或者说，“科学技术是第一生产力”，会不会贬低劳动者在生产中的地位和作用呢？这一问题在新技术革命形势下是一个值得探讨和亟须解决的理论问题。

陈征经过深入研究指出：科学技术第一和人的因素第一，“这是两个既有关联但又完全不同对象范畴的问题”[①]。他又分析指出，生产力是由人和物两方面构成的，主张人的因素在生产力因素中处于首要地位，是针对物而言的，如果没有人的劳动，再好再先进的劳动工具和劳动对象都将是一堆废铁和未被利用的自然物质。由此，陈征主张：“物是靠人来改造和使用的，就生产力要素中人和物的因素说，人的因素确实起着第一位的决定性作用。”[②] 另外，就“科学技术是第一生产力”的观点，陈征指出，这是相对于劳动者、劳动资料和劳动对象这三个要素而言的，即科学技术必须渗透到这三个实体因素中去才能发生作用。陈征还具体分析了由于劳动者掌握了更多的科学技术，从而“从体力型发展到文化型，再发展为科技型”[③]；而生产工具由手工工具到全盘自动化，是科学技术作用的结果。由此可见，科学技术对于提高劳动者的素质，提高劳动资料、劳动对象的效率方面起着第一位的决定性作用，而且还可以作为乘数应用到生产力三要素中，因此，“从这个意义上说，科学技术第一”[④]。但归根结底，科学技术是由人们总结经验、创造发明的，劳动资料和劳动对象也必须由人们掌控，才能进行生产，所以，科学技术第一生产力的发挥是离不开人的。陈征最后总结指出：“要发展生产力，科技是关键。要发展科学技术，必须调动知识分子和劳动者的积极性，最终还必须落实到人来贯彻实现。”[⑤]

陈征对“科学技术第一还是人的因素第一”这一问题的客观和科学的分析，从不同的角度阐明了人的因素和科学技术的因素在生产力发展中的重要作用和所处的地位，对于人们理解和掌握这一理论问题有着重要的参考价值。胡锦涛同志曾经指出：“科技是关键，人才是核心，教育是基础。”[⑥] 这也证明陈征上述理论的正确性，正是由于他对新形势下技术革命的研究，为创建现代科学劳动理论体系奠定重要理论基础。

---

① 陈征．陈征选集［M］．太原：山西经济出版社，1996：56.

② 陈征．陈征选集［M］．太原：山西经济出版社，1996：56－57.

③④⑤ 陈征．陈征选集［M］．太原：山西经济出版社，1996：57.

⑥ 胡锦涛出席庆祝清华大学建校 100 周年大会并发表重要讲话［EB/OL］．http：//politics. people. com. cn/GB/14467460. html，2011－04.

（五）对“科学研究人员的劳动是生产劳动还是非生产劳动”问题的说明

马克思在《资本论》中把一般意义上的生产劳动和资本主义生产劳动严格区别开来，并指出，一般意义上的生产劳动，是指人的劳动力与生产资料相结合，进行物质资料的生产，创造出新的使用价值的劳动。而资本主义的生产劳动则是为资本家生产剩余价值的劳动，即“只有生产资本的雇佣劳动才是生产劳动。”① 这是由资本主义生产关系所决定的。但是马克思又指出，从资本主义发展看，生产劳动的范围有扩大趋势，因为“随着劳动过程协作性质本身的发展，生产劳动和它的承担者即生产工人的概念也就必然扩大。为了从事生产劳动，现在不一定要亲自动手，只要成为总体工人的一个器官，完成他所属的某一种职能就够了。”② 对此，陈征在研究马克思相关理论的基础上，结合当前的生产力发展现状，指出，随着社会分工协作的发展，生产社会化程度提高，生产劳动的范围扩大了，总体工人的范围也扩大了，除了直接进行生产的劳动者以外，还要包括直接生产过程中以外的与生产社会化程度相适应的必需的人员，这些人员包括工程技术人员、科学技术研究人员、必要的企业管理人员等。那么，这些科研人员的劳动是生产劳动还是非生产劳动？这个问题是值得我们探讨的。

陈征认为，上述的情况不仅适用于资本主义社会，也适用于社会主义社会。这是因为，科学研究人员虽然不直接生产物质产品，但其研究成果直接或间接地为现实生产过程服务。如果没有他们的研究，生产三要素就不可能在更高的水平上结合，劳动生产率也不可能迅速得到提高，他们是处于生产过程之外，但又作用于生产过程之内，而且起着相当大的决定作用。所以，陈征认为，马克思所说的“总体工人”的概念应把他们包括在内。但是“总体工人”概念的范围也应该有一个限度，这个限度应限在真正实际从事科学技术研究的范围之内。这说明从事科学技术研究的劳动者是生产劳动，但不能因此把生产劳动和总体工人的概念无限地扩大，一层一层地向远处推，否则整个社会的工作人员都可算是生产劳动，那就不符合生产劳动的含义了。

---

① 马克思恩格斯文集（第8卷）［M］. 北京：人民出版社，2009：213.

② 马克思恩格斯文集（第5卷）［M］. 北京：人民出版社，2009：582.

第五节 本章小结

《资本论》是一部关系人类历史命运的伟大著作，不同的时代有不同的研究目的，其研究成果也反映了不同时代的要求。20 世纪八九十年代，我国正处于探索如何由高度集中的计划经济向社会主义市场经济过渡，对市场经济的认识还不清晰，国家相关的政策仍处于探索阶段，陈征运用《资本论》基本原理研究中国特色的社会主义市场经济，多维度多层面地论证了《资本论》对于建设社会主义市场经济有重要的指导意义，并在研究中提出一系列创新性的观点和见解，对于当时乃至现在都具有重大的学术价值和深远的影响。

一、捍卫了《资本论》的科学性和指导地位

《资本论》是一部关于市场经济理论的科学巨著。在市场经济理论中，马克思对资本主义市场经济的发展历史进行深入的研究，既揭示了它的历史进步性、历史局限性和历史过渡性，又说明社会主义市场经济的历史必然性。由于《资本论》的研究对象是资本主义的生产关系，在《资本论》中也没有使用过“市场经济”一词，所以有些人就别有用心宣扬《资本论》已经过时，不适合指导社会主义市场经济建设，鼓吹用西方现代资产阶级政治经济学取而代之。他们认为现代西方资产阶级政治经济学重视实证分析和经济模型的构建等研究方法，重视经济微观主体的投入产出的分析等，针对性强，实践意义突出，符合现代社会经济发展的潮流。对此，陈征客观辩证地指出：现代西方资产阶级政治经济学的某些观点和研究方法，有一定的参考价值，但绝不能作为指导思想。陈征明确地指出：我们进行的四化建设，必须坚持社会主义方向，必须用马克思主义经济理论进行指导，绝不能用资产阶级经济学作为指导思想。继而，他具体地阐明了《资本论》的基本原理与社会主义市场经济建设是相适应的，是可以用于指导社会主义经济改革和对外开放。同时，陈征还运用《资本论》中的生产、交换、分配、消费理论，来驳斥西方资产阶级经济学派所主张的“消费居首论”和高消费、高物价、高工资等政策，指出这些主张势必“会影响四化建设的进程”[①]，“这和坚

---

① 陈征．陈征选集［M］．太原：山西经济出版社，1996：4.

持马克思主义作为指导思想的原则是完全不相容的”①。这就旗帜鲜明地表明了社会主义现代化建设必须坚持马克思主义经济学的指导地位，对于主张“用西方资产阶级政治经济学来代替马克思主义政治经济学”和“《资本论》过时论”等错误观点予以有力的回击。

陈征对《资本论》与市场经济的研究，不仅仅局限于对相关原理的一般解释，而且还具有答疑解惑、澄清是非的意义。陈征以通俗的语言对《资本论》的商品经济、市场经济以及科技革命的相关原理进行阐述，而且分析问题深入浅出、简明扼要、文笔流畅，具有很强的说服力，对未能全面理解和领会《资本论》实质内涵的种种错误思潮和观点进行了反驳，从多方面、多维度论证了马克思所创建的完整、发达的商品经济理论，对社会主义市场经济建设具有重要的指导意义。我们在社会主义现代化建设中，必须始终坚持马克思主义经济理论的指导地位。尤其在当前学术界上，现代西方经济学在中国备受推崇和青睐，人们对马克思理论经济学的解释力产生怀疑，马克思主义经济学的主流地位面临严峻挑战的形势下，陈征有关《资本论》与社会主义市场经济的论述，极大地捍卫了《资本论》基本原理的科学性和真理性，对于当前巩固马克思主义经济学在中国社会主义现代化建设中的指导地位具有十分重要的意义。

二、提出一系列创新性观点，推动了对《资本论》的研究

20世纪八九十年代，我国正处于从传统的计划经济体制向市场经济体制转变的过渡时期，对于如何发展商品经济，建立市场经济体制仍处于最初的探索阶段，能否运用《资本论》的基本原理进行指导，仍存在较大的争论。因此，对《资本论》的研究，要顺应形势发展的要求和转变，并为推动这个转变贡献力量。陈征在长期深入研究《资本论》的基础上，开创性地提出：“《资本论》是对自由资本主义时期市场经济经验的总结，其中有关市场经济的原理，对于研究社会主义市场经济也有一定的指导和借鉴意义”②；“《资本论》中有关商品经济的一般原理，舍象掉资本主义实质，所揭示的社会化大生产条件下商品经济运动的规律，不仅对资本主义是适用的，对社会主义经济也是适用的”③等重要观点，并通过对马克思的研究方法和有关商品经济和市场经济一般原理的深入研究和剖

① 陈征．陈征选集［M］．太原：山西经济出版社，1996：4.
② 陈征．陈征选集［M］．太原：山西经济出版社，1996：10.
③ 陈征．陈征选集［M］．太原：山西经济出版社，1996：61.

析，指出马克思所研究的商品与货币、资本与剩余价值、资本循环与周转、商业资本与商业利润、借贷资本与利息、地租理论等一系列的“自由市场经济”条件下的经济范畴和商品经济运行的一般规律，是适用于现代市场经济包括社会主义市场经济。同时，他又强调指出，《资本论》是一部很重要的马克思主义经典著作，我们在任何时候都要坚持马克思《资本论》的基本原理，否则，我们的事业就会因为没有正确的理论基础和思想灵魂而迷失方向。

陈征的分析，不仅打破了“《资本论》过时论”妖言惑众的言论，表明我们当前建设社会主义市场经济，必须深入掌握《资本论》的基本原理，科学运用《资本论》的立场、观点和方法，根据社会主义市场经济发展中的新情况和新问题，做出新的理论概括和科学的回答，从而赋予《资本论》新的时代内涵，即在社会化大生产的当今社会，充分彰显其强大的生命力，这是《资本论》研究工作者不可推卸的历史责任。陈征一系列创新性的观点，在当时起到振聋发聩的作用，有力地推动对马克思《资本论》的研究，为指导社会主义市场经济体制改革发挥着重要的作用。

三、重视价值规律的作用，探索社会主义市场经济建设的正确道路

价值规律是商品生产的基本规律，凡是有商品生产和商品交换的地方，价值规律必然发生作用。马克思在批判地继承资产阶级古典经济学的劳动价值学说的基础上，创建了科学的劳动价值论，成为马克思政治经济学的理论基础。陈征非常重视对马克思劳动价值论的研究，在对《资本论》与社会主义市场经济研究中，陈征也十分关注价值规律在社会主义市场经济建设中的作用。

陈征指出：“价值规律是商品经济的基本规律，也是市场经济的基本经济规律，它决定着商品生产和交换的主要方面和主要过程，也决定着市场经济运行的主要方面和主要过程。”① 在探索由计划经济体制向市场经济体制过渡时期，各种认识和各种思潮层出不穷的形势下，陈征坚持价值规律在社会主义制度下仍然存在并发挥着重要的作用。陈征在学术研究过程中，总是注重捕捉规律性的东西。例如，他在研究马克思所研究的商品、货币、资本、利润、利息、地租、劳动力价值、供求规律和竞争规律时，总是动态地、联系地加以研究，并指出：“研究这些规律的内容、作用、表现形式、运动过程，是研究市场经济的极其重

---

① 陈征．陈征选集［M］．太原：山西经济出版社，1996：26.

要的内容”[①]。这对人们把这些规律具体运用于社会主义经济改革，发挥了重要的指引作用。如陈征根据当时中国经济体制和政治形势的要求，指出：新形势下，发挥宏观调控机制、企业经营机制、劳动者激励机制的协调作用，对于“建立新的适合于有计划商品经济的经济体制和经济运行机制”[②] 有着重要的意义。他认为，虽然资本主义企业的经营机制不能直接套用到社会主义企业中，但是一个社会主义企业的生产，也要从货币资金开始，经过资本的循环和周转，实现社会主义再生产；一个企业在市场上进行经营和运作，也要充分运用价值规律作用机制，使竞争规律、供求规律等充分发挥作用。陈征重视价值规律的思想与当前国家实行的相关政策是一致的，有利于发挥价值规律在社会主义经济改革中的作用，既有历史意义又有现实意义，至今都是非常值得我们认真思考的。

总之，陈征运用《资本论》研究社会主义市场经济，提出了一系列新理论新见解，充分证明了《资本论》中有关商品经济的基本原理，对于指导研究社会主义市场经济具有重要的意义，说明社会主义现代化建设必须坚持马克思主义经济理论的指导地位，这不仅是经济问题，也是政治问题，具有深远的影响和历史意义。

---

① 陈征．陈征选集［M］．太原：山西经济出版社，1996：27.

② 陈征．陈征选集［M］．太原：山西经济出版社，1996：65.

第七章

陈征对社会主义初级阶段经济理论的探索

运用《资本论》基本原理研究我国社会主义经济，是我国理论界面临的重大任务。陈征在20世纪七八十年代就积极从事这方面的研究，在对此研究的基础上，陈征对社会主义初级阶段经济理论的探索也取得了一定的成果。早期，他与林健合著的《社会主义初级阶段的理论与实践》（1988），是我国出版最早有关社会主义初级阶段的专著，对于推动我国社会主义经济的研究，有一定的理论意义。党的十五大后，他深入细致地研究了党的十五大精神，着重研究了社会主义初级阶段的基本经济制度、所有制结构、国有企业改革等重大理论问题。2000年，陈征与李建平、郭铁民合著出版了《社会主义初级阶段经济纲领研究》一书，创建了社会主义初级阶段经济纲领的理论体系，该书的“代序言”作为单篇文章发表后，获1999年中宣部“五个一工程”优秀论文奖，名列榜首，影响甚大。2002年，党的十六大报告提出：坚持走“以信息化带动工业化，以工业化促进信息化，走出一条科技含量高、经济效益好、资源消耗低、环境污染少、人力资源优势得到充分发挥的新型工业化路子”，从而为工业现代化指明了新的方向。此时，陈征已年逾古稀，但仍十分关心时事，密切关注社会主义经济理论与实践的发展，并就新型工业化问题撰写并发表了《走新型工业化道路》（2003）、《迎接第三次工业革命》（2014）等文章，对仍处于工业化中期阶段的中国，如何走新型工业化道路提出自己的主张，这对于当前探索新型工业化道路以及中国如何迎接第三次工业革命都具有一定的参考价值，也进一步丰富和充实了社会主义初级阶段经济纲领的理论体系。

第一节　对社会主义初级阶段基本经济制度的论述

1997年9月党的十五大第一次提出："公有制为主体，多种所有制共同发展，是我国社会主义初级阶段的一项基本经济制度"①，并于1999年3月全国人大九届二次会议中，将上述社会主义初级阶段的基本经济制度正式写入宪法。确定以"公有制为主体，多种所有制共同发展"作为我国社会主义初级阶段的一项基本经济制度，并非一蹴而就的，而是在坚持马克思基本原理同中国实际情况相结合的基础上，对我国社会主义建设道路不断认识、摸索和完善的曲折前进的过程。在此，陈征通过对社会主义初级阶段的经济纲领充分研究的基础上，对社会主义初级阶段的基本经济制度的形成依据及意义进行全面的论述，并就相关争论的问题进行全面的解答，澄清了理论上的模糊认识，这对于正确认识和全面坚持贯彻社会主义初级阶段的基本经济制度具有重要的意义。

一、对确立基本经济制度根据的深刻认识

党的十五大以前，对于社会主义初级阶段基本经济制度确立的根据，可以说是众说纷纭，各持己见。人们从社会主义制度、现阶段生产力发展水平以及中国的国情等不同的角度来认识基本经济制度确立的根据，党的十五大报告提出：社会主义初级阶段基本经济制度是"由社会主义性质和初级阶段国情决定的"。陈征认为："这是比较全面而又科学的阐述。"② 继而，他对确立基本经济制度的根据进行全面分析和系统论述。

（一）全面理解"社会主义初级阶段"的基本内涵

全面理解"社会主义初级阶段"的基本内涵，对于科学掌握基本经济制度具有重要的意义。陈征指出："首先必须明确，这里所说的基本经济制度，是社会主义初级阶段的基本经济制度，既不是社会主义高级或中级阶段的基本经济制度，也不是其他社会的基本经济制度。"③ 陈征指出："社会主义初级阶段"真

---

① 党的第十五次全国代表大会：高举邓小平理论伟大旗帜，把建设有中国特色社会主义事业全面推向二十一世纪，1997－09.

②③ 陈征．《陈征选集》续编［M］．太原：山西经济出版社，2005：46.

实、客观地反映了当前的基本国情。一方面，就社会性质而言，我国已进入了社会主义社会，必须坚持社会主义的本质特征及其基本原则；另一方面，就社会发达程度而言，我国尚处在不发达阶段、初级阶段，必须从当前的实际出发，不能超越。陈征强调，只有紧紧围绕这两个方面，才能准确、科学地理解“社会主义初级阶段”的内涵。此外，陈征还指出：公有制经济反映了社会主义制度与资本主义制度的根本区别，它既是社会主义经济产生的象征，又是社会主义制度优越性的经济根源，坚持公有制经济正体现了社会主义制度的本质要求。因此，“确立社会主义初级阶段的基本经济制度，必须坚持公有制经济的主体地位”①。

陈征上述的分析，对于全面而科学地理解社会主义初级阶段的基本经济制度具有重要的指导意义。

（二）主张重视多种所有制经济共同发展

陈征从我国初级阶段的实际情况出发，主张从以下三个方面来重视多种所有制经济共同发展。

首先，必须从我国当前生产力发展的实际水平出发。陈征深入考察了我国当时生产力发展的基本概况，指出：生产力水平不高，发展不平衡，物质技术基础落后，生产的商品化、社会化、现代化的程度不高，是我国当前最基本的实际情况，按照党的十五大报告关于“三个有利于”的标准，非公有制经济在现阶段对生产力的发展还起着重要作用，适合我国当前生产力发展状况，所以“不仅应该允许其存在，还应该鼓励、支持其发展，实现多种经济共同发展，以促进生产力的迅速提高。”② 针对当时有人认为“非公有制经济的存在和发展是生产力低下的产物”的观点，陈征表示不予以赞同，他指出：“实际上发展非公有制经济，是发展社会主义初级阶段经济的客观必然，是我国当前发展生产力的一条重要途径，一项重要制度和措施，而不是一时的权宜之计。”③

其次，必须从完善与发展社会主义市场经济体制出发。近百年的实践经验证明：计划与市场只是一种经济手段，在社会主义经济条件下，要不断解放和发展生产力，必须发展市场经济。陈征在《〈资本论〉与社会主义市场经济》等文章中，论证了企业是市场经济体制的微观基础，市场是由不同企业在市场上进行商品交换而构成的，只有通过不断的商品交换实现价值规律的调节作用和市场的调节作用，才能不断地实现资源的优化配置，发挥社会主义市场经济的作用，以促

① 陈征．《陈征选集》续编［M］．太原：山西经济出版社，2005：47.

②③ 陈征．《陈征选集》续编［M］．太原：山西经济出版社，2005：48.

进国民经济的发展。非公有制经济是社会主义市场经济中的重要组成部分，它们积极参与市场竞争，既同公有制经济又同非公有制经济相互之间进行平等竞争，实现优胜劣汰，以促进经济的共同发展。基于以上的分析和认识，陈征指出："坚持和完善社会主义公有制为主体、多种所有制经济共同发展的基本经济制度，是完善和发展社会主义市场经济的最重要最基本的条件"①；"对于促进市场发育，推动技术和管理的进步与劳动生产率的提高，促进生产力的发展，建立充满生机和活力的社会主义市场经济体制起着重要作用。"②

最后，多种所有制经济共同发展是尊重客观事实的体现。党的十一届三中全会以前，在所有制问题上实际上是走"发展全民、限制集体、消灭个体"的路子，使个体所有制在工业中几乎被消除，造成市场供应不足，城镇就业困难，阻碍了生产力的发展。党的十一届三中全会以后，实行了改革开放的路线，改变了以往单一的所有制给经济发展带来不利影响的局面，我国所有制结构发生了很大变化。陈征经过考察，用翔实具体的数据说明了我国目前各种所有制经济共同存在，共同发展，已成为客观的现实。所以，陈征指出："改革开放 20 年来我国经济充满生机与活力的迅速发展，国有经济实力的不断增强，乡镇企业的蓬勃发展，非公有制经济发展速度明显加快，充分证明了各种所有制经济共同存在和发展的正确性。"③

二、对确立基本经济制度意义的阐发

陈征从理论和现实两个角度对确立社会主义初级阶段基本经济制度的意义进行充分的阐发，为加强对社会主义初级阶段基本经济制度的理解和认识提供重要的指引作用。

（一）对基本经济制度理论意义的阐发

（1）丰富了建设有中国特色社会主义理论的内容。《共产党宣言》中写道："共产党人可以把自己的理论概括为一句话：消灭私有制。"④ 因此，人们总是认为社会主义和私有制是不可相容的，建设社会主义就是要消灭私有制。对此，陈

---

① 陈征.《陈征选集》续编［M］. 太原：山西经济出版社，2005：49.
② 陈征.《陈征选集》续编［M］. 太原：山西经济出版社，2005：50.
③ 陈征.《陈征选集》续编［M］. 太原：山西经济出版社，2005：51.
④ 马克思恩格斯文集（第 5 卷）［M］. 北京：人民出版社，2009：45.

征认为：我国是在社会主义革命胜利后进行社会主义建设的，虽然资本主义可以逾越，但必须充分发展生产力，我国尚处在社会主义初级阶段是不容回避的事实，社会主义初级阶段的基本经济制度，就说明了私有制在社会主义初级阶段与公有制经济可以共存，共同参与市场竞争，“成为社会主义市场经济的重要组成部分，构成有中国特色社会主义理论的重要内容”“这就进一步丰富和发展了科学社会主义理论”。①

（2）发展了社会主义初级阶段经济基础和上层建筑的理论。过去人们普遍认为：只有公有制才是社会主义的经济基础，社会主义上层建筑要为消灭私有制这个旧的经济基础而积极斗争。陈征认为，这种观点一方面没有弄清经济制度与经济基础两个概念；另一方面是“忽略了我们现在还处于社会主义初级阶段”这个客观现实。陈征指出：“经济制度与经济基础其含义是相同的，经济基础是社会发展到一定阶段的经济制度，一定的社会经济制度则构成该社会一定的经济基础。”②这就阐明了经济制度和经济基础之间的关系，从某种程度上说明“私有制可以成为社会主义初级阶段经济基础的内容之一”③。由此，他认为初级阶段的基本经济制度主要在这两方面作出了突出的新贡献：一是破除了传统的社会主义初级阶段单一的经济基础的观念，确立了综合经济基础的新内容；二是上层建筑是为巩固和发展经济基础服务的，私有制经济既成为经济基础的一个组成部分，当然上层建筑也要为它的巩固和发展服务，就不应该再把私有制作为限制直至消灭的对象。

（3）为建立有中国特色的社会主义政治经济学提供了新的内容和思路。理论是实践经验的总结。陈征认为，有中国特色的社会主义处在建设过程之中，这就赋予社会主义政治经济学必须建立新体系、新概念、新范畴、新内容，这是经济理论工作者面临的艰巨任务。在当前，最关键的是要研究什么是社会主义初级阶段和怎样建设初级阶段的社会主义这个重大命题，其中包含丰富的内容。因此，陈征指出：“这一基本经济制度的确立，对有中国特色社会主义政治经济学的研究定将起着重要的推动作用。”④

（二）对基本经济制度现实意义的阐发

确立社会主义初级阶段基本经济制度具有重大的现实意义。在此，陈征主要从四个方面进行阐述。

---

①②③ 陈征．《陈征选集》续编［M］．太原：山西经济出版社，2005：52.

④ 陈征．《陈征选集》续编［M］．太原：山西经济出版社，2005：53.

（1）有利于进一步巩固社会主义制度。从所有制的内容来说，所有制关系是经济关系的核心，是经济制度的主要内容。陈征认为：主张“多种所有制经济共同发展，才能巩固社会主义初级阶段的经济基础，巩固多种形式的分配制度以及其他经济制度，进而巩固工人阶级领导的、工农联盟为基础的人民民主专政的政治制度”①。

（2）有利于完善与发展社会主义市场经济。陈征认为：以公有制经济为主体和非公有制经济在市场上平等竞争，共同发展，有利于繁荣市场，增强市场竞争活力，充分发挥市场调节作用，实现资源的优化配置。

（3）有利于发展社会生产力。非公有制在现阶段对生产力有一定的促进作用是无可辩驳的，这一基本经济制度的确立，可以消除一些人的疑虑，即担心私有制的发展壮大所带来的不利影响。所以，陈征认为：“思想认识的转变必将带来实际行动的转变，有利于公有制和非公有制经济共同发展，有利于社会生产力的迅速提高。”②

（4）有利于社会主义优越性的进一步发挥。社会主义本质最终是达到共同富裕。陈征认为：“多种所有制经济的共同发展，有利于增加不同阶层人民的收入，增加就业途径，普遍提高人民生活水平，为达到共同富裕而逐步创造条件。”③

陈征对社会主义初级阶段的基本经济制度的理论意义和现实意义的科学阐发和深入分析，深刻揭示了初级阶段基本经济制度的实质内涵，有利于人们对私有制有新的认识，产生新的观念，有利于社会主义初级阶段的基本经济制度的贯彻实施，意义重大。

三、对基本经济制度几个争论问题的看法

党的十五大召开之后，如何理解社会主义初级阶段的基本经济制度，在当时众说纷纭，争论颇为热烈。这种争论有利于推进理论研究，但关系到对建设有中国特色社会主义理论的正确理解。因此，陈征就有关争论问题进行深入研究和探讨，这对于统一思想认识，澄清模糊观念，正确贯彻党的十五大精神，做好当前工作，具有重要的理论意义和现实意义。

---

①　陈征．《陈征选集》续编［M］．太原：山西经济出版社，2005：53.

②③　陈征．《陈征选集》续编［M］．太原：山西经济出版社，2005：54.

（一）关于社会主义基本经济制度与社会主义初级阶段基本经济制度问题

关于“社会主义基本经济制度与社会主义初级阶段基本经济制度”的提法是否一致，有无区别，当时是见仁见智，莫衷一是。一种观点认为上述两种提法是一致的；另一种意见认为，上述两种提法有区别，不能混为一谈。陈征主张：上述二者，既有区别，又有联系，必须从区别与联系的辩证统一中来理解。

首先，陈征从经济关系和所有制的内涵来分析二者的区别。陈征认为，理解上述的两个概念，有必要先弄清经济制度与基本经济制度之间的关系。陈征指出：“经济制度与经济关系是一致的，社会主义经济制度指社会主义经济关系。”① 他又进一步指出：“基本经济制度是指所有制制度，即所有制结构，它是决定经济关系中最基本的东西，”② 经济制度包括基本经济制度、分配制度和其他经济制度等。按照这个概念和原理，社会主义经济制度就是指以生产资料公有制为基础，包括社会主义生产、分配、交换、消费等生产关系；而社会主义基本经济制度体现着生产资料公有制为基础的社会主义生产关系。由此说明，经济制度是指占主要地位的生产关系的总和，而基本经济制度是经济制度的内核，是最实质性的内容。党的十五大报告明确指出：“必须坚持公有制作为社会主义经济制度的基础”，这是社会主义基本经济制度的明确阐述，反映了社会主义本质，始终不能动摇。同时，必须结合初级阶段的基本国情，发展多种所有制经济，从而形成初级阶段的基本经济制度。所以，陈征指出：“社会主义基本经济制度贯穿整个社会主义的始终”“而社会主义初级阶段基本经济制度着重反映初级阶段的特点”。③

其次，陈征指出，二者之间是密切联系着的。社会主义基本经济制度包含在社会主义初级阶段基本经济制度之中。公有制为主体，既是社会主义基本经济制度在其中的具体表现，也是社会主义本质的表现，如果离开公有制为主体，就不能成为社会主义经济。但由于初级阶段的具体国情，决定了多种所有制经济必须共同发展，这是初级阶段的特色。这说明“社会主义基本经济制度与社会主义初级阶段基本经济制度”二者之间既有区别又有联系。社会主义基本经济制度体现为共性，社会主义初级阶段基本经济制度体现为个性，共性不可能离开个性存在，而是共性寓于个性之中，即普遍性寓于特殊性之中。

根据陈征对社会主义基本经济制度与社会主义初级阶段基本经济制度的区别

---

①②③ 陈征．《陈征选集》续编［M］．太原：山西经济出版社，2005：56.

与联系的分析，说明按照党的十五大报告的指引，在研究社会主义初级阶段基本经济制度时，既要坚持社会主义公有制的本质要求，坚持公有制为主体；也要重视非公有制经济在社会主义市场经济中的作用，要坚持从区别与联系的辩证统一体进行理解和把握，这才是从当前初级阶段的实际出发。

（二）关于社会主义经济与社会主义市场经济问题

对于“社会主义经济和社会主义市场经济”这两个概念，当时也存在不同的理解和认识。一种观点认为，这是两个不同的问题，不能混为一谈；另一种观点认为，不能将二者隔离开来，它们是一致的。对此，陈征认为，也要从它们的区别和联系的辩证统一中来理解。继而，他运用社会主义经济和市场经济的一般原理对二者的区别与联系进行深刻的分析。

陈征指出，社会主义经济是反映社会主义本质的，无论是哪个阶段，只要是社会主义社会，都是始终存在的。而市场经济则是一种经济体制，是一种资源配置方式，本身不能反映社会性质。陈征又进一步指出，但市场经济不可能脱离某一社会形态而独立存在于真空状态中，必须与一定的社会形态相结合，如与资本主义制度相结合是资本主义市场经济，与社会主义制度相结合是社会主义市场经济，但在不同发展阶段形态会有所不同。因此，陈征总结指出：“社会主义经济是反映经济的社会性质的，社会主义市场经济是反映社会主义经济体制的，二者是有区别，不能混为一谈。”① 同时，他又指出：“反映社会主义性质的社会主义经济，不能脱离现实在真空中存在，必须通过经济运行和发展等诸种不同形式表现出来。而经济运行和发展都必须通过一定的经济体制来表现，在现阶段，必须通过社会主义初级阶段的市场经济体制来表现。”② 这说明，在社会化大生产的条件下，社会主义经济的运行和发展，离不开市场经济这一经济体制。所以，从这个意义上说，社会主义经济也可表现为社会主义市场经济，二者是一致的，只不过社会主义经济是本质的反映，社会主义市场经济则是社会主义经济表现的形式，二者之间的关系，实际是经济本质和经济运动形式的关系。

陈征对社会主义经济与社会主义市场经济问题的分析，阐明了二者的实质内涵，既看到二者的区别，更看到它们的辩证统一。说明了市场经济作为一种经济手段，一种资源配置方式，是能为发展社会主义经济而充分利用的，如邓小平同志曾经指出：“资本主义也有计划，社会主义也有市场，计划与市场只是一种经

①② 陈征．《陈征选集》续编［M］．太原：山西经济出版社，2005：58.

济手段，资本主义可以用，社会主义也可以用。”也说明发展社会主义市场经济是社会主义经济的本质要求。

（三）关于社会主义社会的经济基础和社会主义初级阶段的经济基础问题

关于“社会主义社会的经济基础和社会主义初级阶段的经济基础”这两个概念的认识，当时也存在着一定的争议。一种观点认为，社会主义社会的经济基础只能是公有制，非公有制不能成为社会主义社会的经济基础；另一种观点则主张非公有制也应成为社会主义初级阶段的基础。陈征认为，表面看来这两种看法是针锋相对的，但这其间并没有多大的距离，并对此进行了深入的分析。

生产资料公有制作为社会主义社会的经济基础，是贯穿社会主义社会始终的，包括初级阶段和高级阶段的经济基础。党的十五大报告、《宪法》第六条都已充分肯定，坚定不移。陈征指出：“经济基础亦即经济结构，与经济制度相类似，经济基础是发展到一定历史阶段的经济制度，一定社会的经济制度构成该社会的经济基础。”① 这就说明以公有制为主体，多种所有制经济共同发展是社会主义初级阶段的基本经济制度，它们也应该成为社会主义初级阶段的经济基础。由于我国生产力总体水平不高，发展也不平衡，这就决定了必须发展多种所有制经济。这说明，社会主义经济基础是生产资料公有制，而社会主义初级阶段的经济基础是由多种所有制经济构成，即“包含占主体地位的公有制，也包含非主体地位的非公有制”②，这也就成为社会主义初级阶段基本经济制度。陈征以上的分析，既重视了生产资料公有制在社会经济中的基础地位，又看到非公有制经济在社会主义初级阶段中不可或缺的作用，既坚持整体性，又注重从实际出发，从而给上述的两种观点予以科学的回应。

陈征对以上争论问题的辨析，从方法上坚持辩证统一，既看到区别，又注意联系；同时，又能从“社会主义初级阶段”这个基本实际出发，以“三个有利于”为标准，着眼于马克思主义经济理论的运用和发展，注重对实际问题的理论思考，具有重要的理论和实践意义。

---

①② 陈征．《陈征选集》续编［M］．太原：山西经济出版社，2005：60.

第二节　对社会主义初级阶段所有制结构的探索

江泽民同志在党的十五大以及党的十五届四中全会中，对所有制理论尤其是国有经济体制改革问题作出深刻的论述，提出了一系列新观点和新举措，为陈征研究社会主义初级阶段所有制结构问题提供了依据和契机。世纪之交，陈征就所有制结构问题进行深入的研究，相继撰写了《所有制理论的新突破》(1997)、《正确认识国有企业改革的形势》(1997)、《国有企业改革理论和实践上的新发展》(2000)、《有关从战略上调整国有经济布局的几个问题》(2000)等多篇文章，深入研究了所有制理论和国有经济改革的系列问题，某种程度上进一步充实和完善了社会主义初级阶段的所有制结构理论。

一、必须坚持公有制的主体地位

党的十五大报告指出："公有制实现形式可以而且应当多样化。一切反映社会化生产规律的经营方式和组织形式都可以大胆利用。要努力寻找能够极大促进生产力发展的公有制实现形式。"① 这对公有制实现形式的理论作出了一系列的新突破。陈征在对这一基本内容进行充分学习和理解掌握的基础上，对公有制实现形式提出一系列观点，主要概括为三个方面。

(一) 深入分析了公有制实现形式

党的十五大报告指出："公有制实现形式可以而且应当多样化。"② 从而对公有制实现形式作出新的理论概括。

针对过去不少人提出的"公有制等于社会主义经济，因而它的实现形式也应该是社会主义经济的实现形式"的片面观点，陈征认为，这种误区是人们把公有制实现形式和社会制度属性联系起来所造成的。陈征指出，所有制实现形式和所有制是两个不同的概念，"所有制指的是财产最终归宿"③，"所有制实现形式，指的是资产的经营方式或组织形式"④。由此说明，所有制与所有制实现形式是

①② 党的十五次代表大会：高举邓小平理论的伟大旗帜，把建设有中国特色的社会主义事业全面推向二十一世纪，http：//xibu. tjfsu. edu. cn/elearning/lk/15c. htm.

③④ 陈征，李建平等. 社会主义初级阶段经济纲领研究［M］. 北京：经济科学出版社，2000：85.

内涵和外延的关系，是有区别的。而且，对于同一种所有制，它的实现形式可以多种多样，即使是不同的所有制，也可以选择实行同一种实现形式，只要是符合社会经济发展的要求，只要是能反映社会化生产的客观规律，都可以大胆利用。这说明社会主义同资本主义一样都是社会化大生产，因而同样的形式都可利用。

关于选择公有制实现形式的标准问题，由于在“公有制实现形式应该是纯而又纯的社会主义性质”这种观念的影响下，有一种传统的观点认为，全民所有制比集体所有制优越，集体所有制比非公有制性质的个体经济、私营经济更优越。对此，陈征指出：“全民所有制和集体所有制都是公有制的实现形式，都是社会主义性质，谁比谁优越，不可能从性质来衡量。”① 陈征提出，应该严格按照党的十五大报告提出的标准，即是否反映社会化生产规律和是否能够促进生产力的发展，全民所有制优越还是集体所有制优越，“只能从其社会效益和经济效益，从促进生产力发展的程度上来衡量。”② 因此，按照党的十五大报告提出的“公有制的实现形式可以而且应当多样化”的论断，陈征指出，对于一定量的公有资产，只要能反映社会化生产的规律，能促进生产力的发展，无论是哪种组织形式和经营方式都是可以采用。陈征认为，这种“公有制实现形式多样化”理论，“打开了思路，就有利于人们在实际工作中努力寻找各种有利的实现形式”，“这将大大有利于经济体制改革的进程，促进社会主义经济迅速而健康地发展。”③

陈征根据党的十五大报告对公有制实现形式的论述，对原有公有制实现形式认识上的误区进行驳斥，引导人们正确认识和深刻领会公有制实现形式的实质内涵，帮助人们跳出了把所有制实现形式作为社会制度属性的旧框框，有利于解放思想，为寻找能够极大促进生产力发展的公有制实现形式开辟了广阔的道路。

（二）坚持公有制的主体地位，必须从战略上调整国有经济布局

二十多年来，曾经为中国的工业化、现代化建设作出巨大历史贡献，在国民经济中占主导地位的国有企业，却一直处于我国经济体制改革的中心环节，从20世纪80年代初放权让利扩大企业自主权，到1995年开始建立现代企业制度试点，以及相继实施核销呆坏账准备金、债转股、股市筹资、债务重组等，尤其是党的十五届四中全会审议通过了《中共中央关于国有企业改革和发展若干重大问题的决定》（以下简称《决定》），党中央对国有企业改革提出一系列的措施。《决定》指出：“从战略上调整国有经济布局，要同产业结构的优化升级和所有

①② 陈征，李建平等．社会主义初级阶段经济纲领研究［M］．北京：经济科学出版社，2000：85.

③ 陈征，李建平等．社会主义初级阶段经济纲领研究［M］．北京：经济科学出版社，2000：86.

制结构的调整完善结合起来，坚持有进有退，有所为有所不为，提高国有经济的控制力。”这又开启了国有经济体制改革的新篇章，使国有企业改革进入了攻坚阶段。对此，陈征通过对所有制结构理论和国有经济体制改革充分研究的基础上，就“从战略上调整国有经济布局”提出一系列新见解。

（1）贯彻落实“有进有退，有所为有所不为”的主张。陈征指出，必须根据党的十五大报告和党的十五届四中全会审议通过的《决定》的要求，从战略上调整国有经济的布局，要“坚持有进有退，有所为有所不为”，这是国有经济战略调整的基本指导方针。对此，陈征指出：“有进有退，从总体上看，退是为了进，为了更好地进，没有退就没有进，退是手段，进是目的。”① 而对于“有所为有所不为”，陈征认为：有所为，就是在那些国有经济应该进入，能够充分发挥自己特长和优势的领域，集中力量，增加投入，使之壮大、发展。有所不为，就是在市场机制、市场调节作用发挥比较充分的领域，在社会成员可以自主竞争、充分发展的一般行业和领域，国有经济不必全部包揽，而是实现社会投资主体多元化，让各种产权主体更多地进入。这样做的实质，就是收缩战线、集中力量加强重点、改善国有资本的配置结构和国民经济产业结构，使国有企业在社会主义市场经济中更好地发挥主导作用。通过上述的分析，说明从战略上调整国有经济布局，就是要使国有资本从分散的中小企业向大型企业或企业集团集中，从低效的劣势产业向高效的优势产业集中，从一般性领域向需要由国有经济发挥作用和关系国民经济命脉的关键性领域集中，从而提高国有经济的控制力和竞争力。

有进有退地调整国有经济布局，既要研究“进”，又要研究“退”。但对于“进”“退”的边界范围，当时学术界在认识上有较大的分歧，有些人提出“国有经济要从所有竞争性行业完全退出，只在公共产品生产领域、非竞争领域、非营利性领域中活动”的主张。对此，陈征表示反对。他认为，国有企业全部退出竞争性领域，是不可行的，理由如下：一是不利于社会主义市场经济的发展与完善；二是势必导致社会生产和供给的萎缩；三是整个国有经济将不可能稳定而健康地向前发展。

因此，陈征根据《决定》的有关精神进行全面研究，指出涉及国家安全的行业、自然垄断的行业和提供重要公共产品和服务的行业这三大行业，以及支柱产业和高新技术产业中的重要骨干企业两类产业，都关系国民经济命脉和关键领域，是国有经济必须加强和控制的领域，属于“进”的范围。但陈征又进一步辩证地指出，对于一些支柱产业和高新技术产业，国有企业必须控制，但也不是绝

① 陈征，李建平等．社会主义初级阶段经济纲领研究［M］．北京：经济科学出版社，2000：107.

对排斥非公有制的，也就是说“国有企业必须进，非公有制经济的企业也可以进，只是国有经济必须在上述领域起绝对的控制作用”[①]。陈征又指出：对于“其他行业和领域”，确实符合“退”的条件，就应该采取多种灵活的方式，坚决退出。如对于那些“产品有市场但负担过重、经营困难的企业”，可以通过兼并、联合等形式，进行资产重组和结构调整；而对于那些“产品没有市场、长期亏损、扭亏无望和资源枯竭的企业，以及浪费资源、技术落后、质量低劣、污染严重”的小企业，要实行破产、关闭。

陈征上述的分析，进一步阐明了“坚持有进有退，有所为有所不为”的实质与科学内涵，说明“有进有退，有所为有所不为”的界限和范围，对于准确把握党的十五届四中全会《决定》的精神，指导国有企业经济体制改革具有重要的意义。

（2）坚持“抓大放小”的发展战略。国有经济的主导作用主要体现在控制力上。陈征认为：“要提高国有企业的控制力和竞争力，必须‘抓大放小’，推进国有企业的战略性改组。”[②] 陈征从宏观、微观以及量和质的统一上对实现国有经济的控制力进行深入的论述，并提出具体实施“抓大放小”的战略选择。

重视大型企业和企业集团在国民经济中的重要作用。大型企业集团作为国民经济增长的支点和经济结构优化的载体，在国民经济发展中具有举足轻重的作用。陈征认为，从宏观上发挥控制力主要有两种手段：一是对财政金融等经济部门的控制和运用；二是发展关键领域和行业的国有企业。依靠这些部门和国有经济的发展来增强控制力，从而支撑、引导和带动非国有制经济和整个社会经济的发展。所以，陈征指出：“抓大”关键是要“着力培育实力雄厚、竞争力强的大型企业和企业集团”[③]，并通过国有资产重组的形式，集中力量加快发展国有大型企业，使之不仅成为国民经济的支柱，并在国际竞争中发挥主要作用。在20世纪90年代末，面对着我国制造业工业企业竞争力不强，无力与国际大企业竞争抗衡的现实情况，陈征认为这是十分令人担忧的。他指出：随着世界经济日益走向全球化和我国对外开放程度的不断提高，如不尽快发展和走向规模经营，国有大型企业和企业集团将面临因缺乏竞争力而被挤垮或兼并的危险，“从某种意义上说，不仅是一个经济问题，而且是一个政治问题，关系到我国的国际地位和

---

① 陈征，李建平等．社会主义初级阶段经济纲领研究［M］．北京：经济科学出版社，2000：109.

② 陈征．《陈征选集》续编［M］．太原：山西经济出版社，2005：96.

③ 陈征．《陈征选集》续编［M］．太原：山西经济出版社，2005：98.

社会主义发展前途的重大问题”①。而在“中国制造”风靡全球，国际竞争力显著提高的今天，陈征当时的顾虑是非常正确的，从而说明陈征放眼世界的战略远见和理论前瞻性。

放开搞活国有中小型企业。除了重视大型企业和企业集团在国民经济发展中的重要作用，《决定》还提出要“放开搞活国有中小企业”。陈征认为：经济稳定而又高速发展，不仅需要一批大型企业和企业集团，同时也离不开中小型企业与大型企业和企业集团的配合。他指出：大企业具有资金、技术、名优产品等方面的优势，而中小企业具备小而精、小而专的特长，二者之间可以互相补充、协调发展。一方面，大企业可以带动中小企业健康有序地发展；另一方面，中小企业将围绕着大企业的整体目标行动，为大企业配套服务，成为专业化生产经营的企业群体，创造市场活力，以减少中小企业盲目竞争，从而“有利于加强政府的宏观调控和促进经济增长方式的转变”②。同时，陈征经过全面考察，以翔实的数据论证了“中小企业不仅可以成为大企业配套服务、成为专业化生产经营的企业群体，还可以吸纳更多的劳动力，创造市场活力”③。针对当时国有中小企业存在着“多而不强、多而不精”的问题，陈征提出要“进行调整，集中力量，加强重点，做大做强，向‘专、精、特、新’的方向发展”④。

陈征上述的分析，为国有中小型企业改革提供了重要的参考，对于全面贯彻落实“抓大放小”的方针具有重要意义，说明抓大不是只要大的，不要小的，放小也不是一放了之，撒手不管，而是应该积极扶持中小企业，采取更加灵活的形式，加快中小企业改革的步伐，使它们尽快适应市场经济要求，在竞争中自主发展，优胜劣汰。

（三）主张现代企业制度是公有制与市场经济相结合的有效途径

公有制的主体地位是我国社会主义制度的根本特征，是由我国的基本国情决定的，其具有极大的优越性，在当前建设有中国特色的社会主义市场经济过程中，更必须要坚持，毫不动摇。但在具体实施过程中，总有人会自觉或者不自觉地把自己置身于计划经济时代，对公有制与市场经济是否能结合产生很大的疑问，更有甚者，国外有些经济学家，认为市场经济是资本主义的专利品，只能与私有制相结合，无法实行公有制的市场经济。

---

① 陈征.《陈征选集》续编［M］. 太原：山西经济出版社，2005：100.

②③④ 陈征.《陈征选集》续编［M］. 太原：山西经济出版社，2005：101.

党的十五届四中全会指出："建立现代企业制度，是发展社会化大生产和市场经济的必然要求，是公有制与市场经济相结合的有效途径，是国有企业改革的方向。"① 对此，陈征认为，作出"建立现代企业制度，是公有制与市场经济相结合的有效途径"的重要论断，"这是市场经济与社会主义制度相结合的重要关键"，"实现这一结合，是重大的科学创新。对于建立、发展和完善社会主义市场经济，有着极为重要的理论意义和现实意义"②。

陈征指出："现代企业制度是指在市场经济条件下，以企业法人产权制度为主体，以企业承担有限责任为特征的新型企业制度。"③现代企业制度之所以能成为公有制与市场经济相结合的有效途径，是由现代企业制度的内在机制所决定的，陈征具体从以下方面进行论述。

首先，建立现代企业制度，能够使国有企业真正成为法人实体和市场主体。在计划经济条件下建立起来的国有企业，政企不分，政府干预过多，企业不能成为自主经营、自负盈亏的市场主体，在竞争中必然处于不利地位。陈征指出："现代企业制度实行出资者所有权、法人财产所有权、企业经营权相分离的产权制度。"④形成股东会、董事会、经理层组织结构体系，股东是出资者和收益人，是资产的最终所有人，只能以股东的权利影响企业的行为，不能直接干预企业的经营活动。董事会是法人财产权的行为主体，并对自己的经营活动负责，这就使企业成为"产权明晰、责权明确、相互制衡的法人实体和市场主体，将国有企业塑造为与市场经济体制内在要求相适应的微观经济主体"⑤。

其次，建立现代企业制度，能够形成与市场经济相适应的企业经营机制。实行现代企业制度，明确股东会、董事会、监事会、经理层的职责，形成各负其责、协调运转、有效制衡的公司法人治理结构。陈征指出："公司法人治理结构是公司制的核心，它的建立，为企业转换经营机制奠定了制度基础，从而在企业内部形成与市场经济相适应的新的经营机制。"⑥ 这一治理结构通过实施决策机制、激励机制和发展机制，使企业真正成为市场主体，提高企业的竞争力，同时，有利于调动经理层和企业职工的主动性和积极性，从而有利于企业建立创新体系，促进企业进步和产业升级。

再次，建立现代企业制度，有利于国有资产在市场经济条件下灵活流动、

① 中共十五届四中全会：中共中央关于国有企业改革和发展若干重大问题的决定，1999－09.

②③④ 陈征，李建平等．社会主义初级阶段经济纲领研究［M］．北京：经济科学出版社，2000：203.

⑤⑥ 陈征，李建平等．社会主义初级阶段经济纲领研究［M］．北京：经济科学出版社，2000：204.

优化配置。建立现代企业制度，采用国有控股或参股的股份公司的形式，产权方面出现了企业产权的分离，企业成为法人代表有权直接处理各项生产经营问题，能根据市场变化情况，及时做出决策，从而提高国有资产的运营效率；从价值形态方面看，在股份公司中，股东根据所持股份对公司负有限责任，公司向社会公开发行股票，直接在资本市场上流动。陈征指出，由此可见，无论从产权还是从价值形态方面，现代企业制度都是极为灵活的运行机制，“既便于企业直接面向市场，及时地独立进行决策，进行生产经营和资金营运”①，同时，“又便于产权在资本市场上流动，可以转让股权和经营权，有利于国有资产灵活流动，优化配置”②，这种国有企业的产权结构，能够满足市场经济的要求。

最后，建立现代企业制度，能提高国有企业的控制力，放大国有资本功能。在公司制的形式中，股份有限公司一般是现代企业制度采取的主要形式。在社会主义市场经济条件下，大多数企业要实行股份制，通过国家控股、参股的形式来实现。陈征指出：“国有股份制企业中的国有资本已经是社会化资本，它还可以通过吸收和组织更多的社会资本（非国有股），放大国有资本的功能，”③同时，也有利于“增强国有经济的控制力，从而提高国有经济在市场经济中的竞争力，有利于国有企业积极参与市场竞争”④。这就进一步证明了现代企业制度作为公有制与市场经济相结合的有效途径，是市场经济与社会主义制度相结合的重要关键，是国有企业改革的方向和工作重点。

总之，国有企业的改革历程，其实质可以说是探寻一条公有制与市场经济相结合的有效途径的渐进过程。这一过程既是适应社会化大生产和市场经济要求的实践探索过程，也是持续引入和吸收新理论新观点、不断深化和发展原有理论内容的理论发展过程，从而成为推动我国国有企业改革的重要动力。陈征经过潜心研究，依据党的十五届四中全会的精神对现代企业制度的全面论述，从内在机理论证了现代企业制度是公有制与市场经济相结合的有效途径，破除了“市场经济无法与公有制相结合”的陈旧观念，说明现代企业制度是能使国有企业生产经营在新世纪焕发出活力、展现出效率的重大举措，对于科学掌握以及实施现代企业制度具有重大的指导意义。

---

①②③ 陈征，李建平等．社会主义初级阶段经济纲领研究［M］．北京：经济科学出版社，2000：205.

④ 陈征，李建平等．社会主义初级阶段经济纲领研究［M］．北京：经济科学出版社，2000：206.

二、尊重客观实际，鼓励非公有制经济健康发展

（一）准确把握非公有制经济的性质

党的十五大报告把非公有制经济作为社会主义市场经济的重要组成部分，当时有人对这一论述进行片面解读或者刻意歪曲，存在着两种错误的倾向：一是把非公有制经济也看作社会主义性质的经济；二是认为，鼓励支持发展私有制经济就是鼓吹私有化。陈征认为这两种观点把非公有制经济的地位和作用与性质混为一谈，是错误的。

陈征指出：非公有制经济作为社会主义市场经济的重要组成部分，这是就非公有制的地位和作用而言的，而不是它的社会性质，不能把地位和作用与社会性质混为一谈。陈征认为：在社会主义市场经济中，既要以公有制为主体，也要有非主体的非公有制经济，这是因为非公有制经济在社会主义初级阶段能有力地促进社会主义生产力的发展，有一定的进步作用，所以“要支持和发展，因而是社会主义市场经济中的重要组成部分，占据一定的地位；它们的地位和作用，是在社会主义市场经济的范围之内”①。经济成分的性质主要是由生产资料决定的，无论是个体经济、私营经济还是外资经济，它们的生产资料都是由私人占有，都属于私有制经济，与公有制经济有着不同的性质。陈征认为：如果“把非公有制经济的地位和作用看成是它的社会性质，那么就混淆了公有制经济与私有制经济差别的原则界限”②，从而会导致“有人把公有私有都可作为经济主体”的错误观点。而针对有人提出“鼓励支持发展私有制经济就是鼓吹私有化”的观点，陈征认为，这是对党的十五大相关精神的错误理解。陈征指出：“私有化，是指私有制经济大量存在并占据主体地位”③，我们现在是在公有制为主体的条件下鼓励、支持私有制经济的发展，是在公有制为主体、公有制在量上仍占绝对优势的条件下，充分发挥非公有制经济的作用，以促进社会主义市场经济的完善、发展与繁荣，与私有化是完全不同的，不能曲解其含义或将二者等同起来。

陈征上述的分析，有助于破除种种错误观点、科学理解和全面认识非公有制经济的地位、作用和性质，从而为社会主义经济稳定而健康的发展扫清障碍，有利于社会主义市场经济的完善与发展。

---

① 陈征．《陈征选集》续编［M］．太原：山西经济出版社，2005：61.

②③ 陈征．《陈征选集》续编［M］．太原：山西经济出版社，2005：62.

（二）尊重客观实际，鼓励非公有制经济健康发展

按照党的十五大报告的相关精神，“积极鼓励和引导非公有制经济健康发展”，既要发展公有制经济，又要鼓励和引导非公有制经济的发展，这是由我国生产力水平比较低，发展又不平衡的基本国情决定的。社会主义经济建设的历史实践证明，搞单一的公有制，实行“一大二公”，限制非公有制经济的发展只会严重破坏和阻碍生产力的发展，不仅直接影响到公有制经济的发展，而且会延缓整个社会主义经济发展的进程。陈征通过对改革开放前后，非公有制经济不同的发展程度，对整个社会主义经济增长的影响，以翔实的数据论证了非公有制经济的发展，对于发展社会生产力、增强综合国力、提高人民生活水平等方面都发挥了重要的作用。因此，陈征总结指出，在坚持发展公有制的条件下，坚持发展非公有制经济，真正做到“坚定不移”，是从社会主义初级阶段所有制结构出发的，是社会主义初级阶段基本经济制度的必然要求，也是党在整个初级阶段必须坚持实行的正确政策，只有坚持这样的所有制结构，才能适应我国不同层次生产力发展水平的要求，才能充分调动一切生产要素加入生产过程，才能充分调动各方面发展经济的积极性。

面对当时非公有制经济存在的发展不平衡、非公有制经济比重偏小、经济结构和发展经济的条件存在显著差别的客观实际，陈征提出：要促进非公有制经济健康发展，必须做到以下三方面：一是要统一思想，提高认识，正确理解社会主义初级阶段基本经济制度的实际内容，正确认识当前坚持发展非公有制经济的现实意义；二是要充分发挥非公有制经济在社会主义市场经济中的作用，按照市场经济原则，创造对公有制经济和非公有制经济一视同仁、平等竞争、共同发展的客观环境；三是要建立健全法律法规体系，制定有关政策，鼓励、引导非公有制经济依法经营，端正经营思想和经营方向，按照社会需要进行生产和其他经营活动，更好地发挥促进国民经济发展，提高人民生活水平的作用。这些主张，不仅从思想认识上，而且从实践上对于重视和规范非公有制经济的健康发展，真正做到“两个坚定不移”发挥了重要作用，有利于促进社会主义经济稳定、快速、健康地向前发展。

三、对几种观点的商榷

（1）一种看法认为，对国有经济进行战略性调整，是在国有企业经营困难条件下而采取的撤退措施。

陈征指出："这是比较表面而肤浅的看法，未能真正认识这次战略性调整的本质性的重要意义。"① 陈征认为：党中央对国有企业改革的目的，一是为了摆脱国有企业当时存在的困境；二是使国有经济发展壮大，真正成为国民经济的支柱，这才是最终的目的。进而，他又分析，按照《决定》的相关精神，对国有经济进行战略性调整，从有些行业退出来，不是说国有经济要让位和退出，实质是"通过对国有企业的改革促进其发展，集中力量，加强重点，发展大企业，提高质量，提高控制力和竞争力，使国有企业真正成为我国国民经济的支柱"②。这说明通过调整，有进有退，一方面提高国有企业的科技创新能力和管理水平，提高产品质量和经济效益，推进其参加世界市场并与跨国公司竞争，从而有力地发挥主导作用并推动整个国民经济的发展；另一方面引导和带动非公有制经济的快速发展，从而形成各种所有制经济公平竞争、共同发展的繁荣昌盛局面，更好地实现社会主义初级阶段基本经济制度的要求。可见，调整的最终目的，不是撤退，而是为了国有经济的发展壮大，为了社会主义市场经济更加发达繁荣。因此，陈征总结指出："调整不是权宜之计，而是重要的战略方针，是推进社会主义经济发展的重要战略方针。"③

通过陈征上述的分析，说明了国有企业战略性调整的实质，使上述的错误观点不攻自破。

（2）有一种看法认为，在社会主义国家，把国有企业出售给个人成为私营企业，就是实行私有化。

对于上述的观点，陈征首先进行了辩证的分析，他认为，从西方经济学的定义或者按照人们的一般理解，可以说这是属于私有化的举措。但是在"国有企业出售"这一问题上，陈征坚持从科学的概念出发来解释私有化的含义。

陈征明确指出：把个别国有企业出售给个人，促使这一企业由国家所有转变为私人所有，这只是个别企业性质的变化，并不会因此而导致"社会经济制度的私有化"④。进而，他又指出："个别企业的私有"和"社会经济制度的私有化"是两个不同的概念，不能混为一谈。他强调指出：个别企业的私有，着重强调在该企业内部，由私有者确定企业管理体制、组织资本运营、进行财产的分配与再分配；社会经济制度的私有化，是在个别企业私有化的基础上，实现"制度转型""制度变迁"，即整个社会经济制度向资本主义转变。陈征认为：只要坚持以公有制为主体，坚持国有经济的主导地位，即便是一定数量国有企业转为私营

①②③ 陈征．《陈征选集》续编［M］．太原：山西经济出版社，2005：102.

④ 陈征．《陈征选集》续编［M］．太原：山西经济出版社，2005：103.

企业，“也不会出现社会经济制度的私有化”①。但如果个别企业私有达到相当高度，公有制不占主体地位，国有经济不再起主导作用时，“就会由个别企业私有的量变引起社会经济制度私有化的质变，就会出现‘制度转型’”②。因此，陈征指出，为防止社会经济制度私有化，必须大力改革和发展国有经济，坚持以公有制为主体和国有经济为主导，发挥国有经济的控制力和竞争力。由此可见，是否出现私有化，主要在于社会经济制度方面，而不是在个别国有企业转变为私营企业的数量方面。

因此，陈征强调把“个别企业私有化与社会经济制度私有化”严格区分，采用辩证、科学的角度来认识“国有企业出售”这一问题，这对于防止望文生义、束缚实事求是处理某些国有企业问题的手脚、影响调整的进行具有重要的意义。

（3）有一种看法涉及国有企业如何退出的问题。当时有人认为，国有企业是国家所有，关于国有企业退出问题，应该由政府积极组织，必要时还应给予实物资产或货币资本补贴等优惠政策。在社会主义市场经济条件下，在退出时主要是采用政府的手段还是实现市场行为，在当时是颇有争议的。

对于国有企业如何退出问题，陈征主张实现市场行为。他指出，对于退出的企业，政府不必做硬性规定，“但应允许其他所有制企业自由进入，与国有企业平等竞争，由市场决定国有企业的进退”③，也就是运用市场机制，进行平等竞争，达到优胜劣汰的目的。这既可以淘汰那些适应性差、不具备竞争力的企业，又可以形成不同所有制平等竞争的格局，市场选择功能进一步增强，通过竞争，优胜劣汰，从而逐步选择出最适应的所有制经济形态的企业，“这就是在多种所有制经济共同发展中逐步完善社会主义市场经济体制，在国有经济日益发展壮大中充分发挥主导作用，充分发挥控制力和竞争力，使社会主义市场经济出现完善、壮大、繁荣的新局面”④。

陈征对以上三种观点的分析和论述，既对关于国有企业改革中一些问题的片面理解和刻意歪曲的观点进行批判，又对国有企业改革中的一些争议和难点进行充分的分析，并提出一些建设性的意见，理论上达到了释疑解惑、辨清是非的目的，实践上对于推动国有经济布局的顺利调整发挥了重大的指导作用。

①② 陈征．《陈征选集》续编［M］．太原：山西经济出版社，2005：103.

③ 陈征．《陈征选集》续编［M］．太原：山西经济出版社，2005：104.

④ 陈征．《陈征选集》续编［M］．太原：山西经济出版社，2005：105.

第三节 对新型工业化道路的探索

党的十六大报告明确指出："全面建设小康社会，最根本的是坚持以经济建设为中心，不断解放和发展社会生产力。"① 而在现阶段，以经济建设为中心，发展社会生产力的主要任务和根本途径就是"坚持以信息化带动工业化，以工业化促进信息化，走出一条科技含量高、经济效益好、资源消耗低、环境污染少、人力资源优势得到充分发挥的新型工业化路子。"② 这说明新型工业化道路是党和国家对传统工业化道路的利弊总结和面对全面建设小康社会的目标要求所做出的必然选择。陈征指出："新型工业化道路，是党中央全面总结国内外工业化的经验教训、体现时代特点、符合我国国情而提出来的重大战略决策。"③ 进而，陈征对新型工业化道路思想的实质内涵进行全面学习领会，并提出自己独到的见解，这对于国家全面推进新型工业化道路具有重大的参考价值。

一、总结了国内外工业化的经验教训

（一）正确对待工业化和现代化的关系

工业化和现代化都是在科学技术革命的作用下，使生产方式由手工劳动为主的小商品生产转变为以机器或其他现代生产工具为主的社会化大生产的过程，二者既密切联系又有区别。陈征深入学习领会了新中国成立后的第一个五年计划以及党的十六大报告中关于实现工业化的相关精神，总结了党中央把工业化和现代化的关系，由同步进行到将二者进行区别的认识转变过程，说明只有正确认识工业化与现代化之间的关系，才能更好地理解"工业化"的概念，这也是党中央制定相关政策所必须具备的前提。

经过对相关政策的解读和研究，陈征概括了工业化和现代化之间关系："工业化是现代化的基础和前提，高度发达的工业社会是现代化的重要标志。"④从过程来说，"现代化包括工业现代化，工业化的基本实现应比工业现代化的实现为

①② 党的十六次代表大会：全面建设小康社会，开创中国特色社会主义事业新局面，2002－11.

③④ 陈征.《陈征选集》续编［M］. 太原：山西经济出版社，2005：191.

早"[①]。这说明工业化和现代化存在着必然的联系，现代化是一个阶段性的过程，要实现现代化，首先必须要走高度发达的工业化道路。

关于工业化实现标准问题，陈征认为，工业化是一个历史范畴，在不同的历史条件下，不同国家实现工业化有不同的标准，英国以蒸汽机的发明和应用为动力，采用机器体系，进入机器大工业时代。随着历史的发展，工业化的标准的确定，应当与时俱进，"但由传统的以农业生产为主的社会转变为先进的以工业生产为主的社会，则应该是普遍适用的"[②]。这既明确了发展新型工业化道路的基本标准，又坚持发展的观点，体现了与时俱进的思想品质。

（二）总结了国内外工业化道路

陈征指出："所谓工业化道路，也就是怎样建设工业化的问题。"[③] 他认为，每个国家都有自己的国情和特点，工业发展水平有所区别，因而在工业化建设过程中具有各自不同的特色。接着，他从历史的角度出发，以深邃的历史眼光进行考察后指出：英国的工业化是以蒸汽机为动力，以"羊吃人"的"圈地运动"和血腥的殖民掠夺而载入史册；以德国和日本为代表的后发国家，通过殖民扩张、广泛建立世界市场和掠夺原材料和能源，以实现工业化的既定目标，由此引发了一系列严重的经济社会及生态问题。而苏联作为世界上第一个社会主义国家，从重工业出发，实施社会主义工业化，但最终宣告失败。因此，对于中国这样一个人口大国，"实现工业化是一件具有世界历史意义的大事"[④]。从而表明我国探索新型工业化道路的任务相当艰巨、意义十分重大。

我国工业化道路的探索是十分曲折的，曾经走过弯路，也积累了一些经验教训。我国在"一化三改"的过渡时期总路线中，也主张从重工业开始搞工业化，当时毛泽东同志以苏联的经验为鉴戒，在《关于正确处理人民内部矛盾的问题》和《论十大关系》等一系列著作中也已注意到农轻重为序的工业化发展道路，但是在实践上却未能落实，尤其是"一五"时期以后到党的十一届三中全会的二十年间基本上走的是相反的道路，即以重、轻、农为序的工业化道路。

鉴往知来，陈征通过对历史的考察，又结合我国是农业大国这个基本国情，指出："处理农、轻、重的关系，是我国工业化道路的一个核心问题。"[⑤] 而面对着半个多世纪以来，世界和中国都发生了翻天覆地的变化，国际环境和我国基本

---

① 陈征.《陈征选集》续编［M］. 太原：山西经济出版社，2005：191.

②③ 陈征.《陈征选集》续编［M］. 太原：山西经济出版社，2005：192.

④⑤ 陈征.《陈征选集》续编［M］. 太原：山西经济出版社，2005：193.

国情决定了传统的工业化道路在中国是行不通的，必须探索新型的工业化发展道路。因此，陈征指出："十六大报告提出的走新型工业化道路，是从历史和时代的高度，既立足于我国基本国情，又面向世界，既从现实出发，又面向未来发展。是发展思路上与时俱进的重大理论创新。"①

（三）分析了中国工业化现阶段的特征

陈征在肯定我国半个多世纪以来工业化取得重大进展的基础上，又对照国际经验和工业化国家的水平，指出："我国工业化任务还没有完成，总体上看现在还处于工业化中期阶段。"② 具体从以下三个方面进行分析：第一，从人均国内生产总值方面，陈征根据世界银行经济学家钱纳里等人提出的工业化阶段划分标准，当时我国的人均 GDP 仅近 1000 美元，说明工业化水平较低；第二，从制造业增加值占总商品生产增值额的比重方面，联合国工业发展组织和世界银行联合主持的《发展中国家的工业发展政策》提出，从制造业增加值占总商品生产增值额的比重来划分工业化水平，"我国 2001 年制造业增加值占总商品生产增值额的比重约为 51.5%"③，依据这一标准，我国仍属于半工业化国家；第三，从三次产业的生产结构和就业结构方面，陈征根据钱纳里等经济学家对世界上 100 个国家 20 多年来经济发展水平与经济结构之间关系的研究，指出："2001 年，我国三次产业的生产结构为 15.2%、51.1%、33.6%。三次产业的就业结构为 50%、22.3%、27.7%"④，据此说明，我国处于半工业化阶段，完成工业化的历史任务还很繁重。

综合以上的划分标准以及我国的实际情况，陈征指出，我国"还处于工业化中期阶段"⑤，"继续完成工业化是我国现代化进程中重要而艰巨的历史任务"⑥。

二、诠释了新型工业化思想

我国最早提出新型工业化道路概念的是在 2002 年党的十六大报告，即："坚持以信息化带动工业化，以工业化促进信息化，走出一条科技含量高、经济效益好、资源消耗低、环境污染少、人力资源优势得到充分发挥的新型工业化路

① 陈征．《陈征选集》续编［M］．太原：山西经济出版社，2005：193.

②⑤⑥ 陈征．《陈征选集》续编［M］．太原：山西经济出版社，2005：194.

③④ 陈征．《陈征选集》续编［M］．太原：山西经济出版社，2005：195.

子。"[①] 这是基于我国经济发展过程中，遇到来自资源、环境和就业等方面的压力，又面临信息技术革命这种新的历史机遇，在综合全面分析这诸多因素的基础上所得出的结论，同时也是人们意识到发达国家的工业化经验在指导当今发展中国家工业化崛起时难以为继而产生的意识觉醒。对此，陈征指出，这种"新"，主要表现为：一是要正确处理工业化和信息化的关系；二是走出一条和以往工业化不同的新路子。

（一）正确处理工业化和信息化的关系

从生产力发展的角度回顾工业化的发展史，可以分为三个阶段：由 18 世纪末至 19 世纪——机械化时代的工业化；由 20 世纪初至 20 世纪末——电气化时代的工业化；由 20 世纪末至现在——信息化时代的工业化。按照这个划分依据，发达国家是在实现工业化的基础上进入信息化发展阶段的，而我国在工业化任务尚未完成的发展阶段就迎来了信息化的汹涌浪潮，显然，我们不能置身于世界信息化浪潮之外来搞工业化。陈征认为："如果我们按照发达国家实现工业化的传统办法，置信息化于不顾，实行先工业化后信息化，不仅会延缓工业化的发展进程，而且会降低工业化的质量和水平。"[②] 因此，在工业化进程中，正确处理工业化和信息化的关系极为重要。所以，陈征指出：走新型工业化道路，应该"把信息化和工业化结合起来，坚持以信息化带动工业化，以工业化促进信息化，发挥后发优势，实现跨越式发展。"[③]

信息化作为当今世界经济和社会发展的大趋势，已成为衡量一个国家和地区国际竞争力、现代化程度、综合国力和经济增长能力的重要标志。在此，陈征进一步概括了信息化在经济社会各个领域中的重要作用：一是信息技术在国民经济各个领域的普遍采用，可以极大地提高劳动生产率，大幅度降低这些领域的能源与物质资源消耗，降低成本，提高产品质量和经济效益，减少环境污染，从而提高国民经济的运行效率，推动整个国民经济的发展和总体素质的提高，进而加速现代化的进程；二是信息化正在引起世界经济和社会的巨大变革，它已成为各国参与世界范围的科技、经济、政治和军事竞争、进行综合国力较量的焦点；三是信息化是最新科学技术在工业发展中的广泛运用，充分显示现代科学技术是第一生产力的巨大威力，在人类社会已进入信息时代的今天，我们必须十分重视信息

---

① 党的十六次全国代表大会：全面建设小康社会，开创中国特色社会主义事业新局面，2002－11.

② 陈征．《陈征选集》续编［M］．太原：山西经济出版社，2005：195－196.

③ 陈征．《陈征选集》续编［M］．太原：山西经济出版社，2005：196.

化在工业化发展中产生的倍增作用和催化作用，十分重视现代科学技术对经济发展的决定性作用。

通过上述的分析，信息化作为工业化发展到一定阶段的产物，正确处理二者的关系是极其重要的。在此，陈征主要归纳为以下几个方面："信息基础设施的建设、信息技术的研究和开发、信息产业的发展，都是以工业化的成果为基础；工业化为信息化提供基础，对信息化发展提供了应用需求；信息化通过工业化发展而不断深化和加速。"① 这说明，离开了信息化的工业化，不是现代化的工业化，先工业化后现代化的道路现在行不通；忽视工业化，离开了工业化的信息化，将缺乏必要的物质基础，孤立、片面地发展信息化的道路也行不通；只有坚持以信息化带动工业化，以工业化促进信息化，把信息化与工业化紧密结合起来，使二者融为一体，才能加快我国工业化和现代化的发展进程。

（二）阐明了新型工业化的基本内涵和主要特征

党的十六大报告明确指出："走出一条科技含量高、经济效益好、资源消耗低、环境污染少、人力资源优势得到充分发挥的新型工业化路子。"② 陈征认为：这就是和以往工业化不同的新路子，这种"新"，陈征把它归纳为四个方面。一是重视科学技术的作用，特别要注重科技的创新和科技成果的推广和应用，把经济发展建立在现代科技进步的基础上，充分发挥科技创新对经济发展内在动力的作用，特别要大力推进国民经济和社会信息化，并通过信息技术的广泛应用，带动工业化在高起点上广泛发展，以科技进步带动工业化在高起点上跨越发展。二是重视经济效益的提高，要注重提高产品质量，降低生产成本，适应市场变化，优化资源配置，提高资金投入产出的效益，以较少的投入取得更多的经济回报。三是重视资源合理利用和环境保护，坚持走可持续发展战略，大力提高能源、原材料的利用效率，充分利用现代科技，开辟新能源，开发和利用新材料；同时，要大力发展绿色产业和环保产业，使经济建设与生态环境建设相协调。四是使工业化与扩大就业齐头并进。我国在工业化的进程中，一方面要充分利用我国人力资源优势，提高劳动者的综合素质；另一方面要妥善处理好劳动生产率的提高和增加就业岗位的关系，既要注重资金技术密集型产业的发展，也要继续发展劳动密集型产业。

---

① 陈征.《陈征选集》续编［M］. 太原：山西经济出版社，2005：197.

② 党的第十六次全国代表大会：全面建设小康社会，开创中国特色社会主义事业新局面，2002－11.

最后，陈征总结指出："新型工业化道路是充分运用最新科学技术和依靠科技进步以信息化带动的工业化，是提高经济效益和市场竞争力的工业化，是同实施可持续发展战略相结合的工业化，是注意充分发挥我国人力资源优势的工业化。"① 这是对新型工业化道路本质特征的精辟概括，说明新型工业化十分重视科技的贡献率，着重于信息化、可持续发展、人力资源开发以及最终提高经济效益等方面，强调统筹信息化与工业化的关系，以信息化带动工业化等内容。

三、探寻新型工业化发展路径

（一）形成新的产业格局，推进新型工业化的进程

根据世界经济科技发展新趋势和走新型工业化道路的要求，党的十六大报告提出：要"形成以高新技术产业为先导、基础产业和制造业为支撑、服务业全面发展的产业格局"②，这为我国实现工业化指明了方向。对于如何加快形成新的产业格局，陈征结合我国的经济发展基本情况及产业结构特点，认为应从三个方面着手。

（1）优先发展信息产业和高新技术产业。陈征指出：科技创新已成为经济发展的内在驱动力，高新技术产业具有渗透力、带动力强，经济效益高等特点，发展高新技术产业已成为当今世界经济和社会发展的迫切要求，也是我国实现工业化和现代化的关键环节。当前，我国高新技术产业存在着规模小、核心技术少、产品质量不高、技术创新能力有限等问题，与发达国家相比，差距较大。所以，陈征指出：必须突出重点，急起直追，加大科技研发投入，完善科技创新体系，使高新技术产业实现跨越式发展，使之"成为国民经济的先导产业和新的成长链"③。

（2）用高新技术改造和提升传统产业，大力振兴装备制造业。由于我国传统产业存在着工艺技术装备落后、资源利用率低等诸多问题，随着信息技术等高新技术的普及与发展，正赋予传统产业以全新的内容。所以，陈征指出："用高新技术和先进适用技术改造传统产业，增加科技含量，促进产品更新换代，提高产

①③　陈征.《陈征选集》续编［M］. 太原：山西经济出版社，2005：198.

②　党的第十六次全国代表大会：全面建设小康社会，开创中国特色社会主义事业新局面，2002-11.

品质量和经济效益，是加快工业化的重大举措的必然要求。”① 而作为国民经济持续发展基础的制造业，是工业化建设的发动机，其提供的技术装备的性能和水平，很大程度上决定着国民经济各行业生产技术水平和竞争能力的高低。由此，陈征认为：“大力发展制造业特别是装备制造业，是改造和提升传统产业的重要内容，也是加强实现工业化的基础和前提。”②

(3) 加速发展服务业特别是现代服务业。基于服务业对提高经济效益、扩大就业和促进国民经济协调发展等方面的重大作用，陈征指出：“大力发展服务业是加快工业化的必然要求。”③在此，陈征结合当前我国服务业的发展现状指出，既要加快发展金融、物流等现代服务业；同时，要继续发展交通、仓储等传统服务业；既不能忽略教育、文化、体育等事业，又要增加家政服务、保洁保绿等社会服务业，“由此不断形成新产业格局，推进工业化的发展进程”④。

(二) 正确处理工业化中的几个关系，实现新型的工业化道路

党的十六大报告指出：“正确处理发展高新技术产业和传统产业、资金技术密集型产业和劳动密集型产业、虚拟经济和实体经济的关系。”⑤ 这说明，走新型工业化道路，必须处理好这几方面的关系，这是国民经济持续、快速、健康发展的重要保证。具体如何处理，陈征在坚持十六大相关精神的基础上，结合当前中国工业化的现实情况，提出一系列的观点和主张。

(1) 正确处理发展高新技术产业和发展传统产业的关系。如上所述，当前我国正处于工业化和信息化交错并存的时期，在探索新型工业化的过程中，又面临着新一轮技术和产业革命的任务。因此，一方面，我们必须积极备战，抓住第三次工业革命的良好机遇，加快发展高新技术产业，充分发挥其对国民经济的全局性带动作用；另一方面，对于处于工业化中期阶段的我国，传统产业特别是工业制造业仍然有广阔的需求和发展前景。在此背景下，正确处理高新技术产业和传统产业的关系极其重要。对此，陈征指出：高新技术产业和传统产业是紧密联系，互相促进的。一方面，推进高新技术产业的发展，从而为传统产业改造提供强有力的技术支持；另一方面，继续保持传统优势产业，能为高新技术产业提供必要的物质基础。陈征上述的论述，说明要使国民经济持续

① 陈征．《陈征选集》续编［M］．太原：山西经济出版社，2005：198.

②③④ 陈征．《陈征选集》续编［M］．太原：山西经济出版社，2005：199.

⑤ 党的第十六次全国代表大会：全面建设小康社会，开创中国特色社会主义事业新局面，2002-11.

快速健康发展，必须使高新技术产业和传统产业互相融合和渗透，充分发挥各自优势。

（2）处理资金技术密集型产业和劳动密集型产业的关系。资金技术密集型产业是指资本有机构成较高的产业，其科技含量、附加值和劳动生产率都较高，一般是国民经济的支柱产业。在推进工业化的进程中，也提高了产业的资金密集程度、生产技术水平和效率，这就说明发展资金技术密集型产业的必要性。劳动密集型产业是指劳动密集程度较高，资金投入较少，技术性不高的产业。基于以上的认识，陈征结合当前我国工业化发展现状和人口多、就业压力大这一基本国情，总结指出："既要大力发展资金技术密集型产业，又要注意继续发展吸纳就业能力强的劳动密集型产业，"① 使资金技术密集型产业和劳动密集型产业并举，以资金技术密集型产业不断提升劳动密集型产业的层次和科技含量，以促进其生产效率的提高。

（3）正确处理发展虚拟经济和发展实体经济的关系。虚拟经济与实体经济是两种相对应的经济模式，陈征在阐明二者内涵的基础上，对虚拟经济与实体经济的关系展开论述。陈征指出：虚拟经济是在市场经济高度发展的基础上，使货币资本从物质生产、流通领域游离出来，以金融资本的形态在金融市场上盈利，从而形成虚拟经济，"它是市场经济中信用制度和货币资本化的产物"②。陈征认为：虚拟经济可以优化资源配置，提高实体经济创造价值的能力，从而促进国民经济的发展。这是虚拟经济的积极作用。但陈征也认识到，虚拟经济如果过度发展和没有进行必要的监管，将对实体经济带来破坏性的影响。陈征通过对 20 世纪 80 年代以来，50 多个国家发生金融危机的原因进行考察，认为"都与虚拟经济的负面作用有关"③。在总结国内外经验教训的基础上，陈征指出："虚拟经济发展应当以实体经济的发展为基础，并为实体经济发展服务；虚拟经济必须稳步适度地发展，不可盲目扩张，过度膨胀。"④ 这说明只有处理好二者之间的发展关系，才能助推工业化的发展进程。

陈征上述有关实现新型工业化路径的论述，是在深刻领会党的十六大报告相关精神的基础上，又总结了国内外探索工业化道路的经验和教训，结合中国工业化的基本现状，对形成新的产业格局和处理好工业化的几对关系提出的一系列观点和主张，对于实施和贯彻落实党的十六大"走新型工业化道路"的重要思想和推进新型工业化的进程具有重大参考价值。

---

①② 陈征．《陈征选集》续编［M］．太原：山西经济出版社，2005：201.

③④ 陈征．《陈征选集》续编［M］．太原：山西经济出版社，2005：202.

四、迎接第三次工业革命，推动信息化和工业化的深度融合

2012 年 4 月，《经济学人》杂志发表了关于第三次工业革命的报道；2012 年 5 月中信出版社翻译出版了杰里米·里夫金（Jeremy Rifkin）著《第三次工业革命》一书，对于当前或即将到来的第三次工业革命的呼声为人们提供了一个重要视角：即建立在互联网和新能源相结合基础上的新经济，将极大地改变人们的生产方式、生活方式与经济社会发展方式，进而改变人类文明发展的进程。党的十八大报告提出："坚持走中国特色新型工业化、信息化、城镇化、农业现代化道路，推动信息化和工业化深度融合。"① 这是继党的十六大以来，对新型工业化思想的深化和发展，也是党中央根据当前世界经济发展趋势和抓住第三次工业革命机遇期所作出的科学论断。

2014 年，陈征已是 87 岁的高龄，但他仍非常关心国家大事，对于已经和正在到来的新一轮技术和产业革命予以高度的关注，在组织编写的第五版《政治经济学》教材中，陈征撰写了"迎接第三次工业革命"的内容，并把第三次工业革命与新型工业化道路进行深入的结合，提出一些富有时代特征的前瞻性观点，从而赋予其新型工业化思想新的内容。那么，面对第三次工业革命的挑战，我国的新型工业化道路应该做出怎样的应对？鉴史使人明智，在回答这个问题之前，陈征梳理了人类文明发展过程中经历的科技革命，总结了主要资本主义国家抓住科技革命的机遇而使经济腾飞的经验，对我国因错失了前四次科技革命的机遇，致国家发展长期落后的境况而感到惋惜。同时，也对我国因抓住了第五次科技革命机遇，使工业化和经济增长呈现出较快发展态势的成绩予以充分的肯定。因此，对于进入新的发展阶段的中国，第三次工业革命的意义尤为突出。党的十八大提出的"信息化和工业化深度融合"，陈征认为：这种融合"关键是发展的科学化和改革的深化"，"实际上是沿着以互联网技术和可再生能源为标志的第三次工业革命的方向前进"，这充分说明了我国新型工业化道路的实质是要抓住新技术革命的机遇，新的科技革命赋予新型工业化道路新的内涵，即可再生能源革命和智能化将成为我国未来新型工业化道路的关键选择，纳米和新材料技术革命对于解除我国工业化的资源限制具有重大意义，将纳入我国新型工业化道路的视野之中。而新技术革命对新型工业化道路的推动，对经济发展的促进作用，则是通

① 党的第十八次全国代表大会：坚定不移沿着中国特色社会主义道路前进，为全面建成小康社会而奋斗，2012－11.

过现代科学劳动而实现，这是陈征把现代科学劳动理论运用于新型工业化道路研究，由此形成的新认识、新思想。

第四节　本章小结

陈征在深入学习和科学掌握党的十五大报告、党的十五届四中全会《决定》以及党的十六大报告相关精神的基础上，从当时中国社会经济实际情况出发，围绕着理论上争论的问题以及经济热点问题展开分析，就社会主义初级阶段的经济理论、所有制结构以及新型工业化道路等方面进行深入的研究，提出一系列前瞻性的观点和精辟的见解，对于深化国有经济改革和推进新型工业化道路的进程具有重要的指导意义。

一、坚持从实际出发，具有很强的理论性、政策性和学术性

党的十五大报告在坚持邓小平关于社会主义初级阶段理论的基础上，第一次提出并科学地概括了社会主义初级阶段经济、政治、文化的基本目标和基本政策。这是马克思主义在当代中国的发展，是指引全国人民胜利迈向21世纪的行动纲领。陈征经过多年潜心研究，就社会主义初级阶段的基本经济制度、所有制理论、新型工业化理论等重大经济理论问题进行研究，它不是对社会主义初级阶段经济纲领的简单释义，而是在坚持邓小平理论的基础上，以社会主义初级阶段为出发点，以改革开放和社会主义现代化建设的实际问题为中心，致力于马克思主义经济理论的运用和发展，着眼于对实际问题的理论思考，深刻地理解和研究了十五大以来党的文件和政策，并就上述问题进行系统深入的研究，提出了一系列新观点、新认识和新体会。不仅思想上和党中央精神保持高度的一致，又有很强的政策敏感性，善于发现事物间的联系与内在规律，并通过深入持久的理论研究和探索，提出一系列前瞻性的观点，具有很强的政治性、政策性和学术性。

二、提出一系列的创新观点，丰富和发展了社会主义初级阶段的经济理论

社会主义初级阶段的经济理论，是马克思主义经济理论与社会主义初级阶段

的国情相结合的产物。陈征在全面、系统、深入地研究马克思主义经济理论的基础上，以邓小平理论和党中央的方针政策为指导，对社会主义初级阶段的一些理论问题进行深入研究，提出一系列的前瞻性观点。如提出：如何理解和把握社会主义初级阶段基本经济制度；对国有经济布局调整方面，提出既要重视大型企业和企业集团在国民经济中的重要作用，又主张放开搞好国有中小型企业，而对于国有企业退出问题，主张实行市场行为，运用市场机制，达到优胜劣汰的目的；主张要尊重客观实际，鼓励非公有制经济健康发展，充分发挥非公有制经济在社会主义经济建设中的积极作用；并根据新一轮技术革命和产业革命的良好机遇，提出实现新型工业化道路一系列主张，强调统筹工业化与信息化的关系，以信息化带动工业化，最终实现“工业化和信息化的深度融合”等。这些观点和主张，对于坚持和完善社会主义初级阶段的基本经济制度，推进国有企业体制改革以及实现新型的工业化道路都具有重要指导意义，丰富和发展了社会主义初级阶段的经济理论。

三、实事求是地对有关争论问题进行磋商和批判

社会主义初级阶段经济理论，从实现社会主义现代化的宏伟目标出发，提出了许多新观点新思路，这些是在探索社会主义现代化建设过程中，从未遇到的重大经济理论问题。当时，理论界对社会主义初级阶段基本经济制度的许多新问题进行深入的研究，出现了百家争鸣、百花齐放的局面，自然存在着不同的认识和不同的观点，甚至发生针锋相对的理论争论，这有利于推动对马克思经济理论的研究和深化认识，但也直接关系到对社会主义初级阶段经济纲领的准确把握和贯彻实施。陈征秉着实事求是的态度，从社会主义初级阶段的实际情况出发，借鉴他人又不墨守成规，旗帜鲜明地发表独到见解，努力做到立论有据、言之有理，并富有新意。

如关于社会主义基本经济制度与社会主义初级阶段基本经济制度问题，当时有些学者把两个制度混为一谈，有些学者则认为截然不同。陈征认为，既要注意区别，又要注意其联系，更要注意从我国当前初级阶段的实际出发来理解。它们二者是共性与个性、普遍性与特殊性的关系，公有制是社会主义的基本经济制度，贯穿于社会主义的始终，而社会主义初级阶段的基本经济制度，既必须以公有制为主体，又必须坚持多种所有制经济共同发展。又如针对有人把非公有制经济看成是社会主义性质的经济，陈征则进行严厉的批判，认为这是把非公有制经济的地位和作用等同于非公有制的性质，混淆了公有制经济与非公有制经济差别

的原则界限，从而会导致错误的指导思想，不利于社会主义经济稳定和健康发展。

四、运用现代科学劳动理论探索新型工业化道路

现代科学劳动思想是陈征在长期潜心研究马克思劳动价值论的基础上取得的创新性成果，其内涵是掌握现代科学技术的现代科学劳动是高级或者超高级的脑力劳动，它已成为当前经济发展和社会进步的主导力量和决定性因素，其实质是必须重视科学技术在生产中的作用。这一思想在其对新型工业化道路的研究中再次具体的运用和充分的体现。根据党的十六大报告、党的十七大报告和党的十八大报告对新型工业化道路进行的不同层面阐述，陈征认为：走新型工业化道路最根本的就是要提高科技的贡献率，要重视科技创新在实现新型工业化道路中的突出地位。尤其是中国面临着即将到来的第三次工业革命的良好机遇和严峻挑战，其将对中国经济产生重大的影响，陈征敏锐地发现并提出“迎接第三次工业革命，实现工业化与信息化深度融合”的重要观点，主张抓住科技革命的重大机遇，利用技术革命的机会窗口，实现中国经济发展的转型，加快推行新型工业化道路。

第三次工业革命是一场以互联网和新能源相结合为基础，以绿色、智能和可持续发展为特色的科技革命和产业革命，其实质是一种高级或者超高级的现代科学劳动，通过这种劳动来实现经济的跨越式发展，推动新型工业化道路的实施，实现工业化与信息化的深度融合。这正是陈征在“新常态”下把现代科学劳动思想与新型工业化道路充分结合的新认识、新见解，也足以说明陈征重视理论创新用以指导和研究现实问题的严谨、切实的治学态度。

第八章 陈征经济学术思想的特点

陈征是全国著名的马克思主义经济学家，他在熟练掌握马克思经济理论和研究方法的基础上，立足于中国社会主义的基本国情，运用马克思主义的立场、观点和方法分析中国社会主义经济建设中出现的新情况、新问题，并在研究的过程中实现了对马克思经济理论的发展和创新，从而形成自身独特的经济思想体系。他不仅始终保持对马克思主义的坚定信仰，而且坚持对《资本论》进行系统的研究，尤其是对马克思劳动价值论和地租理论的发展和创新，揭示了《资本论》在当代仍有巨大的生命力。因此，深入总结陈征经济思想的特点，科学掌握他的研究方法，对于当前学术界经济理论的创新、新的研究方法的探索以及巩固马克思主义经济学的指导地位都具有极其重要的意义。

第一节　对马克思主义的坚定信仰

陈征是当代坚定的马克思主义者，无论是学术思想、研究方法还是学术贡献方面，都渗透着对马克思主义的忠诚信念和坚定信仰。

在意识形态领域，始终坚持马克思主义指导思想，是陈征从事经济理论研究的精神支撑。陈征的一生与《资本论》缔结奇缘，从以《资本论》为重点进行教学，到研究、传播、运用和发展《资本论》，构成了陈征学术人生的轨迹。陈征早就明确指出："马克思主义是工人阶级的世界观和科学的方法论，是指导我们进行社会主义革命的科学，也是指导我们进行社会主义建设的科学。"① "当前我国正在进行改革、开放，更需要以马克思主义作指导。如果离开马克思主义的

① 陈征．旗帜鲜明地坚持马克思主义［N］．福建日报，1987－02－06.

指导，改革、开放就有可能走入歧途。”① 陈征始终高举马克思主义的旗帜，并与资产阶级自由主义作斗争，对于当时出现的以“商品价值论”“知识价值论”等错误理论取代马克思劳动价值论，以及主张马克思地租理论不适合指导社会主义经济建设、宣扬《资本论》已经过时等错误的观点，陈征进行有理有据的批判和反驳，为捍卫马克思主义经济思想的科学性做出了不懈的努力。他所创立的现代科学劳动理论和社会主义城市地租理论以及对社会主义初级阶段经济理论的前瞻性研究，都是在坚持马克思主义经济学相关理论的基础上形成的。

在研究《资本论》的过程中，陈征不仅对《资本论》所运用的科学方法进行分析，而且始终坚持对马克思主义唯物辩证法和历史唯物主义的科学掌握和灵活运用。陈征在研究《资本论》的过程中，早就明确指出，《资本论》中所反映的马克思主义经济学方法，主要是以唯物辩证法为基础的科学抽象法、定性分析与定量分析相结合的方法、规范分析与实证结合的方法，以及历史与逻辑相结合的方法②等。在很长一段时间以来，经济学界逐渐兴起了务实之风，许多经济理论工作者更多参与实际经济部门的活动，甚至存在着一种“对策研究热”和急功近利的倾向。随之出现了一种倾向性的认识：马克思经济学的方法过时了。他们认为，马克思经济学只注意定性分析而不注意定量分析，认为马克思经济学方法同现代西方经济学中的分析工具和方法相比，显得“陈旧”和落后，对我国当前的具体经济制度变革和社会主义市场经济理论的建设没有现实指导意义。对此，陈征认为，这是未能真正理解《资本论》的方法论的结果，未能从马克思研究对象和目的方面对其方法予以切实的评价。陈征指出，恰恰相反，马克思在《资本论》中，“就是由质到量，又由量到质，把定性分析和定量分析，有机地结合起来的，所以既揭示了资本主义经济的本质，又分析说明了光怪陆离的资本主义经济的各种现象，这正是《资本论》方法论的特色，也就是活生生的唯物辩证法”③。而这些科学的方法在陈征的经济学论著中也是充分运用的。

比如运用《资本论》研究社会主义市场经济时，陈征坚持普遍性与特殊性相结合的分析方法。陈征认为，一般寓于特殊之中，通过对特殊的分析以发现一般，通过对一般的研究才能真正理解特殊，《资本论》中对商品一般原理的分析包括资本商品的理论、劳动力商品的理论、地租理论以及价值规律、供求规律、竞争规律等，“既适用于简单商品经济，也适用资本主义市场经济和社会主义市

① 陈征．旗帜鲜明地坚持马克思主义［N］．福建日报，1987－02－06．

② 陈征．陈征选集［M］．太原：山西经济出版社，1996：6－7．

③ 陈征．陈征选集［M］．太原：山西经济出版社，1996：6．

场经济”①，但在不同社会条件下的市场经济有其不同的特殊性，所以要运用《资本论》中的方法来解决社会主义市场经济中的新情况、新问题。所以，坚持对立统一，一般性与特殊性相结合的方法是陈征研究《资本论》的重要方法。在创建现代科学劳动理论过程中，陈征坚持规范分析与实证分析相结合、历史与逻辑相结合的分析方法，既考察了马克思研究劳动价值论时所处的时代背景，以及马克思研究《资本论》的目的，又结合当前科学技术的新发展和当代劳动呈现的新特点，指出马克思劳动价值论是指导当前社会主义经济建设的重要理论，但在新的历史条件下又必须进一步发展。又如对社会主义城市地租的研究，他既注重研究城市地租质的规定性，又注意分析其量的运动规律，包括对地租具体量的规定、地租量的上限和下限以及对地租量的发展趋势的预测等，这是对定性与定量相结合的分析方法的具体运用。

综上所述，作为坚定的马克思主义者，陈征不仅始终坚持马克思主义的指导思想，还表现在对马克思经济学研究方法的充分运用，坚持以辩证唯物主义和历史唯物主义为指导，注重事物的对立统一、历史与逻辑相结合、定性分析与定量分析相结合的分析方法的运用，他所提出的观点及创建的理论逻辑严密，切合实际，说服力强。

第二节　坚持对《资本论》的系统研究与发展创新

回顾陈征的学术历程，他以毕生的精力从事《资本论》的学习、研究、传播、运用和发展，实现了对《资本论》全面、系统的解说和重要理论的发展创新，为《资本论》在中国的广泛传播作出了突出的贡献。

陈征一生研究《资本论》是遵循“读懂”“读通”到“运用”三步走的。1949 年始，从以《资本论》为重点进行马克思经济学的教学开始，陈征以追求真理的决心和持之以恒的意志反复阅读和钻研这部博大精深的科学巨著。从对《资本论》的一知半解，到通俗介绍其内容，说明其来龙去脉，直至全面、准确、系统地解说《资本论》，历经了 30 余年的时间，并最终于 1982 年全部出齐《〈资本论〉解说》（五卷本）。这部凝聚了陈征教授30 余年心血的著作，是陈征研究马克思主义经济学里程碑式的代表作，为帮助一代中国经济学人学习《资本论》发挥了重要的指示和引导作用，为弘扬马克思主义经济理论作出了突出的贡

① 陈征．陈征选集［M］．太原：山西经济出版社，1996：22.

献。而《〈资本论〉解说》的出版，只是达到第一种的境界，即帮助读者读懂《资本论》。为了达到“读通”的境界，在《〈资本论〉解说》的基础上，他又对《资本论》基本原理进行更深入的探索，并围绕学术界有关《资本论》一系列争论问题进行深入的剖析，同时还组织力量选编出版了系列“《资本论》研究资料丛书”，包括《〈资本论〉研究丛书》《对〈资本论〉若干理论问题争论的看法》(上、下册)、《评介国外部分学者对〈资本论〉的研究》《〈资本论〉辩证法研究》等。这一系列丛书通过溯本求源，分析原理，收集观点，力求完整掌握、深入领会《资本论》的理论脉络，以帮助读者达到“读通”的目的。这些丛书的出版，为研究《资本论》提供了重要的系统的最新观点和资料，从而为运用《资本论》研究中国经济问题创造了重要的条件。

在“读懂”“读通”《资本论》的基础上，陈征把《资本论》的基本原理与中国经济建设的实际情况相结合，进行发展和创新，从而达到“运用”的最终目的。他创建的社会主义城市地租和现代科学劳动这两大理论，被誉为是《资本论》在当今时代的重大发展和重要创新。陈征在坚持马克思地租理论的基础上，结合改革开放的实际需要和城市土地的特殊性，创建了社会主义城市地租理论体系，对城市土地制度改革和城市土地市场的完善都具有深远的意义，丰富和发展了马克思地租理论。而现代科学劳动理论体系，是陈征在深入研究马克思劳动价值论的基础上，根据科学技术的新发展和当代劳动的新特点，进行的重大的理论创新。他不仅对马克思有所涉及但未深入研究的“科学劳动”进行全面的阐发，提出了“现代科学劳动”这一新的理论范畴，而且从现代科学劳动的二重性、具体形式和作用等方面对马克思劳动价值论进行深化和拓展，他所创建的“现代科学劳动理论体系”是马克思劳动价值论在当代的新发展。除此以外，陈征在20世纪80年代对马克思价值转形理论进行系统研究，而且还运用《资本论》对社会主义市场经济以及社会主义初级阶段的经济纲领进行深入的探索，提出了一系列新观点、新见解，丰富和发展了马克思主义经济理论。

综上所述，坚持对《资本论》基本原理的系统研究，并在此基础上进行运用和发展，构成了陈征一生的学术轨迹，这是陈征经济思想最鲜明的特点。中国人民大学卫兴华教授在接受访谈时指出：“陈征经济思想一个很重要的特色，即坚持对《资本论》基本理论的系统研究与特色研究相结合，从而实现对《资本论》的发展与创新。”这也是对陈征经济思想特点的高度总结和精辟概括。

第三节 实事求是，尊重客观实际下的首创性

“一切从实际出发，实事求是”是马克思主义理论的基础，“与时俱进”是马克思主义的理论品质，这说明马克思主义理论既是符合客观实际的科学理论，又是一种发展和开放的理论体系。陈征在研究《资本论》的过程中，始终坚持从发展变化着的时代、形势和实际情况出发，并在研究中有所发现有所创新。

陈征认为，马克思《资本论》的创作是立足于当时英国的实际情况，是将英国作为一个典型来研究资本主义；当前，我们研究社会主义经济，也应该从中国的实际情况出发，只有将《资本论》与中国的实际相结合，才能发挥理论的巨大威力。因此，切不可离开中国的实际孤立地研究《资本论》，那样只能成为学究式的教条主义。只有实事求是，一切从当前的实际情况出发，不见风转舵、人云亦云，才能将《资本论》的立场、观点和方法运用得当，才能真正地坚持真理和实现创新。正因为如此，陈征在研究《资本论》的过程中，始终坚持一切从中国的实际情况出发，实事求是，始终保持一位真正学者的理性精神和自觉意识，从而在诸多领域都取得了创造性的成果。

例如，20 世纪 70 年代，当时的“四人帮”曾将马克思主义政治经济学搞得混乱不堪，提出按劳分配的分配制度是资产阶级法权，商品生产方式将产生资本主义等的论断。陈征及时撰文批驳，编写出版了《批判“四人帮”篡改马克思主义政治经济学的反动谬论》一书，指出：商品生产是人类社会发展到一定历史阶段的经济现象，虽然“《资本论》是对自由资本主义时期市场经济经验的总结，其中有关市场经济的原理，对于研究社会主义市场经济也有一定的指导和借鉴意义。”① 虽然这些观点在今天已是普遍共识，但当时还未完全肯定社会主义存在商品经济的情况下，这些观点都具有开创性的历史意义，实属难得。例如，在 20 世纪 70 年代末，“脑力劳动是否创造价值”曾经一度是国内外学术界热烈讨论的问题，有人片面理解或者刻意歪曲马克思劳动价值论，认为马克思劳动价值论是否定脑力劳动创造价值的。对此，陈征撰写了《创造商品价值的劳动包括脑力劳动》一文，从质和量两方面论证了马克思劳动价值论是肯定脑力劳动在商品价值创造中的作用的。在此基础上，他根据新技术革命的发展给劳动方式带来的新变化，敏锐地发现并开创性地提出“创造商品价值的劳动由体力劳动为主转

① 陈征．陈征选集［M］. 太原：山西经济出版社，1996：10.

变为脑力劳动为主”的重要论断。更为可贵的是，随着新技术革命的不断发展和深化，当代劳动呈现一系列的新特点，陈征从这一客观实际出发，创建了现代科学劳动理论体系，实现了对马克思劳动价值论的重大发展和创新。再如，对城市土地有偿使用和城市地租的研究是从改革开放的客观实际出发的，城市地租是改革开放的重要产物。随着改革开放进程的推进，城市土地无偿使用的弊端愈加突出，已成为我国经济发展和合理利用土地的严重障碍。特别是经济特区的建立，对外资企业、中外合资企业使用土地要不要交纳地租已提上议事日程。陈征从改革开放对城市土地使用制度提出改革的现实需要出发，发掘了城市地租与农业地租的共性，又注意到城市地租的特性，创建了社会主义城市地租理论体系。正是从这种客观实际出发，实事求是，陈征才得以在地租理论方面取得创新性的成果。

总之，陈征始终坚持从中国经济建设的实际情况出发，以马克思主义经济理论为指导，坚持以理论研究用于指导实际问题、解决实际问题为主旨，从而在研究中有所发展有所创新，也使他的思想理论观点具有深厚的客观基础和重大的现实意义。

第四节 迎难而上，对世界性理论难题的积极探索

众所周知，马克思《资本论》第 3 卷是马克思经典著作中最难的部分，而转化理论又是《资本论》第 3 卷中的重点和难点。恩格斯在整理出版《资本论》第 3 卷手稿时曾指出：“这个第三卷是我所读过的著作中最惊人的著作，最困难的问题这样容易地得到阐明和解决。”① 尤其是马克思对剩余价值转化为平均利润、价值转化为生产价格的价值转形的阐析，解决了马克思以前的及和他同时代的经济学家都无法阐释的难题。资产阶级经济学家们无法对马克思价值转形理论进行科学的说明，反而制造了马克思的价值理论同生产价格的矛盾，即《资本论》第 1 卷同第 3 卷的矛盾，以此来驳倒马克思主义。面对着资产阶级经济学家对马克思价值转形理论的攻击和诽谤，国内外学术界也给予有力的反击。但马克思的转化理论难度很大，能从正面、系统、完整地对马克思的转化理论进行研究，为数甚少。

对此，陈征迎难而上，他对马克思转化理论进行积极的探索，并卓有成效地展开系统研究。陈征认为，围绕着“转形”问题的论争，实质上是一场捍卫或否

---

① 马克思恩格斯全集（第 36 卷）[M]. 北京：人民出版社，1975：299.

定马克思主义的理论斗争。陈征指出："为捍卫马克思的经济学说，围绕着'转形'问题的论争，必须从两方面进行。一方面，必须深入研究马克思的转化理论，准确地而不是错误地、全面地而不是片面地、完整地而不是零碎地对马克思的转化理论进行系统的理解；另一方面，针对论争者所提出的各种不同观点和论据，分别进行驳斥。"① 为此，他于20世纪80年代撰写了第三卷的转化理论系列论文：《从剩余价值到利润的转化》《利润到平均利润、价值到生产价格的转化》《平均利润发展到商业利润、生产价格进一步转化为商业价格》《平均利润转化为利息和企业主收入》《超额利润转化为地租》五篇文章，对马克思的转化理论进行了系统研究，说明了剩余价值如何转化为利润，利润如何转化为平均利润，平均利润如何表现为产业利润和商业利润，并进一步分割为利息和企业主收入，以及超额利润如何转化为地租等五个不同层次的转化，阐明了每一层次转化的前提条件、关键地位，以及各自不同的中间环节，从而正面、系统、完整地研究了马克思的转化理论。

此外，陈征在分析马克思转化理论五个层次的不同转化时，注重对本质转化为不同现象形式、由这一形式转化为另一形式的分析，从而说明马克思如何对资本的各种形式和剩余价值的各种形式给予由本质到现象的科学的分析与说明。这不仅对资产阶级学者的各种谬论进行严厉的批判，极大地维护了马克思《资本论》的科学性和权威性，也为研究马克思的转化理论提供重要的理论借鉴。陈征这种不畏艰难、勇于挑战和积极探索的治学精神更是我们学习的典范。

第五节　揭示了《资本论》的强大生命力

陈征是当代坚定的马克思主义经济学家，他不仅为《资本论》的广泛传播做出了突出的贡献，而且通过对《资本论》的深入研究和发展创新，创建了一系列具有前瞻性的重要理论体系，从中揭示了《资本论》在当代仍具有强大的生命力。这有利于社会主义市场经济建设中坚持《资本论》的指导地位，不仅仅是经济问题，而且是政治问题。

马克思主义诞生一百年以来，围绕着马克思主义尤其是《资本论》一些基本原理，国内外学术界争论不休。在此过程中，马克思主义"怀疑论""过时论"

① 陈征. 从剩余价值到利润的转化——《资本论》第三卷转化理论研究之一［J］. 财经理论与实践，1983（1）.

“终结论”等各种言论也层出不穷，这不仅是经济理论问题的争论，而且关系到社会主义现代化建设的指导思想问题，是意识形态领域的斗争。由此，陈征在理论研究和创作过程中，坚持以辩证唯物主义和历史唯物主义为指导，注重理论与实践的统一，善于发现与掌握事物之间的内在规律与联系，竭力维护马克思《资本论》的科学性与真理性。如当时存在一种观点，认为《资本论》研究的是资本主义的商品经济理论，对社会主义经济不适用；甚至有些人还主张以现代西方经济学取代马克思主义经济学作为社会主义市场经济建设的指导思想。对此，陈征在“运用《资本论》研究社会主义市场经济”的篇章中，把《资本论》的基本原理与中国的社会主义市场经济建设、有中国特色的社会主义经济理论及改革开放深入结合，开创性地指出：“《资本论》是对自由资本主义时期市场经济经验的总结，其中有关市场经济的原理，对于研究社会主义市场经济也有一定的指导和借鉴意义。”① 他又说：“《资本论》虽然是研究资本主义经济的著作，但它的研究方法和一些基本理论，对于我国社会主义经济建设，对于改革开放，仍然有极其重要的指导意义。”② 这说明我们在社会主义市场经济建设过程中要重视《资本论》的研究和运用，中国社会主义经济建设必须始终坚持马克思主义经济理论的指导地位。这不仅表明《资本论》没有过时，也旗帜鲜明地高举马克思主义经济理论在社会主义经济建设中的指导地位，具有重大的理论意义和现实意义。

陈征的经济思想是马克思主义经济理论在当代的新发展，集中反映了马克思高度的前瞻性和伟大创见。劳动价值理论是马克思主义政治经济学的基石，是马克思主义理论体系的重要组成部分。一百年以来，国内外学术界围绕着劳动价值论展开了激烈的争论，其中既有来自西方资产阶级庸俗经济学家的污蔑和非难，也有来自反马克思主义经济学者的歪曲与否定，企图通过否定劳动价值论这一根基而摧毁马克思主义经济理论整座大厦。陈征在有关马克思劳动价值论的争论中，为维护劳动价值论的科学性和真理性发挥了重要的作用。此外，他所创建的现代科学劳动理论体系，说明掌握现代高科技的现代科学劳动者所进行的现代科学劳动，决定着当代社会劳动的发展方向，是社会经济发展的根本推动力。在科学技术对于国家经济的发展、综合国力的提升具有决定性作用的当今社会，现代科学劳动是代表着先进的生产力，是符合整个世界的发展趋势，在今后的社会、经济、政治、军事各个领域都将发挥重要的引领作用。这也充分说明马克思劳动

① 陈征．陈征选集［M］．太原：山西经济出版社，1996：10.

② 陈征．陈征选集［M］．太原：山西经济出版社，1996：60.

价值论没有过时，《资本论》在当代仍具有强大的生命力。

总之，揭示《资本论》在当代仍具有强大的生命力，是陈征经济思想的理论精髓和内在实质。在米寿之年，陈征的新作《我与〈资本论〉》面世，该作细腻而又生动地回顾了他研究《资本论》的学术历程及取得的卓越成就，实质上是对《资本论》的又一次传播和弘扬，再次力证“《资本论》没有过时，它的巨大光芒将永远照耀着我们胜利前进”①。2016 年 5 月 17 日，习近平同志在哲学社会科学工作座谈会上的讲话明确指出：“有人说，马克思主义政治经济学过时了，《资本论》过时了。这个说法是武断的。”② 这也充分证明了陈征经济思想的科学性和前瞻性。

第六节　以诗词抒发经世济民的博大胸怀

陈征不仅是一位著名马克思主义经济学家，而且还是一位鲜为人知的诗词造诣颇深的诗人。在一般人看来，经济学与诗词是两个截然不同的领域，但在陈征教授身上，中国古典诗词与经济学有了近乎完美的结合。他以诗言志，以诗抒情，诗词反映了他经世济民的博大胸怀。

陈征自幼从父诵读古典文史，青年时期又曾师从朱东润先生、冯振心先生等国学大师，在诗词、文学、戏曲等方面都有颇深的造诣。在研究经济学时有感悟，并即兴作诗，已有三百余首，于 78 岁高寿之时，选录出版了《陈征诗词百首》。陈征的诗词在国内是具有一定影响力的：有些诗词（第一首等）曾荣获第一届全国诗词大赛优秀成果奖；不少诗词发表于《光明日报》《人民政协报》《福建诗词》等报刊上；有的还选入《金榜集》等书中。如果说经济思想更多地体现了陈征对经济规律“真”的探索，那么《陈征诗词百首》则堪称他对中国古典诗词形式“美”的演绎。刘春雷曾称：“他的诗词，兼具大气、严整、韵味、灵动的特点，于拙朴之中见美感，于平淡之中见功力。”③，“洗尽铅华，历久清芬”④。张晨也颂：“展卷吟咏，如饮醇醪，如沐春风，似有取之不尽的思想和艺术宝库的美的享受。”⑤ 在《陈征诗词百首》优美的诗词中反映了诗人经世济民的博大胸怀和情真意切之情。

---

① 陈征．我与《资本论》[J]．当代经济研究，2015（1）：14.

② 习近平在哲学社会科学工作座谈会上的讲话［EB/OL］. http：//news. xinhuanet. com/politics/2016 -05/18/C_1118891128. htm，2016 -05.

③④ 刘春雷．诗人经济学家陈征［N］．人民日报（海外版），2006 -05（177）.

⑤ 张晨．喜读《陈征诗词百首》[J]．福建论坛（人文社会科学版），2006（3）.

陈征一生潜心钻研马克思主义经济学，通过对《资本论》的系统研究和发展创新，取得了丰硕的学术成果，对《资本论》的研究可说是已达到入“精髓”、握“真谛”的境界。对于《资本论》的巨大威力，他曾以诗进行形象而深刻的描绘：“无限晶光环宇宙，争说人间瑰宝。胜无数山崩海啸”①；“日月昭宏论，山高水更长”②。为此，他把毕生的精力用于学习、研究和发展《资本论》，而这种毕生努力的目的，不是为了个人的追名逐利，而是“但愿得环球春早”③，希望早日在全世界实现社会主义和共产主义。陈征不仅以诗言志，更是以诗表达了他在经济学领域取得研究成果的感悟。1981 年完成了《〈资本论〉解说》，“书成题后”有云：“天外凤凰谁得髓，问人生真谛知多少？千秋业，群山小。”④这说明了《资本论》的博大精深，以及诗人谦逊的治学态度。2004 年，陈征荣获福建省“杰出人民教师”奖，又有新著《劳动和劳动价值论的运用与发展》一书付梓，作“感赋一首，记于书后”：“宠辱不惊师李耳，鲲鹏有志惜年华。愿将富国安民策，遍利寻常百姓家。余力虽衰犹可贾，精研马义作生涯。”⑤ 这说明只有宠辱不惊，才是最高的境界。这是诗人将人生辉煌晚境与学术研究光荣使命交融于一诗，抒发了诗人鲲鹏之大志，表达了诗人研究理论经济学，是以经世济民为己任，也说明他创建“现代科学劳动理论体系”，是为了实现振兴科技、强国富民的宏大愿望。

此外，陈征还以诗抒发了对朋友的真情实感、对学生无限美好的殷切希望以及对爱人的缠绵悱恻和发自内心深处的朝思暮想。就如诗人在《诗词后记》中写道：“诗言志，诗为心声。在这些诗词中，基本上反映了个人的思想倾向和本质，反映了个人的志趣和真情实感，反映了个人的雪泥鸿爪和喜怒哀乐。”⑥ 涵咏其作，确如其言。这就是一位伟大的马克思主义经济学家，以诗词抒发了他经世济民的博大胸怀，反映了他高洁、真情、正直、坚定的人生。

综上所述，对马克思主义的坚定信仰，坚持对《资本论》的系统研究和发展创新，揭示了《资本论》的强大生命力，实事求是，尊重客观实际下的首创性，是陈征经济思想的精髓，反映了陈征经济思想的特色。同时，作为全国著名的经济学家，他又是一位诗词造诣颇深的诗人，以诗词抒发了他经世济民的博大胸怀。陈征可谓是一位出类拔萃、与众不同的著名经济学家！

---

①④　陈征．陈征诗词百首［M］．北京：经济科学出版社，2005：1.

②　陈征．陈征诗词百首［M］．北京：经济科学出版社，2005：121.

③　陈征．陈征诗词百首［M］．北京：经济科学出版社，2005：2.

⑤　陈征．陈征诗词百首［M］．北京：经济科学出版社，2005：134.

⑥　陈征．陈征诗词百首［M］．北京：经济科学出版社，2005：150.

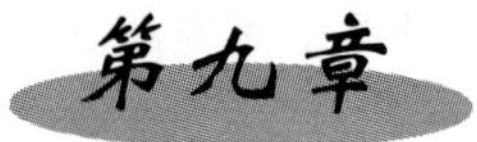

第九章

陈征经济学术思想的启示与传承

在对陈征经济学术思想研究的过程中，笔者全面了解陈征学习、研究、传播、运用和发展《资本论》的整个学术历程，深入研究他的学术著作，充分领会他的思想精髓，借鉴他人的评价，处处闪耀着陈征教授高度的人生智慧和伟大的思想光辉。尤其是他对马克思主义的坚定信仰，体现了老一辈革命家笃行马列、甘于奉献的崇高精神；他在研究《资本论》过程中所取得的创新性成果，对于当前社会经济的发展和经济体制改革具有重大的实践指导价值；他那求真务实、锲而不舍、勇于创新的治学精神以及高洁的人格高山仰止，令人肃然起敬。陈征教授的学术思想、治学精神以及为人处世都是非常宝贵的精神财富，对于当前如何巩固马克思主义经济学的指导地位、如何贯彻落实创新驱动发展战略和推进农村土地制度改革、如何进行治学和推进学科建设都具有十分重要的启发意义，有必要在实践中不断地传承并发扬光大。

第一节　对巩固马克思主义经济学指导地位的意义

一、马克思主义经济学指导地位面临严峻的挑战

（一）现代马克思主义经济学面临的各种挑战需要不断创新

马克思主义经济学是马克思主义理论“最深刻、最全面、最详尽的证明和运用”，作为马克思主义中国化重要组成部分的当代中国的马克思主义经济学，是

我们科学认识当代中国和世界经济发展规律的重要依据。始终坚持马克思主义经济学在经济建设中的指导地位，认真学习、研究、发展和运用马克思主义经济学，对于党和国家事业的发展具有十分重大的意义。但《资本论》诞生一百多年来，世界发生了巨大的变化，信息技术成为社会经济发展的主导力量，和平与发展成为世界的主题，社会出现了许多新情况、新现象、新特点、新问题，这要求马克思主义经济学需要根据社会经济的发展和科技的进步而不断的创新。尤其是近些年来，中国经济学界流行着这样一种新教条主义或蒙昧主义思想，坚持和崇尚西方主流经济学，马克思主义经济学面临着被弱化的趋势。因此，当前马克思主义经济学面临着一系列的挑战需要不断创新，主要包括以下几个方面。

（1）面对现代经济社会的发展需要创新。马克思主义经济学已经诞生了一百多年，作为马克思主义经济学基石和核心的劳动价值论、剩余价值论并没有过时，马克思预见的未来社会的一些基本特征和要求多数也正是社会主义社会的经济特征或发展的趋势，马克思提出的唯物辩证法仍然是经济学研究最基本的科学方法。但马克思主义经济学主要是以一百年前的资本主义生产方式为考察对象的。第二次世界大战以后，西方主要资本主义国家对资本主义经济制度进行了不同程度的多方面调整和改良，使现代资本主义经济出现了许多新情况、新现象、新特点、新问题。如在所有制方面，资本社会化的程度提高；在收入分配方面，一方面工薪阶层的收入增加，另一方面建立起比较完备的社会保障和福利制度，在一定程度上缓和了社会矛盾；在经济运行和管理方面，进行了专业化和民主化管理，使资本主义经济制度得以持续发展。

除了资本主义经济出现了一系列变化之外，现实的社会主义经济与马克思、恩格斯设想的社会主义经济出现了显著不同。如在所有制方面，实行以公有制为主体，非公有制并存的多种所有制形式；在收入分配方面，实行以按劳分配为主体，多种分配方式并存的分配方式；当前社会主义社会实行有计划的市场经济，存在着商品货币关系；等等。当前社会主义经济的现状与马克思、恩格斯所设想的社会主义社会存在较大的不同。

上述资本主义经济与社会主义经济出现的一系列新情况新问题，对马克思主义经济学提出了挑战。如何正确认识和说明上述这些现象，则是现代马克思主义经济学必须完成的任务，说明马克思主义经济学必须随着经济的发展、社会的进步而不断发展创新，才能增强其说服力，才能充分显示出真理性和指导价值。

（2）面对经济知识化、信息化、服务化的挑战需要创新。马克思主义经济学主要研究的是当时在社会经济中处于主体地位的物资生产领域的经济活动和经济关系，当时在物资生产领域里物质资本是最稀缺的处于统治地位的生产要素，资本主要掌握在资本家手中，当时的经济关系主要是资本家支配劳动者或称资本雇佣劳动的关系。现在人类社会已经开始进入知识经济或信息经济时代，社会经济活动的主体逐步由物资生产转变为非物资生产领域的服务活动，智力、技能、知识越来越成为最主要的生产要素，处于支配地位。因此，现代马克思主义经济学，必须突破历史的局限，对知识经济或信息经济时代经济活动和经济关系的这些新现象、新特点进行深入的分析和科学的说明。劳动价值论、剩余价值论研究的领域和范围必须扩大，并进行不断发展和完善，增强其科学性和解释力。这就对马克思主义经济学的创新提出迫切的要求。

（3）面对当今世界和平与发展主题的挑战需要创新。马克思主义经济学认为，无产阶级与资产阶级的矛盾是不可调和的，社会主义要代替资本主义，必须进行暴力革命，武装夺取政权。而如今，和平与发展成为世界两大主题，不管是资本主义国家还是社会主义国家，寻求和平、发展经济，已是各国的主基调。一方面，发达资本主义国家不断在进行生产关系和上层建筑方面的调整和改良，如存在着公众基金所有制、混合经济、社会保障和福利制度、民主管理等，从而缓和社会矛盾；另一方面，社会主义国家也出现了某些自身原来没有的传统资本主义的经济特征，如存在着非公有制经济、多种分配形式、收入分配差距扩大、经济市场化等。所以，传统资本主义经济与传统社会主义经济都在发生变化，甚至有些马克思主义经济学家提出，“现代社会正在向一种非社会主义也非资本主义的更先进的社会制度‘趋同’呢!”① 资本主义社会制度与社会主义社会制度这些因素的变化，使世界性大战发生的可能性大大降低，现在基本上不具备进行暴力革命，武装夺取政权的条件。

上述这些问题都是客观存在的，是不容回避、非常尖锐、难度也很大的问题。现代马克思主义经济学只有迎接挑战，正确地创新性地解决和回答这些问题，才能保持科学性，充分显示其旺盛的生命力，也才能从根本上避免被边缘化，更好地发挥指导作用。

（二）现代马克思主义经济学面临被弱化的趋势

在新科技革命的推动下，经济全球化和信息化趋势不断增强，中国在探索社会经济发展和体制转型的过程中，大量引进了西方经济理论。从客观上，西方经

---

① 简新华．马克思主义经济学面临的挑战与创新［J］．中国经济问题研究，2006（3）：13.

济理论反映了市场经济的一般规律和现代化大生产的内在要求，是人类的共同财富。其中，一些成功的经验和合理的做法是值得我们学习和借鉴的，对我国的经济改革与社会发展起到了重要的推动作用。作为中国的经济学者，在全面掌握马克思主义经济学的基础上，学习和借鉴西方经济学，掌握人类共同的经济学理论财富，为我国不断深化改革和扩大开放服务，为世界共同的经济学大厦构建添砖加瓦，是我们中国学者应尽的和能尽的职责。

然而，近些年，中国经济学界流行着这样一种新教条主义或蒙昧主义思想，这种思想主张西方的主流经济学是科学的、普适的，是无民族、无国界的，有一部分人毫无疑问地推崇它、学习它，不折不扣地贯彻它、实践它，甚至主张这是中国经济学发展和中国经济改革的方向。因此，在西方主流经济学的教条化越来越变本加厉、"西方主流经济学"的主流声音愈演愈烈的形势下，马克思主义经济学面临着被边缘化的严峻局面。甚至有一些从事马克思主义经济学教学和研究工作的人对马克思主义经济理论的科学性和现实应用的指导性产生了严重怀疑，认为马克思主义经济理论对现实经济问题缺乏解释力，不适合指导社会主义经济建设。在哲学社会科学的学术研究以及思想文化的其他领域，有部分人公然反对以马克思主义为指导，鼓吹指导思想多元化，有部分人甚至任意修改、随意曲解马克思主义的观点，把马克思主义搞得面目全非。因此，马克思主义"怀疑论""过时论""终结论"等各种言论层出不穷，"去马克思化"的倾向在我国经济学界愈演愈烈，马克思主义经济学的指导地位被削弱和边缘化。这种唯"西方主流经济学"马首是瞻，马克思主义经济学被严重弱化和边缘化的现象，必须引起我们理论工作者深刻的反思。2016 年 5 月 17 日，习近平同志在哲学社会科学工作座谈会上的讲话也郑重指出："实际工作中，在有的领域中马克思主义被边缘化、空泛化、标签化，在一些学科中'失语'、教材中'失踪'、论坛上'失声'。这种状况必须引起我们高度重视。"①

因此，在马克思主义经济学不断被淡化和边缘化、西方经济学主流化的声音甚嚣尘上的形势下，弘扬陈征对马克思主义的坚定信仰和对马克思主义经济理论的发展和创新的精神，对于如何深化对马克思经济学基本原理的认识，纠正对马克思主义经济学理解的偏差，以科学发展和与时俱进的态度来完善马克思主义经济学的基本理论，使之适应经济全球化和社会主义市场经济的要求，对于巩固马克思主义经济学指导地位具有重要的意义。

① 习近平在哲学社会科学工作座谈会上的讲话［EB/OL］. http：//news. xinhuanet. com/politics/2016－05/18/C_1118891128. htm，2016－05.

二、陈征经济思想对于巩固马克思主义经济学指导地位的意义

陈征经济思想，是他在深谙马克思主义经济理论的基础上，把《资本论》基本原理与中国的经济实际问题紧密结合而进行的理论发展与创新，不仅充分体现了陈征追求真理和勇于创新的治学精神，也赋予马克思主义经济学新的生机和活力。在当前形势下，学习研究陈征经济思想，对于巩固马克思主义经济学在社会主义经济建设中的指导地位具有十分重要的意义。

（一）始终坚定对马克思主义的信仰

信仰是一种精神激励的力量，是一个政党的精神旗帜，一种对人的行动的引领力量。马克思主义揭示了人类社会历史发展中的客观、普遍规律，是以人类的自由、解放和全面发展为终极目标，具有科学性、崇高性和现实性。党的十八大报告强调："对马克思主义的信仰，对社会主义和共产主义的信念，是共产党人的政治灵魂，是共产党人经受住任何考验的精神支柱。"① 党的十九大报告明确指出："必须推进马克思主义中国化时代化大众化，建设具有强大凝聚力和引领力的社会主义意识形态，使全体人民在理想信念、价值理念、道德观念上紧紧团结在一起。"② 始终坚定马克思主义信仰对于在新形势下全面建设有中国特色的社会主义经济具有极其重要的意义。

陈征教授是当代坚定的马克思主义经济学家，正是对马克思主义的坚定信仰，使他毕生致力于《资本论》的传播、研究、运用和发展，六十年如一日，在逆境和挫折中，始终毫不动摇，并随着时代的发展，不断地与时俱进，常研常新，为马克思主义经济理论的传播和发展做出了卓越的贡献，充分体现了老一辈革命家追求真理、笃信马列，甘于奉献和服务人民的高尚情操。我们要始终秉承这一优良品格，学习他那崇高的思想境界和坚定的理想信念。

尤其是随着改革开放的深入和社会主义市场经济的发展，我国社会经济成分、组织形式、就业方式、利益关系、分配方式日趋多样化，使不同社会群体在经济地位、社会角色、职能分工等方面的差异日益明显，人们思想活动越来越表

① 党的第十八次全国代表大会：坚定不移沿着中国特色社会主义道路前进，为全面建成小康社会而奋斗，2012－11.

② 党的第十九次全国代表大会：不忘初心，牢记使命，高举中国特色社会主义伟大旗帜，决胜全面建成小康社会，夺取新时代中国特色社会主义伟大胜利，为实现中华民族伟大复兴的中国梦不懈奋斗，2017－10.

现出独立性、选择性、多变性和差异性，人们的价值取向日趋多样化，传统的价值观、利益观、道德观受到严峻挑战。社会很多领域都呈现出功利化倾向，一切从利益出发，一切向钱看，精神追求日益物质化和功利化，信仰淡化、价值观缺失等方面的问题日益凸显。在此形势下，我们要大力弘扬陈征这种孜孜不倦地追求真理、传播真理、发展真理的决心和勇气，同马克思主义"怀疑论""过时论""终结论"等错误理论和认识上的严重偏差进行反驳和斗争，让更大范围内、更多的人真正地了解马克思主义，信服地接受马克思主义，真诚地信仰马克思主义，以马克思主义信仰为精神支柱，形成一种巨大的精神力量，为社会主义经济建设和国家的繁荣富强进行研究和创作，从而随着时代的发展把马克思主义理论推向前进。习近平总书记在纪念马克思诞辰 200 周年大会上强调指出："实践证明，马克思主义的命运早已同中国共产党的命运、中国人民的命运、中华民族的命运紧紧连在一起，它的科学性和真理性在中国得到了充分检验，它的人民性和实践性在中国得到了充分贯彻，它的开放性和时代性在中国得到了充分彰显！"①

（二）坚持运用马克思主义的立场、观点、方法研究中国经济问题

马克思主义的立场、观点和方法，是无产阶级世界观和方法论的辩证统一。我们必须学会运用马克思主义的立场、观点和方法，正确回答时代给我们提出的重大课题和赋予的重大任务。尤其是在研究领域，能否学会运用马克思主义的立场、观点和方法，关系到能否做出有利于大众、有利于社会和符合时代发展潮流的精品力作。而陈征的经济思想则是灵活运用《资本论》的立场、观点和方法，研究中国经济问题的典范。

运用马克思主义的立场，就是在理论研究中从党和国家事业全局的高度出发，以国家和民族的利益为重，而不是从个人的一己私利或者是小集团的利益出发。以经世济民为己任，从人民大众的利益出发，着眼于国家社会经济发展的现实需要，是陈征潜心研究《资本论》的根本动力。由于工作的需要，使陈征放弃自己热爱的文学专业，走上了经济学的讲坛，从而与《资本论》缔结奇缘。也正由于改革开放和发展商品经济的需要，从而推动了陈征《〈资本论〉解说》的问世和一版再版，以及他后期的现代科学劳动理论和社会主义城市地租理论的伟大创造，也是基于改革开放和解决现实问题的需要。因此，坚持马克思主义的立

① 习近平在纪念马克思诞辰 200 周年大会上的讲话［EB/OL］. http：//theoy. people. com. cn/GB/405571419250. 2018 －05 －05.

场，必须以维护人民大众的利益和国家的繁荣富强作为我们做学问、做研究的基本立足点和出发点。现在有些学者只看重自己的一时之利，毫无立场，甚至侵犯学术的神圣性，以致功败垂成。只有站在马克思主义的正确立场上，高屋建瓴，提高自觉性，减少盲目和失误，才能抓住研究的重点和热点，才可以对错综复杂的社会现象进行去粗取精，去伪存真，逐步求得正确的结论，才能在研究中有所发展，有所创新。当然，这并不排挤学术上的百家争鸣，不是堵塞言路，而是主张从人民大众的利益出发，广开言路，创造百花齐放、百家争鸣的学术氛围。

在理论研究中，除了要学习陈征教授鲜明的马克思主义立场，还要学习他牢固地掌握和运用马克思主义的基本观点和方法。马克思辩证唯物主义和历史唯物主义的基本观点和方法，是人类迄今为止最完整最科学的世界观和方法论，是人类伟大的认识工具。陈征一直强调，马克思主义的基本观点和方法，都具有普适性和现实指导意义，为我们分析和认识各种问题提供了认识论和方法论的基础。也正由于他深谙马克思的商品理论、劳动价值论、剩余价值论、地租理论等基本观点和熟练掌握辩证唯物主义和历史唯物主义的基本方法，才结出现代科学劳动理论和社会主义城市地租理论这两大硕果。虽然马克思写作《资本论》的时代与当前的实际情况产生了很大的差别，但马克思主义的基本原理和基本方法渊深、广博，深入浅出，不仅为人们提供认识问题、分析问题的基本工具，而且为人们提出许多对未来的推理和遐想，对于指导当前中国经济体制改革和建设有中国特色的社会主义市场经济都具有重大的指导意义。因此，我们要重视科学理论的普适性，深谙马克思主义的基本原理和研究方法，坚持一切从实际出发，客观辩证地看待问题，又要掌握事物之间的联系性，勤于学习，敏于思考，善于观察，把马克思主义的基本观点和方法作为分析问题和解决问题的工具，提高创新思维、辩证思维，针对我国改革开放过程中出现的重大问题进行剖析和研究，为社会主义现代化建设做出应有的贡献。

（三）与时俱进地发展马克思主义经济理论

任何科学的理论都是随着时代的发展、社会的变迁而不断地深化、发展和完善的，马克思主义经济学作为一种科学的经济思想体系，是开放和与时俱进的。虽然马克思的劳动价值论、剩余价值论等基本理论没有过时，马克思提出的唯物辩证法仍然是最基本的科学方法，但是，马克思毕竟是以 150 年前的资本主义生产方式为研究对象的。在当前社会化大生产和社会主义经济条件下，出现了许多新情况、新问题、新现象，尤其是和平与发展成为当今世界的主题，经济知识化、信息化、服务化等趋势对马克思主义经济理论提出严峻的挑战。因此，如何科学看待马克思主义经济理论，是需要我们不断研究和深刻反思。对于全盘否定和严重曲解马克思经济理论的言论，则是要否定和严厉批判；但如果一味地认为马克思经济理论都是绝对的真理，没有任何的瑕疵，在任何形势下都可以完全套用，则是陷入了教条主义，也不是真正的马克思主义者，马克思经济理论也难以令人信服。

陈征是马克思主义经济理论的开拓者和创新者，他在深入研究马克思劳动价值论和资本主义地租理论的基础上，创建了现代科学劳动理论体系和社会主义城市地租理论体系，从而实现了在马克思劳动价值论和地租理论两大领域的重大创新，随着时代的发展把马克思经济理论推向前进，证明了马克思经济理论在当代仍具有旺盛的生命力。因此，一位真正的马克思主义经济学家，就要坚持运用马克思的立场、观点和方法分析问题、解决问题，又要善于根据新的实践情况，对马克思经济理论进行不断充实、完善和创新。要始终坚持与时俱进的科学态度来发展马克思主义经济学，根据时代、实践的发展，扬弃某些被实践证明不符合客观实际的观点和论断，提出更加符合时代和实践发展要求的科学理论和观点，通过深刻的反思和深入持久的理论创新，使马克思主义经济理论永葆生机和活力，也才能从根本上避免被淡化和边缘化，更好地发挥指导作用；也才能抵制西方主流经济学在中国经济学界的泛滥，更好地巩固马克思主义经济学的指导地位。

第二节　对贯彻落实党和国家重大方针政策的启示

作为《资本论》的研究大师，陈征并非孤立地研究《资本论》，而是把《资本论》的基本原理与中国经济实际相结合，在现代科学劳动理论、社会主义城市地租理论以及社会主义初级阶段经济理论等方面都取得了突出的成果。这些经济思想精髓都具有深远的理论意义和实践价值，对于贯彻落实创新驱动发展战略、推进农村土地制度改革和推进新型的工业化道路等重大战略决策都具有重要的启发意义。

一、现代科学劳动思想对于实施创新驱动发展战略的启示

陈征在深入研究马克思劳动价值论的基础上，根据当前科学技术革命的发展以及当代劳动呈现的新特点，创建了现代科学劳动理论体系，主要说明了掌握高科技的现代科学劳动者的现代科学劳动在经济发展中的主导作用，反映了

现代劳动和科技进步的本质，集中体现了科教兴国战略和人才强国战略的指导思想。

党的十八大报告明确指出："要实施创新驱动战略。科技创新是提高社会生产力和综合国力的战略支撑，必须摆在国家发展全局的核心位置。"① 2014 年 8 月习近平同志在中央财经领导小组第七次会议中指出："实施创新驱动发展战略，就是要推动以科技创新为核心的全面创新……科技创新对经济社会发展的支撑和引领作用日益增强。"② 强调科技创新、实施创新驱动发展战略，这是我们党放眼世界、立足全局、面向未来作出的重大决策。因此，深入研究陈征的现代科学劳动思想，对于实施创新驱动发展战略、建设创新型的国家具有重要的启发意义。

首先，要增强自主创新能力。改革开放四十多年以来，我们主要依靠物质消耗、要素投入和低成本比较优势，取得了经济上的快速发展。但在新的经济发展阶段，这种经济增长模式已难以持续，资源能源难以支撑，生态环境也难以为继。因此，转变经济发展方式，实现经济可持续发展，就迫切需要把自主创新摆在更加突出的位置，使科技创新更好地发挥对社会和经济发展的引领作用。尤其是在当前，以互联网和可再生能源系统相结合为核心的新一轮技术和产业革命将把人类带进一个大数据的时代，科技创新与企业和经济发展的关系比以往任何时候都更加直接和密切，创新与突破将创造新需求与市场，将改变人们的生产方式、生活方式与经济社会发展方式，进而改变人类文明发展的进程。如美国、英国、日本等发达的资本主义国家都把科技创新作为走出危机的根本力量，积极备战应对可能发生的新的科技革命，布局未来发展，培育新的竞争优势和经济基础。这说明科技创新对于国家社会经济的发展、综合国力的全面提升具有决定性的作用，科技竞争已经成为国家间竞争的焦点。党的十九大报告明确指出："加快建设创新型国家。创新是引领发展的第一动力，是建设现代化经济体系的战略支撑。要瞄准世界科技前沿，强化基础研究，实现前瞻性基础研究、引领性原创成果重大突破。"③ 因此，要重视科学技术创新的力量，增加科学技术研发的投入，加快科技体制机制改革的创新，大幅度提高科技创新对社会经济发展的贡献

---

① 党的第十八次全国代表大会：坚定不移沿着中国特色社会主义道路前进，为全面建成小康社会而奋斗，2012-11.

② 习近平主持召开中央财经领导小组第七次会议 [EB/OL]. http://cq.people.com.cn/news/2014819/201481988158388136.htm，2014-08.

③ 党的第十九次全国代表大会：不忘初心，牢记使命，高举中国特色社会主义伟大旗帜，决胜全面建成小康社会，夺取新时代中国特色社会主义伟大胜利，为实现中华民族伟大复兴的中国梦不懈奋斗，2017-10.

率，尤其要提高企业的自主创新能力，激发企业创新活力，强化企业创新主体地位和主导作用，充分调动企业开展技术创新的主动性、积极性和创造性，着力构建以企业为主体、市场为导向、产学研相结合的技术创新体系，努力实现新技术的产业化。这是中国在国际竞争中立于不败之地的决定性因素。

其次，要重视管理创新和服务创新。依据现代科学劳动理论，现代管理劳动、现代服务劳动都是现代科学劳动的主要形式，他们都参与价值和使用价值的创造，是当前经济和社会发展不容忽视的重要因素和推动力量。因此，当前实施创新驱动发展战略，转变经济发展方式，实现科学发展，就要重视管理的创新和服务的创新，加快转变陈旧、落后的管理理念，代之以市场为导向、提高发展质量为重点的管理理论；采用先进的管理方式和方法，提升管理的水平，通过深化改革，进一步打通科技和经济社会发展之间的通道，让市场真正成为配置创新资源的力量。同时，要提高服务的科技含量，提高服务的质量和水平，加快培育和完善科技中介服务体系，鼓励、培育和发展科技信息服务机构、知识产权机构、投融资机构等各类科技中介服务机构，大力发展第三产业，以管理的创新和服务的创新助推创新驱动发展战略。

最后，着力完善人才发展机制。现代科学劳动对社会经济发展的推动作用，最终是依靠掌握高科技的现代科学劳动者来实现的，因此，陈征一直非常重视人才的教育和培养。人才是发展的“第一资源”，实现科技创新、管理创新、服务创新，都必须依靠人才才能实现，创新驱动发展的实质其实是人才驱动。十九大报告指出：加快建设创新型国家，必须“培养造就一大批具有国际水平的战略科技人才、科技领军人才、青年科技人才和高水平创新团队。”[①] 因此，我们要坚持人才优先发展理念，不断增强人才是“第一资源”意识，把创新创业人才工作放在重要位置，充分发挥创新创业人才在促进产业转型升级、推进供给侧改革过程中的生力军作用，并坚持以“高精尖缺”为导向，充分释放企业、市场和全社会的创新活力，加快科技创新创业人才资源结构调整，重点造就一支具有梯级的科技创新创业人才队伍。同时，要深化教育改革，创新教育方法，提高人才培养质量，形成育才、引才、聚才和用才的良好环境与政策优势，培养一支既掌握先进的文化知识和科学技术，又具备正确的世界观、人生观和价值观，甘为建设有中国特色的社会主义而奋斗终身的高科技人才队伍，从而为推动创新驱动发展战

① 党的第十九次全国代表大会：不忘初心，牢记使命，高举中国特色社会主义伟大旗帜，决胜全面建成小康社会，夺取新时代中国特色社会主义伟大胜利，为实现中华民族伟大复兴的中国梦不懈奋斗，2017－10.

略提供强大智力支撑。

二、城市地租理论对于推进农村土地制度改革的启示

陈征创建的社会主义城市地租理论体系，包括城市土地有偿使用制度改革、涵盖城市绝对地租、级差地租和垄断地租的质的规定和量的运动规律，以及房地产市场理论等一系列内容，这些基本原理不仅对于城市土地有偿使用制度改革、房地产开发、调节收入与分配等方面具有重要的指导意义，而且对于当前中国农村土地制度改革也具有重要的启发意义。

中华人民共和国成立以来，我国逐步形成了城市土地国有、农村土地集体所有的土地使用制度格局，这种“公有二元”的土地格局，自改革开放以来，为我国经济社会的发展提供了基础层面的活力和动力，也为其他诸多领域的改革提供了重要的前提和保障。但随着经济的发展和城镇化进程的加快，这种“二元”格局也滋生了诸多的矛盾，如国有土地与集体土地的责任和权利不对等，所有权的虚设造成产权模糊，“责、权、利”不清，法律赋予农民的权益，由于实现形式的模糊不清而得不到落实和保证；周期性的土地调整严重损害了土地承包经营权的稳定性，使得许多农民对土地使用权缺乏安全感；土地流转制度和农村社会保障制度欠缺；农民承包土地所交费用的性质不清，农民的应得权益得不到有效的保障；等等。这些问题的存在，加大了土地利益协调的难度，使集体土地使用权流转难以实现规范化、市场化和法制化，这就对农村和城市的土地制度改革提出了更多的要求与挑战性问题。党的十八大报告明确指出：“改革征地制度，提高农民在土地增值收益中的分配比例。”① 党的十八届三中全会也明确指出：“要建立公平开放透明的市场规则，完善主要由市场决定价格的机制，建立城乡统一的建设用地市场”；“要加快构建新型农业经营体系，赋予农民更多财产权利，推进城乡要素平等交换和公共资源均衡配置，完善城镇化健康发展体制机制。”② 党的十九大报告提出“实施乡村振兴战略”，明确要“巩固和完善农村基本经营制度，深化农村土地制度改革，完善承包地‘三权’分置制度。保持土地承包关系稳定并长久不变，第二轮土地承包到期后再延长三十年。深化农村集体产权制度改革，保障农民财产权益，壮

---

① 党的第十八次全国代表大会：坚定不移沿着中国特色社会主义道路前进，为全面建成小康社会而奋斗，2012－11.

② 中国共产党第十八届中央委员会第三次全体会议公报［EB/OL］. http：//leaders. people. com. cn/n/2013/1112/c58278－23519140. html，2013－11.

大集体经济。"[①] 这些重大决策都对农村土地制度改革提出一系列的要求。因此，以陈征的城市地租理论为指导，对于贯彻落实上述的方针政策，推进农村土地制度改革具有一定的启发意义。

第一，有利于推进农村土地产权制度改革。按照城市土地有偿使用制度改革的思路，明确地租是土地所有权在经济上的实现形式。由于土地所有权与使用权相分离，国家因出让土地使用权而取得土地出让费，而城市土地使用者由于取得土地一定时期的使用权，并由此派生享有对该土地的占有、使用、收益和转让等各种权利。而当前，随着市场经济的发展和城镇化进程的加快，现有农村土地制度存在的产权主体模糊和权能缺失日益凸显。我国的农村居民手中尽管拥有土地、房屋等大量资产，但却因为财产权利不清晰、不完整，难以转化为发展的资本，得不到财产性收入。农村产权制度的缺陷阻碍城乡生产要素自由流动，导致农村资源配置效率低下、市场体制在城乡之间的二元分割，严重束缚了农村生产力的发展。因此，根据城市地租的相关原理，改革农村土地产权制度，探寻农村土地集体所有制在新时期的实现形式，在当前，可以采取"农村土地股份制"形式，这是在坚持土地集体所有的前提下对农村土地产权进行更细化、更规范的确权，把土地量化为股权分给农户，以股份的形式进一步强化生产资料的共占属性和农户所有权的平等享用，使农民真正成为土地的所有者。此时，当农村集体所有土地被赋予了与国家所有土地同样的产权地位后，农民就可以对土地进行有偿转让、出租，或者以土地共有权进行入股，这有利于增加农民的财产性收入；有利于农村土地有效、合理的流转，以满足农地规模化经营和农村社会分工发展的需要；有利于农村生产力的发展和城镇化进程的推进。

第二，有利于促进城乡统一土地市场的建立，实行"同地、同权、同价"。陈征在有关地租、地价和房地产市场关系的论述中，明确指出：地租是地价的基础，地价是地产市场的主要内容，这是建立和完善地产市场的理论基础。由于中国土地制度是典型的二元结构，使农村土地市场和城市土地市场之间具有二元性和分割性。而在当前农村集体土地市场发育不完善、城强乡弱的情况下，对于使用类型和区位相等的土地，国有土地的出让价格会远远高于征地补偿价格和集体建设用地流转价格，这就造成了"同地不同权"和"同地不同价"的现象，从而严重扭曲了农村集体土地的价格，不利于土地的流转，也降低了集体土地的配

① 党的第十九次全国代表大会：不忘初心，牢记使命，高举中国特色社会主义伟大旗帜，决胜全面建成小康社会，夺取新时代中国特色社会主义伟大胜利，为实现中华民族伟大复兴的中国梦不懈奋斗，2017-10.

置效率。只有建立城乡统一的土地市场，才能发挥市场对土地资源配置的基础性作用，才能在征地过程中，彻底消除集体土地和国有土地的产权歧视；农地和农地转用的市场价值才可以通过统一的土地市场来显现，并采取统一的价格定价体系，从而实现“同地、同权、同价”；只有显化了农地的价值和农地转用价值，耕地才会受到重视和珍惜，才能有效地规范政府征地的行为，才能使农村集体土地和城市国有土地在同权下自由竞争、平等交易，达到自然融合。

三、新型工业化论述对于推动信息化和工业化深度融合的启示

党的十六大报告明确提出：“坚持以信息化带动工业化，以工业化促进信息化”[①] 的新型工业化道路，而党的十八大报告又提出：“坚持走中国特色新型工业化、信息化、城镇化、农业现代化道路，推动信息化和工业化深度融合。”这是继党的十六大以来，对新型工业化思想的深化和发展。陈征在对国内外工业化道路经验进行总结、对中国工业化现阶段的特征深入分析的基础上，结合新型工业化道路思想，提出了实现新型工业化道路的一系列独到的见解和主张。尤为可贵的是，他把第三次工业革命与新型工业化道路进行充分的结合，提出一些富有时代特征的前瞻性观点，从而赋予其新型工业化主张新的内容。这对于推动信息化和工业化深度融合、全面推进新型工业化道路具有重要的启发意义。

第三次工业革命是以互联网和新能源相结合为基础，以绿色、智能和可持续发展为特色的科技革命和产业革命，它将把人类带入一个大数据时代，使人类的思维和工作方式发生重大的变革，产生新的经济形态。在当前，走新型工业化道路，关键的是要抓住新技术革命的机遇，沿着以互联网技术和可再生能源为标志的第三次工业革命的方向前进，使再生能源革命和智能化成为我国未来新型工业化道路的关键选择，着力解决能源、资源和生态环境问题的技术革命，突出可再生能源革命的重要性，对原有的工业化进行改造和升级。此外，随着人工智能等科技革命的进一步发展，要逐步实现由信息化向智能化发展，提升整个国民经济系统的智能化水平；新材料和纳米科技革命将会使物质资源的利用效率得到大幅度的提高，还会制造出新物质，所以，将它们纳入我国“新型工业化道路”的视野之中，对于解除我国工业化资源的限制具有重要的意义。因此，只有抓住第三次工业革命的机遇，推动信息化和工业化的深度融合，才能真正实现由工业大国向工业强国的转变。

---

① 党的第十六次全国代表大会：全面建设小康社会，开创中国特色社会主义事业新局面，2002－11.

此外，陈征对所有制问题的论述、对国有企业改革的独到的见解，既符合国家相关的政策导向，又具有强烈的时代气息，是指导我们社会主义现代化建设的重要思想宝库，意义深远。总之，陈征经济思想是马克思经济理论的重要组成部分，有必要在今后的实践中进一步研究、提炼和升华。

第三节　对陈征治学精神和高洁人格的传承

一、在做学问上，要弘扬陈征严谨切实的治学精神

陈征不仅在马克思经济学研究领域著作等身，硕果累累，他那严谨、切实、勇于创新和挑战的治学精神也是令人肃然起敬和由衷赞叹，为广大的经济学理论工作者树立了光辉的榜样。尤其是在市场经济条件下，物质利益越来越为人们所重视，理想信念和道德情感越来越薄弱，浮躁和急功近利的学术作风日趋严重，学术虚伪、学术欺骗也到处可见。有些人为了职称的晋升，重文章的数量而不重质量，闭门造车、粗制滥造；有少数学者，披着“院士”“教授”“研究员”等外衣，如用走穴、出场费、咨询费等方式，索要高价，把学术职称变成赚钱的道具；更有甚者，出现学术交易、抄袭剽窃等有悖学术基本操守的行为；表现在年轻学者身上，则是求学的功利性凸显，创新动力不足，奉献意识趋于淡薄等。因此，大力弘扬陈征严谨切实、孜孜不倦地追求真理、勇于发展和创新的治学精神，教育广大教育工作者要夯实基础理论知识，钻研经典著作，要有穷本探源追问的精神，注重研究的系统性和连续性；要坚持实事求是，敢于创新，勇于挑战。在研究中，要从我国社会主义经济发展的客观实际出发，以解决实际问题为最终目标，注重理论联系实际，敏于思考，勤于笔耕。只有坚持以马克思主义经济理论为指导，始终保有真正学者的理性精神和自觉意识，坚持一切从实际出发，进行独立的理论探索和开拓，并勇于创新，才能推出精品力作，在研究中有所发展，有所创新。

二、在学科建设上，要传承陈征高度的责任感和建设理念

陈征教授作为福建师范大学经济学科创始人和奠基人，以经世济民为己任，拓荒于原野，淡泊名利，一心为公，为学科建设身体力行，付出一生的心血，使

福建师范大学经济学科跻身成为同时期全国高师院校经济学研究的翘楚。在担任福建师范大学校长期间，他锐意进取，呕心沥血，以学者的大思维、新理念带领新一届领导班子埋头苦干、勇于开拓，为福建师大的发展翻开了崭新的一页。

作为福建师大经济学学科的一分子，我们要继续传承和弘扬这一高度的责任感和无私奉献的精神，以学科的发展作为个人成长成才的基础，要始终传承陈征教授学科建设理念：一是要始终坚持马克思主义经济学的正确方向，坚持马克思主义理论经济学的重要阵地。在此基础上，带动和促进应用经济学、管理学多学科体系发展，并逐步拓展交叉学科，使福建师大经济学科建设日益完善和壮大。二是要重视人才培养，加强学科梯队建设。不仅要有学科各个专业平衡发展的人才结构，而且要重点培养一批骨干人才、领军人才，以带动学科全面、持续的发展。三是要把学科的特色建设与创新发展相结合。如果说当时以陈征教授对《资本论》的研究为特色，为学科打下了坚实的基础，那么，在新的形势下，如何对《资本论》作进一步的研究，结合“新常态”下的经济发展形势，进行不断的创新，并与国际接轨，提高国际化水平，是当前学科发展的根本所在。

三、在教书育人和为人处世上，要发扬陈征超凡的人格魅力

陈征不仅是一位全国著名的经济学家，而且还是一位伟大的经济学教育学家。陈征教授以身作则，教书育人，以严谨朴实的治学风格培养了一大批出类拔萃的人才，以其超凡的人格魅力受到学生的深切爱戴和敬仰。在深入研究陈征经济思想的同时，充分挖掘他的教育理念和教育风格，对于提升高校教师的综合素质和教学水平都具有重要的意义。首先，既要夯实基础理论知识，又要有渊博的学识和广博的视野，才能为学生指点迷津，解疑释惑；其次，要把教学与科研相结合，求实与创新并重。以教学夯实基础理论知识，以科研提高学术水平和教学水平，并在教学科研的实践中进一步创新和提高；最后，要以身作则，率先垂范，以非凡的人格魅力引领和感召学生。

陈征教授一生淡泊名利，为人正直、朴实，感情恳切。从他的资红书屋的简单陈设及其衣着的朴素无华，显露出恬淡寡欲的学者本色；他待人热情，办事刚正不阿，包容处世，有高度的家庭责任感，对朋友情真意切。陈征教授这种高洁的人格是我们为人处世学习的榜样：不管是在工作还是在生活中，都要勤勤恳恳，脚踏实地，谦虚谨慎，平静处世，真诚待人。

高山仰止，景行行止。陈征教授的学问与品行，都是我们终身受益的宝贵财富。2015 年 2 月 8 日，福建师范大学举行陈征教授《我与〈资本论〉》重要

文章座谈会，来自中国人民大学荣誉一级教授卫兴华老师的贺信中称：“我与陈征教授相交30多年，他的人品、学品使我崇敬，在马克思主义学术攀登的道路上，我们可说‘志同道合’。”

陈征教授最重要的人生格言是：“读新书、创新理、写新作，说真话、办真事、做真人。”这是陈征做人、做事、做学问的准则，从中闪烁着他耀眼的思想光芒和高洁的人格品质。陈征在他的力著《〈资本论〉解说》后记中所写的“金缕曲”中曾曰：“学海书山勤撷取”“但愿得环球春早”，一句道破他一生从事《资本论》研究的最终目的：即希望早日在全世界实现社会主义和共产主义，这体现了一位坚定的马克思主义经济学家的远大理想与伟大抱负。他又说：“补天顽石原草草”，在他看来，相对于博大精深的《资本论》，自己的理论研究不过是“草草顽石”而已。正是他以这种谦逊、求真务实的治学态度，六十余年在经济学园耕耘不息，著述等身，真正实践了他所书写的“究天人之际，通古今之变，察中外之理，成一家之言”的座右铭。

第十章

结　　语

从党的十一届三中全会做出把党和国家工作重心转移到经济建设上，并实行改革开放以来，党和政府始终坚持以马克思主义为指导思想，紧紧抓住我国经济发展的重要战略机遇期，深化改革开放，加快发展步伐，战胜一系列困难和挑战，使我国的经济实力、综合国力和国际竞争力进一步增强，国家面貌发生了巨大的变化，人民生活水平显著提高，这些成就的取得和以陈征为代表的广大马克思主义经济学家对中国经济问题的探索和努力是分不开的。

本书主要是从陈征经济思想产生的时代背景和现实环境出发，梳理了陈征在学习、研究、传播、运用和发展《资本论》的整个学术历程，并就陈征把《资本论》的基本原理与中国经济实际相结合所取得的学术硕果展开深入探索和研究，汲取其中的理论精华和宝贵的治学精神，对于坚持马克思主义的指导地位，推进中国经济持续、健康、稳定的发展和完善社会主义市场经济体制都具有十分重要的意义，本书主要提出以下几个观点。

一、陈征突出的学术贡献

本书通过梳理陈征在学习、研究、传播、运用和发展《资本论》的整个学术历程，总结了他在每个阶段所取得的学术成果及其社会影响。尤其是凝聚了他30年心血的《〈资本论〉解说》的出版，是我国系统解说《资本论》的第一部著作，以及他组织编写的一系列“《资本论》研究丛书”，对于学习和研究《资本论》、推动《资本论》在中国的广泛传播做出了突出的贡献。在熟练掌握《资本论》基本原理的基础上，他运用《资本论》基本理论研究社会主义市场经济问题，创建了现代科学劳动和社会主义城市地租两大理论体系，并对马克思的转化理论和社会主义初级阶段经济理论进行积极探索，产生了深远的影响。此外，作为福建师范大学经济学学科的创始人，他为福建师范大学经济学学科的建设身体力行，殚精竭虑，付出一生的心血。作为一位经济学教育家，他培养了一大批高级人才，他们在各自不同的岗位上为国家作贡献，起着指点江山、叱咤风云的作用，为人们所称道，陈征教授是当之无愧的我国著名教育家。

二、对马克思劳动价值论的发展创新——创建现代科学劳动理论体系

现代科学劳动理论是陈征长期研究马克思劳动价值论的成果，是马克思劳动价值论在当代的新发展。本书指出，陈征通过对古典政治经济学派劳动价值论的解析，对马克思科学劳动价值论基本内容的总结以及论证了劳动价值论是市场经济理论的基石等一系列的研究，为其创建现代科学劳动理论体系奠定了重要的理论基础。此外，本书指出，国内外有关劳动价值论的争论为陈征全方面研究现代科学劳动理论提供了理论契机，而当代劳动的新特点则是他创建现代科学劳动理论体系的现实基础。本书指出，现代科学劳动理论是马克思劳动价值论在当代的新发展，陈征不仅对马克思的“科学劳动”进行阐发，而且提出了“现代科学劳动”这一新范畴，并从理论实质、具体形式和作用等方面创立了现代科学劳动理论体系，在此基础上运用现代科学劳动理论探索有关生产要素价值问题，极大地丰富了马克思主义经济理论，这对于发展生产力、推动创新驱动发展战略、建设创新型国家具有重要的理论指导价值，对整个社会经济发展都具有超前的引领作用。

三、对马克思地租理论的发展创新——创建社会主义城市地租理论体系

本书指出，陈征是在深入研究马克思地租理论基本原理的基础上，对绝对地租和虚假的社会价值的相关争论问题进行阐发与探索，并根据改革开放的推进和城市土地使用制度改革的迫切要求的现实情况，创建了社会主义城市地租理论体系。说明社会主义城市地租是改革开放的重要产物，是由城市土地的特殊性决定的。本书指出，陈征不仅对城市绝对地租、级差地租、垄断地租的质的内容进行科学的分析，而且揭示了其量的运动规律，并对城市土地价格和城市地产市场进行研究，极大地丰富和发展了马克思地租理论，为城市土地使用制度改革和完善城市土地市场提供了重要的理论依据。书中还运用数据、图表等来印证城市地租

理论的科学性和前瞻性，并深入地分析城市地租理论对于城市土地资源的优化配置、房地产的开发以及调节收入分配等方面都具有重要的指导意义。

四、迎难而上，对世界性理论难题的积极探索——全面、系统地研究了马克思转化理论

马克思价值转形问题是马克思《资本论》第 3 卷的重要难题，也是一百年来资产阶级经济学家攻击马克思主义经济学说的核心，更是世界性的理论难题。本书指出，陈征从正面、系统、完整地对马克思的转化理论进行积极探索，说明了剩余价值如何转化为利润，利润如何转化为平均利润，平均利润如何表现为产业利润和商业利润，并进一步分割为利息和企业主收入，以及超额利润如何转化为地租等一系列问题，并对每一个转化的关键地位、前提条件和中间环节都进行深入细致的分析，阐明了资本主义经济的现象和本质及其它们的关系。本书指出，陈征对马克思转化理论的系统研究，对于批判资产阶级学者的各种谬论，打下坚实的理论基础，极大地维护了马克思《资本论》的科学性和权威性，也为我们研究马克思转化理论提供重要的理论借鉴，其迎难而上、勇于探索的治学精神更是我们学习的典范。

五、运用《资本论》研究社会主义市场经济——开创性提出《资本论》对社会主义市场经济有重要指导意义

本书认为，“《资本论》是对自由资本主义时期市场经济经验的总结，其中有关市场经济的原理，对于研究社会主义市场经济也有一定的指导和借鉴意义”这一重要观点是陈征最早提出的，这对于当时重视对《资本论》的研究与运用发挥了重要的作用。书中指出了陈征对《资本论》一系列基本理论的概括和论述，说明了《资本论》为市场体系提供了重要的理论根据，对于建设有中国特色的社会主义经济有重要的现实指导意义；本书还总结了陈征对《资本论》与科学技术相关原理的运用和发展，说明了正由于他对新形势下技术革命的研究，为创建现代科学劳动理论体系奠定重要理论基础。陈征对上述内容的研究，提出了一系列创新性的观点，坚持和捍卫了《资本论》的科学性和指导地位，有力地推动了对《资本论》的研究，又突出重视价值规律的作用，为探索社会主义市场经济建设的正确道路发挥了重要指引作用。

六、运用《资本论》探索社会主义初级阶段经济理论——丰富和充实了社会主义初级阶段经济纲领

本书指出，陈征在深入研究马克思《资本论》的基础上，结合党的十五大、党的十六大的方针政策和重要精神，运用《资本论》基本原理探索社会主义初级阶段经济理论，丰富和充实了社会主义初级阶段经济纲领。本书指出，他对社会主义初级阶段基本经济制度的阐发，对所有制结构以及新型工业化道路等方面提出的一系列重要理论见解，研究具有很强的理论性、政策性和学术性，既从中国经济实际出发，又有高度的前瞻性，既丰富和发展了社会主义初级阶段的经济理论，又把现代科学劳动理论与新型工业化道路进行结合，实现了理论创新用于指导实践的重要研究目标。

七、总结了陈征经济思想的特点

书中在对陈征学习、研究、传播、运用和发展《资本论》的整个学术历程进行概括及其一系列思想内容深入研究的基础上，总结了陈征经济思想的六大特点：即对马克思主义的坚定信仰；对《资本论》研究的系统性与发展创新；实事求是，尊重客观实际下的创造性；迎难而上，对世界性理论难题的积极探索；揭示了《资本论》的强大生命力；以诗词抒发经世济民的博大胸怀。

八、陈征经济思想的启示与传承

通过对陈征一系列经济思想的研究，说明陈征的学术思想、治学精神、为人处世都是非常宝贵的精神财富，是值得我们进一步深入研究、挖掘，以至传承和弘扬的。本书指出，陈征对于《资本论》在中国的广泛传播以及对马克思经济理论的发展都做出了突出的贡献。对陈征经济思想的研究，具有重大的理论和实践价值，归纳有三：一是研究陈征经济思想，有助于经济建设中坚持马克思主义经济学的指导地位；二是研究陈征经济思想，有助于贯彻落实党和国家的重大方针政策；三是陈征高度的责任感、严谨切实的治学精神和高洁的人格是广大的经济学工作者学习的典范。

附录1
陈征教授近著选读：《我与〈资本论〉》*

陈 征

本文提要：本文通过我毕生的学术历程，依据有关史实，准确、具体、深入分析了为什么要学习研究《资本论》和怎样研究《资本论》这两个重大的理论问题。

我今年已八十八岁了，虽然也做过一些行政工作，但一辈子主要是当教师。围绕着《资本论》，学习、研究、讲授、传播马克思主义经济学，直至运用、创新和发展。我的一系列的学术活动大都是围绕着《资本论》转，可算是同《资本论》结了一辈子不解之缘。回首往事，历历在目，择其要者，聊志鸿泥。

我祖籍江苏省泰县，祖父是秀才，父亲是中医。四岁读书，白天上小学，晚上读古书，到十岁时就读完了《四书》《诗经》《左传》《楚辞》《古文观止》等儒家经典。进中学后不久，因日寇入侵，学校停办，辍学在家。其间还做了一年小学教员。抗战胜利后，考入无锡国专（后改中国文学院）学习文史。学习期间，与进步同学一起读了不少进步书籍，除了读《中国革命与中国共产党》《论持久战》外，还读了《联共（布）党史》《资本论》等。当时看不懂《资本论》，说不上有什么印象。有次正在偷偷地看《资本论》时，一位同学从身后拍我一掌说："你想做资本家吗！"我说："这书是反对资本家的，我怎会当资本家呢？"当时，只知道有《资本论》这本书，但究竟何意，并不完全清楚。

1949年5月，我参加革命，在苏南公学做教育干事、组织干事等行政工作。苏南公学是一所革命大学（学校的前身是设在苏北解放区的华中大学，无锡解放时迁锡，当时江苏省人民政府还未正式成立），该校主要任务是，对将输送到苏南解放区的干部进行培训。当时接管的大企业很多，需要一批经济管理干部，为

---

* 本文原载《当代经济研究》2015年第1期。收入本书时，作者略有补充。

此，苏南公学特设企业财务管理系培养经济管理人才，规定该系不学资产阶级的经济学，要学马克思主义经济学。但由于师资缺乏，领导要我边学边教马克思主义政治经济学课程。我虽然没有学过，但领导决定，重任在肩，我就满腔热情和十分大胆地承担了这个光荣任务，力争做好。当时没有统一规定的教材，只选了狄超白著的《政治经济学讲话》，该书包括从商品到资本主义经济危机部分；参考书只有薛暮桥的《大众经济学》，但这些都是从《资本论》中来的，因此，要备好课、讲好课，就要下决心读懂《资本论》。一遍，又一遍，反复阅读、钻研、思考、表述。这样，由于工作需要，从不懂到基本上懂，从摸不清楚头脑到能通俗地介绍其基本内容，并说明其来龙去脉，不知反复多少遍，才摸进了《资本论》的“大门”。由于我勤奋努力，加上学员认真学习，成绩显著。此班三个月一期，我先后讲授了三四期，得到了同学们和领导的广泛好评。1952 年有近两万人的苏南公学开展模范工作者运动，我被评为全校五个“模范工作者”之一，学生们还专门开了课代表会讨论我的教学特点，并写了《我们的陈征老师》一文，在苏南公学铅字版《学习周报》1952 年 12 月 27 日第 4 版刊载。这时，我一方面感到惭愧；另一方面又感到这是极大的鞭策，这就为我终身从事学习和研究《资本论》打下了坚实的思想基础。

1953 年郭大力、王亚南译的《资本论》1～3 卷由人民出版社出版发行，三卷定价不高。由于当时实行的是供给制，虽然我享受的标准已由每月一斤猪肉、四两黄烟增加到两倍以上，但也无钱购买此书。思考再三，下决心开几个夜车，写一篇文章。文章写完寄出后，有幸很快发表。拿到的稿费除买了全套三本《资本论》外，还买了一件衬衫。这也是一个有趣而难忘的插曲。

1952 年底，领导把我调到华东党校理论研究班学习两年，这成为我继续深造的极好机会。有名师的讲授指点和同学们的相互切磋，还获得了广泛阅读有关书籍和资料、独立思考、认真钻研的机会。两年的学习，成效甚大，我对《资本论》有了更加深刻的体会，并逐步坚定了深入研究的决心与信心。学习结束后留校工作。不久，中组部又于 1955 年调我到中共福建省委党校工作，主讲政治经济学等课程。省委党校理论班有培训地县理论宣传干部的任务，既包括学习当前政策，也包括学习基本理论。当时，《资本论》是该班重点课程之一，由我负责讲授。课后，我根据学员听课情况、讨论时提出的问题，反复研究、及时整理讲稿。既要通俗而准确地讲清楚有关原理，又要通过讨论帮助他们弄懂疑难问题，还要把这些资料不断充实到下一次的讲稿中去。这样多次反复，教学相长，经过七八稿修改，讲稿内容逐步充实、完善。这时，省委宣传部开办了一个《资本论》业余学习班，委派理论处郑奇方处长负责，由省直机关的部长、处长、科长们参加，晚上授课每周一次，要我主讲其中的三分之二的课程。因学员经常公务外出，要求我发讲稿。我同意了，省委宣传部将讲稿铅字排印，除了发给学员，还发给各县的讲师团作参考。他们反映：不听讲课，看讲稿也基本上可以看懂《资本论》了。这些讲稿，就是后来我出版《〈资本论〉解说》一书的雏形。至此，我经历了对《资本论》的学习，研究，备课，讲授，写出讲稿、教材，到基本胜任作为一名教师的初期阶段。

1958 年前后，忽然来了一阵狂风，说什么我国当前是建设社会主义，应该学习毛泽东思想，不必要再读《资本论》。加上反“右派”后又接着“反右倾”运动，理论班暂停，《资本论》课程也停止了。之后，我被派往农村搞“四清”，上午劳动，晚上开会，下午休息时间恰好用来学习。我把带下乡的《资本论》和有关资料，晚上当枕头，下午拿来读。同时也了解和研究我国当时的农村情况，较深入地研究我国农业和农民问题。

不久，“文化大革命”发生了，带给社会和人们的是一场灾难。我真是个幸运儿，初期因为生肝病住院，治疗数月，没有受到运动的迫害。但听说东街口有我的大字报，说王亚南是翻译《资本论》的反动学术权威，我是福建的小王亚南，是修正主义的接班人。我听后欣然一笑，想不到竟有如此“美誉”，反而更加坚定了我对王亚南的景仰和研究《资本论》的信心。

1978 年党的十一届三中全会召开，确立了改革开放的路线，有如草木复苏，大地回春。大学复课了，有不少人都开始读《资本论》了，一时间洛阳纸贵。为什么？据说，有人去请示邓小平同志：改革开放怎么搞？小平同志说，你不要问我，应该去问马克思，去读《资本论》。因此，人们就把视线转移到这本书上来了。这时候，解释《资本论》的书，已出版的有：王思华的《〈资本论〉解说》，解说了《资本论》第 1 卷相关内容；在《中国经济问题》月刊上，每期还刊有王亚南等对《资本论》第 1 卷相关内容的讲座。此外的辅导读物几乎没有。人们对学习《资本论》已经形成热潮，但《资本论》比较难懂，是学习上的一大障碍，迫切需要通俗而具体解说《资本论》三卷读本。有人曾看过我给省直机关讲课的讲稿，感到通俗易懂，对学习《资本论》很有帮助，建议修订出版。应客观实际的要求和出版社的热情约稿，我迅速将《资本论》讲稿进一步整理、修改，命名为《〈资本论〉解说》，起初分五册由福建人民出版社出版：1978 年出版第一册，解说《资本论》第 1 卷的前半部，第二年出版第二册，解说《资本论》第 1 卷后半部，1980 年出版第三册，解说《资本论》第 2 卷，1981 年和 1982 年分别解说第三卷，于 1982 年对三卷《资本论》的解说全部出齐。后因与《资本论》全三卷对应，将《解说》五册合并为三册。在本书出版前后，上海复旦大学的张薰华、洪远朋教授也编写出版了《〈资本论〉提要》三册。

1984 年 8 月 17 日，《光明日报》“优秀知识分子光荣榜”指出：“陈征教授的《〈资本论〉解说》是我国对《资本论》系统解说的第一部著作，特别是第四、五册（解说第三卷）起了填补空白的作用。”由于我自幼攻读文史，中文基础较好，写出的文字简明扼要，准确清晰，重点突出，通俗易懂；又由于反复多次讲授《资本论》，通过解答学生提问，把难点、难句等摸得深透，并用通俗易懂的文字插入有关讲稿之中，经过若干次的反复，虽不算是千锤百炼，至少也是十余遍深入往返研究，整理补充，对初读者确实很有帮助。因此，《〈资本论〉解说》受到读者的普遍欢迎。记得当时有一天，我到火车站去接一位客人，在火车进站后出来的人群中首先看到时任福建省委宣传部部长黄明同志。他和我熟悉，见我后抢着说：“告诉你一个好消息，这次在北京开会，研究学习《资本论》，部长在大会上说，大家都说《资本论》看不懂，的确也是。但如果对照陈征写的《〈资本论〉解说》，一段一段地对着认真看，就完全可以弄懂了。”部长在全国会议上的讲话影响力很大，不久，《〈资本论〉解说》一印再印，由初版 3000 余册增印到 14 万余册。不少人通过《〈资本论〉解说》看《资本论》，收到很好效果。有的大学生通过《〈资本论〉解说》学习《资本论》考上硕士、博士研究生，后来发展成为著名学者。有人说，《〈资本论〉解说》培养了“一代经济学人”。有的人把学习《资本论》的收获运用到从政从商实际工作中，取得很大成就，成为创造财富的著名企业家或重要部门的领导干部，这就充分显示了《资本论》巨大学术威力和思想作用。《〈资本论〉解说》作为教材被全国各地学校广泛使用，先后被评为国家级全国高等院校优秀教材奖，福建省“六五”重点科研项目优秀专著奖，“光明杯”全国哲学社会科学优秀学术著作奖等国家级、省部级大奖。

这一时期，我于 1979 年组建了全国高等师范院校《资本论》研究会，并被选为会长；1981 年中国《资本论》研究会成立，我被选为副会长；1981 年和 1985 年两次被评为福建省劳动模范，同时并获全国“五一劳动奖章”和“全国优秀教育工作者”称号；1983 年开始，我连续三届当选为全国政协第六、七、八届委员；1983 年教育部直接批准为教授，1990 年批准为博士生导师。1983 年我由系主任被直接任命为福建师范大学校长，真是盛名之下，其实难副。重任在肩，很难担当，虽夙兴夜寐，也难补遗漏于万一。

为什么改革开放要读《资本论》？《资本论》与改革开放究竟是什么关系？这是人们一时弄不清楚的问题。资本与劳动的关系是《资本论》的中心问题，不能否定。但不能因此将它绝对政治化，视为“只是阶级斗争的教科书”。资本主义发展有两个阶段，即自由竞争资本主义阶段和垄断资本主义阶段（列宁称为帝国主义阶段），马克思处于19世纪中期，从自由竞争资本主义阶段实际出发，分析研究当时以市场为主体的商品经济，研究其经济范畴、客观规律等运动和发展。现在看来，其中所研究的一些范畴和规律，除去其自由竞争市场经济时期的特征外，对垄断时期经济，对社会主义经济也是适用的。

君不见，《资本论》中研究的范畴，如商品、货币、价值、价格、工资、利润、资本的循环周转和再生产过程中各个环节的经济分析，以及有关经济规律、如价值规律、竞争规律、供求规律、货币流通规律、再生产规律等等，不仅还适用于当今垄断时期的资本主义，对社会主义市场经济也是适用的。当然，由于社会主义经济有许多新情况、新特点，还要对具体问题具体分析。因此，我大胆地提出了一个新的理论观点，这就是:《资本论》是马克思对自由竞争资本主义时期市场经济经验的总结，对我国社会主义市场经济仍有重要的指导意义。大家想想看，如果我国社会不按价值规律实行商品交换，直接进行产品调配，那将是怎样的结果！实践证明，不按照经济规律办事是行不通的。我想，小平同志是精通马克思主义，有高瞻远见的领导者，提出要读《资本论》，就是要从《资本论》的原理出发，研究社会主义市场经济，大量吸收其中有用的成分，作为我国改革开放、发展社会主义市场经济的理论基础。实践也越来越证明，《资本论》中的一些范畴、规律和基本原理，对建设有中国特色的社会主义经济，仍具有重要的指导意义。我国改革开放以来的经济工作实践，完全证明了邓小平思想的高瞻远瞩，英明的预见性和正确性，也证明了马克思主义至今对我国仍有重要的指导作用，同时也是对所谓“《资本论》过时论”的错误谬论一个很好的批驳。现在看来，马克思的理论由于邓小平的正确认识而得以贯彻于中国经济发展的实践中，邓小平的正确指导使当时中国经济在正确思想指引下得以迅速发展，二者相得益彰。也可以说，邓小平同志是当代善于将马克思主义理论和实际密切结合，正确运用的杰出的马克思主义者。

20世纪80年代，我国实行的还是以计划经济为主的政策，商品经济还未得到充分发展。要真正搞好改革开放，充分发展商品经济还要做更大的努力。这时我写了大力发展商品经济等数篇文章陆续发表，强调发展商品经济的重要性。如《〈资本论〉与社会主义经济——兼论〈资本论〉过时论》一文，提出了“社会主义商品是社会主义经济学研究的出发点和立足点”，“要大力发展商品经济”等观点，文中未提计划经济，以突出发展商品经济的重要性。该文在《福建论坛》1987年第3期发表后，引起了国内外学术界很大反响。《新华文摘》于同年第4期全文转载。美国《国际社会经济杂志》（IJSE）把该文译成英文，转载于

1991 年第 9 期、第 10 期合刊。

至此，对《资本论》只能算是“读懂”。要在读懂的基础上进一步达到“读通”的目的，还要做更大的努力。要“读通”《资本论》，就是要根据《资本论》中研究的若干理论，如商品理论、货币理论、工资理论、再生产理论等，弄清楚这些理论的来龙去脉。例如商品理论，马克思以前的经济学家如何提出和解决了哪些问题，哪些是正确的、哪些是错误的；马克思在《资本论》中怎样创造地解决这些问题，有哪些新创造、新发展；马克思以后百余年来我国学术界对上述问题有哪些研究争论和新贡献，当前还有哪些重要的、迫切需要研究的问题；等等。一个个专题分别进行，采用历史和实际相结合的方法分析研究。这就是从历史发展过程进行纵向研究，目的是了解过去并为了指导当前需要进一步研究和解决问题。由于工作量大，我带领几位研究生共同编写了《〈资本论〉在社会主义市场经济中的运用和发展》（福建教育出版社 1998 年版）一书，冀图达到在弄懂的基础上进一步弄通的目的。这是我国理论界用历史发展过程的方法研究《资本论》有关理论专题的第一部著作，虽然还有不少缺点，确实具有创新意义。后来我看到刘朝等同志写的《〈资本论〉与当代若干经济理论热点问题研究》（中国社会科学出版社，2009 年版），也是采用这样的写法，该书比我编写的书迟几年出版，也很有特色，有的章节比我们写得好。我看了以后，十分高兴。

为了达到读懂读通的目的，我主编了两套丛书：一套是《资本论》研究丛书；另一套是《资本论》研究资料丛书。

在《资本论》研究丛书中，《〈资本论〉解说》和《〈资本论〉在社会主义市场经济中的运用和发展》，一横一纵，在掌握《资本论》基本原理的基础上弄清这些理论的来龙去脉，及时提出当前需要研究的新课题；出版的《对〈资本论〉若干理论问题争论的看法》（上、下册，福建人民出版社，1983 年、1990 年版），针对当时存在的争论情况，编选了我们研究《资本论》有关专题论文，着重提出我们自己的观点；编写出版的《评介国外部分学者对〈资本论〉的研究》一书（陈征、严正、林述舜编写，福建人民出版社 1986 年 2 月版），收集介绍国外如英、美、德、日等国学术界对《资本论》研究状况、人物、学派，主要著作和观点以及学术动态等，并提出我们的“评价”意见，作为了解国外对《资本论》研究的参考。此书当时在国内来说是第一部，在国内一时也很难找到此类材料。因此该书出版后，受到研究生教学的普遍欢迎。据北京师范大学原副校长杨国昌教授见告，他们的政治经济学博士点指定该书为博士生的必读参考书。这两部书，着重研究介绍了国内外对《资本论》当前研究的情况和争论问题。当时，我们还拟编写《〈资本论〉和社会主义经济》和《〈资本论〉和当代资本主义经济》两本书，着重用理论分析当前的现实经济问题，前者已出版（《〈资本论〉和中国特色社会主义经济研究》，陈征著，山西经济出版社2005年9月版），后者因特殊原因，虽已邀请了作者，但至今未能出书。此两书着重解决《资本论》在当前社会主义和资本主义社会中的应用问题。同时，还编写出版了《〈资本论〉辩证法探索》（李建平著，福建人民出版社1986年版）。该书是将《资本论》提升到哲学和方法论高度来研究，当时在国内这类书只出三部，需要既懂《资本论》又有哲学专业背景的人担任。《资本论》研究丛书的出版，对《资本论》的来龙去脉、上下左右、国内国外，都提供了较为系统的最新观点和资料，十分有益于弄通《资本论》。

为了帮助研究者了解我国过去对《资本论》研究的情况，节约读者在查找资料参考时所花费的时间，我们在大量收集、研究取舍的基础上，将当时我国已发表的有关文章编选为《〈资本论〉研究资料丛书》（共五册，福建人民出版社出版），这就是另一套研究资料丛书。该丛书包括：《〈资本论〉研究的目的、对象与方法》《资本论创作史研究》《〈资本论〉一、二、三卷研究》等五册，选录了我国学术界已发表的有关研究《资本论》的论文，其中有老一辈的名家如郭大力、王亚南，以及当代名家如苏星、卫兴华等写的有关《资本论》的研究文章，也有当代学坛新秀有见解、有价值的文章。一书在手即可通览过去和当代，为研究《资本论》的同志提供了方便。不仅为他们节约了时间，也为他们提供了有些是花时间也难以找到的文章和资料。

上述两套丛书（均已由福建人民出版社出版），既为学习和研究的人弄通《资本论》提供了方便，又开阔了《资本论》研究者的视野，还能进一步推动他们对《资本论》作更深入的研究。这两套丛书的编写与编选，都是由我并带领我当时的研究生严正、林述舜、郭铁民以及李建建、蔡秀玲等同志进行的，只是个别书请有关专业人员写作。

在全国学习《资本论》高潮的指引下，当时的国家教委为了加强《资本论》的教学，委托我校举办了两期《资本论》教师进修班，参加者共20余人，从1981年起每期用一年半左右的时间研读《资本论》并备课，培养了一批《资本论》教学骨干，他们在此后的工作中都取得了很好的成绩，有力地促进了《资本论》的普及与提高。其中有的人之后还担任副省长、副厅长，有的任大学校长、党委书记，在实际工作中做出了突出的成绩。为了教学工作方便起见，我还组织编写了《简明〈资本论〉词典》，我任主编，并请顾士明、林健、严正、郭铁民、李建建、陈明森等任副主编，由河南人民出版社1991年1月出版。此书简明扼要、通俗易懂、便于携带、方便教学，至今仍是国内唯一的一个简明本，颇受读者欢迎。为了使《资本论》广泛传播，深入人心，我们还通过高师——《资本论》研究会组织编写出版了《政治经济学教材》，我任主编，高等教育出版社出版。在教材中的资本主义经济部分拿出四章，浓缩了《资本论》全三卷的基本原理，由我和副会长顾士明分别编写。读完这四章，就可掌握《资本论》全三卷的主要内容。一般的书读一两遍，印象不深，且容易忘记。教材的好处是，每个学生都要认真读，有的部分还要背诵，进行考试。重点要点不知要读多少遍。“幼学如漆”，做学生时将原理读懂弄通记熟，以后工作时就便于运用和研究问题了。将《资本论》基本内容写入经济学教材，是学习、运用、继承、发展的最好办法。此教材已历五版问世近 30 年，目前仍在使用，受到教师和同学们的普遍欢迎，这对于读懂、读通、运用《资本论》起着极其重要的作用。

我认为，只是读懂、读通《资本论》是不够的。不能为读书而读书，还要学以致用。在读懂读通《资本论》后，就要运用，而且不能到此为止，还要进一步研究。在此基础上，怎样进一步研究呢？现在看来这种研究主要有三个方面：其一，对《资本论》本书的版本、译文的研究，要求能有正确的文本提供给人们学习。这是很重要的基础工作，但研究的人不需要太多，有适度的专业理论和高级外语人才工作就可以了。其二，对《资本论》原著内容不同理解的研究，如对书中的某些原理有不同看法，通过争论，要求达到统一认识，正确理解，这也是完全必要的。但到一定阶段，大家通过研究、讨论，基本上差不多一致了，也就不需要进行太多的这方面的工作了。特别要注意的是，对于那些别有用心的人有意曲解《资本论》原理，攻击马克思主义，我们对此必须引经据典有理有力有节地进行批判，以维护《资本论》的真理性。例如，在 20 世纪中期，国外有一种思潮，说什么“马克思的绝对地租理论过时了”。理由是，马克思在《资本论》中说，由于农业有机构成低于工业有机构成，产生了绝对地租。现在，发达国家的农业发展很快，农业有机构成不比工业低，因此，“绝对地租理论过时了”。甚至有人因此说：“马克思主义过时了。”一时风云变幻，乌云漫天，有些人信以为真。对此，我及时撰文指出，马克思在《资本论》第 3 卷中曾说，如果农业经济发展了，农业中有机构成等于工业，上述绝对地租不再产生，但绝对地租还是存在的，来源于垄断价格。[①] 这就有力地捍卫了马克思地租理论。其三，由于社会经济和科学技术不断向前发展，出现了新情况、新问题，这就要在运用《资本论》有关原理的基础上，提出新的理论、观点，实现创新性的发展。即在坚持运用中发展，在运用发展中坚持。这方面的工作是十分重要的，也是学习和研究

① 马克思．剩余价值理论（第二册）［M］．北京：人民出版社，1975.

《资本论》的最终目的和最高要求。为此，我的后半生主要做了两件事：一是创建了社会主义城市地租理论；二是创建了现代科学劳动理论。

（一）创建社会主义城市地租理论

地租理论是《资本论》中最难懂的理论之一，但对整个资本主义经济来说又是十分重要的问题。如果你只懂工业不懂农业，就不可能说是真正懂得资本主义经济。马克思在《资本论》第1卷出版后，还继续坚持对资本主义农业进行深入研究。为了了解当时俄国的农业，晚年他还学习俄文，以便作为研究问题的工具。马克思地租理论虽然比较难懂，但创新性很强，在《资本论》的理论中占有重要地位。在《资本论》第3卷中，他大量研究的是资本主义农业地租，对城市地租较少涉及。但工业和农业是两大经济部门，只研究农业地租不研究城市地租是远远不够的。随着我国革命的胜利和中华人民共和国的成立，社会主义城市工商业不断向前发展，必须建立城市土地市场，特别是改革开放的步伐加快，大力引进外资，不管是外资企业还是内资企业，是工业还是商业，都离不开土地这一生产要素，这就出现了城市土地市场、城市土地租赁和土地价格等经济现象。地租是土地所有权在经济上的实现，是确定土地价格的基本理论依据。在市场经济体系中，要有商品市场、货币市场、资本市场、劳动力市场等，当然也要有土地市场。土地市场上的土地价格其理论依据则来源于地租。为了发展城市土地市场，就要研究城市土地价格和城市地租。城市地租与农业地租有其共同点，也有其不同点。马克思研究的主要是资本主义的农业地租，但在我国改革开放中还需要研究既是社会主义的又是城市的地租。对这一重要问题我国当时经济学界很少有人涉及。因此，我知难而上，努力探索，试图在理论和实践上有所突破，实现理论创新。

研究的起点和出发点是要找出城市地租和农业地租的共同点和不同点。它们二者都是土地所有权在经济上的实现，都有一定的表现形式和运动规律以及具体特点，但是城市地租和农业地租相比较，也有重大的不同之处。例如，农业主要是生产谷物，而农业地租主要表现在农产品的价值之中。城市则不同，工厂厂房、商店营业大楼、机关办公场所、居民住宅，不同行业对土地的利用不同，不能简单地说城市地租是土地产品，也不能简单地说城市地租包含在这些土地上的建筑物之中。由于不同行业对土地的利用不同，经营的内容和范围不同，因而不同行业形成不同地租的来源渠道，这就成为城市地租的特殊性之一。又例如，农业地租主要依赖自然条件，土地自然肥力起着重要作用有时甚至是决定性作用。但城市地租则主要依赖土地资本的投入，作为城市功能的土地而起作用，是由于人们对土地进行改造，是社会条件形成的结果，位置在这里具有决定性作用。在明确区分它们之间的不同点的基础上，进一步依据社会主义城市地租的特点，对城市绝对地租、级差地租、垄断地租进行具体分析。

首先看城市绝对地租。有人认为，城市只有级差地租没有绝对地租。其实，地租是土地所有权在经济上的实现，地租以土地所有权存在为前提。马克思说："土地所有权的恰当表现，是绝对地租。"要使城市土地表现为绝对地租，还要使土地所有权与使用权相分离，土地租赁关系是产生地租的客观基础。随着我国改革开放的发展，城市土地市场不断发展和完善，客观上已存在城市绝对地租。

马克思认为，资本主义农业绝对地租是农产品价值超过生产价格的余额，是由农业有机构成低于工业平均有机构成产生的。马克思还指出，一旦农业有机构成与社会平均有机构成相等，上述意义上的绝对地租就会消失，但绝对地租依然存在，它来自农产品的"市场价格超过价值和生产价格的余额"。即来自农产品的垄断价格。上述两种情况的农业绝对地租都不符合城市的实际情况。我认为，研究城市绝对地租的来源必须从城市地租特点的实际出发。由于城市用地存在多种形式，它们在使用中所起的作用不同，因而绝对地租的来源也不同。大体说来可分为四类：一是工业生产用地的绝对地租的来源，是由该工业工人所创造的剩余产品价值的一部分转化而来的；二是城市商业用地绝对地租的来源，必须从商业利润中扣除，仍然是剩余产品价值的一部分；三是城市服务业用地的绝对地租的来源，应视具体行业而定，属于物质生产部门的应采取先扣除、后平均的办法，从剩余产品价值中分割出一部分作为绝对地租；属于非物质生产部分的，也应从商业利润中扣除；四是居民住宅用地的绝对地租的来源，由消费者从个人收入中支付，是职工工资的扣除，属于必要劳动所创造的价值部分。根据以上分析，虽然城市绝对地租的来源各不相同，但从总的方面来说，大都是来源于社会总剩余产品价值的一部分。这是从质的方面来看的。从量的方面看，在农业中的绝对地租量，是由劣等地支付的绝对地租量来确定的。城市绝对地租量也要由城市劣等地确定。但农业劣等地主要指土地贫瘠且又交通不便的边远地区，因为它们所生产的农产品产量很低。城市劣等地则是指离城市中心较远、交通条件较差、处于城市边缘的城乡接壤地带。一般地说，城市可分为市中心区、次中心区、中间地区、边缘地区。城市绝对地租量是由边缘地区的地租量决定的，这是计算城市绝对地租的起点和基础。由于不同行业对所用土地的优劣有不同的评价标准，因而城市劣等地具有相对性。不能把农业绝对地租量的规律搬到城市中来。城市绝对地租量可以确定为郊区农村土地所支付的农业级差地租和绝对地租量的总和。其下限是：不能小于郊区同等面积土地上支付的农业地租量；其上限是：不能大于使用该企业的全部超额利润。在上限与下限之间，存在一定的弹性，由供求规律来决定，这就是城市绝对地租量的运动规律。随着城市经济迅速发展，对土地的需求日益增多，城市绝对地租量有逐步上升趋势。

在农业级差地租中，土地的自然肥力、地理位置和追加投资形成不同的生产率，是产生级差地租的物质条件。在城市，土地肥力无关紧要，位置在级差地租中具有决定性作用。在城市级差地租Ⅰ中，城市土地位置的相对差别，仍然是产生不同经济效益的自然基础。由土地位置引起运输费用和资金流动速度快慢等对城市级差地租Ⅰ有决定性影响。在城市级差地租Ⅱ中，在城市一定面积土地上追加投资，就可取得更多的超额利润，在一定条件下就转化为级差地租Ⅱ。这主要是通过高层建筑而体现的。追加投资在同一块土地上进行高层建筑的情况，以容积率衡量。在一定地块上追加投资建立高层建筑物除应取得平均利润外，还会取得超额利润，这是由容积率不同而产生的，它在租约期间为投资者直接占有，租约期满后转化为级差地租Ⅱ，归土地所有者所有，下一租期的地租就会因此增多。[①] 另外，从宏观上看，从面上考虑，土地资本的投入，如发展通信设施、增加交通运输能力、改善生活环境等，可改变原有土地等级产生新的级差，对城市级差地租Ⅱ的形成也起着决定性作用，它可以使城市土地产生各种不同的新用途。“一旦投入的资本分期偿还，这种化为利息的地租也就会变成纯粹的级差地租。”经过改造的城市土地必然也带有土地资本化的性质。城市土地级差主要表现在位置方面，但位置级差又不是由土地自然肥力形成，而是由投入土地资本进行改造的结果。由此可见，土地资本化在城市级差地租的形成中起着十分重要的作用。

城市级差地租量的运动规律是研究城市级差地租的重要内容之一。城市级差地租量的最低限应高于城市绝对地租的量，其最高限应低于使用最优城市土地的最好企业实际所获得的表现为超额利润那一部分的级差收益量。这种上限和下限的级差地租量，在各个城市不完全一样。因为城市规模有大中小之分，每个城市的单位用地收益有高有低，大城市每平方米的土地收益比中等城市高，中等城市又比小城市高，相应地大城市的级差地租量的最高限和最低限都应高于中等城市，中等城市的也应高于小城市。在这种上限和下限之间，级差地租随供求状况的变化而变动。

有没有社会主义城市垄断地租，我国学术界有不同看法。我认为，必须根据马克思的地租理论，从我国城市的实际出发，创造性回答这一问题。农业垄断地租是由在特殊自然条件下生产的稀有产品形成垄断价格所产生的超额利润转化而来的垄断地租。从城市的情况看，这种特殊形式的垄断地租也是存在的。在城市

① 马克思恩格斯全集（第25卷）[M]. 北京：人民出版社，1975.

中同样存在产生农业垄断地租的经营条件，如在城市特别好的地段上经营商业，商品的销售额高，商品流转快，资本周转速度也很快，因而利润率高，可以取得特别高超额利润，形成垄断价格，就可转化为有城市特色的城市垄断地租。城市垄断地租的特点是：在城市某些土地上的建筑物可以垄断价格出售从而带来垄断地租；在城市某些土地建筑物上进行商品经营等活动可以取得特别高额利润从而产生高房租。因此，房租中的一部分实际转化为垄断地租。在城市特殊位置的土地建造房屋，房屋与土地密不可分，地价往往与房价结合在一起，地租又与房租结合在一起，垄断地租往往包含在高额房租中。由此可见，城市垄断地租，既可能因对房屋的垄断而产生，也可能因经营企业取得特高超额利润而产生。城市垄断地租的量，“应该等于在城市黄金地段上单位用地平均承担的商业利润与非黄金地段上单位用地平均承担的商业利润之间的差额。”它虽不是一个固定的量，也是有一定限度的量。也就是说，城市垄断地租量，限制在因使用该地而取得特高超额利润的范围之内。超过这个一定量，使用者就不愿意支付了。

总之，不管是农业地租或城市地租，不管是绝对地租、级差地租或垄断地租，都是土地所有权在经济上的实现形式。由土地所有权的垄断产生绝对地租，由土地经营权的垄断带来级差地租，由对城市特殊位置的地段的垄断带来城市垄断地租，前二者是地租的正常形式，后者是地租的特殊形式。总之，地租来源于垄断，三种不同形式的垄断产生三种不同形式的地租。

房地产市场是社会主义市场体系的有机组成部分。包括房产市场和地产市场。地产市场经营的商品主要是土地。在地产市场进行交换的土地必须具有价格，即土地价格，包括土地资源价格和土地资本价格。土地资源价格并不是购买土地的价格，而是对由土地所提供的地租的购买价格，它是由地租量的大小和利息率的水平决定的；对土地进行城市开发所投入的一定的资本，形成城市土地功能，凝结在土地中形成土地价值，当土地物质进行让渡时就形成土地资本价格。土地资源价格和土地资本价格之和形成城市地产市场上的土地价格。城市地产市场的现实土地价格包括土地资源价格和土地资本价格这两方面，是由地产作为土地物质和土地资本的综合体所决定的；地产的这两方面属性又源于土地作为自然物质与凝结了人类社会劳动这两方面属性。

我撰写的《社会主义城市绝对地租》和《社会主义城市级差地租》两文，先后在《中国社会科学》1993 年第 1 期和 1995 年第 1 期发表，接着，《论社会主义城市垄断地租》（《经济学家》1995 年第 3 期）以及《论城市地租的特性》（《当代经济研究》1995 年第 1 期）等文发表后，引起学术界的重视。《中国社会科学》于 1995 年第 5 期发表了郭铁民、刘春雷、赵振华撰写的专文《陈征经济学思想述评》，指出有关城市地租理论的系列文章，在运用《资本论》地租原理研究我国社会主义城市地租方面，填补了学术空白，是对《资本论》地租理论创造性的新发展。之后，《社会主义城市地租研究》一书，由山东人民出版社于1996年出版，这是我国研究社会主义城市地租的第一部著作，也是当时该专题唯一的一部著作。该书创造性地建立了社会主义城市地租的理论体系，提出了一系列新观点、新理论，为城市土地市场的建立与完善提供了理论基础，对完善市场体系，发展社会主义市场经济有重要的理论意义与实践意义。这就更加引起学术界的重视。《中国社会科学》1997年第6期为此专门发表了郭铁民对《社会主义城市地租研究》的书评。该书于1998年先后获福建省第三届社会科学优秀成果一等奖，全国普通高校第二届人文社会科学研究成果二等奖。

这一时期，我于1991年被评为我国首批享受国务院政府特殊津贴专家，两次评为福建省有突出贡献专家和首批优秀专家（1987年、1992年），1995年我又被评为全国劳动模范（全国先进工作者），1997年获“培养德才兼备高质量的研究生”国家级优秀教学成果二等奖和福建省优秀教学成果一等奖。在研究生教学中坚持并认真学习马克思主义理论的基础上，联系实际进行创新性的运用和研究，成为我们培养博士生、硕士生的重要特色之一。1999年10月，陈征、李建平、郭铁民合写的《党的十五大报告对邓小平经济理论的运用和发展》一文，获中宣部“五个一工程”优秀论文奖，名列榜首。

（二）创建现代科学劳动理论

剩余价值论是马克思经济理论的核心。劳动价值论是剩余价值论的理论基础，也是市场经济的理论基础。19世纪中期，马克思批判地继承古典学派的劳动价值论创建了科学的劳动价值论。当时科学技术已有一定程度的发展，所以马克思提出了“科学技术是生产力”“一般科学劳动”对生产有重要作用的著名论断。但由于当时还处于以蒸汽机为标志的资本主义工业化的初期阶段，科学技术在生产中的应用也处于早期阶段。20世纪中期兴起的现代科技革命，量子论、相对论以及系统的分子结构理论相继问世，原子能、航天科技、电子计算机等相继诞生。特别是20世纪70年代兴起至今仍方兴未艾的当代新科技革命，是以信息为先导、以新材料为基础、以新能源为动力、以生命科技为重点，包括海洋和空间科技等全方位多层次的伟大革命；更由于互联网和个人计算机的应用，信息技术出现了重大突破，一些新的尖端科技，如3D、4D打印技术的第三次工业革命面世，将大大改变人们的工作和生活方式、走向一个崭新的科技时代，与19世纪中期马克思创建科学劳动价值论的情况有很大不同，劳动价值论必须随科学技术的发展而向前发展。

劳动价值论着重说明商品价值是由劳动创造的。随着科学技术的发展，当代劳动出现了新的特点，这就是：商品价值创造以体力劳动为主逐步转变为以脑力劳动为主；科学劳动对生产和经济生活起着越来越重要的作用；由精神劳动生产的产品得到广泛的发展和使用；管理劳动和服务劳动在社会经济生活中已居于十分重要的地位；等等。因此，创造商品价值的生产劳动的范围必须进一步扩大，科学劳动或一般科学劳动必然进一步发展为现代科学劳动。

“科学劳动”一词马克思早就提出了。他说：“随着大工业的发展，现实财富的创造较少地取决于劳动时间和已消耗的劳动量，较多地取决于在劳动时间内所运用的动因的力量，而这种动因自身——它们的巨大效率——又和生产它们所花费的直接劳动时间不成比例，相反地却取决于一般的科学水平和技术进步，或者说取决于科学在生产上的应用。”他又说：“直接劳动在量的方面降到微不足道的比例……同一般科学劳动相比，同自然科学在工艺上的应用相比……却变成一种从属的要素。”这就是说，随着大工业的发展，商品价值的创造主要取决于科学技术的进步及其在生产中的应用，即来自“一般科学劳动”，而来自于直接劳动的部分降低到微不足道的比例。在一般科学技术尚处于早期发展阶段，马克思就预见到一般科学劳动在生产中大大超过一般劳动所产生的巨大威力，比一般劳动不知高多少倍，这已十分难得。当然，绝不可能要求他预见到现代科学技术发展条件下的现代科学劳动的具体形式和特点。

什么是一般科学劳动，马克思没有做过简明的概念表述。我认为，一般科学劳动是掌握了科学技术知识的劳动者所进行的高级脑力劳动，反映着他们所掌握的科学技术虽已有一定程度的发展但尚未充分达到相当高级阶段的情况。现代科学劳动则是掌握了现代有关最新科学、多学科的前沿理论和最先进技术的科学劳动者所进行的科学劳动，是高级或超高级的脑力劳动、是高级或超高级的复杂劳动。现代各国生产力水平都直接取决于科学技术水平的高低和创新能力的大小，而科技能力和创新水平又直接取决于科学劳动者的现代科学劳动的劳动质量和水平。邓小平同志提出“科学技术是第一生产力”，要使第一生产力由潜在的生产力转化为现实的生产力，当前必须依赖现代科学劳动。当今世界的综合国力竞争，归根到底，是科技实力的竞争，是高素质人才的竞争，主要是科学劳动者所进行的现代科学劳动之间的竞争。因此，在一般科学劳动的基础上我进一步提出现代科学劳动这一新范畴，说明它是对一般科学劳动的最新发展。

现代科学劳动是通过人表现出来的，进行现代科学劳动的人可称为现代科学劳动者，是掌握现代科学技术的劳动力。现代科学劳动力有价值和使用价值。一般劳动力的价值包含三个因素，即维持劳动者自身生存所必需的生活资料的价值，养活劳动者家属所必需的生活资料的价值和劳动者接受教育和训练的费用。现代科学劳动力的价值也必须具备上述三个要素。但为了掌握现代科技知识，进行高精尖科技实践，必须接受更高层次科技教育和培训，特别是在前人研究的基础上开创更新、更精深的工作，批判、继承、创新，反复试验不断积累和修改、整理、鉴别等，要支出更大量的科研经费、实验经费等费用。这些都是知识的价值凝结，构成现代科学劳动力价值的重要组成部分。因此，现代科学劳动力的价值应大大高于一般劳动力的价值。这是从一个人来说的。但科学技术的发现与创造往往不是一个人所达到的结果，需要一个群体共同研究，经过长期共同劳动、反复探索、在继承的基础上创新，这种长期的共同探索的集体劳动的结晶所形成的价值量是相当多的，因而现代科学劳动力的价值不知要比一般劳动力价值要高多少倍，付与现代科技劳动者较高报酬是完全应该的、合理的。现代科学劳动力的使用价值是现代科学劳动，现代科学劳动则是人们借助科技驾驭、改造和利用自然力，将自然物质改变为人类有用物，由潜在生产力转化为现实生产力的过程。在这里，虽然有体力劳动的支出，但随着新技术革命和科技的发展，脑力劳动在价值形成过程中逐渐起着重要的、决定性作用。现代科学劳动，既可转移大量的旧价值，还可创造大量的新价值。在新价值创造过程中，可以无偿地利用自然力。马克思说："用于生产过程的自然力，如蒸汽、水等，也不费分文。"正由于现代科学劳动在生产过程中可以无偿地利用巨大的自然力等一切自然资源，大大提高了劳动生产率，不仅生产出大量的使用价值，而且使单位商品的价值量大大降低，促进了生产力的迅速发展。

现代科学劳动所反映的是劳动领域里的实质性内容，只要是掌握了现代最新科学技术的劳动都可称为现代科学劳动，它是一个本质范畴，可以存在于不同的劳动形式之中。例如，掌握了现代科技的经营管理工作者的劳动是现代管理劳动；掌握了现代科技的科技工作者的劳动是现代科技劳动；等等。总之，现代科学劳动反映着当代劳动的实质，而各种具体部门的劳动则是现代科学劳动这一实质性内容所表现的具体形式。当今世界的综合国力的竞争，主要是经济竞争和科技实力的竞争，归根到底，是现代科技素质的人才的竞争，这已成为决定经济社会发展和国家民族兴衰成败的关键。掌握着现代科学技术的现代科学劳动者，是先进生产力的代表，其现代科学劳动反映着生产最新发展趋势，体现着新的时代精神。总之，大至于国家民族，小至于一个企业生产单位，兴衰成败的关键，都与现代科学劳动者的劳动密切相关。中国共产党在十六大报告中指出："必须尊重劳动、尊重知识、尊重人才、尊重创造，这要作为党和国家的一项重大方针在全社会认真贯彻。”用经济学的语言说，就是要重视掌握现代科技人才所进行的现代科学劳动。

我写的《现代科学劳动探索》一文在《经济学家》2004 年第 2 期发表后，又被译成英文，刊载于《经济学家》2005 年第 1 期。《重视现代科学劳动的作用》一文在《人民日报》2001 年 11 月 27 日发表后，又被收入中宣部编的《在解放思想中统一思想》一书中（学习出版社 2001 年版），受到国内外的重视。后来，我从有关这方面前后发表的 40 余篇文章中，选了 26 篇编为《劳动和劳动价值论的运用与发展》一书，由高等教育出版社于 2005 年 2 月出版。当我写的《论现代科学劳动》一文提交中国《资本论》研究会讨论时，时任教育部社科中心主任田心铭认为这一观点和理论很有价值，他主张用“教育部邓小平理论研究中心”的组织名义发表，我作为执笔人，借以引起社会的重视。此文按上述意见刊登于《高校理论战线》2002 年第 11 期，并已收入《劳动和劳动价值论的运用与发展》书中。在该书所收的 26 篇文章中，《当代劳动新特点》等五篇系列论文与《现代科学劳动探索》等五篇系列论文，在 2003 年 11 月和 2005 年 11 月分别获福建省社科第五届、第六届优秀论文一等奖（因不知信息未能参加申报全国奖）。2004 年 12 月福建省又评我为“杰出人民教师”，省委省政府奖励小轿车一辆。1999 年合作撰写的《党的十五大报告对邓小平经济理论的运用与发展》一文获中宣部“五个一工程”优秀论文奖，名列榜首。2000 年 3 月又获得“五个一工程先进工作者”称号。另外，我在数十年的教学工作中，以《资本论》和社会主义经济为研究方向共指导培养博士生 50 余人、硕士生 70 余人，其中，现有 8 人担任省部级领导，20 余人担任厅局级领导，近 30 人评为教授，近 20 人兼任博导，他们在从政、治学、经商等实际工作中都取得一定的成绩，这些也都是在《资本论》引领下所产生出的成效。以上一切不仅表明，在新时期对《资本论》进行理论联系实际的研究所取得的新成果，受到了当代社会重视，还充分说明，《资本论》不会过时，它的巨大光芒将永远照耀着我们胜利前进。

1983 年《〈资本论〉解说》再版时我曾作《感怀》一首，现改动三字，作为本文的结语。诗曰：笔走龙蛇画彩笺，分明非梦亦非烟。翻云覆雨难为手，学海书山苦着鞭。白水早曾盟素志，黄金何处买芳年。老来犹作鸡鸣舞，小石虽顽可补天。

参考文献

[1] 马克思．剩余价值理论（第二册）[M]. 北京：人民出版社，1975.

[2] 马克思恩格斯全集（第 25 卷）[M]. 北京：人民出版社，1975.

［3］郝喜义．社会主义城市土地有偿使用费的理论形成［J］．天津社会科学，1986（6）．

［4］马克思恩格斯全集（第46卷）（下）［M］．北京：人民出版社，1980.

［5］马克思恩格斯全集（第23卷）［M］．北京：人民出版社，1972.

附录2
“陈征教授《我与〈资本论〉》重要文章座谈会”书面发言选编*

祝贺《资本论》研究大家陈征教授

卫兴华

如果说郭大力和王亚南是国内完整、系统、高水平翻译《资本论》的第一人，那么，陈征教授是国内完整、系统、高水平讲解《资本论》的第一人。所谓第一人，包括三方面：一是在时间上领先；二是涵盖三卷《资本论》的完整内容；三是准确度较高。

陈征教授的《〈资本论〉解说》在弘扬马克思主义经济学方面起到了重要的作用。广大青年学生和学者从中获得教益，从事《资本论》和政治经济学教学与研究的学者，也大多人手一册。14 万余册的发行量，会吸引几十万或上百万读者阅读。不少青年学者向我询问学习《资本论》的辅助读物时，我都推荐《〈资本论〉解说》。

陈征教授研究《资本论》的深度和广度在国内也是领先的。他编选出版了国内外有关《资本论》的研究成果，提供了学习和研究《资本论》的丰厚的有益资料，在推动国内学习和研究《资本论》方面起了积极作用。

陈征教授信仰马克思主义，全身心地投入其弘扬的事业。他不是孤立地研究和宣传《资本论》的理论，而是将其运用于研究中国特色社会主义。在十多年前开展的劳动价值论的大讨论中，否定劳动价值论的声浪一度甚高，且大有来头。陈征教授不为所惑，既坚持又发展劳动价值论，提出现代科学劳动的概念和理论，获得学界重视。红旗出版社 2002 年出版的《劳动和劳动价值理论研究参考

---

* 2015 年 2 月 8 日全国著名经济学家陈征教授《我与〈资本论〉》重要文章座谈会在福建师范大学举行，以下是来自陈征教授的好友及学生的部分贺信。

资料》文集中，打头的两篇论文就是陈征教授的《当代劳动的新特点》和《重视现代科学劳动的作用》。陈征教授还运用《资本论》中的地租理论，创建社会主义城市地租理论。运用商品经济理论研究社会主义市场经济理论。在理论与实践的统一与结合上做出了有益的探索与成果。

我与陈征教授相交三十多年，他的人品、学品使我崇敬，在马克思主义学术攀登的道路上，我们可说“志同道合”，相互支持。

祝陈征教授生命之树常青！理论之树常青！

“陈征教授《我与〈资本论〉》重要文章座谈会”书面发言

陈云贤

福建师范大学经济学院：

欣闻你们于2月8日召开“陈征教授《我与〈资本论〉》重要文章座谈会”。我由于参加广东省“两会”，遗憾未能到会。作为福建师范大学的一名校友，谨对会议的召开表示诚挚的祝贺，并恳请各位代我向陈征老师转达最衷心的问候！

陈征老师是著名马克思主义经济学家、《资本论》研究权威，也是我在福建师大学习时的硕士导师。在陈征老师门下求学的三年，他为我传道授业、正德解惑，对我循循善诱、因材施教，使我登堂入室、终生受益。在他春风化雨的言传身教下，我不但掌握了扎实的经济理论和科学的研究方法，还培养了严谨的治学习惯和执着的工作态度，更坚定了正直的立身之本和包容的处世之基。这些都是我宝贵的人生财富，对我毕业后的经历，无论是学术研究，还是企业经营，抑或行政管理，都深有裨益、受用不尽。我今天取得的微薄成绩，与陈征老师的悉心培养是分不开的。师恩难忘，师德永存。我以有这样一位人生导师而倍觉幸运，心怀感恩。

陈征老师作为新中国的一代马克思主义经济学家，毕生致力于《资本论》的传播、研究、运用和发展，著作等身、硕果累累。他结合我国社会主义建设实践，对《资本论》进行的创造性研究，开创了改革开放新时代《资本论》研究的先河。他的《〈资本论〉解说》等著述，帮助了一代中国经济学人学习《资本论》，熏陶和培养了一批又一批的社会主义经济学人才。特别是陈征老师在《资本论》原理的基础上进一步创造提升，建立了社会主义城市地租理论和现代科学劳动理论，这是对马克思主义经典理论的重要创新发展，为我国建立完善城市土地市场和提倡“尊重劳动、尊重知识、尊重人才、尊重创造”，提供了理论基础，可谓价值重大、影响深远。我在校学习期间，有幸在陈征老师耳提面命之下，得以初窥《资本论》门径，如入宝山、如临胜境，为以后的工作和学习打下了扎实的思想基础。后来，我从事中观经济学研究，包括研究资本市场发展、现代城市建设等前沿问题，以及开展佛山产业高地建设、广东金融强省建设等实践探索，其思想渊源和理论基础，无不可溯源于当初对《资本论》的研习。最让人惊喜赞叹的是，陈征老师对《资本论》的钻研六十年如一日，并不断与时俱进、常研常新，今年在88岁高龄时又于《当代经济研究》第1期发表了《我与〈资本论〉》一文，讲述了自己近一个甲子的学术耕耘历程，对本人的研究成果进行了全面的梳理，在学术界产生了积极反响。我认真拜读了全文，认为这是陈征老师对其学术生涯、学术贡献的系统总结，通篇闪烁着老师的人生智慧和思想光辉。在今天经济“新常态”下，陈征老师的许多学术观点和理论创新仍然有独特价值并有待后来人进一步挖掘提升，比如，陈征老师的现代科学劳动理论反映了现代生产和科技进步的本质，对于落实创新驱动发展战略、建设创新型国家，有着重要的理论价值。希望这次座谈会以及在今后的研讨中，我们能进一步深入研究、提炼、完善、升华，为完善中国特色社会主义理论体系尽绵薄之力，更加坚定建设中国特色社会主义的理论自信。

高山仰止，景行行止，虽不能至，心向往之。陈征老师的学问和品行，是我们福建师大人的骄傲与楷模！最后，再次祝贺本次座谈会圆满召开，祝愿各位师长和校友工作顺利，祝福陈征老师身体健康、桃李芬芳！

热烈祝贺陈征教授自述《我与〈资本论〉》公开发表

赵振华

拜读陈征教授在中国《资本论》研究会会刊《当代经济研究》2015年第1期发表的自述文章《我与〈资本论〉》，大作细腻而又生动地回顾了先生研究《资本论》的缘起、方法以及取得的卓越成就，讲述了许多先前不为人知的动人故事，已近90高龄仍笔耕不辍，令学生无比敬仰、感动、落泪，今生能投奔先生门下，实乃三生有幸。

以一孔之见，先生学术贡献主要有四：一是将《资本论》通俗化，培育和塑造了一代青年学子，《〈资本论〉解说》（以下简称《解说》）引领千千万万个青年学子走进了马克思主义经济学殿堂，学生即是受益者之一。通俗需要深功夫、真功夫、硬功夫，需要深谙原著，原著中的每一句话、每一个问题乃至标点符号，都需要认真考究，方能解说。需要真功夫，不要说去考证，单纯就是把《资本论》三卷读一遍就需要花费大量时间，先生坐了一辈子的冷板凳，潜心研究

《资本论》。从20世纪50年代开始研究，60年代开始写作直到80年代，《解说》得以出版，三十年磨一剑，这就是老一辈经济学家的严谨治学态度。记得1994年冬日跟随先生研读《资本论》，已经近70岁高龄的先生，无意间说到由于体力不支每天只能研读8个小时，我颇为震惊，因为当时我不到30岁，也难以保证平均每天读书8个小时，这就是硬功夫。通俗还需要深谙中国国情，需要结合现实阐释每一篇每一章乃至每一个问题的当代意义，《〈资本论〉解说》阐释得十分精辟、透彻。先生为马克思主义在中国的传播做出了卓绝贡献。列宁在《弗里德里希·恩格斯》一文中转引奥地利社会民主党人阿德勒的话说："恩格斯出版《资本论》第2卷和第3卷，就是替他的天才朋友建立了一座庄严宏伟的纪念碑，无意中也把自己的名字不可磨灭地铭刻在上面了"。把这一句话转引过来，先生出版的《〈资本论〉解说》，也为马克思恩格斯在中国建立了一座庄严宏伟的纪念碑，无意中也把自己的名字不可磨灭地铭刻在上面了。二是运用马克思主义立场、观点、方法，创造性地提出并以独到视角研究了科学劳动、级差地租和绝对地租等一系列问题，这是在新的时代条件下对马克思经济学理论的丰富和发展。先生在《中国社会科学》《经济研究》等有权威学术刊物上发表的一系列学术论文，在国内外都产生了强烈反响。三是深入研究中国的现实问题，在社会主义初级阶段理论、社会主义市场经济理论等重大问题上都提出了自己独到见解。先生主编的全国高等师范院校《政治经济学》教材，成为当时最有影响的高校教材，不仅成为当时青年学子的经典读本，今天仍然具有强烈的时代气息和蓬勃生命力，仍然不失为一部好教材。四是为社会主义现代化建设培养了一大批人才。先生为人师表，治学严谨朴实，不跟风、咬定真理不放松。他培养的学生都秉承先生治学精神在各自工作岗位为实现中华民族伟大复兴的中国梦而努力工作。

先生为马克思主义经济学在中国的传播，为改革开放做出的学术贡献必将载入当代中国经济思想史的史册，彪炳千古。

衷心祝愿先生身体健康！阖家幸福！

祝座谈会圆满成功！

参考文献

一、经典著作和重要文献

［1］马克思恩格斯文集（第2卷）［M］. 北京：人民出版社，2009.

［2］马克思恩格斯文集（第3卷）［M］. 北京：人民出版社，2009.

［3］马克思恩格斯文集（第5卷）［M］. 北京：人民出版社，2009.

［4］马克思恩格斯文集（第6卷）［M］. 北京：人民出版社，2009.

［5］马克思恩格斯文集（第7卷）［M］. 北京：人民出版社，2009.

［6］马克思恩格斯文集（第8卷）［M］. 北京：人民出版社，2009.

［7］马克思恩格斯文集（第9卷）［M］. 北京：人民出版社，2009.

［8］马克思恩格斯文集（第10卷）［M］. 北京：人民出版社，2009.

［9］马克思恩格斯全集（第46卷. 下册）［M］. 北京：人民出版社，1980.

［10］马克思恩格斯全集（第36卷）［M］. 北京：人民出版社，1974.

［11］马克思恩格斯全集（第26卷第二册）［M］. 北京：人民出版社，1973.

［12］马克思恩格斯全集（第26卷）［M］. 北京：人民出版社，1972.

［13］马克思恩格斯全集（第4卷）［M］. 北京：人民出版社，1958.

［14］毛泽东文集（第8卷）［M］. 北京：人民出版社，1996.

［15］邓小平选集（三卷）［M］. 北京：人民出版社，1993.

［16］习近平. 习近平谈治国理政［M］. 北京：外文出版社，2014.

［17］习近平. 之江新语［M］. 杭州：浙江人民出版社，2014.

［18］中共中央文献研究室编. 十五大以来重要文献选编（上中）［C］. 北京：人民出版社，2000.

［19］中共中央文献研究室编. 十六大以来重要文献选编（上中下）［C］. 北京：人民出版社，2011.

［20］中共中央文献研究室编. 十七大以来重要文献选编（上）［C］. 北京：人民出版社，2009.

［21］中共中央文献研究室. 江泽民论有中国特色社会主义（专题摘编）

[C]. 北京：中央文献出版社，2002.

[22] 江泽民. 坚定信心加强领导狠抓落实加快国有企业改革和发展步伐[M]. 北京：人民出版社，1996.

[23] 江泽民. 江泽民论有中国特色社会主义（专题摘编）[M]. 北京：中央文献出版社，2002.

[24] 胡锦涛. 坚定不移沿着中国特色社会主义道路前进为全面建成小康社会而奋斗[M]. 北京：人民出版社，2012.

[25] 中国共产党第十八届中央委员会第三次全体会议公报[M]. 北京：人民出版社，2013.

[26] 中央文献研究室. 习近平关于全面深化改革论述摘编[M]. 北京：中央文献出版社，2014.

[27] 中共中央关于全面推进依法治国若干重大问题的决定[Z]. 2014-10.

[28] 中共中央文献研究室编. 十八大以来重要文献选编（上中下）[C]. 中央文献出版社，2016.

[29] 中共中央宣传部. 习近平总书记系列重要讲话读本[C]. 人民出版社，2016.

二、陈征出版的著作（包括合著）及相关的文章

（一）陈征出版的著作（包括合著）

[1] 陈征. 资本与剩余价值[M]. 福州：福建人民出版社，1952.

[2] 陈征. 资本主义再生产与经济危机[M]. 福州：福建人民出版社，1954.

[3] 陈征. 政治经济学导言[M]. 福州：福建人民出版社，1957-1959.

[4] 陈征.《资本论》解说（1～5）册[M]. 福州：福建人民出版社，1977，1978，1980，1981，1982（每年一册）.

[5] 陈征，骆焉名，等. 批判"四人帮"篡改马克思主义政治经济学的反动谬论[M]. 福州：福建人民出版社，1979.

[6] 陈征. 论企业经济责任制[M]. 福州：福建人民出版社，1982.

[7] 陈征，严正.《资本论》的对象方法和结构[M]. 福州：福建人民出版社，1982.

[8] 陈征，严正.《资本论》创作史研究[M]. 福州：福建人民出版社，1983.

[9] 陈征.《资本论》第一卷引读[M]. 哈尔滨：黑龙江人民出版社，1983.

[10] 陈征，严正.《资本论》一、二、三卷研究[M]. 福州：福建人民出

版社，1983.

[11] 陈征，林健，等．对《资本论》若干理论问题争论的看法（上）[M]．福州：福建人民出版社，1983.

[12] 陈征，石启志，等．《资本论》第二卷引读[M]．哈尔滨：黑龙江人民出版社，1984.

[13] 陈征．《资本论》解说修订本（3册）[M]．福州：福建人民出版社，1985，1986.

[14] 陈征．社会主义政治经济学新解[M]．福州：福建教育出版社，1986.

[15] 陈征，严正．评介国外部分学者对《资本论》的研究[M]．福州：福建人民出版社，1986.

[16] 肖灼基，陈征．马克思、恩格斯经济学论著概说[M]．北京：经济科学出版社，1987.

[17] 陈征．《资本论》选读本辅导[M]．沈阳：辽宁人民出版社，1987.

[18] 陈征，林健．社会主义初级阶段的理论与实践[M]．福州：福建人民出版社，1988.

[19] 陈征，林健，等．社会主义初级阶段政治经济学[M]．福州：福建人民出版社，1989.

[20] 陈征．政治经济学资本主义部分[M]．北京：高等教育出版社，1990.

[21] 陈征．政治经济学资本主义部分辅导[M]．北京：高等教育出版社，1990.

[22] 陈征．对《资本论》若干理论问题争论的看法（下）[M]．福州：福建人民出版社，1990.

[23] 陈征．简明《资本论》辞典[M]．郑州：河南人民出版社，1991.

[24] 陈征．《资本论》与当代中国经济[M]．南昌：江西人民出版社，1991.

[25] 陈征．政治经济学（第一版）[M]．北京：高等教育出版社，1992.

[26] 陈征．政治经济学辅导[M]．北京：高等教育出版社，1992.

[27] 宋涛，陈征．马克思主义经济理论全书[M]．长春：吉林人民出版社，1992.

[28] 陈征．政治经济学资本主义部分的辅导与讲解[M]．北京：高等教育出版社，1993.

[29] 陈征．政治经济学资本主义部分（第二版）[M]．北京：高等教育出版社，1993.

［30］陈征．政治经济学（第二版）［M］．北京：高等教育出版社，1994.

［31］陈征．陈征选集［M］．太原：山西经济出版社，1996.

［32］陈征．社会主义城市地租研究［M］．济南：山东人民出版社，1996.

［33］陈征．《资本论》解说（第三版）［M］．福州：福建人民出版社，1997.

［34］陈征，李建平，等．《资本论》在社会主义市场经济中的运用与发展［M］．福州：福建教育出版社，1998.

［35］陈征，李建平，郭铁民．社会主义初级阶段经济纲领研究［M］．北京：经济科学出版社，2000.

［36］陈征．政治经济学［M］．北京：经济科学出版社，2001.

［37］陈征，李建平，等．《资本论》选读［M］．北京：高等教育出版社，2003.

［38］陈征，李建平，等．政治经济学（第三版）［M］．北京：高等教育出版社，2003.

［39］陈征．劳动和劳动价值论的运用和发展［M］．北京：高等教育出版社，2005.

［40］陈征．《资本论》和中国特色社会主义经济研究——陈征选集续篇［M］．太原：山西经济出版社，2005.

［41］陈征．陈征诗词百首［M］．北京：经济科学出版社，2005.

（二）陈征发表的学术论文

［1］陈征．马克思论协作对生产发展的意义［N］．福建日报，1963-09-11.

［2］陈征．坚持唯物辩证法，反对形而上学——纪念《资本论》第一卷出版一百一十周年［J］．福建师大学报（哲学社会科学版），1977（4）.

［3］陈征．必须采用先进技术——《资本论》第一卷第十三章学习笔记［J］．福建师范大学学报（哲学社会科学版），1978（1）.

［4］陈征．政治经济学的对象不容篡改［J］．福建师范大学学报（哲学社会科学版），1978（2）.

［5］陈征．价值规律是一个伟大的学校［J］．福建师范大学学报（哲学社会科学版），1978（3）.

［6］陈征．马克思对剩余价值理论的伟大创造——学习《资本论》第二卷序言［J］．福建师范大学学报（哲学社会科学版），1979（4）.

［7］陈征．要明确社会主义的生产目的［N］．福建日报，1979-12-19.

［8］陈征．马克思怎样写作《资本论》［J］．福建师范大学学报（哲学社会科学版），1980（1）.

［9］ 陈征．也谈“最终产品”［J］．经济研究，1980（10）．

［10］ 陈征．对社会主义生产目的的几点看法［N］．福建日报，1980－11－04．

［11］ 陈征．对社会生产目的的看法［J］．福建社科通讯，1980（15）．

［12］ 陈征．学习《资本论》第二卷第三篇必须注意马克思所运用的方法［J］．福建师范大学学报（哲学社会科学版），1981（1）．

［13］ 陈征．对平均利润率和价值规律关系的探索［J］．福建师范大学学报（哲学社会科学版），1981（2）．

［14］ 陈征．马克思的再生产理论和我国社会主义建设的实践［J］．福建论坛，1981（2）．

［15］ 陈征．创造商品价值的劳动包括脑力劳动［J］．学术月刊，1981（8）．

［16］ 陈征．《资本论》第三卷的研究对象、结构和方法［J］．福建师范大学学报（哲学社会科学版），1982（2）．

［17］ 陈征．企业经济责任制初探［J］．经济研究参考资料，1982（2）．

［18］ 陈征．马克思劳动价值理论的基本内容［J］．南昌大学学报（人文社会科学版），1982（3）．

［19］ 陈征．要区分两种不同意义上的绝对地租［J］．学术月刊，1982（6）．

［20］ 陈征．关于货币流通量规律的几个问题［J］．经济理论与经济管理，1982（6）．

［21］ 陈征．以经济效益为中心是我国经济发展指导思想的战略性转变［J］．福建社科通讯，1982（10）．

［22］ 陈征．从《资本论》的创作学习马克思的治学精神［J］．福建师范大学学报（哲学社会科学版），1983（1）．

［23］ 陈征．从剩余价值到利润的转化——《资本论》第三卷转化理论研究之一［J］．财经理论与实践，1983（1）．

［24］ 陈征．马克思关于市场调节的理论［J］．山西师范学院学报，1983（2）．

［25］ 陈征．利润与平均利润，价值与生产价格的对比——《资本论》第三卷转化理论研究之二［J］．南京师范学报，1983（3）．

［26］ 陈征．利润的一部分转化为商业利润，生产价格进一步转化为商业价格——《资本论》第三卷转化理论研究之三［J］．福建师范大学学报（哲学社会科学版），1983（3）．

［27］ 陈征．提高经济效益，广泛发展经济的指导思想［N］．经济单周报，1983－02．

[28] 陈征. 马克思与《资本论》[N]. 福建日报, 1983-03-04.

[29] 陈征. 在学术讨论会上部分代表发言摘要 [J]. 中国经济问题, 1983 (3).

[30] 陈征. 马克思在《资本论》中对共产主义 (社会主义) 经济的预示 [J]. 经济研究, 1983 (4).

[31] 陈征. 怎样写论文 [J]. 中国社科通讯, 1983 (1).

[32] 陈征. 从《资本论》中的异化谈起 [N]. 福建日报, 1983-12-11.

[33] 陈征. 马克思的治学精神——纪念马克思逝世一百周年 [C]. 福州: 福建出版社, 1983.

[34] 陈征. 探索具有中国特色的社会主义建设的道路 [J]. 福建社科通讯, 1983 (8).

[35] 陈征. 学习运用毛泽东经济思想 [N]. 福建日报, 1983-12-20.

[36] 陈征. 提高经济效益为中心 [N]. 福建日报, 1984.

[37] 陈征. 平均利润转化为利息和企业主收入——《资本论》第三卷转化理论研究之四 [J]. 财经理论与实践, 1984 (1).

[38] 陈征. 超额利润转化为地租——《资本论》第三卷转化理论研究之五 [J]. 福建师范大学学报 (哲学社会科学版), 1984 (2).

[39] 陈征. 有关绝对地租的几个争论问题 [J]. 经济研究, 1984 (10).

[40] 陈征. 有关虚假的社会价值的几个争论问题 [J]. 学术月刊, 1984 (12).

[41] 陈征. "知识价值论"质疑 [J]. 福建师范大学学报 (哲学社会科学版), 1985 (2).

[42] 陈征.《资本论》与技术革命 [J]. 中国经济问题, 1985 (2).

[43] 陈征. "七五"计划的特色——学习赵紫阳总理《关于第七个五年计划的报告》[J]. 福建师范大学学报 (哲学社会科学版), 1986 (3).

[44] 陈征. 旗帜鲜明地坚持马克思主义 [N]. 福建日报, 1987-02-06.

[45] 陈征.《资本论》与社会主义经济——兼驳《资本论》过时论 [J]. 福建论坛 (经济社会版), 1987 (3).

[46] 陈征. 搞好高等师范院校的校风建设 [N]. 中国教育报, 1987-03-26.

[47] 陈征.《资本论》第三卷今论——收入《马克思、恩格斯经济学论著概说》[J]. 北京: 经济科学出版社, 1987.

[48] 陈征. 社会主义初级阶段试探 [J]. 福建师范大学学报 (哲学社会科学版), 1987 (4).

［49］陈征．社会主义初级阶段再探［J］．福建论坛（经济社会版），1987（10）．

［50］陈征．《资本论》和社会主义经济［J］．福建论坛，1987（3）．

［51］陈征．社会主义初级阶段的基本含义［J］．福建学刊，1988（1）．

［52］陈征．有关社会主义初级阶段的几个问题［J］．经济研究参考资料，1988（1）．

［53］陈征．为传播马克思主义而共同努力［C］．福州：福建出版社，1988（1）．

［54］陈征．《资本论》研究的优秀成果——初读《王亚南文集》第二卷［J］．经济研究，1988（12）．

［55］陈征．不能用“商品价值论”取代劳动价值论［J］．福建师范大学学报（哲学社会科学版），1989（1）．

［56］陈征．现实社会主义初探——对社会主义再认识［J］．福建论坛（经济社会版），1989（4）．

［57］陈征．现实社会主义论纲——对社会主义再认识［J］．财经研究，1989（5）．

［58］陈征．私有化思潮评析［J］．福建论坛，1989（12）．

［59］陈征．科技进步在劳动力再生产机制中的作用［J］．中国经济科学年鉴 1989.

［60］陈征．对外开放中的城市土地有偿使用问题［J］．《资本论》与当代经济，1990（6）．

［61］陈征．中国企业文化建设的误区［J］．思想政治工作研究，1990（1）．

［62］陈征．对外开放中的城市土地有偿使用——收入《资本论与当代中国经济》一书［C］．南昌：江西人民出版社，1991.

［63］陈征．马克思的地租理论和城市土地有偿使用问题——《资本论》与改革开放研究之一［J］．福建师范大学学报（哲学社会科学版），1991（1）．

［64］陈征．城市土地有偿使用的几个理论问题——《资本论》与改革开放研究之二［J］．福建论坛（经济社会版），1991（1）．

［65］陈征．特区建设，任重道远［J］．政协通讯，1991（2）．

［66］陈征．三论《资本论》和社会主义经济——有中国特色的社会主义经济初探［J］．阴山学刊，1991（4）．

［67］陈征．《资本论》与社会主义经济（英文本）［J］．美国国际社会经济学导论，1991（10）．

[68] 陈征. 建设有中国特色的社会主义经济——学习江泽民同志“七一”讲话的体会 [J]. 福建论坛 (经济社会版), 1991 (11).

[69] 陈征. 再论《资本论》和科技革命 [J]. 福建师范大学学报 (哲学社会科学版), 1992 (1).

[70] 陈征. 再论《资本论》与社会主义经济 [J]. 《资本论》与当代经济, 1992 (1).

[71] 陈征. 必须重视对社会主义城市地租的研究 [J]. 《资本论》与当代经济, 1992 (1).

[72] 陈征. 建设有中国特色的社会主义市场经济——学习十四大文件的体会 [J]. 福建学刊, 1992 (6).

[73] 陈征. 论社会主义市场经济 [J]. 福建论坛 (经济社会版), 1992 (12).

[74] 陈征. 论社会主义城市绝对地租 [J]. 中国社会科学, 1993 (1).

[75] 陈征. 研究社会主义城市地租的理论意义和实际意义 [J]. 市场经济研究, 1993 (1).

[76] 陈征. 有关社会主义城市绝对地租的几个问题 [J]. 福建师范大学学报 (哲学社会科学版), 1993 (1).

[77] 陈征. 《资本论》与市场经济 [J]. 《资本论》与当代经济, 1993 (2).

[78] 陈征. 《资本论》的结构读后感 [J]. 中国经济问题, 1993 (3).

[79] 陈征. 为建设社会主义市场经济积极创造条件 [J]. 政协通讯, 1993 (3).

[80] 陈征. 当代马克思主义的最新发展——学习《邓小平文选》第三卷 [N]. 福建日报, 1993-11-19.

[81] 陈征. 《资本论》与社会主义市场经济 [J]. 福建师范大学学报 (哲学社会科学版), 1994 (1).

[82] 陈征. 我国城市地产市场的特点 [R]. 当代中国经济学八大理论热点, 山西太原. 高校社会主义经济理论与实践研讨会领导小组, 1994-09-21.

[83] 陈征. 我国城市地产市场的特点 [J]. 当代财经, 1994 (11).

[84] 陈征. 社会主义城市级差地租 [J]. 中国社会科学, 1995 (1).

[85] 陈征. 论城市地租的特性 [J]. 当代经济研究, 1995 (1).

[86] 陈征. 地租·地价·地产市场——兼论我国城市地产市场的特点 [J]. 福建师范大学学报 (哲学社会科学版), 1995 (1).

[87] 陈征. 论社会主义城市垄断地租 [J]. 福建学刊, 1995 (2).

[88] 陈征. 论社会主义城市垄断地租 [J]. 经济学家, 1995 (3).

[89] 陈征．试析今年物价形势［N］．福州晚报，1995－04－10.

[90] 陈征．国有企业强化科学管理的两大基础［N］．长江经济导报，1995－07－31.

[91] 陈征．对国有企业加强科学管理的两个关键性问题［J］．福建论坛（经济社会版），1995（8）.

[92] 陈征．造就优秀企业家和发挥职工的积极性［R］．深化企业改革和治理通货膨胀研究．中国山东济南，1995（10）.

[93] 陈征．跨世纪的宏伟蓝图——学习“建议”的体会［J］．福建学刊，1996（1）.

[94] 陈征．全心全意依靠工人阶级，充分发挥职工的改革积极性［N］．大众日报，1996－01－02.

[95] 陈征．论转变经济增长方式［J］．福建论坛（经济社会版），1996（2）.

[96] 陈征．迈向21世纪的宏伟纲领——学习《建议》的体会［J］．当代经济研究，1996（2）.

[97] 陈征．跨世纪的宏伟纲领——简论《纲要》的特点［N］．福州晚报，1996－03－31.

[98] 陈征．加强企业管理，呼唤优秀企业家［N］．大众日报，1996－06－18.

[99] 陈征．现代市场经济条件下劳动价值论的应用和发展［J］．福建师范大学学报（哲学社会科学版），1996（4）.

[100] 陈征．企业家的造就与职工积极性的发挥［J］．发展论坛，1996（5）.

[101] 陈征．论科学劳动［J］．当代经济研究，1996（6）.

[102] 陈征．国有企业加强科学管理的关键——既要造就一批优秀企业家，又要发挥职工的积极性——《40位经济学家关于推进国有企业改革的多角度思考》［C］．北京：经济科学出版社，1996（6）.

[103] 陈征．拓展马克思经济学理论研究新视野的力作——《〈资本论〉续篇探索》［J］．中国社会科学，1996（6）.

[104] 陈征．论经济增长方式的转变［R］．成都：全国高校社会主义经济理论与实践研讨会领导小组，1996－10－01.

[105] 陈征．现代市场经济条件下劳动价值论的运用和发展［J］．福建师范大学学报（哲学社会科学版），1996（10）.

[106] 陈征．科学不能创造价值［J］．经济研究资料，1996（11）.

[107] 陈征．我国城市地产市场的特点［J］．不动产纵横，1997（1）.

[108] 陈征．大力开拓住宅市场，培育我省新的经济增长点 [J]．福建学刊，1997 (2).

[109] 陈征．住宅市场——我省新的经济增长点 [N]．福建日报，1997-03-04.

[110] 陈征．正确认识国有企业改革的形势 [N]．福州晚报，1997-03-30.

[111] 陈征．解放思想促进不动产理论研究 [J]．不动产纵横，1997 (4).

[112] 陈征．所有制理论的新突破——学习十五大报告的体会 [J]．福建学刊，1997 (6).

[113] 陈征．所有制理论的新突破 [R]．邓小平理论与我国经济学的发展，武汉，宜昌：全国高校社会主义经济理论与实践研讨会领导小组，1997-10-12.

[114] 陈征．所有制理论的新突破——学习江泽民同志十五大报告的体会 [J]．经济学动态，1997 (12).

[115] 陈征．所有制理论的新突破 [J]．经济纵横，1997 (12).

[116] 陈征．有关资本主义地租的几点说明和在研究地租时应避免三个谬误 [J]．不动产纵横，1998 (1).

[117] 陈征．十五大报告对邓小平经济理论的运用与发展 [J]．福建论坛（经济社会版)，1998 (2).

[118] 陈征．十五大报告对市场经济理论的运用与发展——《资本论》在《社会主义市场经济中的运用与发展》序 [J]．当代经济研究，1998 (3).

[119] 陈征．十五大报告对邓小平经济理论的运用与发展 [N]．福建日报，1998-04-05.

[120] 陈征．十五大报告对所有制理论的新突破 [N]．福州晚报，1998-04-05.

[121] 陈征．研究我国社会主义经济问题必须从初级阶段的实际出发 [J]．东南学术，1998 (6).

[122] 陈征．评胡岳岷著《21 世纪中国能否养活自己》 [J]．经济学动态，1998 (8).

[123] 陈征．必须从初级阶段的实际出发 [J]．理论·改革·发展，1998 (10).

[124] 陈征．研究新情况，总结新理论 [N]．福建日报，1998-11-05.

[125] 陈征．马克思地租理论在社会主义市场经济中的运用与发展 [J]．不

动产纵横，1999 (2)(3).

[126] 陈征．社会主义初级阶段的基本经济制度 [J]. 经济评论，1999 (5).

[127] 陈征．有关社会主义初级阶段的几个争论问题 [J]. 福建论坛（经济社会版），1999 (6).

[128] 陈征．社会主义初级阶段的基本经济制度 [J]. 经济学动态，1999 (7).

[129] 陈征．全国研究合作经济发展历史的力作——《中国合作经济发展史》评介 [N]. 光明日报，1999 -07 -26.

[130] 陈征．正确认识社会主义初级阶段基本经济制度，做到“两个坚定不移”[R]. 中国经济改革和发展理论与实践，沈阳：全国高校社会主义经济理论与实践研讨会领导小组，1999 -09 -20.

[131] 陈征．学习江泽民同志有关社会主义初级阶段基本经济制度的论述 [J]. 中共福建省委党校学报，1999 (10).

[132] 陈征．马克思主义的巨大生命力 [N]. 福建日报，1999 -10 -01.

[133] 陈征．毕生的追求 [N]. 福建日报，1999 -11 -13.

[134] 陈征．正确认识社会主义初级阶段基本经济制度，做到“两个坚定不移”[J]. 福建论坛（经济社会版），1999 (12).

[135] 陈征．马克思主义的新发展——学习江泽民同志有关社会主义初级阶段基本经济制度论述的体会 [J]. 当代经济研究，1999 (12).

[136] 陈征．社会主义初级阶段的基本经济制度 [J]. 经济研究参考，1999 (85).

[137] 陈征．跨世纪的纲领性文件——学习十五届四中全会《决定》的体会 [J]. 福建论坛（经济社会版），2000 (2).

[138] 陈征．有关从战略上调整国有经济布局的几个问题 [J]. 东南学术，2000 (3).

[139] 陈征．社会主义初级阶段经济纲领初探 [J]. 经济学动态，2000 (6).

[140] 陈征．国有企业改革理论和实践上的新发展 [J]. 理论前沿，2000 (7).

[141] 陈征．充分重视现代科技对经济发展的决定性作用 [R]. 面向新世纪的中国经济，福州：全国高校社会主义经济理论与实践研讨会领导小组，2000 -09 -22.

[142] 陈征．论现代科学劳动 [J]，福州师专学报，2001 (5).

[143] 陈征．价值创造与价值分配 [J]，长春市委党校学报，2001 (6).

[144] 陈征. 当代劳动的新特点 [N]. 光明日报, 2001-07-17.

[145] 陈征. 深化对劳动和劳动价值理论的认识——体会之二 [N]. 福建日报, 2001-08-01.

[146] 陈征. 牢记先进生产力代表的历史使命 [J]. 福建支部生活, 2001 (9).

[147] 陈征. 深化对劳动和劳动价值理论的认识 [J]. 高校理论战线, 2001 (10).

[148] 陈征. 价值创造与价值分配 [J]. 福建论坛 (经济社会版), 2001 (10).

[149] 陈征. 再论科学劳动——学习江泽民同志“七一”讲话体会之三 [J]. 当代经济研究, 2001 (10).

[150] 陈征. 重论现代科学劳动的作用 [N]. 人民日报, 2001-11-27.

[151] 陈征. 有关深化社会主义社会劳动和劳动价值理论的几个问题——学习江泽民同志“七一”讲话体会之四 [N]. 福建日报, 2001-10-24.

[152] 陈征. “现代科学劳动”是发展劳动价值论的重要范畴和核心理论内容 [R]. 中国经济热点问题探索 (上), 广州: 全国高校社会主义经济理论与实践研讨会领导小组, 2001-11-19.

[153] 陈征. 重视现代科学劳动在社会主义经济中的重要作用是深化认识劳动价值论的关键 [J]. 福建论坛 (人文社会科学版), 2002 (1).

[154] 陈征. “现代科学劳动”是发展劳动价值论的重要范畴和核心理论内容 [R]. 中国《资本论》研究会, 北京: 中国《资本论》研究会, 2002 (4).

[155] 陈征. 《论中国发展“新经济”》序 [J]. 闽江学院学报, 2002 (5).

[156] 陈征. 有关“新经济”的一本好书——读《论中国发展“新经济”》[J]. 福建论坛 (经济社会版), 2002 (10).

[157] 陈征. 发展劳动价值论的关键所在——四论现代科学劳动 [J]. 当代经济研究, 2002 (11).

[158] 陈征. 现代科学劳动是发展劳动价值论的重要范畴和核心理论内容 [J]. 高校理论战线, 2002 (11).

[159] 陈征. 尊重劳动是党和国家的一项重大方针——学习十六大报告的体会 [J]. 福建论坛 (经济社会版), 2003 (2).

[160] 陈征. 树立尊重劳动的思想观念 [N]. 人民日报, 2003-01-28.

[161] 陈征. 走新型工业化道路 [J]. 福建论坛 (经济社会版), 2003 (3).

[162] 陈征. 探索现代经济的新成果 [N]. 福建日报, 2003-04.

[163] 陈征．论劳动价值论在当代的运用和发展 [J]. 经济评论，2003 (4).

[164] 陈征．论现代管理劳动 [J]. 东南学术，2003 (5).

[165] 陈征．有关现代科学劳动问题答客问 [J]. 福建论坛 (人文社会科学版)，2003 (5).

[166] 陈征．新的视角、新的探索——评《绿色经济发展研究》[J]. 福建论坛 (经济社会版)，2003 (6).

[167] 陈征．论现代服务劳动 [J]. 当代经济研究，2003 (10).

[168] 陈征．理论创新和实践创新相结合的典范 [N]. 福建日报，2003－10－31.

[169] 陈征．理论创新和实践创新的有机结合 [N]. 光明日报，2003－11－12.

[170] 陈征．学习“三个代表”重要思想 全力创新马克思主义资本理论——兼评杨志的专著《论资本的二重性——兼论我国公有资本的本质》[J]. 当代经济研究，2003 (12).

[171] 陈征．现代科学劳动探索 [J]. 经济学家，2004 (2).

[172] 陈征．论现代教师劳动 [J]. 高校理论战线，2004 (4).

[173] 陈征．技术商品价值论 [J]. 东南学术，2004 (5).

[174] 陈征．论现代科技劳动 [J]. 福建论坛 (人文社会科学版)，2004 (6).

[175] 陈征．论现代精神劳动 [J]. 当代经济研究，2004 (7).

[176] 陈征．土地价值论 [J]. 福建论坛 (人文社会科学版)，2005 (2).

[177] 陈征．研究城市土地市场结构的一部创新性专著——李建建教授新著《中国城市土地市场结构研究》[J]. 福建论坛 (人文社会科学版)，2005 (5).

[178] 陈征．对农民工的新认识 [J]. 高校理论战线，2006 (7).

[179] 陈征．现代科学劳动问题答客问 [R]. 中国《资本论》研究会第13次学术研讨会，福州：福建师范大学经济学院，2006 (9).

[180] 陈征．对帝国主义本质和规律的深刻揭示——列宁《帝国主义是资本主义的最高阶段》的主要内容和意义 [J]. 高校理论战线，2007 (2).

[181] 陈征．《横向产业经济研究——兼析香港工业北移》评介 [J]. 福建论坛 (人文社会科学版)，2007 (10).

[182] 陈征．生态文明视野下的生产力研究 [N]. 光明日报，2008－02－26.

[183] 陈征．重温恩格斯的《论住宅问题》[J]. 高校理论战线，2009 (1).

[184] 陈征．改善城乡二元结构的重要切入点 [N]. 光明日报，2009－02－12.

[185] 陈征．研究农民工问题的新视角 [J]. 阜阳师范学院学报 (社会科学版)，2010 (3).

[186] 陈征．读《〈资治通鉴〉札记》我见［N］．光明日报，2012-06-10.

[187] 陈征．我与《资本论》［J］．当代经济研究，2015（1）.

三、他人对陈征经济思想研究及访谈

[1] 林健．陈征教授与《资本论》研究［J］．福建学刊，1988（4）.

[2] 张臣灿．陈征和《资本论》研究［N］．福建日报，1992-01-07.

[3] 林其天，肖铮．"百年树人"要成为民族意识［N］．中国教育报，1993-03-17.

[4] 黎钟．追赶太阳的人——记陈征教授［C］．中华师魂，国家教委主编，1994.

[5] 郭铁民，刘春雷，赵振华．陈征经济学思想述评［J］．中国社会科学，1995（5）.

[6] 王胜颜．忽视地租理论教训需深省认清城市地租性质很必要［N］．经济日报，1995-06.

[7] 黄德华．研究《资本论》为社会主义经济建设服务——陈征教授访谈录［N］．福州晚报，1995-07-31.

[8] 黄信．住宅产业如何成为新的经济增长点——访知名经济学家陈征教授［N］．广西日报，1997-01.

[9] 黄桂田．物价水平与经济增长方式转变的相关关系——访著名经济学家陈征教授［J］．价格理论与实践，1997（1）.

[10] 林善浪．社会主义城市地租理论的开拓性研究——初读《社会主义城市地租研究》［J］．福建学刊，1997（3）.

[11] 郭铁民．研究社会主义城市地租理论的创新之作［J］．中国社会科学，1997（6）.

[12] 李建建．研究《资本论》和社会主义市场经济的力作——《陈征选集》评介［J］．当代经济研究，1997（6）.

[13] 林善浪．城市地租理论研究的重要突破——读陈征的《社会主义城市地租研究》［N］．福建日报，1997-07.

[14] 陈朝阳．研究《资本论》和市场经济的基本教材——《〈资本论〉解说》第三版读后［J］．当代经济研究，1998（6）.

[15] 陈朝阳．《〈资本论〉解说》第三版读后感［J］．经济学动态，1998（9）.

[16] 林善浪．精细的研究，可贵的探索——喜读第三版《〈资本论〉解说》

[J]. 福建论坛（经济社会版），1998（12）.

[17] 林善浪. 学习《资本论》、研究市场经济的重要著作——《〈资本论〉解说》（第三版）读后感[J]. 思想理论教育导刊，1998（21）.

[18] 杨强，晓理等. 探索马克思经济理论实际应用的创新之作——《〈资本论〉在社会主义市场经济中的运用和发展》一书评介[J]. 当代经济研究，1999（4）.

[19] 孙明泉.《资本论》研究的生命力——访中国《资本论》研究会副会长陈征教授[N]. 光明日报，1999-06-18.

[20] 李建建. 研究邓小平经济理论新发展的力作——初读《社会主义初级阶段经济纲领研究》[J]. 福建师范大学学报（哲学社会科学版），2001（1）.

[21] 曹清华. 陈征与一个学科的崛起[N]. 福建日报，2001-05-21.

[22] 高歌.《社会主义初级阶段经济纲领研究》简评[J]. 经济学动态，2001（9）.

[23] 朱书忠，经顺祥. 我国系统解说《资本论》的第一人——记当代著名经济学家陈征教授[M].《姜堰文史资料》第三辑，2001（11）.

[24] 林善浪. 研究社会主义初级阶段经济纲领的第一部著作——初读《社会主义初级阶段经济纲领研究》[J]. 福建论坛（经济社会版），2001（12）.

[25] 李建建. 陈征教授与《资本论》研究[J]. 高校理论战线，2002（8）.

[26] 卫兴华，焦斌龙. 一部很有特色的政治经济学教材——评陈征等主编的《政治经济学》[J]. 教学与研究，2002（9）.

[27] 丁玉曙. 经济学家陈征[J]. 江苏地方志，2003（6）.

[28] 刘义圣. 创建现代科学劳动理论的一部力作——解读陈征教授的《劳动和劳动价值论的运用与发展》[J]. 当代经济研究，2005（11）.

[29] 无言的风景——中国高校知名社科学者学术思想巡礼[M]. 北京：高等教育出版社，2006.

[30] 陈良运. 学术人生诉衷情——欣读《陈征诗词百首》[J]. 福建师范大学学报（哲学社会科学版），2006（3）.

[31] 张展. 喜读《陈征诗词百首》[J]. 福建论坛（人文社会科学版），2006（3）.

[32] 刘春雷. 诗人经济学家陈征[N]. 人民日报（海外版），2006-05-19.

[33] 李建建. 陈征：《资本论》的研究、运用和发展[J]. 生产力研究，2009（8）.

［34］孙晓军．中国特色社会主义经济研究的新贡献——读《陈征选集》续篇［J］．福建论坛（人文社会科学版），2006（8）．

［35］李建建．陈征的经济思想与主要学术贡献［J］．海派经济学，2010 卷第 31 辑．

［36］刘思华．当代中国马克思主义经济学家：批判与创新［M］．北京：世界图书出版公司，2012.

［37］李建建．从传统劳动理论到现代科学劳动理论——陈征教授的科学劳动思想评述［J］．当代经济研究，2012（7）．

［38］陈美华，李建建．重视脑力劳动在商品价值创造中的作用——陈征教授“科学劳动思想”评述［J］．福建论坛（哲学社会科学版），2013（7）．

［39］余兴．城市地租：马克思地租理论的传承与发展——陈征教授“社会主义城市地租理论”及其当代价值．［J］．学术评论，2015（4）．

［40］陈美华，李建建．社会主义城市地租理论及其当代价值——陈征经济思想述评［J］．东南学术，2015（5）．

［41］李建建．陈征对《资本论》的研究与发展创新［J］．福建师范大学学报（哲学社会科学版），2017（6）．

［42］郭铁民．陈征社会主义城市地租理论研究的特色与创新［J］．福建师范大学学报（哲学社会科学版），2017（6）．

［43］陈美华．现代科学劳动理论：马克思劳动价值论在当代的新发展——陈征现代科学劳动理论及其当代价值［J］．福建师范大学学报（哲学社会科学版），2017（6）．

［44］李郁芳，余兴．陈征在《资本论》与社会主义市场经济研究上的贡献［J］．福建师范大学学报（哲学社会科学版），2017（6）．

［45］黄茂兴，陈美华．陈征教授访谈录［J］．经济学动态，2018（3）．

四、其他著作和论文

［1］胡培兆．《资本论》研究之研究［M］．成都：四川人民出版社，1985.

［2］李建平．《资本论》第一卷辩证法探索［M］．北京：社会科学文献出版社，2006.

［3］李建平．大学开放天地新——一位百年学府校长的思考与探索［M］．北京：社会科学文献出版社，2013.

［4］刘思华．当代中国马克思主义经济学：批判与创新［M］．北京：中国出版集团，世界图书出版公司，2012.

[5] 骆耕漠．马克思的生产劳动理论 [M]. 北京：经济科学出版社，1990.

[6] 白光．现代政治经济学基础理论教程 [M]. 北京：中国人民大学出版社，1998.

[7] 帕克．重建马克思主义经济学 [M]. 1958（英文版）.

[8] 国家土地管理局政法司．土地使用制度改革的理论与实践（第一集）[M]. 1992.

[9] 赵怀顺，黄宗武．城市土地制度改革研究 [M]. 成都：四川人民出版社，1990.

[10] 张朝尊．中国社会主义土地经济问题 [M]. 北京：中国人民大学出版社，1991.

[11] [美] 杰里米·里夫金．第三次工业革命 [M]. 北京：中信出版社，2012.

[12] 吴易风．马克思主义经济学与西方经济学比较研究（三卷本）[M]. 北京：中国人民大学出版社，2014.

[13] 程恩富．马克思主义与新中国 60 年 [M]. 北京：中国社会科学出版社，2010.

[14] 刘永佶．政治经济学方法论教程 [M]. 北京：中国社会科学出版社，2012.

[15] 卫兴华．理论是非辨析——误解错解马克思主义理论事例评说 [M]. 北京：经济科学出版社，2012.

[16] 钱津．劳动价值论 [M]. 北京：社会科学文献出版社，2001.

[17] 郭京龙，李翠玲．聚焦——劳动价值论在中国理论界 [M]. 北京：中国经济出版社，2003.

[18] [美] 奈斯比特．大趋势 [M]. 北京：中国社会科学出版社，1984.

[19] 顾海良．马克思经济思想的当代视界 [M]. 北京：经济科学出版社，2005.

[20] 逄锦聚，等．马克思劳动价值论的继承与发展 [M]. 北京：经济科学出版社，2005.

[21] 崔战利．我为劳动价值论辩护 [M]. 南京：东南大学出版社，2005.

[22] 朱炳元，朱晓．马克思劳动价值论及其现代形态 [M]. 北京：中央编译出版社，2007.

[23] 汤为本．劳动价值论不容否定——评现代西方学者否定马克思劳动价值论的新动向 [J]. 中南财经大学学报，1991（1）.

[24] 卫兴华. 关于劳动和劳动价值论讨论中的几个问题 [J]. 甘肃省经济管理干部学院学报, 2001 (9).

[25] 卫兴华. 从大纵深和宽视野研究劳动价值论——评《马克思劳动价值论的历史与现实》[N]. 人民日报, 2004-04-09.

[26] 吴娅茹, 贾后明. 资本、生产要素与价值创造 [J]. 清华大学学报(哲学社会科学版), 2002 (3).

[27] 李铁映. 关于劳动价值论的读书笔记 [J]. 经济研究, 2003 (2).

[28] 姚雁雁. 关于劳动价值论的讨论综述 [J]. 黄河科技大学学报, 2004 (6).

[29] 王焕东. 关于劳动价值论争论的思考 [J]. 江汉大学学报 (哲学社会科学版), 2004 (6).

[30] 姚开建. 国内外学者关于劳动价值论争论的方法论解析 [J]. 经济纵横, 2009 (12).

[31] 张万余. 马克思劳动价值论的历史争论与现实扩展 [J]. 甘肃社会科学, 2012 (3).

[32] 彭必源. 对国外学者责难马克思劳动价值论的分析 [J]. 海派经济学, 2008 (21).

[33] 郝寿义. 试论社会主义城市土地有偿使用费的理论构成 [J]. 天津社会科学, 1986 (6).

[34] 孙剑平. 城市地租——一个重要的经济杠杆 [J]. 镇江师专学报 (社会科学版), 1987 (3).

[35] 周治平. 马克思地租理论与城市土地问题 [J]. 暨南学报 (哲学社会科学版), 1988 (3).

[36] 李肇文. 城市地租论 [J]. 江汉论坛, 1990 (2).

[37] 杨继瑞. 地价上涨趋势探源 [J]. 不动产纵横, 1993 (3).

[38] 马壮昌. 论城市地租 [J]. 甘肃社会科学, 1994 (5).

[39] 刘春雷. 不完整产权与城市地租 [J]. 福建师范大学学报 (哲学社会科学), 1995 (3).

[40] 李祖革. 马克思地租理论与社会主义地租 [J]. 理论导刊, 1996 (11).

[41] 王爱国. 城市地租和城市地价研究 [J]. 学术月刊, 1999 (6).

[42] 汪林海. 马克思地租理论的创新及在房价理论中的应用 [J]. 海派经济, 2010 (1).

[43] 吴娅茹, 贾后明. 资本、生产要素与价值创造 [J]. 清华大学学报

(哲学社会科学), 2002 (3).

[44] 魏光浩. 论我国城市经济中的垄断地租 [J]. 当代经济研究, 2003 (1).

[45] 葛扬. 马克思的土地所有权与地租理论研究 [J]. 经济思想史评论, 第六辑.

[46] 黄盛, 陈超. 城市地租理论及其现实意义 [J]. 商场现代化, 2008 (8).

[47] 魏鹏娟. 从马克思地租理论看我国国有土地出让制度的完善 [J]. 生产力研究, 2010 (3).

[48] 吴宣恭. 国有经济改革及其主要指导思想 [J]. 理论视野, 2007 (3).

[49] 吴宣恭. 所有制改革应保证公有制的主体地位 [J]. 管理学刊, 2011 (5).

[50] 胡培兆. 马克思主义经济学的主流地位不可动摇 [J]. 政治经济学评论, 2013 (7).

[51] 李建平. 新自由主义市场拜物教批判 [J]. 当代经济研究, 2012 (9).

[52] 黄茂兴. 李建平的学术贡献与经济思想 [J]. 海派经济学, 2010 (4).

[53] 路爱国. 应当充分认识私有化的后果和危害 [J]. 探索, 2009 (1).

[54] 程恩富. 重建中国经济学: 超越马克思与西方经济学 [J]. 学术月刊, 2000 (2).

[55] 韩喜平. "中国梦"与理论工作者的使命 [J]. 马克思主义研究, 2013 (10).

[56] 卫兴华. 正确对待马克思主义经济学与西方经济学的关系 [J]. 理论视野, 2006 (3).

[57] 卫兴华. 对当前高校经济学教学与研究现状的一些看法 [J]. 高校理论战线, 2007 (8).

[58] 卫兴华. 坚持社会主义市场经济的改革方向 [N]. 光明日报, 2013-11-07.

[59] 卫兴华. 2011年理论经济学若干热点问题研究综述 [J]. 经济学动态, 2012 (2).

[60] 刘国光. 对经济学教学和研究中一些问题的看法 [J]. 高校理论战线, 2005 (9).

[61] 杨承训. 用"三个有利于"标准评判国有经济的"进"与"退" [J]. 红旗文稿, 2010 (2).

[62] 李鹏飞. 慎言"国进民退" [J]. 领导之友, 2009 (6).

[63] 马骏. 我国总体趋势上不存在"国进民退" [J]. 红旗文稿, 2010 (2).

[64] 朱玉湘. 试论新中国的工业化道路 [J]. 烟台大学学报 (哲学社会科学), 1995 (1).

[65] 张寿正. 新型工业化——中国特色的工业化道路 [J]. 南京政治学院学报, 2003 (1).

[66] 吴敬琏. 中国应当走一条什么样的工业化道路 [J]. 管理世界, 2006 (8).

[67] 陈耀. 世界发达国家二、三产业关系的演变与启示 [J]. 经济纵横, 2007 (8).

[68] 宋耀, 章玉贵. 中美科技投入对于经济增长贡献的比较研究 [J]. 中国市场, 2013 (5).

[69] 方兴起. 坚持马克思主义经济学主流地位的若干思考 [J]. 马克思主义研究, 2006 (5).

[70] 简新华. 马克思主义经济学面临的挑战与创新 [J]. 中国经济问题, 2006 (3).

[71] 薛宇峰, 丁晓钦.《资本论》和危机与困境中的现代中国政治经济学——现代中国马克思主义经济学的前途和出路 [J]. 经济学动态, 2007 (12).

[72] 尹伯成. 关于学习和借鉴西方经济学的几点认识 [J]. 福建论坛 (人文社科版), 2006 (2).

[73] 张来武. 科技创新驱动经济发展方式转变 [J]. 中国软科学, 2011 (12).

[74] 吴锋刚, 沈克慧. 中国特色的创新驱动发展战略研究 [J]. 企业经济, 2013 (6).

[75] 艾琳, 刘春雨. 科技创新驱动经济转型发展的思考 [J]. 宏观经济管理, 2013 (12).

[76] 曲福田, 田光明. 城乡统筹与农村集体土地产权制度改革 [J]. 管理世界, 2011 (6).

[77] 刘新华, 张东辉. 对构建中国城乡统一的土地市场的思考 [J]. 中国国土资源经济, 2012 (1).

[78] 张军, 贾栋. 城镇化进程中的农村土地使用制度改革——以成都市和河南省为例 [J]. 中国发展, 2013 (6).

[79] 王睿. 城镇化与中国农村土地产权制度改革 [J]. 中共中央党校学报, 2013 (2).

[80] 孙学光. 中国新型工业化进程分析与科学推进研究 [D]. 武汉: 华中

科技大学，2008.

［81］张卫莉．孙中山经济思想研究［D］．西安：西北大学，2011.

［82］郑双阳．严复经济思想研究［D］．福州：福建师范大学，2012.

［83］何海琳．刘国光经济思想研究［D］．福州：福建师范大学，2014.

后　记

光阴荏苒，日月如梭。自2012年攻读经济思想史专业的博士研究生至今，转瞬已是十年过去了。在这十年中，在多位老师的关心和指导下，以及自身的不懈努力下，我取得了一些学术成果，圆满完成“陈征经济思想”的研究工作。2015年6月顺利完成博士学业之后，我在博士学位论文基础上对“陈征经济思想”进行深入、持续的研究，期间在核心刊物上发表了多篇有关陈征经济思想的文章，并于2016年6月出版36万字的专著——《陈征经济思想研究》（第一版）；随后，对陈征教授创建的现代科学劳动理论体系进行全面、深入、细致的研究，于2017年8月出版25万字的专著——《论陈征的现代科学劳动》，并于2018年1月协助陈征教授选编出版了诗集——《资红书屋诗词》。陈征经济学术思想博大而深邃，对新时代中国特色社会主义经济建设具有重要指导意义，需要不断加强研究和探索，加之，2016年出版《陈征经济思想》时，时间比较仓促，有关陈征经济思想的部分内容未能纳入书中，个别篇章内容也有必要进一步丰富和充实。2018年，全国中国特色社会主义政治经济学研究中心（福建师范大学）出版老一辈经济学家经济思想文库，再次出版《陈征经济思想研究》。此书在第一版《陈征经济思想研究》基础上进行充实、丰富和完善，主要体现在以下几个方面的内容：第一，指导思想和相关内容密切结合党的十九大报告的主要精神和习近平新时代中国特色社会主义思想的新观点、新论述；第二，第三章“陈征的现代科学劳动思想”在结构上进行了调整，在内容上进行了充实，增加了“陈征对劳动价值论形成与发展的研究”这一节的内容，在第二节“现代科学劳动思想产生的历史背景”方面增加了“有关劳动价值论争论的历史回顾”，此外在各节内容中也进行不同程度的充实；第三，第四章“陈征对社会主义城市地租理论的创新”增加了第一节“陈征对地租基本理论的阐发和探索”；第四，增加第五章“陈征对马克思价值转化理论的系统研究”，这也是近年来研究陈征经济思想的最新成果；第五，在第八章“陈征经济思想的特点”方面增加了“迎难而上，对世界性理论难题的积极探索”这部分内容，等等。可以说，2018年出版的《陈征经济思想研究》已完成对陈征经济思想的全面、系统和深入的研究。近期，全国中国特色社会主义政治经济学研究中心（福建师范大学）出版当代马克思主义经济学家经济学术思想研究丛书，本书更名为《陈征经济学术思想研究》再版。

回想起这十年来写作过程中的艰辛，取得成果时的喜悦，心中更多的是充满对帮助、支持、鼓励我的老师、朋友和家人的感激之情。

首先，衷心感谢著名经济学家、《资本论》研究专家陈征教授。众所周知，《资本论》是马克思倾注一生心血的光辉巨著，是马克思最重要的著作。陈征教授六十余年如一日，潜心研究、传播、运用和发展《资本论》，形成了具有丰富内涵的科学思想体系，为我博士学位论文和书稿的撰写提供了研究的课题，使我得以敲开《资本论》这部巨著的大门并感受到它的强大生命力。通过对陈征经济思想和治学精神的研究，他那深邃、科学、富有实践价值的思想体系，激发着我学习马克思主义经济理论的动力和信心；他那求真务实、锲而不舍、勇于创新的优良品质，是我今后学术探索道路上学习的楷模。陈老师不仅是一位著名的经济学家，而且是一位才艺双馨的学者诗人。非常荣幸的是，我还获赠陈老师晚年所作的一幅字，字的内容是出自《老子》的“上善若水，水利万物而不争，故几于道”。字如人，陈征教授品性若水，泽被万物而不争，体现了一位学者的淡泊明志和宁静致远。在这十年的研究过程中，非常荣幸得到陈老师的深切关怀和谆谆教导，他那丰硕的学术成果、严谨切实的治学态度和坚韧的探索精神深深地感染和激励着我，使我终生砥砺。近些年来，我在研究陈征经济学术思想的基础上，对习近平有关劳动重要论述、新时代劳动教育以及数字劳动相关问题的系列研究，与陈征老师对我的指导和影响是紧密联系的。在此，我向陈征教授致以诚挚的谢意和崇高的敬意。

感谢我的博士生导师李建建教授，在博士论文和书稿的撰写中，李建建老师给予我悉心的指导和亲切的关怀。我的博士学位论文和书稿，从题目的选择、大纲拟定、研究思路的开拓都是在李建建老师的指导与帮助下完成的。李老师循循善诱的教导、严谨朴实的治学精神和精益求精的工作作风，令我铭刻于心，受益匪浅。李老师不仅在学习上给予我很多的指导，在工作和生活中也予以亲切的关怀和爱护，在此，我向老师致以诚挚的谢意。

我要感谢李建平教授、中国人民大学卫兴华教授和中央党校赵振华教授。在论文和书稿的撰写过程中，我有幸得到三位老师的精心点拨和热忱鼓励，使我对陈征经济学术思想有了更深刻和全面的认识，对我课题的进一步完善和提升起了很大的作用。三位老师高深的学术造诣、深刻独到的见解和宽厚仁爱的师者风范给予我无尽的启迪。在此，我向他们表示深深的谢意。尤其是卫兴华教授，九十一岁的高龄，毅然亲自为我书稿作序。序中不仅对陈征经济学术思想和治学精神予以高度的评价，而且还回忆了他与陈征教授相识相交的美好经历，从中反映出两位坚定的马克思主义经济学家的志同道合与情深义重，令晚辈无比的感动与敬佩。

我要感谢厦门大学的吴宣恭教授和胡培兆教授。因之前行政工作的机缘，曾经得到两位老师的指点与勉励，也多次聆听两位老师精彩的讲座。两位老师渊博的学识、独特的见解和宽容友善的学者风范给予我许多的启发。

同时，我要感谢我的硕士生导师杨立英教授。杨老师十几年如一日般给予我亲切的关怀和爱护，无论是在学习、工作还是生活中，都始终给予我亲人般的指导、帮助和鼓励。此外，我要感谢廖福霖教授、郭铁民教授、林子华教授、张华荣教授、黄茂兴教授、黄瑾教授、陈少晖教授、蔡秀玲教授、祝健教授、刘义圣教授、林卿教授以及所有其他各位担任我三年博士研究生课程教学的老师，他们的辛勤劳动、精彩的教学讲解以及在我研究过程中提出的许多宝贵意见，为我完成研究工作奠定了重要的基础。

最后，感谢我的家人，正因为有你们的理解与支持，使我得以全身心投入研究工作中。尤其是我的先生，尽管自己面临着繁重的工作任务，仍始终给予我最大的支持，在我遇到挫折和困难时给予安慰和鼓励，并多次帮助我查阅资料，校对、完善书稿，在此也要谢谢他的理解与支持！

本书的不足之处，敬请各位学界同仁批评指正。

陈美华

2023 年 5 月 25 日于榕城